CLAUDIA SCHNEIDER

WAS WIR ÜBER BEWUSSTSEIN WISSEN SOLLTEN

Die Arbeit an diesem Buch wurde mit Beiträgen der Dienststelle Kultur der Gemeinde Baar und dem Amt für Kultur Kanton Zug unterstützt.

1. Auflage

Text: Claudia Schneider
Illustrationen: Ole Niemann
Lektorat: Eva-Maria Prokop
Korrektorat: Iris Halbritter
Gestaltung und Satz: Anneka Beatty
Druck: Beltz Grafische Betriebe

ISBN 978-3-9524114-2-1

Kommode Verlag GmbH, Zürich
www.kommode-verlag.ch

CLAUDIA SCHNEIDER

WAS WIR ÜBER BEWUSSTSEIN WISSEN SOLLTEN

Kommode Verlag

Inhalt

1 – AUFTAKT

1.1 VORWORT

Unter klarem Sternenhimmel, auf einer Hügelkuppe außerhalb von Oaxaca, plauderte ich mit einem jungen Mexikaner. Er sprach über weiße und schwarze Magie so selbstverständlich, wie wir uns am Abend zuvor über Michael Jackson unterhalten hatten. Das war in den 1980er-Jahren. Ich war als Reisebuchautorin und Journalistin unterwegs – angetrieben von dem Wunsch zu erforschen, was das für eine Welt ist, in der wir leben.

Viele Begegnungen und Gespräche mit Menschen weltweit machten mir bewusst, dass es nicht nur Unterschiede gibt hinsichtlich wirtschaftlicher Voraussetzungen, Kultur, Mentalität und Ernährung. Auch die Wahrnehmung und der Umgang mit der materiellen und immateriellen Welt war und ist vielerorts gänzlich anders, als ich dies aus der Schweiz kenne. Unter anderem überraschte mich, wie wenig manche Menschen brauchen, um ein glückliches Leben zu führen. Und wie viel manche haben, sowohl materiell als auch an Frust und Unmut. Ich fragte mich, was ausschlaggebend ist für Zufriedenheit.

Immer wieder erstaunte mich die starke Präsenz von Göttern, Geistern und Dämonen im Alltagsleben, die ich vielerorts antraf: wie viel Zeit und Hingabe ihnen gewidmet wird und wie vielseitig sich Aspekte solch immaterieller Welten in Form von Gotteshäusern, Kunstobjekten, Gesang, Tanz, Ritualen und manchem mehr materialisieren.

Ich fragte mich, welche Rolle Bewusstsein in der Verknüpfung von immaterieller und materieller Welt spielt. Wie nimmt Bewusstsein Einfluss auf die Spielregeln und den Verlauf dieses Weltentheaters? Was bedeutet Bewusstsein für jeden Einzelnen? Was sind die Voraussetzungen dafür und was die Folgen daraus?

Solche Fragen beschäftigen mich von klein auf, so wie sich andere schon früh für das Kuchenbacken interessieren mögen – wobei es leichter ist, gute Rezepte zu finden als verlässliche Informationen über Bewusstsein. Das beginnt schon bei der Definition. Bis heute ist sie unpräzise und vielschichtig. Im weitesten Sinne geht es bei Bewusstsein um das Wahrnehmen von mentalen Zuständen und Prozessen.

Gesellschaftlicher Wandel

Ich erinnere mich an Berichte in Illustrierten über das »kommende Wassermannzeitalter«. Ein Guru namens Osho machte Schlagzeilen, weil er «Westler« und Rolls Royce in Massen um sich scharte. In Zürich zogen Menschen Hare Krishna singend durch die Straßen. Auch war die Rede von bewusstseinserweiternden Substanzen. Gleichzeitig warnten Medien und Erziehungsverantwortliche vor Drogen, Sekten, Gehirnwäsche, Kontrollverlust, sozialem Abstieg oder gar Geisteskrankheit und nicht selten dem Tod.

Gegen Ende des letzten Jahrhunderts machte sich ein gesellschaftlicher Wandel bemerkbar. Esoterische Buchhandlungen sprossen aus dem Boden. Richard Gere und Tina Turner propagierten den Buddhismus. Madonna machte die Kabbala salonfähig. Albert Hofmanns Aussage »Die Evolution besteht in der Veränderung des Bewusstseins« wurde nicht mehr ausschließlich von LSD-Freaks registriert. Zahlreiche Methoden zur Schulung von Bewusstsein, die einem Großteil der Bevölkerung noch wenige Jahrzehnte zuvor suspekt waren – etwa Meditationsgruppen oder Tai-Chi-Kurse, werden heute ganz selbstverständlich in jedem größeren Ort angeboten. Ärzte empfehlen Yoga als Burn-out-Prävention oder die Schulung der Atmung zur Pflege von Körper und Geist. In Kliniken und Zahnarztpraxen wird vermehrt mit Hypnose gearbeitet. Und mit einer nie dagewesenen Offenheit werden weltweit persönliche Erfahrungen und Meinungen zu verschiedensten Aspekten von Bewusstsein im Internet ausgetauscht.

Quervergleich

Persönlich habe ich den Rat des jungen Mexikaners beherzigt: »Wer sein Bewusstsein fördern will, soll viel und kritisch darüber lesen, lernen, regelmäßig in die Stille gehen, unter stimmigen Umständen Grenzerfahrungen zulassen und sich nicht abhängig machen.« Meine Lebensqualität hat enorm zugenommen, seit ich den Geist nicht nur als Arbeitsinstrument pflege, um kognitive Leistungen hervorzubringen. Ich akzeptierte, dass Menschen beidem Raum geben dürfen: dem äußeren Geschehen und der Innenwelt.

Doch was ist dran an all dem inneren Erleben, das sich wohl in Worte fassen lässt, aber vornehmlich eine individuelle Erfahrung bleibt? Was weiß die Wissenschaft über Träume, Meditation, Visionen? Wo berühren persönliche Erkenntnisse und Erfahrungen wissenschaftliche Fakten, und in welchen Bereichen scheitern Erklärungsversuche?

Vor dem Internetzeitalter hätte eine solche Fragestellung einen kaum zu bewältigenden Rechercheaufwand bedeutet. Auch die Online-Recherche ist nicht einfach, zumal bekanntlich nicht jede auffindbare Information glaubwürdig ist. Doch die Spurensuche eröffnete Kontakte zu Fachleuten, die mir halfen, zwischen leerem Geschwätz, offenen Thesen und wissenschaftlich Belegtem zu unterscheiden. Mit dem vorliegenden Buch teile ich meine Recherchen. Sie sollen motivieren, sich mit dem Thema Bewusstsein auseinanderzusetzen. Es ist eine spannende Reise. Sie führt nicht nur zu sich selbst, sondern weit darüber hinaus.

1.2 EINFÜHRUNG

Rätselhaft und diffus

Was ist der Zweck von Bewusstsein? Wäre das Leben ohne Bewusstsein nicht angenehmer und vor allem einfacher? Natürlich benötigt jeder Organismus ein minimales Bewusstsein, das heißt Kontrollmechanismen, die über den eigenen Zustand und jenen der unmittelbaren Umgebung informieren. Sogar Einzeller sind mit solch einfachen Formen von Bewusstsein ausgestattet. Der Mensch allerdings erlebt Bewusstsein als eine Kraft, die viel weiter reicht. Bewusstsein befähigt Menschen gleichermaßen zu außergewöhnlichen Leistungen wie zu außergewöhnlichem Leiden. Diese einzigartige Bandbreite ist möglicherweise der entscheidende Aspekt, der dem Menschen seine Dominanz im irdischen Dasein ermöglicht. Bewusstsein gestaltet sich beim Menschen in besonderem Maße vielschichtig: in seiner Zusammensetzung, in dem, was es auslöst, und in der Art des Umgangs damit. Manche Kulturen haben dieses natürliche Gestaltungsinstrument vor vielen Jahrhunderten bereits auf hohem Niveau gepflegt. Bewusstseinsschulung fand traditionell im rituellen und religiösen Umfeld statt.

In der jüngeren Menschheitsgeschichte führten Kolonialisierung und Inquisition zu massiven Einschnitten in örtlich gelebte Bewusstseinskulturen. Im Verlauf des 17. Jahrhunderts traten metaphysisch und philosophisch geprägte Erklärungsmodelle für den geistigen Aspekt unseres Daseins parallel zu den wissenschaftlichen Fortschritten in den Hintergrund: Anstelle der Frage nach dem Warum und Wozu gewann die Frage nach dem Wie an Bedeutung.

Maßgeblich zu diesem Wendepunkt beigetragen hatte das 1687 publizierte Hauptwerk von Isaac Newton: »Philosophiae Naturalis Principia Mathematica«. Darin fasste der britische Wissenschaftler mathematische Prinzipien der Naturlehre zusammen, die bis heute Gültigkeit besitzen. Sie förderten die Trennung zwischen Materiellem und Geistigem entscheidend. Die Ironie des Schicksals ist, dass dieser Prozess nicht wirklich Newtons Natur entsprach, zumal der geniale Wissenschaftler tief religiös war und sich ebenso intensiv mit Alchemie und Mystizismus beschäftigte. Über sein wirkungsreichstes Fachgebiet sagte Newton: »Wer oberflächlich Physik treibt, der kann an Gott glauben. Wer sie bis zum Ende denkt, der muss an Gott glauben.«

Dass sich die Wissenschaft dem Glauben entzog, war, angesichts der Allmacht, welche die Religionen besaßen, indes ein notwendiger Prozess, um unabhängig und frei neue Einsichten gewinnen zu können. Mit der Zeit ließ sich immer besser objektiv beobachten, messen und begreifen, wie Materie funktioniert. Die Konzentration auf das Fassbare und Messbare hat im Laufe der nachfolgenden Jahrhunderte beeindruckend viele Geheimnisse offenbart. Innerhalb eines Bruchteils des menschlichen Daseins hat die technische Entwicklung hervorgebracht, wovon die Menschheit Jahrtausende lang kaum zu träumen gewagt hätte. Die Mondlandung 1969 symbolisierte einen der großen Glanzpunkte in der Erforschung der Materie. Und die Entwicklung setzte und setzt sich rasant fort.

Fokus auf Bewusstsein

Die wissenschaftliche Auseinandersetzung mit Bewusstsein blieb lange eher ein Randgebiet. Vorwiegend Philosophen, Psychologen, Ethnologen, Religionswissenschaftler, Künstler und wenige andere Fachspezialisten befassten sich mit dem Phänomen. Der Universalgelehrte Christian Wolff prägte 1719 den deutschen Begriff »das Bewusstsein« als Übersetzung von René Descartes »cogito ergo sum«. Damit machte der deutsche Philosoph und Mathematiker deutlich, dass »cogito« mehr beinhaltet als reines Denken. Kurt Joachim Grau klassifizierte 1916 in seinem Buch über »Die Entwicklung des Bewusstseinbegriffes« die verschiedenen Definitionsansätze in der Geschichte der Metaphysik und der Psychologie des 17. und 18. Jahrhunderts. Nach wie vor als bedeutend gilt William James' 1904 erschienener Aufsatz »Does ›Consciousness‹ Exist?«. Darin legte der US-amerikanische Psychologe und Philosoph dar, »dass Bewusstsein keine Eigenschaft sei, sondern das Resultat eines Interaktionsprozesses von Objekten, geistiger oder physischer Natur, und einem Subjekt« (zitiert nach Hempel, 2009).

Einen Schub bekam die aktuelle Bewusstseins-Forschung gegen Ende des 20. Jahrhunderts, insbesondere durch die Entwicklung von bildgebenden Verfahren in der Neurologie. Die Möglichkeit, Vorgänge im Gehirn des lebenden Menschen besser als je zuvor in Echtzeit beobachten zu können, hat nicht zuletzt auch Hoffnungen geweckt, mentale Prozesse früher oder später reproduzierbar zu machen (siehe Kapitel 2.6 über das Human Brain Project).

»Seit geraumer Zeit bewegen wir uns mit steigender Geschwindigkeit auf ein neues theoretisches Verständnis unserer inneren Natur zu«, schreibt der deutsche Professor für theoretische Philosophie Thomas Metzinger. Es habe noch nie ein so umfangreiches und auch für Geisteswissenschaftler leicht verfügbares empirisches Wissen gegeben. Das Wissen über die physischen Rahmenbedingungen psychischer Zustände wachse mit steigender Geschwindigkeit und dieser Wissenszuwachs werde, so Metzinger, »einen dramatischen Charakter annehmen«. Schon jetzt sei eine immer größer werdende Anzahl neu entstehender Einzeldisziplinen wie etwa die Psychobiologie, die Neuroinformatik oder die Künstliche-Intelligenz-Forschung an einer nur schwer zu überblickenden interdisziplinären Diskussion beteiligt.

Der amerikanische Neurowissenschaftler und Nobelpreisträger Eric Kandel ist sich sicher, dass wir in Zukunft in der Lage sein werden, auf neuronaler Ebene zu bestimmen, was Bewusstsein ist. Der Angst vieler vor einer Entzauberung, sollte einmal die ›Biologie der Seele‹ verstanden werden, stellt Kandel eine Analogie aus der Kunst entgegen: »Wenn Sie ins Museum gehen und jemand erklärt Ihnen, was das Lächeln der Mona Lisa bedeutet, was das Geheimnis dieses Bildes ist, dann wird das Gemälde durch diese Erklärung nicht weniger interessant. Es wird noch interessanter.«

Puzzle

Die Vielfalt an wissenschaftlichen Disziplinen, die sich aktuell mit Bewusstsein befassen, erscheint notwendig, weil sich das Phänomen vorab einer eindeutigen Definition entzieht. Es lässt sich nur von verschiedenen Seiten einkreisen. So spiegelt auch dieses Buch die Vielschichtigkeit der interdisziplinären Forschung wider. Es befasst sich mit Themen, die im engeren und weiteren Sinne mit Bewusstsein verbunden sind, und beleuchtet diese aus dem Blickwinkel diverser Fachrichtungen. Beispielsweise liegt es auf der Hand, dass Erkenntnisse über das Gehirn vorwiegend aus der Neurologie stammen. Über Emotionen haben aber Psychologen ebenso viel zu sagen wie Biologen, und mit Trance befassen sich Ethnologen genauso wie Hypnosetherapeuten.

Es ist ein besonderes Anliegen dieses Buches, die Vielfalt an Informationen zu vermitteln. Die Einführung thematisiert einen ungelösten Grundkonflikt: die Frage, ob wir Leib oder Geist oder beides sind – oder ob beides Aspekte ein und desselben sind. Nach einer Einführung in die Themen Bewusstes und Unbewusstes befasst sich der zweite Teil des Buches mit dem Gehirn, das bei Bewusstseinsvorgängen offenkundig eine zentrale Rolle spielt. Eng gekoppelt an Bewusstseinsvorgänge sind mentale

Prozesse: Wahrnehmung, Emotionen, Gedanken und Erinnerungen werden im dritten Teil thematisiert.

Der vierte Teil befasst sich mit außergewöhnlichen Bewusstseinszuständen und macht dabei deutlich, dass sich das Phänomen mannigfaltig manifestiert. Es werden die wichtigsten Methoden, Bewusstsein zu verändern, und die unterschiedlichen darauf folgenden Zustände vorgestellt. Dadurch lassen sich sowohl Gemeinsamkeiten als auch Besonderheiten erkennen. Letztlich beruht Bewusstsein stets auf Information. Deshalb beschäftigt sich das abschließende Kapitel mit der Frage, wie Informationen transportiert, verarbeitet und gespeichert werden.

Das vorliegende Buch ist keine wissenschaftliche Abhandlung. Ich bin Journalistin und habe in erster Linie Informationen gesammelt, strukturiert, möglichst neutral und allgemeinverständlich formuliert. Jedes Kapitel wurde von universitären Fachpersonen des jeweiligen Themengebiets gegengelesen. Wo die Forschung bisher zu keinen eindeutigen Ergebnissen gekommen ist oder es unterschiedliche Ansichten gibt, ist dies entsprechend vermerkt.

Ich habe mich bemüht, die Kapitel so zu gliedern, dass sich ein stimmiges Gesamtbild ergibt. Gleichzeitig steht jedes Kapitel für sich, sodass man beim Lesen vor- und zurückspringen oder auch jene Kapitel zuerst lesen kann, die einen besonders interessieren. Das Schlagwortverzeichnis und Textverweise auf andere Kapitel helfen, sich auf bestimmte Themen zu konzentrieren.

Das Anliegen dieses Buches ist, im Sinne eines ausführlichen Nachschlagewerks einen kompakten Überblick zu bieten und verschiedene Facetten von Bewusstsein zu behandeln, ohne sich in Details zu verlieren. Die Forschung hofft, mithilfe der vielen einzelnen Puzzleteile letztlich interdisziplinär zu einem Gesamtbild zu finden, das Bewusstsein in all seinen Facetten repräsentiert. Ebenso hat die vorliegende Arbeit zum Ziel, durch die Vielfalt der

Themen Vernetzungen und Querverbindungen entstehen zu lassen, die teilweise allgemeine Rückschlüsse zulassen, aber auch Unterschiede sichtbar machen.

1.3 LEIB-SEELE-PROBLEM

Zweierlei, eins oder nichts?

Sind Körper und Geist zweierlei? Kann das Materielle ohne das Mentale sein und umgekehrt? Oder handelt es sich letztlich um das Gleiche, das sich in unterschiedlichen Ausprägungen zeigt?

Das uralte »Leib-Seele-Problem« ist bis heute nicht gelöst. Philosophen waren wohl die ersten, die sich mit der Frage nach dem Zusammenspiel von Körper und Geist beschäftigten. Längst befassen sich auch Mediziner, Physiker, Informatiker, Biologen, Psychologen, Neurologen und weitere Wissenschaftler mit dem Körper-Geist-Problem und der Frage, wie der »Körper« als messbare und abgrenzbare Materie und der »Geist« zusammenhängen; »Geist« steht für Bewusstsein und Psyche, aber auch für mentale Zustände wie Emotionen, Überzeugungen, Erlebnisse, Empfindungen.

Dualismus und Monismus

Es gibt grundsätzlich zwei Herangehensweisen, denen im Laufe der Zeit mal mehr, mal weniger Beachtung zuteil wurde: Dualismus und Monismus.

Im Dualismus werden Geist und Körper als grundsätzlich unterschiedliche Einheiten erachtet. Dabei gibt es die Ansicht, dass sie verbunden sind und aufeinander einwirken (Interaktionismus). Eine weitere dualistische

Interpretation geht davon aus, dass beides nebeneinander existiert und dass die mentalen Zustände den physischen entsprechen, ohne dass eine kausale Verknüpfung vorliegt (Parallelismus). Die dualistische Sichtweise ist aktuell nicht sonderlich populär. Dennoch meint der amerikanische Philosoph John Rogers Searle: »Ich vermute, der Dualismus wird nicht verschwinden, auch wenn er unmodern geworden ist. In den letzten Jahren hat der Dualismus sogar eine gewisse Renaissance erlebt, was teilweise an einem Wiederaufleben des Interesses am Bewusstsein liegt. Die Einsicht, die den Dualismus treibt, ist kraftvoll. Sehr vereinfacht lautet sie: Wir haben alle echte bewusste Erlebnisse und wissen, dass sie nicht von der gleichen Art sind wie die physischen Gegenstände um uns herum.«

In den vergangenen Dekaden dominierten verschiedene Formen des Monismus – also der Überzeugung, dass alles, was existiert, auf demselben Prinzip beruht. Insbesondere philosophische Traditionen in Asien teilen die metaphysische Ansicht, die getrennte Betrachtung von Körper und Geist sei illusionär und bedeutungslos. Auch im westlichen Kulturkreis vertreten einige Wissenschaftler den Standpunkt, dass es sich bei der nicht enden wollenden Diskussion über Materie, Geist und die Interaktion der beiden um ein Scheinproblem handle. Sie sind der Meinung, das Leib-Seele-Problem sei letztlich in der Sprache verortet. Es müsse akzeptiert werden, dass der Mensch in mentalem wie auch in biologischem Vokabular beschrieben werden könne und beides korrekt sei.

Vorherrschend ist heute jedoch die monistische Sichtweise, dass alle Objekte, Eigenschaften und Ereignisse als physikalische Phänomene beschrieben werden können. Allerdings fehlt bisher eine umfassende physikalische Formel dafür (Kapitel 5). Der deutsche Physik-Nobelpreisträger Max Planck (1858–1947) hegte gar Zweifel daran, dass das Physikalische grundlegend sei: »Alle Materie entsteht und besteht nur durch eine Kraft, welche die Atomteilchen

in Schwingung bringt und sie zum winzigsten Sonnensystem des Alls zusammenhält. Da es im ganzen Weltall aber weder eine intelligente Kraft noch eine ewige Kraft gibt – es ist der Menschheit nicht gelungen, das heißersehnte Perpetuum mobile zu erfinden –, so müssen wir hinter dieser Kraft einen bewussten, intelligenten Geist annehmen. Dieser Geist ist der Urgrund aller Materie.«
»Ähnlich wie Planck denken heute vermehrt auch wieder Philosophen, was in den vergangenen 10 bis 15 Jahren zu einem Revival des Panpsychismus beigetragen hat«, erklärt Frederic Auderset von der Universität Freiburg (Schweiz). Panpsychisten verneinen die dualistische Trennung von Geist und Materie. »Sie sind der Auffassung, dass Materie ihrer Natur nach nicht – oder zumindest nicht nur – physisch sei, und sehen Bewusstsein als den eigentlichen Träger aller physischen Wechselwirkungen. Das reichhaltige menschliche Bewusstsein und generell komplexe Formen von Bewusstsein, wie auch Tiere sie haben können, werden als Aggregation einer Vielzahl von grundlegenden Bewusstseinsformen verstanden«, so der Philosophie-Doktorand Auderset. Aufgrund dessen sei davon auszugehen, dass auch das Universum in der Lage sein könnte, sich seiner selbst bewusst zu sein.

Erleben

Seit Planck hat die Wissenschaft enorme Fortschritte im Verständnis von Materie gemacht und dadurch eine funktionalistische Anschauung gefestigt. Sie besagt unter anderem, dass der Mensch, ebenso wie eine Maschine, auf einen spezifischen Input einen entsprechenden Output gibt. Wenn beispielsweise die Qualität der Energiezufuhr minderwertig ist, machen früher oder später beide schlapp: der Mensch und die Maschine. Dies zeigt sich zum Beispiel in Ländern, in welchen gepanschtes Benzin verkauft wird. Ein Warnsystem, das bei der Zufuhr von unreinem Benzin Alarm schlägt, wäre dort hilfreich. Der menschliche Körper verfügt über einen solchen Mechanismus: Auf verdorbene Nahrung reagiert er mit Brechreiz. Verfügt die Nahrung über eine ausreichende Güte, wird sie verdaut und erhält uns am Leben – unabhängig davon, ob wir aus Hunger, Lust oder Frust essen. Auch die Tatsache, dass wir Geschmack und Konsistenz der Nahrung wahrnehmen und werten, ist irrelevant, um den Organismus am Laufen zu halten. Die Ernährungswissenschaft besagt jedoch, dass es durchaus eine Rolle spielt, wie und unter welchen Umständen wir essen, da die Nahrungsaufnahme mehr als reine Energiezufuhr ist: Essen wird auch emotional und sozial erlebt.

Der US-amerikanische Philosoph Ned Block kritisierte 1978 in seiner Schrift »Troubles with Functionalism« die Annahme, dass ein System – nur weil es mit derselben funktionalen Architektur wie der Mensch ausgestattet wäre – auch über Bewusstsein oder Erleben verfügen könnte. Tatsächlich dürfte ein Auto eher nichts empfinden, wenn es mit Benzin getankt wird, für den Mensch ist die Nahrungsaufnahme hingegen ein Erlebnis. Dieser Umstand – generell als »Qualia« oder phänomenales Bewusstsein bezeichnet – ist der springende Punkt, der Kritiker einer rein materialistischen Sichtweise auf den Plan ruft. Der amerikanische Philosoph Thomas Nagel stellte in diesem Zusammenhang 1974 die berühmt gewordene Frage: »What is it like to be a bat?«. Nagel argumentiert, mit der Außenperspektive, wie sie Wissenschaftler pflegen, sei die Innenperspektive des Erlebens grundsätzlich nicht erfassbar. Egal, wie gut Wissenschaftler über Fledermäuse Bescheid wissen, würden sie nie erfahren, wie es für eine Fledermaus ist, echolotartige Wahrnehmungen zu haben. Nagel folgert: »Die wichtigste und charakteristischste Eigenschaft bewusster mentaler Phänomene ist noch sehr wenig verstanden. Die meisten reduktionistischen Theorien versuchen sie nicht einmal zu erklären. Eine behutsame und gründliche Untersuchung wird zeigen, dass keine derzeit verfügbare Konzeption von Reduktion auf sie anwendbar ist.« Zudem meinte Nagel: »Ohne das Faktum Bewusstsein wäre das psychophysische Problem weit weniger interessant; mit ihm aber scheint es hoffnungslos.«

Ähnlich argumentierte der australische Philosoph Frank Cameron Jackson in seinem 1986 erschienenen Aufsatz »What Mary didn't know«. In diesem Gedankenspiel wird die Geschichte der Superwissenschaftlerin Mary erzählt: »Mary ist eine brillante Wissenschaftlerin, die, aus welchen Gründen auch immer, gezwungen ist, die Welt von einem schwarzweißen Raum aus mithilfe eines schwarzweißen Fernsehmonitors zu untersuchen.« Mary kennt jedoch alle physikalischen Fakten über das Sehen von Farben. Jackson stellte die Frage, ob die Wissenschaftlerin etwas Neues lernen würde, wenn sie zum ersten Mal eine Farbwahrnehmung machen würde. Es scheine »offensichtlich zu sein, dass sie etwas Neues über die Welt und unser visuelles Erleben dieser lernen wird«, lautete Jacksons Antwort. Er folgerte weiter: »Aber dann ist es unausweichlich, dass ihr vorheriges Wissen unvollständig war. Aber sie besaß alle physikalischen Informationen. Somit gibt es mehr, als nur diese zu besitzen, und der Physikalismus ist falsch«.

> *Ohne das Faktum*
> *Bewusstsein wäre das*
> *psychophysische Problem*
> *weit weniger interessant;*
> *mit ihm aber scheint es*
> *hoffnungslos.*
> — Thomas Nagel, Philosoph

Individuelle Wahrnehmung

Jacksons Mary hat noch ein weiteres Problem: Die Wissenschaftlerin kann Probanden in ein blaues, rotes oder gelbes Labor einladen und beobachten, welche Sinne und welche Hirnareale involviert sind, wenn diese ihre

Umgebung betrachten. Mary könnte also objektiv die kognitiven Ereignisse der Farbwahrnehmung registrieren. Sie könnte aber dadurch noch nicht erklären, wie aus den beobachteten Hirnaktivitäten die Wahrnehmung der Farben resultiert. Ebenso wenig könnte sie daraus schließen, was der farbige Raum bei den Probanden auslöst, geschweige denn, warum: Wohlsein, Kälte, Vertrautheit? Dieses Erleben ist wesentlich komplexer als die rein visuelle Wahrnehmung von Farbe, weil es verbunden ist mit subjektiven Aspekten wie Emotionen, Erinnerungen, psychischer Verfassung und vielem mehr. Daher löst die Situation bei den Probanden auch kein standardisiertes Aktivierungsmuster im Gehirn aus. Vielmehr sind die möglichen Variationen derart vielfältig, dass es derzeit nicht gelingt, Aktivierungsmuster des Gehirns zur Nutzung von künstlicher Intelligenz adäquat nachzubauen.

Der australische Philosoph David Chalmers – ein Vertreter des Dualismus – unterscheidet in der Frage des Leib-Seele-Problems zwischen einfachen und schwierigen Fragen. Als leichte deklariert Chalmers mentale Zustände, welche ohne Erleben auskommen und von der Wissenschaft auch relativ gut erklärbar sind, da sie rein funktional, beinahe mechanistisch, beschrieben werden können, zum Beispiel der Brechreiz oder der Impuls zu schlucken. Die schwierige Frage betreffe das phänomenale Bewusstsein und das damit einhergehende subjektive Erleben: »Es besteht weitgehend Einigkeit, dass Erleben aufgrund einer physikalischen Basis entsteht, aber wir haben keine gute Erklärung dafür, warum und wie. Warum denn sollen physikalische Vorgänge ein inneres reiches Leben auslösen? Objektiv gesehen, erscheint dies unsinnig, und doch ist es so.« Deshalb, so Chalmers, scheitere eine rein funktionalistische, physikalische Erklärung.

Seit gut einem Jahrzehnt durchläuft die Wissenschaft in der Tat einen Wandel und erkennt dabei zunehmend den inneren Erlebnisraum als individuelle Realität an. Die

Erkenntnisse über Funktionales geraten dadurch zwar nicht in den Hintergrund, werden aber zunehmend als zu einseitig erachtet.

Das Ich

Im Mittelpunkt all dessen, was wir erleben, steht das Ich. Selbst dann, wenn eine Gruppe ein Erlebnis teilt, wird das Geschehen individuell wahrgenommen und verarbeitet. Was genau ist also dieses Ich? David Hume (1711–1776) erkannte in seinem 1739 erschienenen »Traktat über die menschliche Natur« an, dass der Mensch permanent Eindrücke, Ideen und Empfindungen habe. Für den schottischen Universalgelehrten war dieser Umstand aber kein Beleg für die Existenz eines Ichs. »Hume war der Auffassung, dass man, wenn man das eigene Bewusstsein beobachtet – den Blick sozusagen nach innen richtet –, einen konstanten, einheitlichen Fluss an Eindrücken, Erlebnissen, Empfindungen entdeckt, nicht aber sich selbst als einen weiteren, eigenständigen Bestandteil des Bewusstseins. Daraus zog er den Schluss, dass das Wort ›Ich‹ genaugenommen nichts – jedenfalls nicht ein Ding, nicht eine individuelle Substanz – bezeichnet«, so Frederic Auderset.

Hume war nicht der Typ, der gefallen wollte. Gilbert Ryle schrieb über den bedeutenden Aufklärer: »Er hatte nicht die Absicht, die Autoritäten milde zu stimmen, sondern er wollte sie schockieren.« Mit seinem radikalen Plädoyer zur Abschaffung des Ichs hat sich Hume das Leben schwer gemacht. Doch seine Ansicht ist bis heute aktuell geblieben. Zumal die Suche nach einem Ich nach wie vor ein hoffnungsloses Unterfangen scheint. Auch im Gehirn des Menschen können Neurologen nichts finden, das in irgendeiner Weise als Ich agieren würde. Aktuell argumentiert der deutsche Neurophilosoph Thomas Metzinger, dass die Wissenschaft auf Begriffe wie das Selbst gut verzichten könne, weil immer besser nachvollziehbar werde, wie das Gehirn das Selbstbildnis fortlaufend konstruiere: »Das Selbst ist kein Ding, sondern es ist ein Vorgang.«

Grundstrukturen

Allerdings ist dieses Kontinuum, aus dem sich das Ich konstruiert, nicht aus der Luft gegriffen. Es beruht auf genetisch verankerten Voraussetzungen und einer Persönlichkeit, die als Grundstruktur den Rahmen festlegt, in dem sich das Erleben ereignet. Diese Grundstrukturen haben auch den deutschstämmigen britischen Psychologen Hans Jürgen Eysenck (1916–1997) beschäftigt. Er entwickelte – basierend auf der antiken Temperamentenlehre – ein System, anhand welchem sich eine Persönlichkeit durch ihre jeweilige Ausprägung der Dimensionen Introversion und Extraversion sowie Labilität und Stabilität beschreiben lässt.

Als Arbeitsinstrument etabliert haben sich in der Wissenschaft schließlich »The Big Five«. Grundlage dafür schufen Mitte der 1930er-Jahre Gordon Allport, Henry Odbert und Louis Thurstone. Die US-Psychologen erstellten eine Liste mit rund 18 000 Begriffen, die menschliche Eigenschaften beschreiben, und gliederten diese nach ihrer Bedeutung. Auf einer Liste standen dann beispielsweise Wörter wie gutmütig und wohlwollend, auf einer weiteren Charaktereigenschaften wie jähzornig und hitzköpfig. Auf der Basis dieser Liste kristallisierten sie fünf weitgehend stabile und kulturunabhängige Persönlichkeitsstrukturen heraus. Das Modell sieht fünf Grundfaktoren mit jeweils fünf Abstufungen vor. Mathematisch ergeben sich aus diesem Modell 3 125 Persönlichkeitsvarianten.

»The Big Five« wird international als Standardmodell in der Persönlichkeitsforschung angewendet, teils auch von Konzernen zur Rekrutierung von Personal. Dieser

Umstand wird mitunter kritisiert. Die Psychologieprofessorin Fanny Cheung von der Universität Hongkong plädiert dafür, das Big-Five-Konzept weltweit auf den Prüfstand zu stellen: »Die Persönlichkeitsforschung wird dominiert durch die westliche Wissenschaft. Doch erst die Forschung in nichtwestlichen Ländern lässt erkennen, was universell ist.« »Das Gesicht zu wahren« etwa sei in Asien viel wichtiger und facettenreicher als im Westen und die zwischenmenschliche Verbundenheit von viel größerer Bedeutung. Das Forscherteam um den kalifornischen Anthropologen Michael Gurven hat 2012 festgestellt, dass bei den Tsimane, einem Volk, das in Bolivien als Selbstversorger kaum Kontakte zur Außenwelt pflegt, weniger und vor allem ganz andere Faktoren wesentlich sind, als »The Big Five« suggeriert. So stünden etwa Fleiß und soziale Nützlichkeit bei den Tsimane ganz weit oben auf der Liste. Auch kam in Südafrika das SAPI-Projekt (South African Personality Inventor) zu dem Schluss, dass das Big-Five-Modell mit landestypischen Persönlichkeitsmerkmalen wie Mitgefühl, Vertrauenswürdigkeit, Harmoniebedürfnis und Hilfsbereitschaft zu ergänzen sei.

Antike Temperamentenlehre

Phlegmatiker > passiv, schwerfällig
Melancholiker > introvertiert, labil, traurig
Sanguiniker > extravertiert, aktiv, heiter
Choleriker > labil, leicht reizbar

The Big Five

Offenheit für Erfahrungen > Aufgeschlossenheit
Gewissenhaftigkeit > Perfektionismus
Extraversion > Geselligkeit
Verträglichkeit > Empathie, Kooperationsbereitschaft
Neurotizismus > Emotionale Labilität, Verletzlichkeit

Die Persönlichkeit trägt viel zum Konstrukt des Ichs bei. Denn sie ist eine relativ fixe Grundstruktur, die sich im Laufe des Lebens modulieren lässt, sich aber selten grundsätzlich ändert. Der daraus resultierende Charakter ist zu 40 bis 50 Prozent genetisch determiniert, also bereits in der befruchteten Eizelle angelegt. Einen Anteil von 30 bis 50 Prozent machen die prägenden Jahre bis etwa zum fünften Geburtstag aus. Danach stabilisiert sich das Konstrukt des Ichs zunehmend und sucht sich ein passendes Umfeld.

Wie sich die Grundstrukturen auswirken, wurde in einer amerikanischen Langzeitstudie untersucht, an der über 5 000 Personen teilnahmen. Sie kam 2015 im Fachblatt »Health Behavior and Policy Review« zu dem Schluss, dass unabhängig von Alter, Einkommen und Bildungsstand Menschen, die grundsätzlich optimistisch sind, weniger zu Herz- und Gefäßkrankheiten neigen als Pessimisten. Eine weitere Studie machte deutlich, dass Personen mit Minderwertigkeitskomplexen in ihrem Leben viel öfter mit Situationen konfrontiert werden, die am Selbstwert nagen, als Menschen, die aufgrund ihrer Prägung von sich selbst überzeugt sind. Das heißt, der Datenmix, den wir mitbringen und der, der uns in den ersten Lebensjahren prägt, wird unser Leben weitestgehend bestimmen. Es sei denn, ein Ereignis erschüttert uns dermaßen in den Grundfestungen, dass eine Art neues Set-up zum Laufen kommt. Oder aber wir nutzen unser Bewusstsein als Instrument, das Konstrukt des Ichs zu modulieren.

Was uns nicht bewusst ist

In der ersten Phase der Coronapandemie wurde die Bevölkerung angehalten, zum Schutz vor Ansteckungen das eigene Gesicht möglichst nicht zu berühren. »Zwischen 400 bis 800 Mal am Tag berühren wir unser Gesicht, und in der Regel nehmen wir von dieser Bewegung, die zirka 1,3 Sekunden dauert, keine Notiz«, weiß Martin Grunwald, Hirnforscher an der Universität Leipzig. Diese unbewusst stattfindenden Berührungen bewusst zu unterbinden, fällt schwer. Das Team um Grunwald untersuchte mehrfach, warum diese unbewussten Berührungen stattfinden, und analysierte die hirnelektrische Aktivität während solcher unbewussten Handlungen: »Dabei zeigte sich, dass die Hirnaktivität vor und nach einer spontanen Selbstberührung völlig verschieden ist. Das bedeutet, eine kurze und spontane Selbstberührung verändert die Aktivität des Gehirns in bestimmten Bereichen«. In einer seiner Studien hatten die Probanden die Aufgabe, sich Gegenstände zu merken, während sie von unangenehmen Tönen gestört wurden. Sobald diese stresserzeugenden Töne erklangen, griffen sich die Probanden öfter ins Gesicht. Messungen der Hirnströme machten deutlich, dass sich durch diese Berührungen die Aktivitäten beruhigten, die an Emotionen gekoppelt sind. Darüber hinaus zeigte sich ein Zusammenhang zwischen den Berührungen und der Fähigkeit zur Konzentration und Informationsverarbeitung. »Wir erklären diese Veränderungen damit, dass der kurze Berührungsreiz jene Hirnaktivität verstärkt, die für eine Stabilisierung des emotionalen Zustandes und für eine Stabilisierung des Arbeitsgedächtnisses verantwortlich ist«, erklärt Martin Grunwald. In der Folge wollten er und sein

Team wissen, ob dieser Effekt auch eintritt, wenn man sich bewusst ins Gesicht greift. Doch die im Labor induzierten Selbstberührungen auf Anweisung zeigen nicht die gleichen Effekte. »Man kann demnach spontane Selbstberührungen nicht bewusst simulieren«, so die Folgerung.

Dominante Funktion

Die Bedeutung unbewusster Aktivitäten hat sich erst durch die Hirnforschung nachweislich offenbart. Das Unbewusste reguliert überlebenswichtige Körperfunktionen, agiert aber auch als eine Art Wundertüte: Sie beinhaltet scheinbar Vergessenes und Verdrängtes ebenso wie unterschwellig Wahrgenommenes, Triebhaftes, Gewohnheiten, Talente, Konditionierungen, Erlerntes und Gefühle. Allein unsere Sinne verarbeiten nach aktueller Schätzung von Neurologen mehrere Millionen Basiseinheiten von Information (Bits) pro Sekunde. Nur ein Bruchteil all dessen, was der Organismus an Bits gleichzeitig bewältigt, dringt bis ins Bewusstsein vor. Der deutsche Hirnforscher Gerhard Roth schätzt, dass uns weniger als 0,1 Prozent von all dem, was in unserem Kopf vor sich geht, bewusst wird. Das Ausmaß der unbewussten Informationsverarbeitung wurde lange unterschätzt.

Als einer der ersten trug der Berliner Philosoph Eduard von Hartmann 1869 mit seinem Buch »Philosophie des Unbewussten« zur Verbreitung des Begriffs bei. Einer der ersten Mediziner, der dem Unbewussten Aufmerksamkeit schenkte, war der Wiener Hausarzt Josef Breuer. Seine Patientin Bertha Pappenheim (1859–1936) erlangte als Anna O. in der Fallgeschichte »Studien über Hysterie« Bekanntheit. Die österreichisch-deutsche Frauenrechtlerin war 21 Jahre alt, als ihr Vater schwer erkrankte. Nachts an seinem Krankenbett wurde die junge Frau von Angstzuständen und Halluzinationen gequält. In der Folge litt sie an Sprach-, Seh- und Essstörungen, Lähmungserscheinungen, Neuralgien, extremen Stimmungsschwankungen und Erinnerungslücken. Breuer ging davon aus, dass ein Zusammenhang zwischen körperlichen und psychischen Problemen besteht und Reden heilsam wirken kann. Seine Behandlungsmethode weckte das Interesse seines Freundes Sigmund Freud (1856–1939), der diesen neuen Ansatz zur Psychoanalyse weiterentwickelte. Freud machte deutlich, dass sich Unbewusstes vorwiegend intuitiv, durch Bilder, Träume, Verhalten und Empfindungen bemerkbar macht.

Manipulierbarkeit

Die Annahme, Menschen seien über ihr Unbewusstes manipulierbar, weckte im Kalten Krieg das Interesse der Geheimdienste wie auch das der Marketingforschung. Es ging darum zu erkunden, ob, wie und wie stark sich das Unbewusste lenken lässt. So sorgte 1957 der amerikanische Marketingexperte James Vicary für Aufruhr, als er publik machte, ein Kino in New Jersey habe 18 Prozent mehr Cola und 58 Prozent mehr Popcorn verkauft, weil das Publikum während des Films in kurzen, nicht bewusst wahrnehmbaren Sequenzen dazu angeregt wurde. Fünf Jahre später gab Vicary zu, dass das Experiment Betrug war, genauer gesagt eine PR-Aktion für seine damals neu gegründete Agentur. Auch der 1958 durchgeführte Versuch eines kanadischen Fernsehsenders, seine Zuschauer mit einer nicht bewusst wahrnehmbaren Botschaft zum Anrufen zu bewegen, scheiterte. Dass wir uns durch unbewusste Eingebungen nicht so stark manipulieren lassen, auf Befehl komplexe Tätigkeiten wie Telefonieren oder Einkaufen auszuführen, wurde in weiteren Experimenten mehrfach bestätigt.

Steht jemand aber bereits am Kiosk, mit der Absicht ein Getränk zu kaufen, kann ein geschickter Marketingimpuls die Kaufentscheidung durchaus beeinflussen. Ein wichtiger Faktor dafür ist, ob wir etwas bereits kennen. Dies belegen verschiedenste Studien. Werden Probanden beispielsweise zwei achteckige Formen vorgelegt und gefragt, welche ihnen besser gefalle, bevorzugt die Mehrheit die Form, die man ihnen zu einem früheren Zeitpunkt unbewusst wahrnehmbar bereits präsentiert hatte. Das gleiche Phänomen ließ sich auch in einem Experiment mit Gesichtern beobachten: Die Probanden schätzten die Personen als berühmter ein, deren Fotos sie zu einem früheren Zeitpunkt schon einmal vorgelegt bekommen hatten.

Solche Präferenzen entstehen durch das unbewusste Vorbereiten und Anbahnen einer Informationsverarbeitung, genannt »Priming«. Der anbahnende Reiz kann durch ein Bild, einen Geruch, eine Geste, ein Wort oder Ähnliches ausgelöst werden und stößt Verbindungen mit Gedächtnisinhalten an. Dieser unbewusste Informationsmix beeinflusst maßgeblich bewusste Entscheidungen. In diesem Zusammenhang löste der US-amerikanische Physiologe Benjamin Libet 1979 eine viel beachtete Debatte über den freien Willen aus. Libet hatte seine Probanden in einem Experiment gebeten, zu einem selbstgewählten Zeitpunkt ihre Hand zu bewegen. Das Monitoring zeigte, dass die entsprechenden Hirnaktivitäten bereits einsetzten, bevor die Probanden den Entschluss, ihre Hand zu bewegen, bewusst getroffen hatten. Die Forschung kam zum Schluss, dass das Unbewusste das Bewusste wohl stärker steuert als umgekehrt. Oder wie es der deutsche Psychologe und Kognitionswissenschaftler Wolfgang Prinz ausdrückt: »Wir tun nicht, was wir wollen, wir wollen, was wir tun.«

John-Dylan Haynes vom Bernstein Center for Computational Neuroscience in Berlin publizierte 2008 im Fachblatt »Nature Neuroscience« eine Wiederholung von Libets Experiment unter neuen Voraussetzungen. Seine Probanden sollten entscheiden, ob sie einen linken oder einen rechten Knopf drücken. Ein Kernspintomograf zeichnete dabei die Hirnaktivitäten auf. Anschließend wiederholte Haynes das Experiment. Anhand der zuvor gesammelten Hirnaktivitätsmuster konnte der Wissenschaftler in 60 bis 70 Prozent der Fälle korrekt voraussagen, ob seine Probanden den rechten oder den linken Knopf drücken würden. Die Entscheidung fiel üblicherweise eine halbe bis eine Sekunde vor der eigentlichen Bewegung. Das Forschungsteam beobachtete aber auch Hirnäktivitäten, die sehr früh – bis zu sieben Sekunden davor – anzeigten, wie sich jemand entscheiden würde. »Das heißt, das Gehirn hat Informationen über eine Entscheidung, die jemand erst sieben Sekunden später glaubt zu fällen«, hält Haynes fest.

Aufgrund dieses Befundes stellte sich die Frage, ob man einer solchen Entscheidung ausgeliefert ist oder ob die Möglichkeit besteht, einen durch die Hirnaktivitäten angebahnten Entschluss kurzfristig zu korrigieren. So wurden die Probanden in einem weiteren Experiment vom Team um Haynes gebeten, einen Knopf am Fußboden zu betätigen, sobald sie ein grünes Licht sehen. Steht das Licht auf Rot und sie drücken dennoch den Knopf, haben sie das Spiel verloren. Dabei gab es eine List: Zum Zeitpunkt, als die vorbewussten Hirnaktivitäten dem Computer anzeigten, dass ein Proband bei Grün den Knopf auslösen wird, schaltete das System ganz kurzfristig auf Rot. Gelang es den Probanden, den Impuls zu stoppen und noch den richtigen Kopf zu drücken? »Wenn man sich das ganz genau anschaut, stellt man fest, dass die Probanden, nachdem das Gehirn die vorbereitende Aktivität getroffen hat, die Bewegung noch anhalten können. Sie können also die Entscheidung noch abbrechen. Das widerspricht der Interpretation des Libet-Experimentes, nach der dieser Prozess wie eine Dominokette ist, bei der man nicht mehr eingreifen kann«, erklärt John-Dylan Haynes.

Bewusstes Eingreifen in die unbewussten Konditionierungen war ein Thema, mit dem Joseph Murphy (1898–1981) einen internationalen Longseller schuf: »Die Macht Ihres Unterbewusstseins« verkaufte sich seit der Erstpublikation im Jahr 1962 allein in Deutschland über 2,5 Millionen Mal. Murphy, der in Irland Jura, Philosophie und Religionswissenschaften studiert hatte, trug in Kalifornien als Vertreter der sogenannten Neugeist-Bewegung dazu bei, die »Macht des positiven Denkens« (Kapitel 3.4) populär zu machen.

Murphys zentrale Aussage war, dass das Unbewusste mittels Affirmationen und Autosuggestionen aktiv gestaltet werden könne, ähnlich wie bei Hypnosepraktiken (Kapitel 4.9): »Was man dem Unbewussten als wahr übermittelt, wird wahr.« Murphys These inspirierte zur Entwicklung zahlreicher Methoden mit dem Zweck der Selbstmanipulation des Unbewussten. Diverse Studien lassen den Schluss zu, dass hoch motivierte Menschen mit wenig Angst vor Misserfolgen durchaus von affirmativem Arbeiten mit dem Unbewussten profitieren mögen. Für Menschen, denen es schwerfällt, sich selbst zu motivieren, könnte sich dieses Vorgehen aber eher als hinderlich erweisen – weil der Erfolg der Affirmationen aufgrund der unbewussten Voraussetzungen ausbleiben mag.

Konditionierungen

Großen Einfluss auf das Unbewusste hat der Umstand, dass wir evolutionsbedingt stets wachsam und aufmerksam gegenüber Ereignissen sind, die unsere Existenz oder unser Selbstwertgefühl bedrohen könnten. In stabilen industrialisierten Ländern ist die Gefahr, dass uns ein wildes Tier angreift oder unvermittelt ein Krieger in der Haustür steht, eher gering. Großflächige Feuer wie in Kalifornien oder Australien und auch Bedrohungen durch neuartige Viren machen jedoch deutlich, dass unsere unbewussten, auf Selbstschutz ausgerichteten Konditionierungen noch immer von Nutzen sind. Auch im ungefährlichen Alltag registrieren wir nachhaltig alles, was uns irgendwie gefährden oder verletzen könnte. Dagegen beachten wir normalerweise wenig, was uns stärkt. Kritisiert man beispielsweise eine andere Person, wird sie ziemlich sicher postwendend reagieren und sich verteidigen. Spricht man aber ein Lob aus, kommt vom Gegenüber oftmals gar keine Rückmeldung.

Dafür, dass wir unbewusst unseren Selbstwert schützen, spricht auch das Verdrängen von Fehlverhalten oder Verbrechen. Davon zeugen unter anderem unzählige Gerichtsprozesse, bei denen sich die Täterin oder der Täter ernsthaft keines Verschuldens bewusst ist, obwohl die Sachlage eindeutig für das Gegenteil spricht. Auch abseits kriminellen Verhaltens werten wir eigenes Verschulden im Allgemeinen als eher gering und messen Fehlern von Mitmenschen weit mehr Bedeutung zu.

Kollektives

Dieses einseitige Werten äußert sich ebenso im Kollektiven: Jede Gemeinschaft brüstet sich zu Recht gern mit ihren Erfolgen. Wenn es aber darum geht, zu Fehlern oder gar Verbrechen wie einem Völkermord zu stehen, sind die Verdrängungsmechanismen stark. Insbesondere der Schweizer Psychiater Carl Gustav Jung (1875–1961) sah im kollektiven Unbewussten einen Einflussfaktor, der die persönlichen Erfahrungen unter Umständen überlagern und prägen kann: »Das kollektive Unbewusste ist die gewaltige Erbmasse der Menschheitsentwicklung, wiedergeboren in jeder individuellen Struktur«, erklärte Jung. Es dauerte lange, bis die Bedeutung dieses Vorgangs ins Bewusstsein der Forschung gelangte. Heute bestätigt jedoch die sogenannte Epigenetik (Kapitel 5.2), dass sich prägende Erfahrungen im Erbgut festsetzen und über Generationen weitergegeben werden können. Das gilt für traumatische Ereignisse ebenso wie beispielsweise für Nikotinsucht, Liebesentzug, Pestizidbelastungen oder Vitaminmangel. Werden traumatische Erlebnisse von ganzen Familien, Gemeinschaften oder Völkern kollektiv ins Unbewusste verdrängt, kann dies das Verhalten der Gruppe sowie das jedes Individuums in der Gruppe über Generationen hinweg unterschwellig beeinflussen.

Das kollektive Unbewusste
ist die gewaltige Erbmasse
der Menschheitsentwicklung,
wiedergeboren in jeder
individuellen Struktur.
— Carl Gustav Jung, Psychiater

Kreativität

Weil die Suche nach Heilmethoden für psychisch erkrankte Menschen die wissenschaftliche Auseinandersetzung mit dem Unbewussten anstieß, haftet ihm bis heute etwas Pathologisches an. Es ist ein Reich außerhalb unserer Kontrolle. Das passt schlecht in unser Weltbild und zum Umgang mit uns selbst.

Auch die Forschung an der medizinischen Fakultät der Universität Iowa (USA) war nicht immer frei von Vorbehalten gegenüber dem Unbewussten. Dort ging man lange von der Arbeitsthese aus, dass die Prävalenz psychischer Erkrankungen unter Personen mit stark ausgeprägter Kreativität und ihren nächsten Verwandten höher sei als unter weniger kreativen Menschen. Bekannt ist etwa, dass James Joyce oder auch Albert Einstein schizoide Persönlichkeitsmerkmale aufwiesen und Joyce eine Tochter, Einstein einen Sohn mit Schizophrenie hatten.

Für ihre Studien kann die Universität Iowa unter anderem auf die Zusammenarbeit mit einer 1936 gegründeten Schriftstellervereinigung zählen, der bis heute eine Reihe berühmter amerikanischer Autoren angehören. Neuere Studien der Universität Iowa kommen jedoch zu dem Schluss, dass Menschen mit stark ausgeprägter Kreativität nicht häufiger psychisch erkranken als solche mit einer geringeren Ausprägung dieses Merkmals. Dennoch gibt es im Erbgut Hinweise auf Zusammenhänge. Dies hat eine Studie der Gentechnik-Firma Decode Genetics in Reykjavik gezeigt. Genetische Merkmale, die ein überdurchschnittliches Risiko für Schizophrenie und bipolare Störungen anzeigen, finden sich zu 17 Prozent häufiger im Erbgut von künstlerisch tätigen Menschen. »Die Ergebnisse unserer Studie sind eigentlich nicht überraschend, denn um kreativ zu sein, muss man anders denken als die Masse, und das tun auch Menschen, die wegen bestimmter genetischer Faktoren anfälliger für eine Schizophrenie sind«, erklärt Kari Stefansson von Decode Genetics. Zu ähnlichen Resultaten kamen weitere Studien mit 8 900 schwedischen und 18 400 niederländischen Teilnehmern. Tatsächlich belegt die Psychiatrie, dass psychotische Personen Dinge oft auf neue und ungewohnt kreative Weise wahrnehmen und interpretieren. Gleichermaßen setzt Kreativität die Fähigkeit zu unkonventionellen Gedankengängen voraus. Das Image des zerstreuten Professors oder der schrulligen Künstlerin im Vergleich zum biederen Buchhalter ist also nicht völlig aus der Luft gegriffen. Die genetische Gemeinsamkeit bedeutet jedoch nicht, dass Kreativität mit psychischen Erkrankungen einhergehen muss.

Geistesblitz

Kreativität schöpft zu einem Großteil aus dem Unbewussten und manifestiert sich oft als Geistesblitz mit entsprechend flüchtigem Charakter. Wer kreative Impulse nutzen möchte, tut gut daran, sie sofort zu notieren, um später, bei der Ausarbeitung, daran anknüpfen zu können. Im Allgemeinen geht der Kreativität ein Prozess voraus: Dabei werden Informationen gesammelt und Fähigkeiten eingeübt. Danach braucht es Muße. Der Organismus benötigt Zeit und Freiheit, sich aufgrund der gesammelten Daten und Fähigkeiten neu zu konstituieren. Bildgebende Verfahren belegen, dass der Kopf in der Zeit der vermeintlichen Ruhe überaus aktiv arbeitet. Der primäre Kortex, also jener Bereich, der zu Bewusstsein befähigt (Kapitel 2), erweist sich dabei als aktivste Hirnregion.

Ausschlaggebend für kreative Ideen scheint die Fähigkeit der Hirnzellen zu sein, sich in dieser Phase spontan neu verknüpfen und organisieren zu können. Es handelt sich um einen sogenannten dissoziativen Zustand. Das bedeutet, sich spontan und entspannt, ohne Lenkung und Zensur, wahllos Gedanken und Bilder durch den Kopf gehen zu lassen, die hauptsächlich aus dem Unbewussten schöpfen.

Es gibt Versuche, Kreativität zu messen – ähnlich wie IQ-Tests zur Messung von Intelligenz – und dafür gewisse Standards zu etablieren. Solche Tests beinhalten Fragen wie: »Wie viele Anwendungsmöglichkeiten können Sie für einen Backstein vorschlagen?« Aufgrund solcher Tests weiß man heute, dass zwischen hoher Kreativität und ebensolcher Intelligenz kein direkter Zusammenhang besteht. Die beiden geistigen Leistungen mögen wohl korrelieren, sind aber grundsätzlich voneinander unabhängig.

Chaos mischt auf

Geforscht wird in Iowa mit Unterstützung von nachweislich herausragend kreativen Menschen, etwa Nobel- oder Pulitzer-Preisträgern. Dabei haben bildgebende Verfahren gezeigt, dass sich Kreativität bei Künstlern und Wissenschaftlern anhand der Hirnaktivitäten kaum unterscheiden lässt. Kreativität ist also unabhängig von der Thematik, mit der man sich befasst. Basis dafür sind eher die sich selbst organisierenden dynamischen Systeme der Chaostheorie. Dies bedeutet, dass Kreativität auf unvorhersehbaren, nichtlinearen Prozessen beruht, die aus allem schöpfen, was wir im Laufe der Zeit unbewusst wie auch bewusst gespeichert haben.

Generell schlagen Systeme, die auf der Chaostheorie basieren, stärker als etablierte Systeme aus und fördern Verknüpfungen abseits des Gewohnten. Das macht sie fragiler und instabiler als starre Systeme. Dieser Umstand könnte erklären, weshalb extrem kreative Menschen zwar nicht zwangsläufig, aber tendenziell doch eine gewisse psychische Fragilität aufweisen.

Entfällt jedoch dieser choaotische Seiltanz im Leben eines Individuums oder in einer Gesellschaft, kann sich auch der stabile Zustand kritisch entwickeln. So sagt etwa der deutsche Neuropsychologe und Autor Ernst Pöppel: »Kreativität ist ein wichtiges Merkmal eines ausgeglichenen Menschen. Führen Sie sich deshalb abends Ihren Tag vor Augen und fragen Sie sich, was Sie Kreatives geleistet haben.« Wenn man feststellt, dass man nur abgearbeitet, erledigt, reagiert habe, sei es an der Zeit für eine kreative Pause.

1.5 BEWUSSTES

Ein Geschenk, das wir nicht nur schätzen

Malen Sie einem Bekannten, während er oder sie schläft, unbemerkt einen Fleck auf die Stirn, wird die Person nach dem Aufwachen vor dem Spiegel den Fleck entfernen. Würden Sie dasselbe mit einem Kleinkind tun, das noch keine eineinhalb Jahre alt ist, würde das Kind versuchen, den Fleck auf dem Spiegel zu entfernen. Oder mit noch größerer Wahrscheinlichkeit würde es überhaupt nicht darauf regieren, weil es noch nicht erfassen kann, dass es im Spiegelbild die eigene Stirn sieht.

Der sogenannte Flecktest wurde in den 1970er-Jahren von dem amerikanischen Psychologen Gordon Gallup entwickelt. Er wird als Hinweis auf ein Ich-Bewusstsein verstanden. Dieses ermöglicht die Wahrnehmung von sich selbst als Individuum sowie die Unterscheidung zwischen mir und dir, zwischen Objekt und Subjekt. Lange ging man davon aus, dass nur Menschen über diese Fähigkeit verfügen. Mittlerweile ist erwiesen, dass auch einige Säugetiere den Flecktest bestehen: So vermögen sich etwa Menschenaffen, Elefanten und Delfine im Spiegel zu erkennen.

Ich-Bewusstsein ist nur eine Erscheinungsform von Bewusstsein. Beispielsweise sagt der Dalai Lama: »Die Definition des Bewusstseins ist Klarheit und Erkenntnis.« Wissenschaftlich gibt es aber bis heute keine Klarheit über das Phänomen. Generell ausgedrückt kann sich Bewusstsein ebenso auf die Wahrnehmungen der Außenwelt als auch auf Empfindungen der psychischen und physischen Innenwelt beziehen. Bewusste Prozesse lassen sich zu einem Großteil sprachlich ausdrücken. Wobei die Wissenschaft anerkennt, dass einige Tiere und auch Kleinkinder, die sich sprachlich nicht auszudrücken vermögen, zumindest über einige Formen von Bewusstsein verfügen. Auch kann in Ausnahmefällen bewusstes Erleben so vereinnahmend und allumfassend sein, dass selbst Erwachsenen schlicht die Worte fehlen, dieses präzise zu artikulieren, obwohl die Situation detailliert und tief im Bewusstsein verankert scheint.

Nach außen wie nach innen verfügt Bewusstsein über einen Reizschutz. Erst wenn Impulse eine gewisse Intensität erreichen, rücken sie ins Bewusste vor. Bewusste Prozesse sind langsamer und störungsanfälliger als unbewusste. Auch benötigt Bewusstsein wesentlich mehr Stoffwechselenergie als unbewusste Prozesse. Bewusstes Denken fokussiert Details, ist sehr präzise und verliert das große Ganze schnell aus dem Auge.

Interdisziplinärer Ansatz

Um Bewusstsein eine provisorische Struktur zu geben, schlugen die amerikanischen Philosophen Paul und Patricia Churchland 1997 sieben Merkmale vor:

Wichtigste Eigenschaften von Bewusstsein nach Churchland

1. Bewusstsein ist mit einer Gedächtnisform verbunden und erfordert zumindest ein Kurzeitgedächtnis.
2. Bewusstsein ist unabhängig von Sinneseindrücken.
3. Bewusstsein lässt sich durch Aufmerksamkeit und Konzentration steuern.
4. Bewusstsein befähigt zur komplexen Interpretation uneindeutiger Fakten.
5. Bewusstsein verschwindet im Tiefschlaf.
6. Bewusstsein taucht beim Träumen wieder auf.
7. Mehrere sensorische Modalitäten werden als ein Bewusstseinszustand wahrgenommen.

Im vorliegenden Buch kommen Zustände und Prozesse zur Sprache, die grundsätzlich jeder gesunden Person offenstehen, beziehungsweise jeder Person, die durch spezifische Umstände vorübergehend in einen Ausnahmezustand (Kapitel 4) gerät. Das breite Feld von Bewusstseinszuständen im Zusammenhang mit psychischen Erkrankungen wie Schizophrenie oder Depression wird im Rahmen dieser Arbeit nur am Rande thematisiert. Das Ziel, psychische Krankheiten besser behandeln zu können, ist jedoch eine wichtige Triebfeder bei der Erforschung von Bewusstsein und verantwortlich für einen beträchtlichen Anteil der bisherigen Erkenntnisse. Der Wunsch zu heilen war auch ein Motiv auf der Suche nach Möglichkeiten, Bewusstsein gezielt ausschalten und wieder einschalten zu können, etwa um chirurgische Eingriffe vorzunehmen (Kapitel 4.18). Außerdem haben Hirnerkrankungen das Interesse an den Strukturen von Denken, Fühlen und Handeln stark gefördert. Insofern verdanken wir einen Großteil des heute vorhandenen Wissens über Bewusstsein Menschen, die sich stark mit ihren Defiziten auseinandersetzen mussten, und Menschen, die auf der Suche nach Lösungen sind.

Mittlerweile ist das wissenschaftliche Interesse an Be-

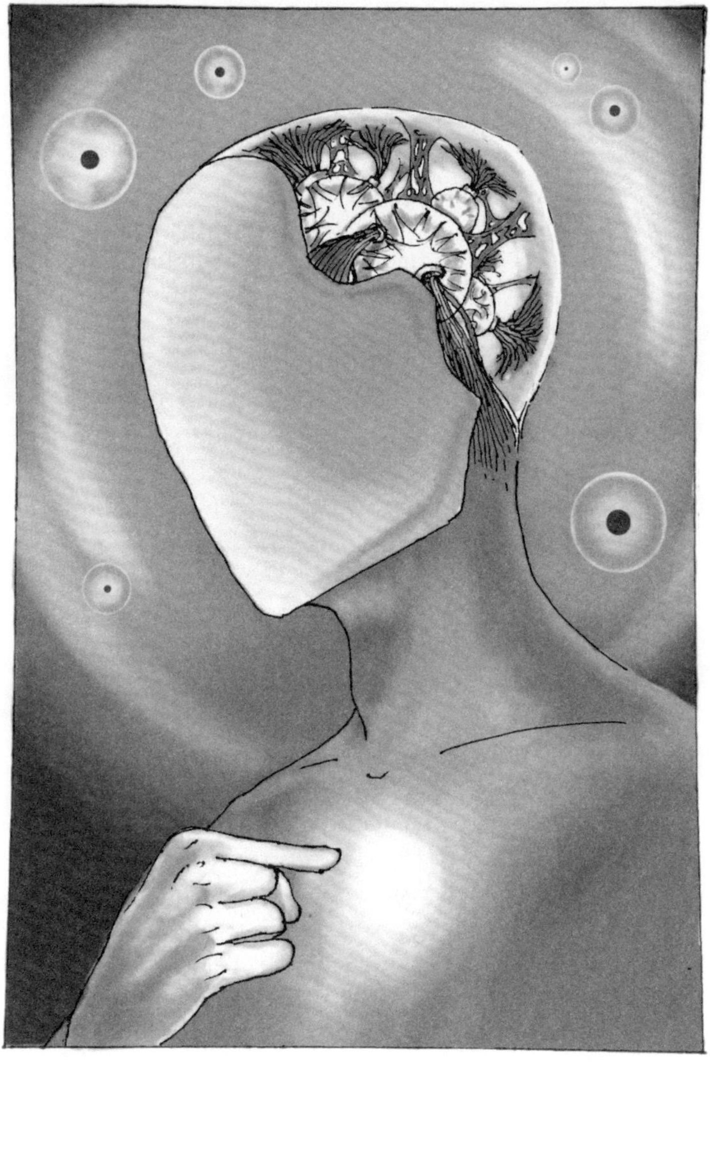

wusstsein enorm vielschichtig, was dem breiten Spektrum des Phänomens entspricht. Die Wissenschaft scheut sich nicht mehr, Bewusstsein eine grundlegende Bedeutung zuzuschreiben, und wertet es zunehmend als wichtiges Instrument der Evolution. So sagt Jeremy Hayward, Kernphysiker und Molekularbiologe an der Universität Cambridge: »Manche durchaus noch der wissenschaftlichen Hauptströmung angehörende Wissenschaftler scheuen sich nicht mehr, offen zu sagen, dass das Bewusstsein neben Raum, Zeit, Materie und Energie eines der Grundelemente der Welt sein könnte. Das menschliche Bewusstsein könnte möglicherweise sogar grundlegender als Raum und Zeit sein.« Der britische Mathematiker und theoretische Physiker Sir Roger Penrose mahnt: »Eine wissenschaftliche Weltanschauung, die nicht mit dem Problem des bewussten Geistes ins Reine kommt, kann nicht ernsthaft Vollständigkeit für sich beanspruchen. Bewusstsein ist Teil des Universums, deshalb kann keine physikalische Theorie, die dem Bewusstsein nicht einen angemessenen Stellenwert einräumt, eine wahre Beschreibung der Welt liefern.«

Die Hirnforschung kann immer klarer orten, wo im Gehirn bewusste Abläufe stattfinden (Kapitel 2). Trotz einer offensichtlichen Verbindung zwischen Bewusstsein und neuronalen Prozessen gibt es aber Indizien, dass Bewusstsein in außerordentlichen Fällen unabhängig vom Zustand des Gehirns vorhanden ist, und zwar in ungewohnter Klarheit und Präzision: etwa im Fall von Nahtoderfahrungen (Kapitel 4.19) oder bei sogenannter terminaler Geistesklarheit, die im Vorfeld des Todes unabhängig von einer geistigen Behinderung oder einer organischen Erkrankung des Gehirns öfters beobachtet wird. Belege existieren diesbezüglich vor allem von Menschen mit Alzheimer, die kurz vor ihrem Tod in vollem Bewusstsein über ihren Zustand und ihre Situation sprechen und sich beispielsweise nach dem Wohlergehen von Verwandten erkundigen, die sie zuvor über Jahre hinweg vermeintlich vergessen und nicht mehr erkannt hatten. Dazu sagt der US-amerikanische Alzheimer-Forscher und Harvard-Professor Rudolph Tanzi: »Wir hören ständig von solchen Berichten. Es ist ein vollständiges Mysterium. Wir wissen nicht wirklich, was da geschieht und wie das geschieht. Von einer wissenschaftlichen Perspektive aus werden wir es noch eine Weile nicht wissen. Aber es ist unbestreitbar, dass es geschieht.«

> *Eine wissenschaftliche Weltanschauung, die nicht mit dem Problem des bewussten Geistes ins Reine kommt, kann nicht ernsthaft Vollständigkeit für sich beanspruchen.*
> — Sir Roger Penrose, Physiker

Phänomenales und introspektives Bewusstsein

Für unser Selbstbild ist es wichtig, dass wir beim Blick in den Spiegel bestätigen können: »Dieses Gesicht, dieser Körper, in diesem Raum – das bin ich.« Mit Namen, Geburtsdatum, Familie, Geschichte und Funktion. Dieses rudimentäre Bewusstsein über uns selbst ist allerdings nicht aussagekräftiger als: »Paris ist die Hauptstadt von Frankreich.« Erst wer Paris erlebt, weiß wirklich, wovon die Rede ist. Nur dann, wenn wir uns selbst erleben, können wir uns unserer selbst bewusst sein.

Die Fähigkeit, Reize bewusst zu erleben und nicht nur unbewusst zu verarbeiten, bezeichnet man als phänomenales Bewusstsein. Es wurde im Kapitel über das Leib-Seele-Problem bereits angesprochen und prägt unsere Persönlichkeit weit mehr als reine Fakten. Der US-amerikanische Philosoph John Searle folgert, dass Bewusstsein »der wichtigste Aspekt unseres Lebens« sei. Da es ohne Bewusstsein nichts Wichtiges für uns geben würde, könne nichts wichtiger sein als das Bewusstsein selbst.

Im Bewusstsein über sich selbst ist jener, der beobachtet, derselbe wie jener, der beobachtet wird. Dieses sogenannte reflexive oder introspektive Bewusstsein ist ein ganz besonderer Aspekt im breiten Spektrum all dessen, was unscharf als Bewusstsein bezeichnet wird. Ein Neugeborenes ist dazu kaum in der Lage, weil es sich noch weitgehend als Einheit mit dem Umfeld wahrnimmt. Im Laufe der Zeit setzt sich ein Kleinkind jedoch zunehmend in Beziehung zu seiner Umwelt und zu sich selbst.

Introspektion hat zur Folge, dass wir Umfeld, Verhalten, den eigenen Körper, Gedanken, Emotionen, Erinnerungen nicht nur wahrnehmen und erleben, sondern auch einordnen und werten. Das gibt uns die Möglichkeit, Situationen zu analysieren und Konsequenzen zu ziehen, unser Leben bewusst zu gestalten – beispielsweise eine Strategie für die berufliche Karriere zu entwickeln oder willentlich Fantasien zu kreieren. Reflexives Bewusstsein befähigt nicht zuletzt zur Entwicklung von Kultur, Wissenschaft und Recht. Es sorgt in allen Bereichen immer wieder für neue Herausforderungen, weil wir vergleichen, werten, Ziele definieren.

Selbstverantwortung

Gleichzeitig zu agieren und das eigene Agieren zu beobachten, ist nicht nur ein großes Rätsel im wissenschaftlichen Verständnis von Bewusstsein. Es fordert auch jeden einzelnen in seinem persönlichen Leben immer wieder heraus. Es kann vorkommen, dass man aus irgendeinem Grunde tobt und ganz die Wut selbst ist. Doch plötzlich ist es, als würde man sich von außen beobachten und den eigenen Auftritt werten – sich applaudieren oder das Verhalten unpassend finden.

So entsteht durch Introspektion gelegentlich auch Frustration. Weil man sich eines Missstandes bewusst wird und nach Lösungen sucht, diese aber nicht findet. Möglicherweise liegt es an äußeren Gegebenheiten wie zum Beispiel einem Krieg oder einer Wirtschaftskrise; oft tritt Introspektion aber auch in Konflikt mit Bequemlichkeiten, Gewohnheiten, unbewussten Konditionierungen oder Angst vor Veränderung. Was nützt beispielsweise das Bewusstsein darüber, dass man zu viel isst oder sich zu wenig bewegt, wenn man trotzdem auf dem Sofa klebt und Chips in sich hineinstopft, als gebe es kein Bewusstsein über diese Missstände? In einem solchen Moment würde man reflexives Bewusstsein gern zum Teufel jagen. Seine Präsenz weckt Schuldgefühle und kann zur Belastung werden, weil Forderungen nach Selbstverantwortung damit einhergehen: Je mehr uns bewusst ist, desto höher ist die Erwartung, den Erkenntnissen entsprechend zu handeln. Gesellschaftlich bemerkbar macht sich dieser Anspruch etwa im Gesundheitswesen: Manche Versicherer möchten die Patienten vermehrt zur Kasse bitten, wenn sie Dinge tun oder unterlassen, die der Gesundheit nachweislich abträglich sind.

Der Psychologe Mihály Csíkszentmihályi, emeritierter Professor der Universität Chicago, konstatierte: »Wenige Dinge sind trauriger, als einer Person zu begegnen, die genau weiß, was sie tun sollte, aber nicht genug Energie aufbringen kann, es zu tun.« Dringt ein Missstand bis ins Bewusstsein vor, stehen zwei Lösungswege zur Verfügung: die Radikalkur oder der Prozess des sogenannten Selbstmanagements. Die Radikalkur basiert auf Verstand und Zwang. Es wird ein klarer Schnitt gemacht, und Folgen wie beispielsweise Entzugserscheinungen werden ausgehalten. Der Weg des Selbstmanagements ist langwieriger. Man geht schrittweise vor, so wie man beispielsweise das Klettern erst in der Halle, dann an einem einfachen Felsen und erst zum Schluss an einem herausfordernden Berg übt. Wissenschaftlich nachgewiesen ist, dass Menschen, die ein Problem lösen wollen und sich einer beratenden Fachbegleitung anvertrauen, beträchtlich erhöhte Erfolgschancen haben.

Kollektives Bewusstsein

Vieles, was wir individuell erleben, stimmt im Bewusstsein überein mit dem, was andere Menschen erleben. Je umfangreicher sich diese Gleichschaltung gestaltet, desto ausgeprägter ist das kollektive Bewusstsein. Als Fachausdruck wurde Kollektivbewusstsein von den Soziologen und Ethnologen David Émile Durkheim (1858–1917) und Alfred Vierkandt (1867–1953) etabliert. Es steht für die Gesamtheit der Glaubensvorstellungen einer Gesellschaft, oder wie es Durkheim ausdrückte: »Wir sind erst sicher, wenn wir sicher sind, dass wir nicht allein sicher sind.«

Natürlich gibt es auch Bestrebungen, sich bewusst von der Masse abzusetzten, sei es durch Mode, Kunst oder Ideologien. Eine solche Abgrenzung vom Kollektiven erfolgt aufgrund einer freien Entscheidung. Gleichzeitig kann eine Stigmatisierung aufgrund von Äußerlichkeiten wie einer Behinderung oder Entstellung dem Wunsch, ein gleichwertiges Mitglied des Kollektivs zu sein, im Wege stehen und so selbst in aufgeklärten Gesellschaften zur Belastung für die Betroffenen werden. Die Tatsache, dass nicht jedermann massentauglich ist, wirft Fragen der Toleranz auf; sie wird immer wieder neu diskutiert und ausgehandelt.

Wird sich eine Gesellschaft gewisser Missstände bewusst, gibt es, ebenso wie im individuellen Bereich, zwei Möglichkeiten, darauf zu reagieren: abrupt oder Schritt für Schritt. Als die Nachricht über ein neuartiges Virus im chinesischen Wuhan um die Welt ging, fühlte sich die große Mehrheit der Menschen noch nicht betroffen. Dies änderte sich bekanntlich schlagartig innerhalb weniger Monate, und die meisten Regierungen verordneten im Kampf gegen das Coronavirus sehr kurzfristig so radikale Maßnahmen wie kaum zuvor in der Menschheitsgeschichte. Dieser Ausnahmezustand machte bewusst, dass Länder zwar ihre Grenzen schließen können, aber dadurch das globale Problem nicht lösbar ist. Auch die Atomreaktorkatastrophe im japanischen Fukushima 2011 veränderte das globale Bewusstsein: Ein schrittweiser Ausstieg aus der Atomenergie steht seither in vielen Ländern fest auf der politischen Agenda. 2017 entzündete das Outing über das Gebaren des ehemaligen Filmmoguls Harvey Weinstein in Hollywood einen Funken, der weltweit zu Betroffenheitsbewegungen führte: Beispielsweise beteiligten sich an der ersten landesweiten Frauendemonstration in Spanien im März 2018 über 5 Millionen Frauen. Erst die emotionale Betroffenheit vieler durch dokumentierte persönliche Schicksale der betroffenen Frauen, beispielsweise auch im Zusammenhang mit Jeffrey Epsteins Wirken, hat die Bewegung öffentlich in Gang gesetzt. Dieser Umstand zeigt, dass Emotionen (Kapitel 3.3) ein entscheidender Auslöser für Bewusstseinsprozesse sind. Bis die Erkenntnisse Konsequenzen auslösen, kann es allerdings dauern. Beispielsweise schrieben die Vereinten Nationen bereits 1999 : »Allein 1993, so die Schätzung der Weltbank, war Gewalt gegen Frauen eine ebenso ernste Todesursache oder Grund für Behinderungen bei Frauen im gebärfähigen Alter wie Krebs und führte noch häufiger zu gesundheitlichen Problemen als Verkehrsunfälle und Malaria zusammengenommen. […] Allein in den Vereinigten Staaten kostet Gewalt gegen Frauen die Wirtschaft $100 Millionen aufgrund von Lohnausfall, Krankenstand, Fehlen am Arbeitsplatz und mangelnder Produktivität.« 2019 schätzten die Vereinten Nationen, dass täglich 137 Frauen durch Gewalt von Männern getötet werden.

Wie sich Bewusstseinsprozesse entwickeln, ist schlecht kalkulierbar. Stolpersteine, die tatsächliche Veränderungen behindern, sind im kollektiven Bewusstsein nicht minder zahlreich als im individuellen: In der Politik etwa ausgelöst durch den Wunsch, wiedergewählt zu werden und die Macht zu erhalten, in der Wirtschaft durch die Ausrichtung auf Profit, in der Gesellschaft bedingt durch

Tradition, Bequemlichkeit und Ego. Nicht zuletzt ist immer wieder Hilflosigkeit feststellbar, wenn es darum geht, die Lösung für ein Problem zu finden. Erste Voraussetzung dafür ist das sogenannte intentionale Bewusstsein und damit die Fähigkeit, bestimmte Einstellungen, Wünsche, Absichten, Ziele und Überzeugungen zu haben und entsprechend zu handeln.

2 – DAS GEHIRN

Zentrale bewusster und unbewusster Verarbeitung

»Braucht es dein Gehirn wirklich?« Diese provokative Frage stellte der britische Kinderarzt John Lorber (1915–1996) in seinem 1980 publizierten Beitrag für die Fachzeitschrift »Science«, in der er den Fall eines Studenten schildert, der einen Intelligenzquotienten von 126 aufwies und ein Mathematikgenie war. Und dies, obwohl der Kortex des jungen Mannes – also die Hirnrinde, die ausschlaggebend ist für kognitive Fähigkeiten – stark reduziert war. Grund dafür war ein Hydrozephalus, der zur Folge hatte, dass sein Kopf im Übermaß mit Gehirnwasser gefüllt war, das Druck auf das Hirngewebe ausübte. Zu den typischen Symptomen zählen kognitive Einschränkungen und bei erhöhtem Druck auch Bewusstseinsstörungen. Der von Lorber untersuchte Student hätte aufgrund seiner stark reduzierten Großhirnrinde nach allgemeinem neurologischem Verständnis alles andere als ein Mathematikgenie sein sollen.

Der Student ist jedoch kein Einzelfall. Überrascht war auch der Neurologe Lionel Feuillet, als er 2004 an der Universität Marseille Hirnscans an einem 44-jährigen Mann vornahm. Als Kind wurde bei diesem Hydrozephalus diagnostiziert. Eine Drainage sorgte dafür, dass die überschüssige Hirnflüssigkeit abfloss. Die Drainage wurde schließlich im Alter von 14 Jahren entfernt. Wie sich zeigte, hatte sich der Kopf im Laufe der Zeit wieder mit Hirnwasser gefüllt. Feuillet stellte eine Reduktion der Hirnmasse von schätzungsweise 50 bis 75 Prozent fest, genauere Angaben konnte er nicht machen, da sie keine Software nutzten, um das Volumen zu messen. Nichts-

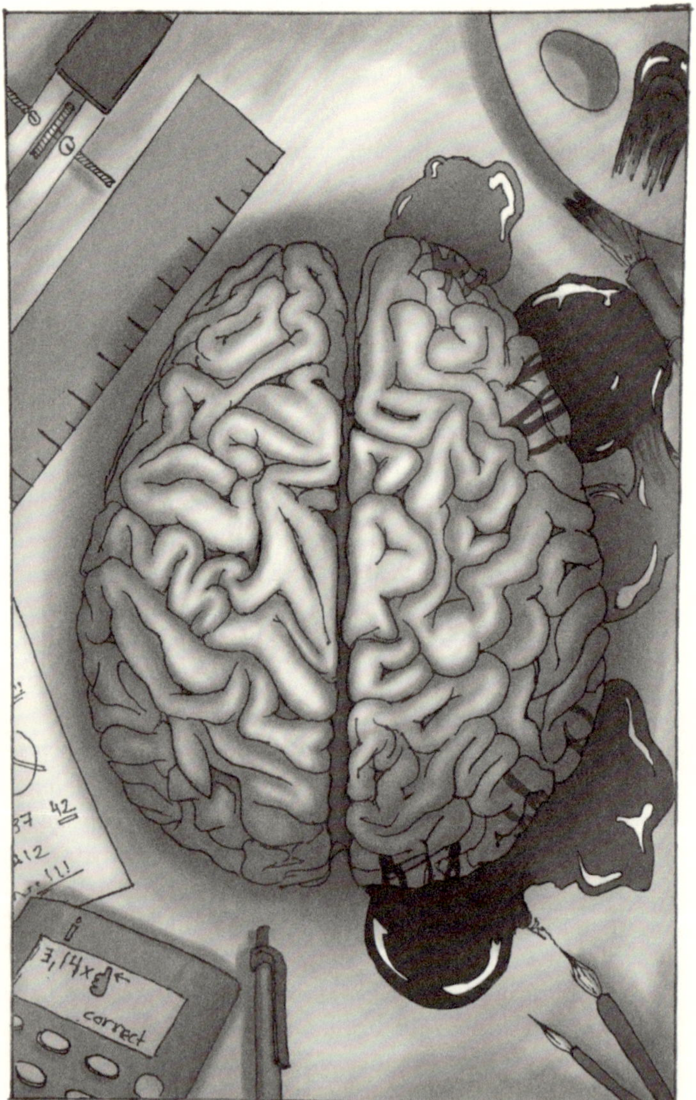
correct

destotrotz lebte der Mann ein normales Leben, arbeitete als Beamter, war verheiratet, hatte zwei Kinder.

Es sind zahlreiche weitere Fälle dokumentiert, die aufgrund der anatomischen Beschaffenheit des Gehirns andere Erwartungen auslösen als das Leben, das die Betroffenen tatsächlich führen. John Lorber kam in seiner erwähnten Studie zu dem Schluss, dass etwa 10 Prozent der von ihm untersuchten Fälle per Definition über kein funktionstüchtiges Gehirn verfügten, weil es bis zu 95 Prozent aus Flüssigkeit bestand. Dennoch sei die Hälfte dieser Personen geistig gesund.

Ein unerklärlich normales Leben trotz defizitären Gehirnzuständen hatte bereits 1896 zwei Forscher beschäftigt. George Gould und Walter Pyle verfassten zu diesem Thema das Standardwerk »Anomalies and Curiosities of Medicine«. In diesem Buch beschrieben sie unter anderem den Fall einer verunglückten Textilarbeiterin im Jahre 1879: Während der Arbeit durchbohrte eine große Schraube einer Maschine den Kopf der jungen Frau. Es mussten die durch die Schraube zerstörten Hirnteile und weiteres Gewebe entfernt werden. Trotzdem lebte die Frau nach dem operativen Eingriff 42 Jahre ohne Einschränkungen weiter.

Neuroplastizität

Die große Mehrheit der Hirnverletzungen bleibt allerdings nicht ohne Folgen (siehe Kapitel 3.3). Und so stellt sich die Frage, weshalb die Menschen in den oben erwähnten Beispielen mit ihrem besonderen Gehirn gut zurechtkommen. Eine Antwort darauf versucht der kanadische Psychiater Norman Doidge zu geben, der mit seinem 2007 veröffentlichten Buch »Neustart im Kopf – Wie sich unser Gehirn selbst repariert« einen weltweiten Bestseller schuf. In diesem Buch wird unter anderem der Fall einer Frau beschrieben, die von Geburt an über nur eine Hirnhälfte verfügte. Dennoch konnte sie normal sprechen lernen. Den

Grund für solche Phänomene sehen Doidge und weitere Wissenschaftler in der sogenannten neuronalen Plastizität. Neuroplastizität sei die Fähigkeit des Gehirns, als Antwort auf Aktivitäten und mentale Erfahrungen die eigene Struktur und Funktionsweise zu verändern, erklärt Doidge.

Neuroplastizität kann gut oder schlecht für uns sein. Nicht wünschenswert ist es, wenn ein Gehirn aufgrund gewisser Erfahrungen Fehlfunktionen entwickelt, die beispielsweise die Basis sind für Angstzustände oder Zwangshandlungen. Eine Voraussetzung, um sich Neuroplastizität positiv zunutze zu machen, ist laut Doidge eine Veränderung der Einstellung zum Gehirn. Das könne funktionieren, wenn sich die betroffene Person beim Auftreten ihres Problems nicht mit den Vorgängen im Gehirn identifiziert. Vielmehr müsse sie sich davon distanzieren und sich sagen, dass da gerade eine Fehlschaltung im Kopf laufe und dieser Impuls ignoriert werden könne. Doidge empfiehlt, Impulse des Gehirns achtsam unter die Lupe zu nehmen, ihnen auch mal Einhalt zu gebieten, sie unter Umständen zum eigenen Wohl zu korrigieren. Ein solcher Umgang mit neuronalen Impulsen setzt voraus, dass man ihrer gewahr wird und bereit ist, im Dialog mit dem Gehirn eine neutrale Position oder gar eine Gegenposition einzunehmen.

Um die Plastizität des Gehirns zu trainieren, braucht es regelmäßig frische Impulse, neue Herausforderungen und unterschiedliche Anregungen. Abträglich sind sich ständig wiederholende Reize: Sie wirken einschläfernd, und im Laufe der Zeit automatisiert sich die Reaktion auf den Reiz (Kapitel 4.4). Eintönigkeit bewirkt über längere Zeit einen Verlust an Elan und Antrieb. Permanenter Stress ist jedoch auch nicht gesund. Speziell in modernen Gesellschaften neigt der Mensch zur Kopflastigkeit. Wir werden von klein auf getrimmt, das Gehirn intensiv zu nutzen, aber wir werden kaum dazu ermuntert, dem Kopf Pausen zu gönnen – etwa beim Tagträumen oder einem Spaziergang in der Natur.

Entwicklung zum Hype

Als dynamisches, sich ständig wandelndes und entwickelndes Organ, das pausenlos aktiv ist, hat das Gehirn den höchsten Bedarf an Sauerstoff und Energie. Obwohl die Hirnmasse beim Menschen nur etwa 2 Prozent des Körpergewichts ausmacht, beansprucht das Kopforgan fast ein Viertel des gesamten Energiebedarfs, in Stresssituationen sogar bis zu 90 Prozent. Diese Energie kann das Gehirn weder selbst produzieren noch speichern. Entsprechend sensibel reagiert es auf Sauerstoffmangel oder Unterzuckerung. Als Schaltstelle, die die Körperfunktionen koordiniert und auswertet, stellt das Gehirn zuerst die eigene Energieversorgung durch den Organismus sicher und teilt erst danach die übrige Energie dem Körper zu. Setzen die Hirnaktivitäten längere Zeit aus, steht im Allgemeinen der Tod bevor. Wobei es hierbei Ausnahmen gibt (siehe Kapitel 4.19).

Für nachweisliche Erkenntnisse über das Gehirn sorgten bereits rund 200 Jahre vor Christus Gelehrte in Alexandria. Ägypten förderte damals die Medizin in besonderem Maße und erlaubte sogenannte Vivisektionen, also operative Eingriffe am lebenden Menschen. In alten Schriften heißt es, den ägyptischen Anatomen hätten dafür Gefangene zur Verfügung gestanden. Die Mediziner konnten in der Folge detailliert das Großhirn und das Kleinhirn beschreiben sowie die Hirnhäute und Gehirnkammern. Sie gewannen auch die Erkenntnis, dass es motorische und sensorische Nerven gibt. Doch es sollte noch lange dauern, bis deutlich wurde, wozu dies alles dient. Erst im 2. Jahrhundert nach Christus machte der griechische Anatom Claudius Galenus (genannt Galen) geltend, dass nicht das Herz (wie bis dahin angenommen), sondern das Gehirn zuständig sei für Funktionen wie Denken und Erinnern.

Auf zunehmendes Interesse in der wissenschaftlichen Forschung stieß das Gehirn allerdings erst, als sich das metaphysische Verständnis des Menschen zu verflüchtigen begann. Mit Beginn der Humanwissenschaften in der zweiten Hälfte des 18. Jahrhunderts setzte die Entwicklung zur heute ausgeprägten »Hirnlastigkeit« ein. Im 20. Jahrhundert brachte vor allem die Entdeckung zahlreicher Botenstoffe (Kapitel 2.4) neue Erkenntnisse. Im Laufe der Zeit entdeckte Verfahren lösten zur Jahrtausendwende einen Boom in der Hirnforschung aus. Sie erlauben, das Gehirn während seiner Aktivitäten zu beobachten – ohne dass dabei jemand gefoltert wird wie im alten Ägypten.

Eine wichtige Basis für die bildgebenden Verfahren schuf der Radiologe Alessandro Vallebona (1899–1987), als er 1930 in Genua die Grundlagen der Tomografie erfand. Dazu setzte er eine Röntgenquelle und einen Film ein. Sie bildeten die im Drehpunkt liegende Ebene scharf und die umliegenden Ebenen unscharf ab. Zu Beginn der 1970er-Jahre wurden erste Computer eingesetzt, um aus den Rohdaten eines solchen Tomogramms Schnittbilder zu erzeugen. Gleichzeitig entstand ein bildgebendes Verfahren, das auf sehr starken Magnetfeldern und magnetischen Wechselfeldern im Radiofrequenzbereich beruht. Für die Erfindung der Kernspintomografie erhielten der US-amerikanische Chemiker Paul Christian Lauterbur und der britische Physiker Sir Peter Mensfield 2003 den Nobelpreis. Heute gibt es eine Vielzahl von Methoden, das Gehirn sichtbar zu machen.

Bildgebende Verfahren

Als Tomografie werden bildgebende Verfahren bezeichnet, die computerbasierte Schnittbilder eines Objekts produzieren und dadurch dessen innere Struktur offenlegen. Bei der Computertomografie (CT) werden auf Basis zahlreicher, aus verschiedenen Winkeln aufgenommener Röntgenbilder durch den Computer die Schnittbilder errechnet, sodass unterschiedliche Ebenen betrachtet und beurteilt werden können. In der Neurologie von Bedeutung ist unter anderem die Positronen-Emissions-Tomografie (PET). Bei dieser

Methode wird eine schwach radioaktiv markierte Substanz in den Blutkreislauf injiziert. Im PET-Scanner werden damit biochemische und physiologische Funktionen sichtbar gemacht.
Die Schnittbilder der Magnetresonanztomografie (MRT, auch MRI) basieren auf sehr starken Magnetfeldern sowie magnetischen Wechselfeldern im Radiofrequenzbereich, die kleinste Bewegungen in Wassermolekülen darstellen. Als funktionelle Magnetresonanztomografie (fMRT) wird ein bildgebendes Verfahren bezeichnet, das aktivierte Hirnareale mit hoher räumlicher Auflösung darstellt. Ergänzend zur fMRT wird, beispielsweise um komplexe Schädeloperationen zu planen, die Magnetoenzephalografie (MEG) genutzt.

Hoffnungen und Skepsis

Bildgebende Verfahren unterstützen maßgeblich Erkenntnisse über die Funktionsweise des Gehirns. Auch sind sie wertvolle Instrumente zur Diagnose von Fehlfunktionen. Der zu Beginn des 21. Jahrhunderts ausgelöste Hype und die damit einhergehende Tendenz, das Wesen des Menschen auf das Gehirn zu reduzieren, wird aber auch kritisiert. Daniel Hell, langjähriger ärztlicher Direktor der Psychiatrischen Uniklinik Zürich, lehnt den Vorstoß der Invalidenversicherung des Schweizer Kantons Luzern ab, Depressionen zusätzlich mithilfe von Hirnscans und Hirnstrommessungen abzuklären: »Es lassen sich zwar im statistischen Vergleich verschiedener Menschen gemeinsame Tendenzen je nach Stimmungslage finden, doch ist das Individuelle so dominierend, dass eine aussagekräftige Diagnose zum Beispiel von Depressionen aufgrund von Normwerten nicht möglich ist. So können depressive Symptommuster zum Beispiel nicht scharf von gesunder Trauer oder von normalen Verstimmungen abgegrenzt werden.« Erst das individuelle Erleben der Traurigkeit bestimme, wie diese empfunden und was damit ausgelöst werde.

Aktuell beschäftigen sich weltweit Hunderttausende Wissenschaftler mit dem Gehirn – nicht nur in der Neurologie, auch im Neuromarketing, der Neuropsychologie, Neurochemie, Neuroethik, Neuroökonomie, Neurotheologie oder der künstlichen Intelligenz. Die gut dotierte, 2017 in der Schweiz gegründete Stiftung Mindfire hat sich beispielsweise zum Ziel gesetzt, interdisziplinär »den Gehirncode zu knacken und die Prinzipien der menschlichen Intelligenz zu entschlüsseln«. Bereits 2013 beschloss die Europäische Union im Rahmen von vier FET-Flaggschiffen (Future and Emerging Technology) das größte wissenschaftliche Projekt, das jemals von der Organisation finanziert wurde: das Human Brain Projekt mit dem Ziel, das Gehirn technisch nachzubauen (Kapitel 2.6).

2.2 ANATOMIE

Wo welche Daten verarbeitet werden

Bildgebende Verfahren erlauben bis zu einem gewissen Grad, in Echtzeit zu beobachten, welche Hirnregionen unter welchen Umständen aktiviert sind. Dadurch können die verschiedenen Hirnareale heute klar unterschieden werden. Hier sollen nur jene Grundstrukturen erklärt werden, die für Bewusstsein relevant sind.

Vergleiche zwischen dem menschlichen Gehirn und Gehirnen diverser Tierarten haben deutlich gemacht: Was im menschlichen Kopf vor sich geht, unterscheidet sich kaum von den Vorgängen in Köpfen anderer Wirbeltiere. Die Strukturen des Gehirns sind grundsätzlich bei allen gleich. Unterschiede gibt es im anatomischen Aufbau, in der Größe und in der Vielfalt der Funktionen. Besonders an der Entwicklung des menschlichen Gehirns ist, dass sein Volumen verhältnismäßig rasant wuchs. Nach heutigen Erkenntnissen besteht zwischen absoluter Hirngröße (also der Größe im Verhältnis zum Körper) und Intelligenz ein enger Zusammenhang. Entscheidend ist dabei die Neuronendichte (Kapitel 2.3): Je mehr Neuronen, desto mehr und desto schnellere Verschaltungen sind möglich. Diesbezüglich ist der Mensch im Vergleich zu anderen Lebewesen der unangefochtene Spitzenreiter.

Zusammenspiel

Mancherorts geistert die Auffassung herum, das Gehirn habe sich entwicklungsgeschichtlich zu unterschiedlichen Zeiten geformt. Deshalb wird der Hirnstamm gelegentlich als Reptilienhirn bezeichnet und als ältester Teil des Gehirns deklariert. Das Stirnhirn wäre demnach der jüngste Teil. Doch diese Ansicht ist überholt. Grundsätzlich entsprach das menschliche Gehirn in seiner Zusammensetzung stets der heutigen. Richtig ist aber, dass sich die äußerste Schicht des Gehirns, der Kortex, in der jüngsten Phase der Evolution am stärksten entwickelt hat. »Der Fortschritt hin zu immer mehr Leistung, Lernbereitschaft und zu komplexeren Fähigkeiten ist in der Tat dem sich Ausweiten der äußeren Schicht der Großhirnrinde zuzuschreiben«, erklärt der Basler Neurologe Jürg Lütschg.

Die Großhirnrinde (Kortex) steht in Verbindung mit bewusster Wahrnehmung, logischem Denken, Reflexion und Vernunft. In diesem Teil des äußeren Hirnmantels sind die Neuronen besonders dicht gepackt. Für sich allein wäre der Kortex allerdings nicht arbeitsfähig. Er ist auf »Zulieferer« angewiesen. So vermittelt etwa das limbische System emotionale Impulse, die Hippocampus-Formation bringt Aspekte auf der Basis von Erinnerungen ein. »Wahrscheinlich ermöglicht erst die Synchronisation, also die Gleichschaltung unterschiedlicher Verbände von Hirnzellen, das Phänomen Bewusstsein«, so Jürg Lütschg.

Wenn wir unter Strom stehen, gestresst sind oder in Wut geraten, verengen sich die Blutgefäße im Vorderhirn und reduzieren dessen Funktionsfähigkeit. Bewusste Wahrnehmung, logisches Denken, Reflexion und Vernunft sind dann stark beeinträchtigt. In heiklen Situationen reagieren wir deshalb reflexartig und kaum überlegt. Das hat Vorteile. Denn in der rund 200 000-jährigen Entwicklung vom Homo Sapiens zum »Homo cerebralis« war die Fähigkeit, sofort und adäquat auf Gefahren reagieren zu können, eine Voraussetzung für das Überleben. Solche lebenserhaltenden Reflexe machen sich auch heute im verhältnismäßig sicheren Alltag immer wieder bemerkbar, und zwar nicht nur in Extremsituationen: ausgelöst durch Konkurrenzkampf, Geltungsdrang, Ängste oder kaum kontrollierbare Triebe. Die Impulse für reflexartiges Verhalten stammen tendenziell aus dem hinteren, unteren Kopfbereich und funktionieren auch ohne Bewusstsein.

Besteht keine direkte Lebensgefahr, ist es ratsam, Reflexe durch den Körper fließen zu lassen, ohne sofort zu agieren. Drohen Wut, Lust oder Angst wie ein Vulkan auszubrechen, ist eine kurze Pause hilfreich, um den Automatismus zu unterbrechen. Wenn der Kopf vor Erregung hochrot ist oder die Stimme ihre normale Tonlage verliert, lohnt sich bereits eine kleine Verschnaufpause, um dem Vorderhirn die notwendige Zeit zu verschaffen, sich wieder ins Spiel zu bringen. Auf diese Weise kann man die Situation reflektieren und Strategien für eine angepasste, intelligente Reaktion entwickeln.

Zivilisation von Rechtshändern

Natürlich ist das Gehirn nie ausschließlich vorn oder hinten aktiv. Ebenso wenig gibt es einseitige Aktivitäten in der linken oder der rechten Hirnhälfte. Dennoch hat sich jeder Hirnbereich auf bestimmte Aufgaben spezialisiert. Grundlage für diese Erkenntnis war die sogenannte Split-Brain-Operation. Sie wurde erstmals von Roger Sperry

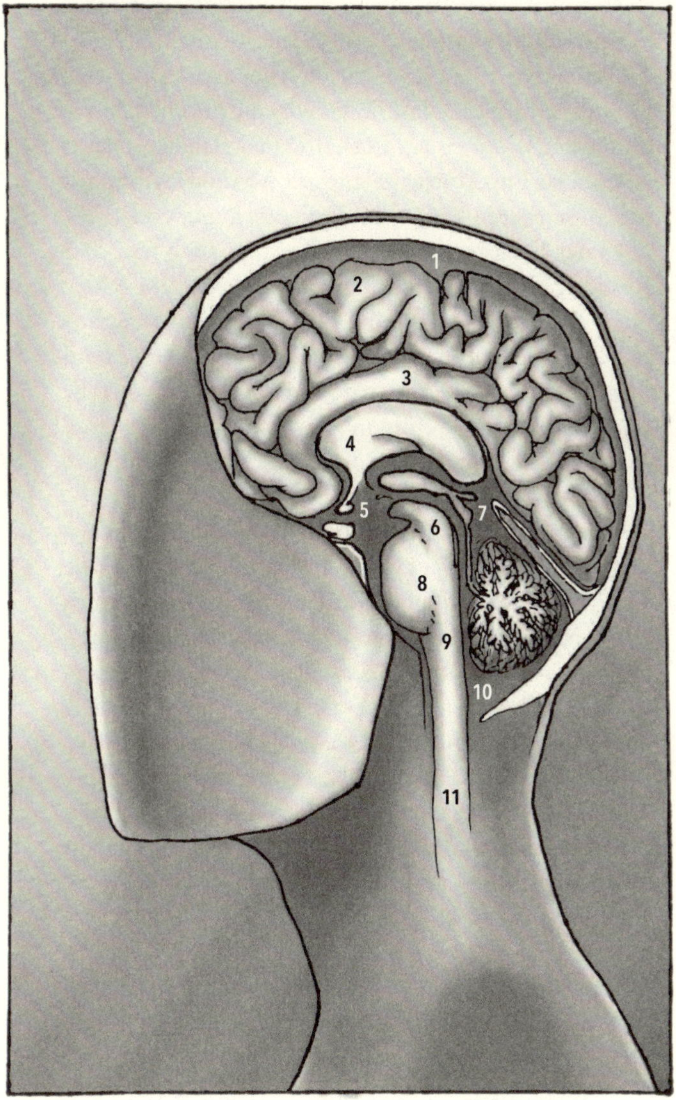

Querschnitt durch das Gehirn

1 Hirnhaut und Hirnflüssigkeit, 2 Großhirn, 3 Balken, 4 Thalamus und Hypothalamus, 5 Hypophyse, 6 Mittelhirn, 7 Zirbeldrüse, 8 Brücke, 9 Verlängertes Rückenmark, 10 Kleinhirn, 11 Rückenmark

(1913–1994) in den frühen 1960er-Jahren in Los Angeles durchgeführt: Der amerikanische Neurobiologe trennte die Verbindung zwischen den beiden Hirnhälften bei einem Patienten, der an Epilepsie litt. Ziel seiner Operation war es zu verhindern, dass bei einem epileptischen Anfall Stromimpulse von einer Hirnhälfte in die andere geleitet werden. Das Experiment gelang; die Methode wird noch heute in schweren Fällen von Epilepsie angewendet.

In der Folge stellte Sperry allerdings auch fest, dass die beiden Hirnhälften nicht gleich agieren. 1981 erhielt er den Nobelpreis »für seine Entdeckungen bezüglich der funktionellen Spezialisierung der zerebralen Hemisphären«. In seiner Dankesrede sagte Sperry: »Das große Vergnügen und das Gefühl in meinem rechten Hirn sind mehr als mein linkes Hirn die Worte finden kann, um Ihnen das zu sagen.«

Die linke Hirnhälfte ist spezialisiert auf Fähigkeiten wie Sprechen, rationales Denken, zeitliches Gliedern, detailliertes Vergleichen und Werten. Hier werden Formen und Farben erfasst sowie große Mengen an Reizen mit minimaler Aufmerksamkeit bewältigt. Spätestens ab dem Schuleintritt werden insbesondere die Fähigkeiten der linken Hirnhälfte intensiv gefördert: durch das Erlernen von Schreiben, Rechnen, Lesen, das Benutzen von Werkzeugen und weitere Unterrichtselemente. Bedeutsam ist die linke Gehirnhälfte auch dafür, die eigene Person als Ich wahrzunehmen und sie von Kopf bis Fuß im Detail zu benennen, den eigenen Namen, den Wohnort, die Lebensumstände zu kennen. Die linke Seite des Gehirns befähigt uns, individuelle Ziele zu entwickeln und nach deren Verwirklichung zu streben.

Wenn von Hirnlastigkeit gesprochen wird, ist eigentlich stets die Rede von der linken Gehirnhälfte. Hirnschläge werden viermal häufiger auf der linken als auf der rechten Seite ausgelöst. Rund 85 Prozent der Bevölkerung sind Rechtshänder. Da Körper und Gehirn weitgehend über Kreuz agieren, weist demnach die große Mehrheit der Bevölkerung eine sogenannte links-hemisphärische Dominanz auf. Sogar unter den linkshändigen Menschen trifft dies auf rund 60 Prozent zu.

Der rechten Hirnhemisphäre werden Ideen, Kreativität, Eingebungen, Intuition, Emotionen, Musik, das Empfinden von Zeitlosigkeit und Unbegrenztheit zugeordnet. Die rechte Gehirnhälfte fokussiert das große Ganze; es ist eine Welt mit Abermilliarden von Pixeln, in der die Grenzen zwischen dem Ich und der Umgebung verwischen und in der nicht gewertet wird. Die rechte Hirnhälfte kann sich nicht an die Jahreszahl erinnern, aber die Situation von anno dazumal lebendig werden lassen. Sie ist in der Lage, Szenen, wie aus einem Videoalbum, samt der dazu gehörenden Gefühle abzurufen. Die eigene Persönlichkeit ist in der rechten Hirnhälfte weniger relevant als das Bedürfnis, an einer größeren Sache teilzuhaben. Die rechte Hirnhälfte nimmt die längeren Lichtwellen wahr, weshalb sie sich auf das große Bild konzentriert, Grenzen nicht so scharf zieht und Details nur eingeschränkt erlebt. Die Wahrnehmung der niedrigeren Tonfrequenzen führt dazu, dass die rechte Hirnhälfte schlecht einzelne Wörter aufnimmt, dafür aber das Rauschen des Meeres oder das Gluckern im Körperinnern. In der rechten Hirnhälfte geschieht alles etwas langsamer als in der linken.

Die einzelnen Hirnbereiche agieren zwar spezialisiert, jedoch nicht als Einzelgänger – oder wie es der Basler Neurologe Jürg Lütschg formuliert: »Tatsächlich beruhen über das Gehirn laufende Aktivitäten stets auf komplexer Kooperation und Interaktion«. In der Kommunikation etwa verhilft die linke Hirnhälfte zum Vokabular und zur Fähigkeit, Sätze zu verstehen. Gleichzeitig sorgt die rechte Hemisphäre dafür, dass Stimmausdruck, Körperhaltung und Mimik akkurat interpretiert werden.

In einer gefährlichen Situation lässt uns der affektive hintere Hirnbereich in Deckung gehen, sodass der vordere

Hirnbereich analysieren kann, wie man sich am besten aus der Situation rettet.

Spezifische Hirnareale

Die Spezialisierung jedes einzelnen Hirnbereichs bei gleichzeitig großer Flexibilität und Komplexität ist eine wichtige Basis für die Entwicklung der spezifisch menschlichen Eigenschaften.

Hirnstamm

Verlängertes Rückenmark, Brücke und Mittelhirn bilden zusammen den Hirnstamm (Truncus cerebri). Er steuert Herzschlag, Blutdruck, Atmung, Kreislauf, Magen-Darm-Funktionen, Schlaf-Wach-Rhythmus und Körpertemperatur. Eine ernsthafte Verletzung dieser Hirnregion hat unweigerlich den Tod zur Folge. Das verlängerte Rückenmark (Medulla oblongata) ist als Verbindung zwischen Kopf und Rücken zuständig für lebenswichtige Reflexe wie Speichelfluss, Schlucken, Brechreiz, Husten und Niesen. Ein diffuses Netzwerk von Nervenzellen (Formatio reticularis), das sich über das verlängerte Mark bis zum Mittelhirn ausdehnt, kann für allgemeine Alarmbereitschaft sorgen: Unter anderem werden in heiklen Situationen Aufmerksamkeit, Blutdruck und Muskelspannung erhöht, Schmerzempfindungen moduliert und Empfindungen wie Furcht weitergeleitet.

Mittelhirn

In der Stirnmitte, knapp oberhalb der Brauen, markieren Hinduisten seit ewigen Zeiten einen Punkt mit Farbpulver oder einem selbstklebenden Filzchen. Dieser Punkt sagt etwas über den sozialen Status aus. Er markiert aber auch die Stelle des »dritten Auges«. Dabei handelt es sich um eine Drüse im Zentrum des Kopfes, die aus einem anderen Material besteht als alle übrigen Teilorgane des Gehirns. Die sogenannte Zirbeldrüse (Epiphyse) entwickelt sich aus speziellen Zellen im Gaumen. Von dort aus wandern sie während der Entwicklung des Embryos ins Zentrum des Gehirns. Angelegt ist die Zirbeldrüse sieben Wochen nach der Zeugung – zum gleichen Zeitpunkt, wie das Geschlecht des Babys erkennbar wird. Die Wissenschaft geht davon aus, dass diese wie ein Kiefernzapfen geformte Drüse im Laufe der Evolution von rund drei Zentimetern Durchmesser auf die heutige Größe geschrumpft ist, die etwa dem Nagel am kleinen Finger entspricht. Die moderne Hirnforschung nahm deshalb zunächst an, dass die Epiphyse als degenerierte Drüse – ähnlich dem Blinddarm – ohne Funktion sei. Eine Fehleinschätzung, die revidiert wurde: Die Zirbeldrüse spielt eine zentrale Rolle bei der Ausschüttung wichtiger Botenstoffe.

Mit der Rehabilitation der Zirbeldrüse als Organ mit spezifischen Aufgaben rückten auch historische Annahmen wieder in den Fokus. So zeigte sich etwa im antiken Griechenland des 4. Jahrhunderts vor Christus der Anatom Herophilos aus Alexandria überzeugt, dass die Zirbeldrüse Gedanken produziere und kontrolliere. Eine Auffassung, die noch im späten Mittelalter vom französischen Universalgelehrten René Descartes (1596–1650) geteilt wurde. Als Begründer des modernen Rationalismus war Descartes überzeugt von einer Wechselwirkung zwischen Geist und Materie. Die Zirbeldrüse hielt er für einen Mittler zwischen Körper und Geist und für ein Organ, das »im beinahe ausschließlich mechanisch funktionierenden Organismus eine besondere Aufgabe hat – als Drüse, in der die Seele ihre Funktion spezieller ausübt als in jedem anderen Teil des Körpers«. Descartes erachtete die Zirbeldrüse als Hauptinstanz des Sehens.

1886 gelang der Nachweis, dass es sich bei der Zirbeldrüse tatsächlich um ein »drittes Auge« handelt. Die vordere Hälfte der Epiphyse verfügt über die organische Struktur eines menschlichen Auges: Pigmentierte Netzhautzellen umgeben einen kugelförmigen Innenraum, der mit einer Masse gefüllt ist, die der Linse des äußeren Auges ähnelt. Ebenso ist ein vollständiges System zur optischen Signalübertragung vorhanden. Bei Wirbeltieren wie Fischen, Amphibien, Reptilien und zahlreichen Vogelarten kann die in einem Loch im Schädeldach liegende Epiphyse durch eine schützende Hautschicht hindurch Licht wahrnehmen. Dies beeinflusst entscheidend den Lebensrhythmus der Tiere, etwa wenn es darum geht, Winterschlaf zu halten oder Nachwuchs zu zeugen.

Die nach oben gerichteten Sehzellen in der Epiphyse sind beim Menschen kaum in der Lage, Licht auf dieselbe Weise wie die der Tiere aufzunehmen. Die aktuelle Forschung legt aber nahe, dass die Zirbeldrüse Licht auf irgendeine Weise durchaus wahrnehmen kann. Licht ist ein Ausdruck elektromagnetischer Strahlung (Kapitel 5.5) und es wird vermutet, dass die Zirbeldrüse elektromagnetische Felder detektieren, also weit mehr als nur die Frequenzbereiche des Lichts wahrnehmen kann. Diese Vermutung ist ein Grund dafür, dass die Zirbeldrüse auch im Zusammenhang mit Elektrosmog immer wieder genannt wird.

Die Zirbeldrüse ist Teil des Mittelhirns (Mesencephalon), das als oberste und vorderste Fortsetzung des Stammhirns eng mit dem Kleinhirn zusammenarbeitet. Als eine Art Koordinationszentrum verschaltet es unter anderem die Wahrnehmungen von Augen, Ohren und Haut mit anderen Hirnzentren. So steht etwa eine Zellgruppe, die als Ventrales Tegmentum bezeichnet wird, in enger Verbindung mit dem limbischen System und agiert als Schaltstelle für Gefühle und Emotionen, die im Zusammenhang mit unserer Wahrnehmung (Kapitel 3) entstehen. Diese komplexen Interaktionen stehen vermutlich auch im Zusammenhang mit Suchtverhalten. Es hat sich gezeigt, dass beispielsweise bei Rauchern die Aktivität im Mittelhirn ansteigt, sobald sie den Wunsch nach einer Zigarette verspüren. Aktiviert ist das Mittelhirn auch während anderer Formen intensiven Erlebens und in außergewöhnlichen Bewusstseinszuständen.

Kleinhirn

Etwa die Hälfte aller Hirnzellen sind im Kleinhirn (Cerebellum) angesiedelt, obwohl es gerade mal 10 Prozent des Gewichts vom Großhirn auf die Waage bringt. Mit vielen Lappen und Furchen, die in zwei Hemisphären geteilt sind, ähnelt sein Aussehen dem des Großhirns. Es liegt in der hinteren Schädelgrube unterhalb des Großhirns und ist durch eine Brücke (Pons) mit dem verlängerten Rückenmark verbunden.

Zuständig ist das Kleinhirn für die räumliche und zeitliche Koordination, für die Feinabstimmung komplexer motorischer Handlungsabläufe sowie für das körperliche Gleichgewicht und die Körperhaltung.

Was im Kleinhirn an Aktivitäten geschieht, läuft unbewusst ab. Das hilft beispielsweise Kleinkindern, ganz natürlich zu lernen, wie man geht und steht und isst und andere Bewegungen ausübt. Einmal gelernt, werden die Bewegungsabläufe gespeichert. Deshalb brauchen wir nur einmal im Leben zu lernen, wie man Fahrrad fährt. Dank der Fähigkeit des Kleinhirns, mit ausreichend Übung gewisse Bewegungen zu automatisieren, finden wir auch problemlos den gewohnten Weg nach Hause, selbst wenn wir während der Autofahrt in Gedanken versunken oder ein Gespräch vertieft sind.

Zwischenhirn

Das Zwischenhirn (Diencephalon) liegt tief im Inneren zwischen Stammhirn und Großhirn und filtert den immensen Informationsfluss zwischen Sinnesorganen und Großhirn. Es ist der Kommunikator zwischen den sensorischen und motorischen Nerven und regelt auf komplexe Weise viele für das Überleben notwendige Funktionen. Unterstützt wird es dabei von zwei wichtigen Schaltstellen: dem Thalamus und dem Hypothalamus.

Der Thalamus (aus dem Griechischen: Schlafgemach oder Kammer) beansprucht den meisten Platz im Zwischenhirn und zensiert, ob Sinneswahrnehmungen ins Bewusstsein gelangen oder im Unterbewussten verweilen. Beispielsweise gibt es keine Meldung, wenn wir einfach auf dem Waldboden sitzen. Krabbeln uns jedoch Waldameisen die Beine hoch, meldet der Thalamus dies ans Großhirn. Gleichzeitig fließen der Situation angepasste Impulse an die Motorik, was eine erschrockene Mimik und entsprechendes Verhalten auslösen kann. Erst wenn die Meldung vom Thalamus im Großhirn angekommen ist, entscheiden wir jedoch, ob wirklich eine Gefahr besteht. Als Umschaltstelle wird der Thalamus auch als »Tor zum Bewusstsein« bezeichnet. Erstes Ziel seiner Kommunikationsstrategie ist das Überleben. Deshalb funktioniert der Thalamus auf archaische Weise, nach lang vererbten, stereotypen Reaktionsmustern. Mit der Zirbeldrüse als Anhängsel hat der Thalamus eine direkte Verbindung zum Mittelhirn.

Die zweite wichtige Schaltstelle des Zwischenhirns, der Hypothalamus, ist das zentrale Bindeglied zwischen Hormon- und Nervensystemen. Er steuert unter anderem die Ausschüttung von Botenstoffen durch die untergeordnete Hypophyse und ist mitverantwortlich für Körperfunktionen wie Stoffwechsel, Wasserhaushalt, Biorhythmus, Grobmotorik, Körpertemperatur, Wachstum und bei Frauen auch Eireifung und Schwangerschaft. Dieses übergeordnete Steuerungszentrum für das vegetative Nervensystem arbeitet unter anderem eng mit dem limbischen (also emotionalen) System zusammen, sodass beispielsweise bei Gefahr oder Stress Impulse zur Ausschüttung von Botenstoffen wie Adrenalin und Noradrenalin gegeben werden (Kapitel 2.4).

Großhirn

Stellen wir uns das Gehirn bildlich vor, sehen wir das Großhirn (Telencephalon) mit den vielen charakteristischen Windungen und Furchen. Diese Struktur dient der Vergrößerung der Oberfläche und der Kapazität. Das Großhirn beansprucht am meisten Platz im Kopf: rund 80 Prozent des gesamten Volumens. Es ist wie das Kleinhirn durch eine tiefe Längsfurche in zwei Hemisphären unterteilt, die ebenfalls durch eine sogenannte Brücke (Pons) verbunden sind; das ist ein dicker Nervenstrang, der eine effiziente Zusammenarbeit zwischen der rechten und linken Hirnhälfte ermöglicht.

Gegliedert wird das Großhirn in sogenannte Lappen (Felder). Sie vermögen Wahrnehmungen der Sinnesorgane nicht nur zu kombinieren und aufeinander abzustimmen, sondern die aktuellen Informationen auch mit gespeicherten Erfahrungen abzugleichen. Im Stirnbereich werden die Inhalte des Kurzzeitgedächtnisses verarbeitet. Dieser Bereich ist wichtig für die Fähigkeit zu abstraktem Denken, Lernen und Erinnern. Sind die Frontallappen im Stirnbereich beschädigt, fällt es Betroffenen schwer, die Konsequenzen des eigenen Handelns einzuschätzen und adäquat auf Situationen zu reagieren, was unter anderem soziale Regelverstöße zur Folge haben kann. Festgestellt werden außerdem Störungen der Aufmerksamkeit, des Antriebs und der Gedächtnisleistung.

Die Parietallappen im Scheitelbereich spielen unter anderem eine Rolle für räumliche Wahrnehmung und Orientierung, räumliches Denken sowie die Fähigkeit zu rechnen und zu lesen. Sie sorgen aber auch dafür, die Aufmerksamkeit von einem Reiz zum anderen zu wechseln. Außerdem ist dieser Bereich bei Aspekten der Motorik involviert, beispielsweise bei der Augenbewegung.

Im hinteren Kopfbereich übernehmen die sogenannten Occipitallappen wichtige Funktionen bei der visuellen Wahrnehmung und Verarbeitung. Die seitlichen Temporallappen verarbeiten akustische Impulse. Auch sind sie von großer Bedeutung für das Erkennen und Benennen von Objekten. Zudem wird hier kurzfristig gespeichert, was gerade wahrgenommen oder gelernt wird.

Das Großhirn wird von einer grauen, 2 bis 4 Millimeter dicken Großhirnrinde (Cortex cerebri, auch Kortex genannt) ummantelt. Diese äußerste Hülle des Gehirns verfügt über den differenziertesten Teil des Zentralen Nervensystems und über Hirnzellen, die in dieser Art bei keinem Tier nachgewiesen wurden, die sogenannten grauen Zellen.

Der menschliche Kortex ist in über 150 Areale gegliedert. Diese starke Parzellierung sowie die hohe Dichte an Nervenzellen mit hoher Übertragungsgeschwindigkeit scheinen maßgeblich an der Intelligenz des Menschen beteiligt zu sein.

Bewusstsein entsteht nach heutigem Verständnis ausschließlich im Bereich des Kortex, aufgrund der vielfältigen wechselseitigen Beziehungen zu den übrigen Hirnarealen. Die Großhirnrinde reift zu einem späteren Zeitpunkt aus als die übrigen Hirnareale. Das hat beispielsweise zur Folge, dass wir als Kleinkind erst allmählich ein Ich-Empfinden entwickeln. Während der Pubertät werden die Strukturen in diesem Hirnbereich massiv auf-, ab- und umgebaut. Erst nach der Pubertät, wenn der Reifungsprozess des Kortex abgeschlossen ist, können wir unser Leben in vollem Umfang (selbst)bewusst gestalten.

Der äußersten Schicht des Kortex (Neomammalia) wird die Fähigkeit zu logischem Denken, der Bildung von Denkstrukturen, bewusster Wahrnehmung, Schlussfolgerungen und willentlichem Handeln zugeschrieben, aber auch Fantasie und Schöpfergeist. Diese außerordentlichen Fähigkeiten haben ihren Preis: Die Großhirnrinde arbeitet relativ langsam und energieaufwendig. Und sie ist fragiler und fehleranfälliger als jene Bereiche, die ohne Bewusstsein arbeiten. Weil der Kortex rund achtmal mehr Sauerstoff und Glucose als das übrige Hirngewebe benötigt, ist diese Region mehr als jede andere auf eine adäquate Energieversorgung angewiesen. Schon eine kurze Unterzuckerung oder ein kurzfristiger Mangel an Sauerstoff haben schwere Beeinträchtigungen zur Folge. Ohne Sauerstoffversorgung tritt bereits nach wenigen Minuten der Hirntod ein.

Obschon sich gewisse Funktionen auf bestimmte Areale der Großhirnrinde festlegen lassen, überrascht dieser Bereich durch seine Flexibilität. Insbesondere im Fall von Hirnverletzungen zeigt sich immer wieder, dass grundsätzlich jeder Teil der Großhirnrinde in der Lage ist, jedes Signal zu verarbeiten. Diese Flexibilität macht es möglich, dass Menschen, die einen Hirnschaden erleiden, durch intensives Training die verlorenen Fähigkeiten bis zu einem gewissen Grad wiedererlangen können. Andere Areale vermögen die Funktionen des ursprünglich zuständigen Bereichs weitgehend zu übernehmen.

Unterhalb der Großhirnrinde liegen beidseitig die sogenannten Basalganglien. Das ist eine Gruppe von Kernen, die sich bereits im Kopf des Embryos entwickeln. Man vermutet, dass sie eine wichtige Umschaltstelle für die Planung von Bewegungen sind und im Zusammenhang mit Spontaneität und Affekten eine maßgebliche Rolle spielen. Ebenso sollen die Basalganglien starken Einfluss auf Initiative, Willenskraft, Antrieb nehmen und motorische, kognitive sowie emotionale Regelungen vornehmen. Von fast der gesamten Großhirnrinde gelangen Informationen zu den Basalganglien. Sie scheinen wie Filter zu agieren und komplexen Einfluss auf unsere Handlungsmuster zu nehmen.

Limbisches System

Beim Menschen wie auch beim Säugetier wird eine weitläufige Gruppe komplex verbundener Gehirnstrukturen zwischen Hirnstamm und Großhirn als limbisches System bezeichnet. Es ist zuständig für die Verarbeitung von Emotionen (Kapitel 3.3) und entwickelt sich bereits ab der fünften Schwangerschaftswoche. Die Bedeutung dieses sehr heterogenen Gefüges offenbarte sich erst, als gegen Ende der 1980er-Jahre Neurobiologen wie Joseph LeDoux und António Rosa Damásio begannen, systematisch das Gehirn der Ratte zu untersuchen. Sie stellten fest, dass sich die für Emotionen zuständigen neuronalen Areale nicht wie bis dahin vermutet auf den Hirnstamm konzentrieren.

Vielmehr ist das limbische System mit fast allen weiteren Komponenten des Gehirns verknüpft. Deshalb ist so vieles, was wir wahrnehmen, erleben und tun, mit Emotionen verbunden. Die Amygdala, die ihrem Aussehen nach auch Mandelkern genannt wird, nimmt Signale emotional wahr, bewertet sie und leitet sie entsprechend weiter. Wird die Amygdala direkt elektrisch stimuliert, hat dies ein traumartiges Erleben zur Folge, wobei der Eindruck eines Déjà-vus entstehen kann.

Der ebenfalls im limbischen System angesiedelte Hippocampus (lateinisch für Seepferdchen aufgrund der optischen Ähnlichkeit im Querschnitt) sortiert aufgrund der emotionalen Wertung durch die Amygdala, was im Kurzzeit- und was im Langzeitgedächtnis abgespeichert werden soll. Der Hippocampus entwickelt sich allerdings nicht einheitlich; einzelne Partien reifen zu unterschiedlichen Zeiten heran. Erst im Alter von rund 7 Jahren ist er vermutlich voll ausgereift und vernetzt.

Der Hippocampus ist eng verbunden mit der assoziativen Großhirnrinde und filtert maßgeblich, welche Informationen an das Bewusstsein weitergeleitet werden. Durch Erfahrungen werden die Impulse des Hippocampus laufend modifiziert. Er regelt nicht nur, was im Gedächtnis gespeichert wird, sondern auch, was vom Gedächtnis abgerufen wird. Deshalb gilt er als Organisator für das bewusstseinsfähige, deklarative Gedächtnis. Obwohl der Hippocampus Erinnerungen nicht selbst speichert, sondern zuweist, besteht doch ein enger Zusammenhang zwischen seinem Volumen und der Gedächtnisleistung. Ab etwa dem 45. Lebensjahr schrumpft der Hippocampus pro Dekade um zirka 7 Prozent. Feststellen lässt sich außerdem, dass bei Menschen, die unter chronischem Stress leiden, der Hippocampus oft überdurchschnittlich klein oder gar verkümmert ist.

Im engeren Sinne zum limbischen System zählt auch das sogenannte Zentrale Höhlengrau. Diese kompakte, in Längssäulen gegliederte Zellansammlung umschließt den Verbindungskanal des Mittelhirns und gilt, neben Hypothalamus und Amygdala, als wichtigstes Zentrum für angeborene Verhaltensweisen. Das Zentrale Höhlengrau kontrolliert Aspekte wie Sexualverhalten, Jagdinstinkt und Verteidigung, auch Nahrungsaufnahme und Schmerzreaktion.

2.3 HIRNZELLEN

Entthronte Superstars und Klebstoff

2013 wurde der australische Student Ben McMahon zum Star einer Fernseh-Unterhaltungsshow: 17 Monate nach einem schweren Autounfall plauderte er fließend Mandarin. Erstaunlich daran ist: Der junge Australier hatte sich im Studium lediglich einige Grundkenntnisse der chinesischen Sprache angeeignet. Als er nach seinem Unfall aus einem wochenlangen Koma erwachte, konnte er jedoch Mandarin sprechen, als hätte er nie etwas anderes getan.

Nicht minder überraschend ist die Geschichte von Harald Lesch, der als Oberstufenschüler bei einem Fahrradunfall einen Schädelbasisbruch erlitt. Vor seinem

Unfall benötigte der Schüler Nachhilfe in Mathematik. Nach seiner Genesung war er mathematisch hochbegabt. Lesch ist heute als Astrophysiker, Professor für Physik und Naturphilosophie sowie als Wissenschaftsjournalist und Moderator tätig.

Außergewöhnlich ist auch der Wandel von Chris Birch. Als 21-Jähriger stürzte der Brite 2005 auf einem Sportplatz in Wales kopfüber einen Hang hinunter – und erlitt dabei einen Schlaganfall. Wieder geheilt stellte der junge Mann fest, dass ihn seine bisherigen Kumpels langweilten und er sich – zu seiner eigenen Überraschung – plötzlich von Männern sexuell angezogen fühlte. Die Schlagzeile »Schwul nach Schlaganfall« ging um die Welt.

Neurologen haben für solche Beispiele nur bedingt eine Erklärung. Grundsätzlich sind Nervenzellen (Neuronen) so flexibel, dass sie unterschiedliche Aufgabe zu übernehmen vermögen. Wenn sie durch Sauerstoffmangel oder eine Verletzung absterben, kommen Kompensationsmechanismen in Gang: Andere Neuronen werden aktiviert und vernetzen sich neu. Je motivierter und engagierter jemand nach einem solchen Vorfall trainiert, desto besser gelingt diese Kompensation. Welche Funktionen sich nach einer Hirnverletzung normalisieren beziehungsweise wo Beeinträchtigungen zurückbleiben, lässt sich allerdings nur bedingt steuern. Solche Prozesse können mit vorübergehenden oder auch bleibenden, mehr oder weniger extremen Veränderungen der Persönlichkeit einhergehen. Spektakuläre Veränderungen wie die oben genannten sind jedoch Ausnahmen.

Fest steht, dass die bereits erwähnte Plastizität des Gehirns auch unter normalen Umständen den Nervenzellen ermöglicht, immer wieder neue Aufgaben zu übernehmen. Diese Anpassungsfähigkeit ist wichtig, weil sich Neuronen im Gegensatz zu den übrigen Körperzellen (Kapitel 5.2) kaum erneuern. Sie entstehen größtenteils durch sogenannte Neurogenese während der Embryonalentwicklung. Während der Schwangerschaft bilden sich im Durchschnitt 250 000 bis 500 000 Neuronen pro Minute. Kurz nach der Geburt verbinden sich weit mehr Neuronen, als später genutzt werden. Vorerst sind diese Verknüpfungen diffus. Erst im Laufe der Zeit festigen sie sich, und unbenutzte Verbindungen werden wieder aufgelöst. So entsteht zunehmend eine Art Schaltplan der Neuronen. Wie sich die Muster der stabilen Verknüpfungen bilden, scheint in hohem Maß abhängig von äußeren Einflüssen während der Entwicklung des Embryos und in den frühen Lebensphasen.

Je stabiler die Verknüpfungen werden, desto leichter können die Neuronen auf festgefahrenen »Straßen« innerhalb weniger Tausendstelsekunden auf Impulse reagieren. Das beinhaltet jedoch auch eine Schwierigkeit: Je festgefahrener die neuronalen Wege sind, desto schwerer fällt es, auf neue Impulse zu reagieren. Diese Macht der Gewohnheit zeigt sich vor allem nach der Pubertät, also nachdem sich die Neuronen in der Hirnrinde nochmals neu organisiert haben. Das Gehirn eines erwachsenen Menschen verfügt schließlich über rund 90 Milliarden Neuronen, wobei die große Mehrheit in der Hirnrinde angesiedelt ist.

Bis in die 1990er-Jahre galt das Dogma, dass Neuronen so alt sind wie der Mensch selbst, dass also nach der Geburt keine neuen mehr gebildet werden. Mittlerweile haben Neurologen aber eine Region des Hippocampus entdeckt, in der sich durchaus neue Neuronen bilden können. Diese vermögen auch in andere Hirnregionen zu wandern. »Zur Bildung neuer Nervenzellen kann es bis ins hohe Alter kommen. Die jungen Zellen verändern die Informationsverarbeitung in bestimmten Regionen des Gehirns«, erklärt Katharina Henke, Professorin für experimentelle Psychologie und Neuropsychologie an der Universität Bern. Wie die Fachzeitschrift »Proceedings of the National Academy of Sciences« 2006 berichtete, gelang

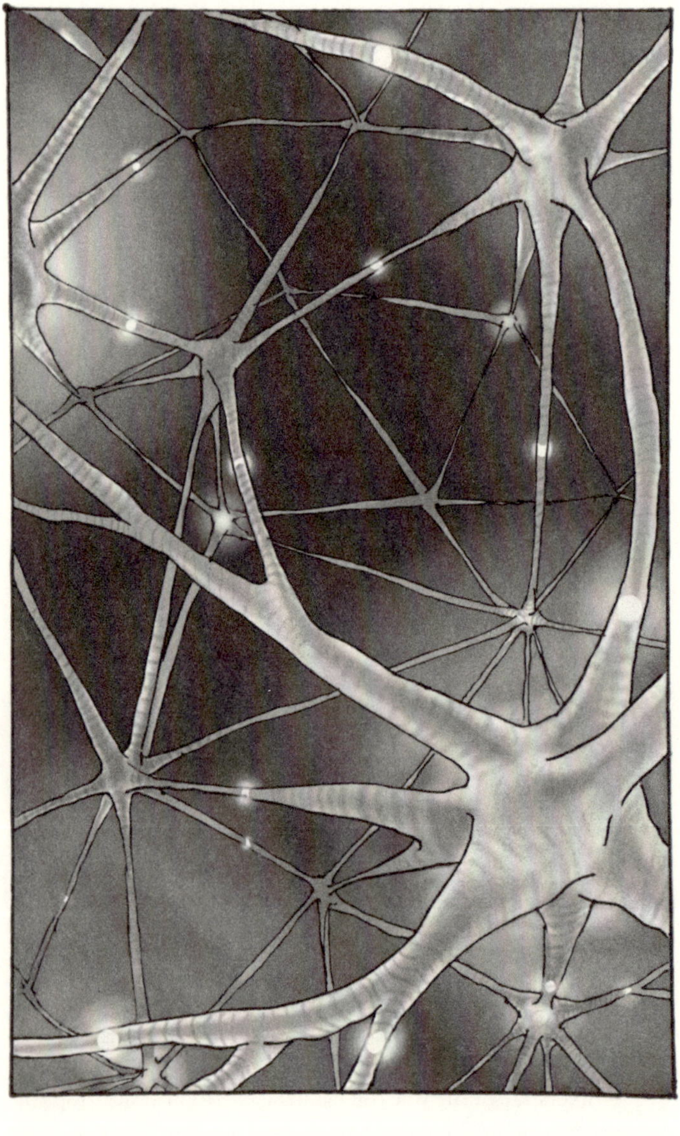

chinesischen Wissenschaftlern auch der Nachweis für die Neubildung von Neuronen nach einem Schlaganfall.

Extrem kommunikativ

Neuronen pflegen innerhalb von Millisekunden Abertausende von Kontakten untereinander. Der spanische Mediziner Santiago Felipe Ramón y Cajal (1852–1934) widmete den Großteil seines Lebens der Frage, wie diese Kommunikation vonstattengehen könnte. Für seine Erkenntnisse verwendete der 1906 mit dem Nobelpreis gewürdigte Hirnforscher ausschließlich Gehirne verstorbener Menschen und Tiere. Ramón y Cajal entdeckte, dass Neuronen außerordentlich vielfältig gestaltet sind. Sie unterscheiden sich von anderen Zellen durch die Dendriten, ein Faserbündel mit bis zu 10 000 Ausläufern. Zusätzlich geht von den meisten Neuronen eine leitende Nervenfaser (Axon) ab, die sich wie eine Baumkrone in mehrere kleinere Axone verzweigt. Die knopfartigen Enden der Axonverästelungen und Dendriten sind von den benachbarten durch einen 0,000016 bis 0,00003 Millimeter breiten Spalt getrennt. Der britische Neurophysiologe und Nobelpreisträger Sir Charles Scott Sherrington (1857–1952) prägte für diese Spalten den Begriff Synapse.

Santiago Felipe Ramón y Cajal vermutete, dass die Kommunikation zwischen den Neuronen ausschließlich in eine Richtung stattfindet. Bevor sich diese These bestätigte, gab es auf einer Konferenz in Cambridge zwischen John Eccles und Henry Dale eine heftige Auseinandersetzung darüber, wie die Kommunikation zwischen den Neuronen funktioniere. Der australische Physiologe John Eccles (1903–1997) war der Ansicht, dass eine elektrische Verbindung zwischen den Neuronen dafür ausschlaggebend sei, während der britische Biochemiker Henry Dale (1857–1968) die Meinung vertrat, chemische Botenstoffe seien von zentraler Bedeutung. Der entscheidende Impuls für eine Wende im Streit kam dann von ganz unerwarteter Seite. Eccles lernte nämlich 1946 den österreichischen Philosophen und Wissenschaftstheoretiker Karl Popper (1902–1994) kennen, der vor den Nazis aus Österreich nach Neuseeland geflüchtet war. Über Popper sagte Eccles später: »Er lehrte mich sogar, mich über die Widerlegung einer liebgewonnenen Hypothese zu freuen, weil auch das ein wissenschaftlicher Fortschritt sei und weil sich aus der Widerlegung viel lernen lasse.« Eccles sah schließlich die Bedeutung der chemischen Botenstoffe (Kapitel 2.4) ein. Mit seiner eigenen Meinung lag er aber ebenfalls richtig: Elektrizität (Kapitel 2.5) spielt bei der Signalübertragung eine ebenso relevante Rolle. Beide wurden mit einem Nobelpreis geehrt für ihre Erkenntnisse über den komplexen Mechanismus der Signalübertragung zwischen den Neuronen.

John Eccles befasste sich auch mit der Frage, wie Gehirn und Bewusstsein gekoppelt sein könnten. Entgegen der allgemeinen Tendenz der Neurologie, Bewusstsein als eine Folge von Hirnleistungen zu erachten, lehnte Eccles eine Reduktion auf physikalische und chemische Prozesse ab und pochte auf Dualismus. Im gemeinsamen Buch mit dem Philosophen Karl Popper »Das Ich und sein Gehirn« lancierte Eccles in den 1970er-Jahren die These, dass gewisse Regionen in der linken Gehirnhälfte die Interaktionen zwischen materieller und immaterieller Welt ermöglichen würden. Später nahm er Bezug zum Werk des deutsch-amerikanischen Physikers und Philosophen Henry Margenau (1901–1997) und kam zum Schluss, dass minimale quantenphysikalische Prozesse eine entscheidende Rolle bei der Interaktion von Geist und Gehirn spielten. Gemeinsam mit dem Physiker Friedrich Beck beschrieb er 1994 im Buch »Wie das Selbst sein Gehirn steuert« die Bedeutung der Synapsen für quantenphysikalische Vorgänge (Kapitel 5.8). Mit seiner Trennung von Jenseitigem und Diesseitigem löste der

Wissenschaftler aber viel Kritik aus, nicht zuletzt unter Quantenphysikern.

Mikrotubuli und Quanteneffekte

Im Zytoskelett der Neuronen, also in jenem beweglichen Gerüst, das die Stabilität der Zellarchitektur gewährleistet, befinden sich sogenannte Mikrotubuli. Es handelt sich um winzig kleine, dynamisch vernetzte Eiweißröhrchen, die aus 13 parallel oder spiralförmig angeordneten Strängen des Proteins Tubulin zusammengesetzt sind. Mikrotubuli haben eine durchschnittliche Lebensdauer von 10 Minuten. Nachgewiesen ist, dass sie am Transport von Plasma und Proteinen in der Zelle, deren Skelettaufbau, Formgestaltung und Bewegung wie auch der Kommunikation mit benachbarten Zellen und der Zellteilung entscheidend beteiligt sind.

Stuart Hameroff, emeritierter Professor für Anästhesiologie und Psychologie an der Universität Arizona, stellte die These auf, dass nicht die Nervenzellen, sondern Mikrotubuli die Basiseinheit für die Informationsverarbeitung im Nervensystem sein könnten. Er vertritt die Annahme, dass sie für Quanteneffekte (siehe Kapitel 5.8) in unserem Gehirn zuständig sind, die wiederum mit der Entstehung von Bewusstsein zusammenhängen könnten. »Das Innere der Zellen, auch das der Nervenzellen, besteht aus einem Netz zylindrischer Strukturen, die selbsttätig die Form der Zellen gestalten. Diese sogenannten Mikrotubuli bilden auch das Nervensystem der Zellen. Sie verarbeiten intern Informationen, um sowohl das Geschehen jeder einzelnen Zelle zu steuern als auch den Austausch zwischen den Zellen. Diese Mikrotubuli sind wie Computeranlagen konstruiert.«

Hameroff verbündete sich mit dem Mathematiker Roger Penrose. Zusammen formulierten sie das Konzept eines »Orchestrated Objective Reduction Model« des Bewusstseins. Hameroff sieht Hinweise darauf, dass sich mit Eintritt des Todes die Quantenzustände im Gehirn zwar auflösen, die während unseres Lebens gesammelten Quanteninformationen, die unseren bewussten und unterbewussten Geist ausmachen, jedoch nicht ganz verlorengehen. Durch die Quantenverschränkung bleiben sie demnach im Universum bestehen, was Hameroff zu einer wissenschaftlich selten gestellten Frage anregt: »Ist das die Seele? Warum nicht.«

Auf den Einwand, dass alle Körperzellen Mikrotubuli enthalten und sich deshalb die Frage stelle, weshalb sie ausgerechnet im Gehirn für Bewusstseinsprozesse zuständig sein sollen, entgegnet Hameroff, dass Mikrotubuli in den Hirnzellen parallel und nicht radial angeordnet sind, dass sie dichter, stabiler und in größeren Netzwerken vorkommen als in gewöhnlichen Körperzellen. Im Buch »Die Schatten des Geistes« bekräftigt Roger Penrose die Mikrotubuli-These. Doch die Überlegungen gelten in Fachkreisen als unausgereift und äußerst spekulativ. Im Allgemeinen wird kein Zusammenhang zwischen Mikrotubuli und Kommunikation der Neuronen anerkannt. Deutlich macht Hameroffs These vor allem, dass die Interaktion zwischen Gehirn und Bewusstsein noch nicht verstanden wird.

Suche nach Dirigenten

2014 ging der Nobelpreis für Chemie an den deutschen Forscher Stefan Hell und an die beiden Amerikaner Eric Betzig und William E. Moerner. Unabhängig voneinander hatten sie in den 1990er-Jahren hochauflösende Mikroskopie-Methoden entwickelt. Damit lösten sie das Problem, dass Biomoleküle zu klein sind, um sie unter einem herkömmlichen Mikroskop sichtbar zu machen. Die von den Forschern entwickelte Nanoskopie basiert auf Fluoreszenztechnik: Es werden Farbstoffmoleküle genutzt, die aufleuchten, wenn sie mit einem Laser (Kapitel 5.7) bestrahlt werden. So kann man biologische Vorgänge in lebenden Zellen im Nanometer-Bereich (ein Millionstel eines Millimeters) in Echtzeit beobachten – etwa wie sich Synapsen zwischen Nervenzellen bilden.

Die Möglichkeit, relativ präzise zu beobachten, wie diese Prozesse im Kopf ablaufen, haben Hirnforscher mit einer Hoffnung verbunden: Sie wollten klar identifizierbare Neuronen für bestimmte Bereiche finden. Tatsächlich lässt sich beobachten, dass beispielsweise beim Betrachten einer prominenten Person stets dieselben Hirnzellen aktiviert sind – egal, ob ein Foto, eine Karikatur oder ein Gruppenbild mit dieser Person präsentiert wird. Allerdings gestalten sich die Hirnaktivitäten im Alltag viel komplexer als im Labor, wo es im genannten Beispiel einzig darum ging, einen Prominenten zu erkennen. Wenn wir im Alltag ein Bild anschauen, gleicht sich die Wahrnehmung automatisch mit Erinnerungen, Emotionen, Erwartungen und weiteren Aspekten ab. Wie dieser Prozess im Detail geschieht, wie all die verschiedenen Hirnaktivitäten orchestriert werden, ist bisher nicht geklärt und wird als »Bindungsproblem« bezeichnet.

Sicher ist: Würde jede Hirnzelle eigenmächtig agieren, ergäbe sich eine unzweckmäßige Kakofonie. Das ist definitiv nicht der Fall. Vielmehr schaffen unterschiedlichste Hirnareale adäquate Verknüpfungen hinsichtlich spezifischer Aktivitäten. Um herauszufinden, wie dies vonstattengeht, machten sich Neurologen auf die Suche nach einer bestimmten Hirnregion oder speziellen Neuronen, welche all diese Aktivitäten orchestrieren. Dabei hat sich gezeigt, dass gewisse Areale wie der Thalamus, Teile der Großhirnrinde und vermutlich auch bestimmte Typen von Neuronen stärker als andere Regionen an Bewusstseinsprozessen beteiligt sind. Trotzdem ist jeder Versuch gescheitert, einen »Dirigenten« im Kopf zu finden. Denn gäbe es einen solchen »Dirigenten«, müsste zwischen seinem Kommando und den darauffolgenden Reaktionen ein minimaler zeitlicher Abstand feststellbar sein. Das trifft nicht zu. Das Orchester des Gehirns spielt ohne übergeordnete Anleitung, die Einsätze erfolgen zeitgleich.

Gliazellen

Ein Großteil der Neuronen in der Großhirnrinde und der Hippocampusregion, inklusive der Amygdala, gehören zur Gruppe der erregenden Pyramidenzellen, einen weitaus kleineren Anteil machen die hemmenden Sternzellen aus. Vermutet wird, dass vor allem den verhältnismäßig großen Pyramidenzellen in der Großhirnrinde und der Amygdala eine besondere Rolle bei Bewusstseins- oder Denkprozessen zukommt. Sie bilden ein Netzwerk über den gesamten Kortex. Aufgrund der postulierten Bedeutung dieser Pyramidenzellen galten Neuronen lange als Superstars und essenziell für alle Hirnfunktionen. Dieser Hype hat sich in den letzten Jahren jedoch gelegt, weil die Forschung neue Erkenntnisse über Gliazellen gewonnen hat. Dieser zweite Typ Hirnzellen macht nach aktuellen Schätzungen etwa die Hälfte aller Zellen im menschlichen Gehirn aus. Gliazellen sind leichter und einfacher gebaut als Neuronen. Rudolf Virchow (1821–1902), Arzt an der Berliner Charité, hatte bereits 1856 eine wichtige Funktion der Gliazellen nachgewiesen: Sie stützen das Nervengewebe (Glia bedeutet im Griechischen Leim) und dienen – ähnlich wie eine Kunststoffhülle bei Stromkabeln – als elektrische Isolation der Nervenausläufer.

Bis in die 1970er-Jahre ging man davon aus, das sei alles, was Gliazellen leisten, und schenkte ihnen keine große Beachtung. So konzentrierte sich auch Marian Diamond an der Universität von Kalifornien in Berkley, auf die Neuronen, als ihr in den 1980er-Jahren vier zuckerwürfelgroße Hirnschnitte von Albert Einstein für ihre Forschung zur Verfügung gestellt wurden. Es heißt,

Diamond sei massiv frustriert gewesen, als sie keine Besonderheiten bezüglich der Neuronen im Kopf Einsteins feststellen konnte. Anzahl und Größe unterschieden sich nicht von einem Durchschnittsgehirn. Eine unerwartete Auffälligkeit konnte die Wissenschaftlerin zwar vermerken: In den Assoziationszentren der Stirn- und Schläfenregionen waren auffallend viele Gliazellen nachweisbar. Diese Feststellung warf damals aber keine großen Wellen.

Wichtige Zusammenarbeit

Erst eine Erkenntnis des deutschen Hirnforschers und Neurobiologen Helmut Kettenmann trug dazu bei, dass die lange unterschätzten Gliazellen intensiver untersucht werden. Der heute wohl bekannteste Gliazellen-Experte hatte nämlich bemerkt, dass gewisse Hirnzellen elektrisch inaktiv sind. Dennoch reagieren sie auf biochemische Botenstoffe (Kapitel 2.4). Diese Beobachtung widersprach der damaligen Ansicht, dass der Transport von Neurotransmittern stets durch elektrische Impulse ausgelöst wird. Kettenmann wies schließlich nach, dass es sich bei den elektrisch inaktiven Zellen um Gliazellen handelt.

Mittlerweile bestätigt die Wissenschaft Kettenmanns Aussage: »Gliazellen sind aktive Partner der Neuronen. Die Hirnaktivität ist stets eine konzertierte Aktion von Glia- und Nervenzellen.« Beide Zellarten sind an allen Vorgängen in unseren Köpfen beteiligt. Die enge Beziehung zwischen Gliazellen und Neuronen zeigt sich unter anderem darin, dass manche Neuronen beim Ausfall der benachbarten Gliazellen ebenfalls den Dienst verweigern. Die Rolle der Gliazellen ist zwar bisher weit weniger erforscht als jene der Neuronen, doch die Erkenntnisse mehren sich.

Drei Typen Gliazellen

Es gibt drei Sorten von Gliazellen. Die Mehrheit, etwa 80 Prozent, sind sogenannte Astrozyten und vorwiegend an den Synapsen der Neuronen zu finden. Sie tragen maßgeblich zur Plastizität des Gehirns bei, weil sie am regelmäßigen Umbau des Zellnetzwerks beteiligt sind. So werden durch ihr Zutun die Zellverbindungen an manchen Stellen ausgedünnt, an anderer Stelle gestärkt. Möglicherweise regen Astrozyten die Neubildung von Synapsen auch an. Dadurch könnten sich synaptische Verbindungen dauerhaft verändern. Auch ein wesentlicher Einfluss der Astrozyten auf die Fähigkeiten zu lernen und sich zu erinnern wird vermutet. Ein Grund für diese Annahme ist, dass die Suche nach Astrozyten im Kopf verschiedener Säugetiere den Schluss zulässt, dass die Zahl der Astrozyten, die eine Nervenzelle begleiten, steigt, je höher das Tier in der Evolution steht.

Außerdem geht heute die Mehrheit der Zellforscher davon aus, dass Astrozyten aktiv und passiv an der Zellkommunikation beteiligt sind. Sie pflegen über den Botenstoff Glutamat direkten Kontakt zu Neuronen. Als die Neurochemikerin Kim Do Cuénod an der Universität Lausanne nachwies, dass Homocysteinsäure die Gliazellen zudem befähigt, sich an Lern- und Gedächtnisprozessen zu beteiligen, war das eine weitere Überraschung – insbesondere, weil sich zeigte, dass Gliazellen sogar über eigene Botenstoffe verfügen.

Astrozyten kommunizieren zwar deutlich langsamer als Neuronen, doch dafür agieren sie flexibler, quer über das ganze Gehirn hinweg. Um das Ganze zu verbildlichen könnte man sagen, die Neuronen bilden eine Art Festnetz, während die Signale der Gliazellen wie digitale Daten jederzeit überall hingelangen können – nicht mittels elektromagnetischer Signale, sondern durch zu- und abnehmende Kalziumkonzentrationen innerhalb der Zellen.

Ein zweiter Typ von Gliazellen wird als Oligodendrozyten bezeichnet. Sie bilden die Substanz Myelin, mit der sie die Nervenfortsätze ummanteln. Bei einem Neugeborenen sind nur wenige Nervenfasern umhüllt. Bis zum 30. Lebensjahr werden aber immer mehr Axone »myelinisiert«.

Dank dieser Isolationen vermögen die Nervenfortsätze elektrische Impulse hundertmal schneller zu übermitteln, als es nackte Fasern könnten. Es werden Geschwindigkeiten bis zu 200 Meter pro Sekunde gemessen, was ermöglicht, dass wir innerhalb von kürzester Zeit einen Gedanken fassen, etwas wahrnehmen oder eine Erinnerung hervorrufen können.

Der dritte Typ, die Mikrogliazellen, wird auch als Mesoglia oder Hortega-Zellen bezeichnet. Sie sind – ähnlich wie Immunzellen im Körper – verantwortlich für den Schutz des Zentralen Nervensystems und agieren als Gesundheitspolizei im Kopf. Sobald ein Problem auftritt, wandern Mikrogliazellen zum Schadensgebiet und werden aktiv. Unter anderem dichten sie kleinere Blutungen ab und entsorgen überschüssiges Zellmaterial. Außerdem unterstützen sie die Regeneration von Nervenzellen nach einer Verletzung.

Das Potential der Gliazellen für weitere neue Erkenntnisse ist nach wie vor nicht ausgeschöpft.

2.4 NEUROTRANSMITTER

Postboten der Hirnzellen

Neurotransmitter sind ein Beispiel dafür, wie Träume (Kapitel 4.3) zu wissenschaftlichen Erkenntnissen führen können. Ende des 19. Jahrhunderts war klar, dass es zwischen den Nervenzellen keine direkten Verbindungen gibt, sondern Abermilliarden von winzigen Spalten, sogenannte Synapsen. Wie jedoch die Zellen über diese Synapsen hinweg miteinander kommunizieren, blieb zunächst ein Rätsel.

Am Ostersonntag 1921 schaute der Frankfurter

Pharmakologe Otto Loewi (1873–1961) erwartungsvoll auf die Notizen, die er in der Nacht auf ein Stück Papier gekritzelt hatte. Der damals 47-Jährige war sich sicher, die Lösung für das Rätsel der Zellkommunikation geträumt zu haben. Doch er konnte die Notizen zu seinem Traum nicht entziffern.

Loewi war frustriert und nahm sich vor, besagten Traum nochmals zu träumen. Eine gute Woche später, in der Nacht zum 28. März 1921, begab sich Loewi nach einem erneuten Traum zum Thema um drei Uhr morgens in sein Labor an der Universität Graz und schnitt Fröschen, die ihm als Versuchstiere dienten, die Herzen heraus. Dabei entdeckte er eine Substanz, die später als Acetylcholin bezeichnet wurde. Der biochemische Botenstoff spielt eine zentrale Rolle in der Übermittlung von Impulsen an die Muskulatur und ist somit an der Regelung lebenswichtiger Funktionen wie Atmung, Blutdruck, Herzfrequenz, Verdauung und Stoffwechsel beteiligt. Alzheimer-Patienten weisen einen Mangel an Acetylcholin auf, weshalb vermutet wird, dass der Botenstoff auch Einfluss auf kognitive Funktionen wie Lernen, geistige Leistungsfähigkeit und Gedächtnisbildung hat.

Heute ist klar, dass Acetylcholin nur einer von zahlreichen Neurotransmittern ist, die maßgeblich an der Kommunikation im Gehirn beteiligt sind. Die Bedeutung dieser extrem einflussreichen biochemischen Botenstoffe hat sich erst im Laufe des 20. Jahrhunderts offenbart. In den 1970er-Jahren waren erst fünf von ihnen näher erforscht. Mittlerweile sind es mehrere Dutzend, und es werden laufend neue Botenstoffe entdeckt.

Ihr Mechanismus ist an sich simpel: Sie wirken entweder hemmend oder anregend. Der vermutlich wichtigste anregende Neurotransmitter innerhalb des Zentralen Nervensystems ist Glutamat. Diese Aminosäure ist in allen Hirnregionen aktiv und unverzichtbar, wenn es um die Übermittlung von Sinneswahrnehmungen, die Bewegungssteuerung, das Lernen und das Gedächtnis geht. Quasi das Gegenstück von Glutamat, also der wichtigste hemmende Neurotransmitter ist Gamma-Aminobuttersäure (GABA). GABA wird aus Glutamat synthetisiert und hemmt Aktionspotenziale in Nachbarzellen, wodurch die gezielte Weiterleitung von Signalen unterstützt wird.

Effizienter Mechanismus

Für die Übertragung der Neurotransmitter von Zelle zu Zelle werden die biochemischen Substanzen an den Nervenenden, nahe den Synapsen, in winzigen Bläschen (Vesikeln) zwischengespeichert und vorwiegend durch elektrische Signale freigesetzt. Wären die Zellen nicht durch Synapsen getrennt, sondern direkt miteinander verbunden, würde auf die elektrisch ausgelösten Impulse ein Rückstrom folgen. Aufgabe der Neutransmitter ist jedoch die Informationsvermittlung in eine Richtung. Sobald diese erfolgt ist, werden die Botenstoffe aus den Vesikeln entfernt.

Damit nicht wahllos jede Botschaft an jede Nervenzelle weitergeleitet wird, gibt es unterschiedliche Rezeptoren an der Zellmembran, also der Haut, die die Zelle (Kapitel 5.2) umgibt. Der Neurotransmitter muss durch seine chemische Zusammensetzung wie ein Schlüssel in das Schlüsselloch des biologischen Nachrichtenempfängers passen, ansonsten würde das Signal abgewiesen. Das System funktioniert sehr effizient. Entweder kommen die Neurotransmitter innerhalb von zwei bis drei Millisekunden bei den Empfänger-Zellen an, oder der Kontakt kommt nicht zustande.

»Die Wirkung der Substanzen hängt von der Anzahl und der Empfindlichkeit der Rezeptoren ab. In komplizierten Regelkreisen kann sich zum Beispiel die Zahl der Rezeptoren verringern, aber gleichzeitig die Empfindlichkeit der Rezeptoren erhöhen«, erklärt der deutsche Biologe und Hirnforscher Gerhard Roth.

Im Folgenden konzentrieren wir uns auf die drei Neurotransmitter, die starken Einfluss auf unsere psychische Verfassung nehmen, sowie auf zwei endogene Ensprechungen psychoaktiver Wirkstoffe.

Erkenntnisse über die Bedeutung dieser Gruppe von Neurotransmittern haben die Behandlungsmöglichkeiten bei psychischen Beschwerden deutlich erweitert. Beispielsweise wirken zahlreiche Antidepressiva und Medikamente gegen Angst über eine Erhöhung des Serotoninspiegels. Geforscht wird auch an Präparaten, die spezifische Neurotransmitter über Nasensprays direkt ins Gehirn transportieren. Dies soll unter anderem Menschen helfen, die aufgrund ihrer hirneigenen Botenstoffe ein übermäßiges Aggressionspotenzial haben.

Serotonin

Serotonin ist als wesentlicher Bestandteil des menschlichen Hormonsystems im Organismus weit verbreitet. Die Substanz wurde erstmals 1953 in der Schleimhaut des Magen-Darm-Trakts nachgewiesen. Wie die meisten Botenstoffe kann auch Serotonin die Blut-Hirn-Schranke nicht überwinden; deshalb wird es auch im Gehirn produziert. Es entsteht in der Zirbeldrüse aus der Aminosäure Tryptophan. Von dort aus erreicht der Botenstoff alle Hirnregionen und nimmt Einfluss auf Schmerzempfinden, Schlafrhythmus und Gemütszustand. Ein Mangel an Serotonin kann sich in Form von Depressionen, Angst- und Migräneattacken, Zwangsstörungen, aggressiven Verhaltensmustern und Schlafstörungen auswirken. Ein Zuviel an Serotonin mag indes Unruhe und Halluzinationen auslösen. Ein ausgewogener Serotoninspiegel sorgt dafür, dass wir uns geborgen, selbstsicher, in Frieden und voller Elan fühlen.

Melatonin

Fünf Jahre nach der Entdeckung von Serotonin gelang der Nachweis, dass dieses Molekül in der Zirbeldrüse auch Basis für die Produktion von Melatonin ist. Dieses Hauptprodukt der Zirbeldrüse unterstützt den Kom-

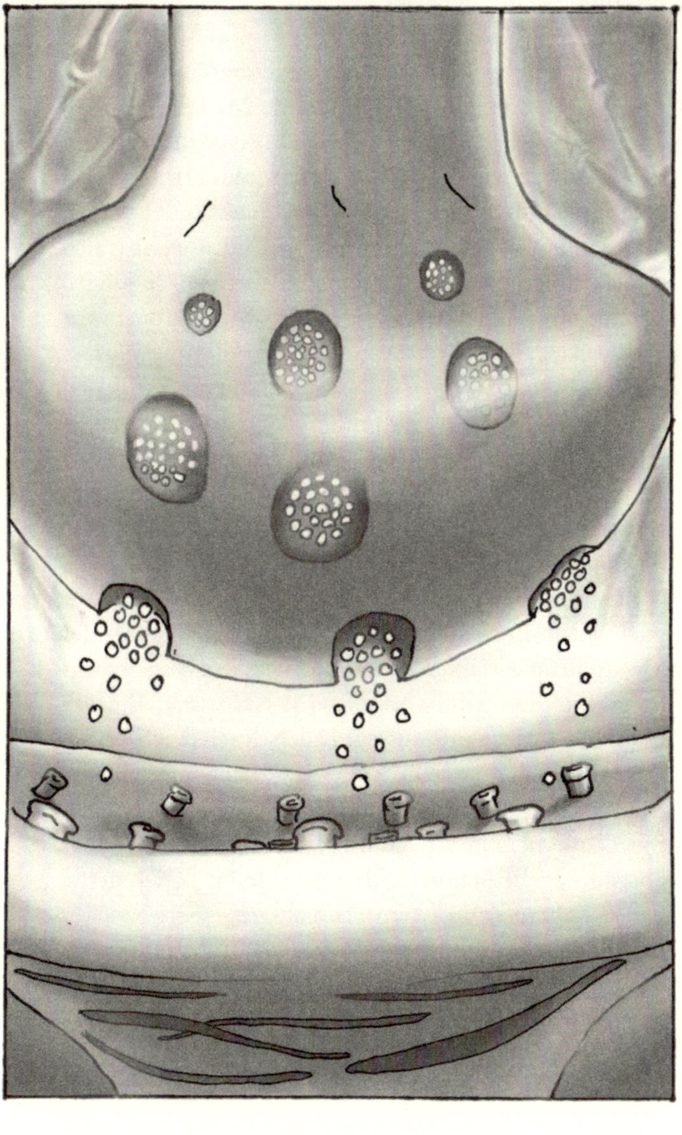

munikationsfluss zwischen verschiedenen Organen und steuert die zeitlichen Rhythmen des Körpers. Je jünger der Mensch ist, desto höher der Melatoninspiegel. In diesem Zusammenhang steht, dass viele Kinder einen selbstverständlichen spielerischen Zugang zu unterschiedlichen Bewusstseinsebenen haben. Ab der Pubertät nimmt die Produktion stetig ab. Der sinkende Melatoninspiegel löst eine Zunahme anderer Hormone aus, die unter anderem die sexuelle Entwicklung anregen. Damit einher geht eine Zunahme des rationalen Denkens. Etwa ab dem 50. Lebensjahr beginnt die Zirbeldrüse selbst sich zurückzubilden und schließlich, im Vergleich zu jungen Jahren, nur noch einen Bruchteil an Melatonin zu produzieren. Dadurch verstärkt sich der Alterungsprozess, denn Melatonin schützt als Antioxidans vor Radikalen, aggressiven Sauerstoffverbindungen, die unsere Zellen nachhaltig schädigen. Die reduzierte Melatonin-Produktion wird auch für die sogenannte »senile Bettflucht« verantwortlich gemacht, zumal der Botenstoff den Schlaf-Wach-Rhythmus regelt. Sobald es dunkel wird, setzt die Melatoninproduktion ein, zwischen zwei und vier Uhr nachts erreicht sie ihren Höhepunkt. Mit Zunahme des Melatoninspiegels sinkt der Blutdruck, das Herz schlägt langsamer, der Stoffwechsel wird gedrosselt. Ein vergleichbarer Mechanismus wird auch durch den Wechsel der Jahreszeiten ausgelöst. Es wird angenommen, dass Müdigkeit und Winterdepressionen in Zusammenhang mit dem erhöhtem Melatoninspiegel im Winter stehen, ebenso wie die Schmetterlingsgefühle im Bauch gerne der Zunahme an Licht im Frühjahr zugeschrieben werden. In den USA ist daher Melatonin in Pillenform als Allerweltsmittel verbreitet: für einen gesunden Schlaf, einen verzögerten Alterungsprozess und als kraftvolles Antioxidans.

Dopamin und Noradrenalin

Ein besonders vielfältiger, einflussreicher und relativ gut erforschter Neurotransmitter ist Dopamin. Dopaminhaltige Zellen sind vielerorts im Zentralnervensystem nachweisbar. Im Mittelhirn gibt es zwei Bereiche, deren Dopaminproduktion von besonderer Bedeutung ist: Von einem Kernkomplex im Bereich des Mittelhirns (Substantia nigra) gehen Impulse für die Steuerung willkürlicher Bewegungen aus. Wenn die entsprechenden Zellen degenerieren, hat dies motorische Störungen und Erkrankungen wie Parkinson zur Folge. Außerdem bewegt sich Dopamin vom Mittelhirn in Richtung des Großhirns und des limbischen Systems, also zu unserer Gemütswelt. Dort spielt Dopamin im Belohnungssystem eine zentrale Rolle für die Motivation. Ein Mangel an Dopamin wird etwa im Zusammenhang mit dem Aufmerksamkeitsdefizitsyndrom ADHS festgestellt. Eine erhöhte Dopaminkonzentration scheint indes bei der Entwicklung von Schizophrenie und Psychosen mitzuwirken. Kokain und Amphetamine wirken, indem sie für einen Anstieg des Dopaminspiegels sorgen. Diese Überdosierung im hirneigenen Belohnungssystem löst bekanntlich neben euphorischen Gefühlen auch Abhängigkeiten aus – und birgt das Risiko, psychotische Störungen zu entwickeln.

Aus Dopamin entsteht mittels eines Enzyms Noradrenalin. Dieser Botenstoff übernimmt – ähnlich wie der wohl bekannteste Neurotransmitter Adrenalin – wichtige Aufgaben in der Koordination von »Kampf oder Flucht«-Reaktionen. In diesem Zusammenhang wird auch die Regelung von Aufmerksamkeit und Wachheit vermutet.

DMT

Die oben erwähnte Aminosäure Tryptophan ist in ihrer chemischen Grundstruktur eng verwandt mit DMT, N,N-Dimethyltryptamin, einem Molekül mit sehr stark psychedelischer Wirkung (Kapitel 4.10). Interessant ist dies, weil manche Forscher davon ausgehen, dass DMT ebenfalls ein Produkt der Zirbeldrüse sein könnte beziehungsweise aus Melatonin synthetisiert werde.

Die Bedeutung von körpereigenem DMT wurde in den 1960er- und 1970er-Jahren intensiv erforscht, ohne jedoch beweiskräftige wissenschaftliche Erkenntnisse hervorzubringen. »Nach wie vor ist völlig unklar, ob DMT eine physiologische Funktion im menschlichen Gehirn besitzt«, erklärt Boris Quednow, Professor für Experimentelle und Klinische Pharmakopsychologie an der Psychiatrischen Universitätsklinik Zürich. »Es ist möglich, dass die sehr niedrigen DMT-Konzentrationen, die man bisher im Gehirn gemessen hat, Nebenprodukte anderer Syntheseprozesse sind und keine physiologische Funktion erfüllen«, so der Wissenschaftler.

Eine These besagt, dass DMT im Tiefschlaf sowie in Extremsituationen wie bei der Geburt oder beim Sterben in vermehrtem Maß ausgeschüttet werde, um einen ruhigeren mentalen Zustand zu gewährleisten. »Zum jetzigen Zeitpunkt sind das jedoch nur vage Hypothesen, die eher aus der Ecke der Drogenmystiker kommen und einer näheren wissenschaftlichen Betrachtung nicht standhalten«, hält Boris Quednow fest. Dass im Gehirn eines Toten höhere DMT-Werte gemessen werden, könne auch am einsetzenden Verwesungsprozess liegen, bei dem Serotonin und Melatonin in DMT zerfallen könnten, ohne dass dies eine physiologische Bewandtnis hätte.

Anandamid

Anfang der 1990er-Jahre konnten die Mechanismen im Zusammenhang mit der Wirksamkeit von Tetrahydrocannabinol (THC), also der berauschenden Substanz der Cannabispflanze, geklärt werden. Der Ausgangspunkt dafür war die Annahme, dass es – da THC auf die menschliche Psyche wirkt – auch entsprechende Rezeptoren geben müsse und demzufolge wiederum körpereigene Substanzen, die zu diesen Rezeptoren passen. Man entdeckte das im zentralen Nervensystem verbreitete Derivat der Arachidonsäure und gab ihm den Namen Anandamid. Der Begriff ist vom Wort »ananda« aus dem Sanskrit abgeleitet und bedeutet Glückseligkeit.

Anandamid scheint Einfluss auf Schmerzempfinden, Gedächtnisfunktionen, Emotionen und Bewegungskoordination zu nehmen. Der Botenstoff sorgt auch für friedfertige Hochstimmung und traumähnliche Zustände.

Es wird vermutet, dass Anandamid im Zusammenhang mit psychotischen Zuständen eine Rolle spielt, da festgestellt wurde, dass Menschen mit Schizophrenie oder Symptomen einer Psychose einen überdurchschnittlich hohen Anandamidspiegel haben. Anandamide weisen eine ähnliche Struktur und Fettlöslichkeit wie THC auf, werden aber viel schneller abgebaut. Schon nach einer halben Stunde gibt es keinen messbaren Effekt mehr. Die Einnahme von THC bleibt indes mehrere Wochen lang nachweisbar.

Im Hirnstamm, der alle lebenswichtigen Funktionen kontrolliert, gibt es kaum Rezeptoren für Anandamid. Deshalb kann man nicht an einer Überdosis Cannabis sterben – im Gegensatz etwa zu Opiaten oder Alkohol, deren berauschenden Substanzen auch im Hirnstamm andocken.

2.5 HIRNFREQUENZEN

Wie Wellen im Wasser

Der deutsche Physiker Albert Einstein (1879–1955) zeigte, wie grundlegend und allgegenwärtig Elektromagnetismus wirkt: im Inneren unseres Planeten wie auch im

Universum, in jedem einzelnen Atom, in jeder Zelle und somit in jedem Menschen und in allem, was existiert. Die Voraussetzung für Einsteins Erkenntnis erarbeiteten zwei britische Forscher. Sie machten im 19. Jahrhundert den Zusammenhang zwischen Magnetismus und Elektrizität deutlich. Obgleich die beiden in unterschiedlichen Richtungen experimentierten, kamen sie zum selben Schluss: 1831 wies der Londoner Buchbinder Michael Faraday (1791–1867) nach, dass ein Stabmagnet, in Kombination mit einem gewickelten Kupferdraht, elektrischen Strom erzeugt. Der schottische Physiker James Clerk Maxwell (1831–1879) machte die Beobachtung, dass Elektrizität Magnetismus schafft. Maxwell entwickelte daraufhin die sogenannten Maxwell-Gleichungen und präsentierte seine Berechnungen 1864 vor der Royal Society. Maxwells »wunderbare Gleichungen« gelten bis heute als Grundlage für die Erforschung elektromagnetischer Strahlung. Als er 1879 starb, war seine Theorie nach wie vor eine Hypothese, der experimentelle Nachweis gelang Heinrich Rudolf Hertz (1857–1894).

Die elektromagnetischen Strahlungen, mit denen wir interagieren und von denen wir Teil sind, kann man sich wie ein Meer vorstellen, in dem Wellen und Ströme unterschiedlicher Ausprägungen aufeinander reagieren. Die einzelnen Strahlungen unterscheiden sich durch die Anzahl der sich wiederholenden Schwingungen pro Sekunde, ihre Frequenzen. Sie werden in der Maßeinheit Hertz gemessen. Der Namensgeber, Heinrich Rudolf Hertz, war erst 29 Jahre jung, als er belegen konnte, dass sich elektromagnetische Wellen auf die gleiche Weise und mit derselben Geschwindigkeit ausbreiten wie Lichtwellen. Damit war auch erwiesen, dass ein direkter Zusammenhang zwischen Licht (Kapitel 5.5) und Elektromagnetismus besteht.

Vorstellen kann man sich Frequenzen anhand eines Seils, das in Schwingung versetzt wird: Je schneller sich das Seil bewegt, desto mehr Wellenzüge gibt es und desto kürzer schwingen diese nach oben und unten. Der Abstand zwischen den höchsten Punkten zwei aufeinander folgender Wellen wird als Wellenlänge bezeichnet. Je kürzer die Wellenlänge, desto stärker ist die Energie, und umgekehrt. Das elektromagnetische Wellenspektrum ist extrem breit.

Was Frequenzen besagen

Durch Elektromagnetismus wird alles – auch das Gehirn – in Schwingung versetzt. Ein Umstand, der den deutschen Neurologen und Psychiater Hans Berger (1873–1941) faszinierte. Er entwickelte eine bis heute bewährte Methode, um die elektromagnetischen Frequenzänderungen im Gehirn zu messen: 1929 präsentierte er die Elektroenzephalografie (EEG). Seine Motivation dafür ging auf ein Erlebnis als 19-jähriger Student zurück. Damals geriet Berger bei einer Militärübung in eine lebensbedrohliche Situation. Wie sich zeigte, hatte seine Schwester zum selben Zeitpunkt ein Telegramm aufgegeben – mit der Frage: »Wie geht es dir?«, weil sie sich sicher war, dass ihrem Bruder ein Unglück zugestoßen ist. Für Berger war diese »spontane Gedankenübertragung«, wie er sie nannte, der Ausgangspunkt für die Suche nach einer Methode, »welche die Beziehung zwischen Körper und Seele durch physikalische Methoden ausdrückt«. Hans Berger war später förderndes Mitglied der SS, dem wichtigsten Unterdrückungsorgan im Nationalsozialismus, und wirkte als Beisitzer am Erbgesundheitsobergericht Jena an Zwangssterilisationen mit. 1941 beging Berger Suizid. Die Bedeutung seiner Erfindung erkannte 1934 der britische Neurophysiologe und Nobelpreisträger Edgar Douglas Adrian (1889–1977). Das EEG bildete die Basis für eine grundlegende Veränderung in der Wahrnehmung mentaler Prozesse durch die Wissenschaften.

EEG-Aufzeichnungen haben unter anderem gezeigt, dass die elektromagnetischen Aktivitäten des Gehirns, je

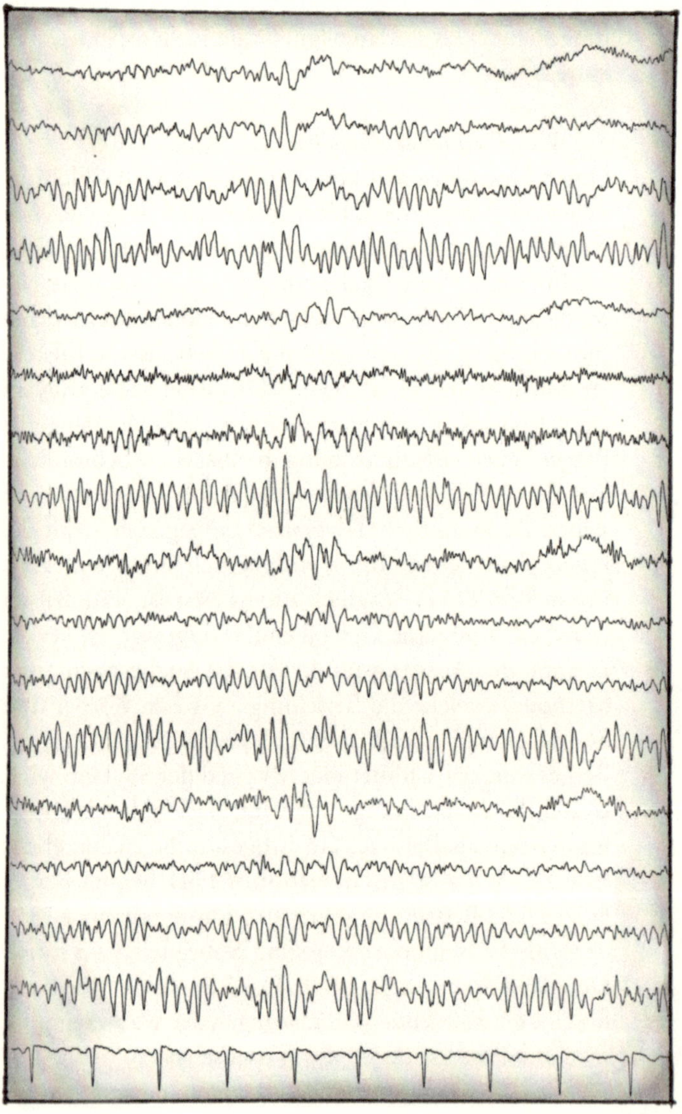

nach Frequenzmuster, mit unterschiedlichen mentalen Zuständen einhergehen. Sie werden deshalb vorwiegend in der Neurologie und Psychiatrie genutzt. Dazu werden am Kopf des Patienten Elektroden befestigt, welche die summierte elektrische Aktivität des Kortex durch Aufzeichnung der Spannungskurven an der Kopfhaut messen. Heute werden die Daten von einem Computer digitalisiert und am Bildschirm analysiert. Das Spektrum der elektromagnetischen Kräfte beschränkt sich auf den winzigen Rahmen des extremen Niederfrequenzbereichs, auch als ELF (Extremely Low Frequency) bezeichnet. Die Bandbreite zwischen 0,5 und 35 Hertz ist recht gut erforscht. Diese langsamen Wellen sind mit bloßem Auge auf dem EEG ersichtlich. Seit einiger Zeit ist es möglich, mithilfe spezieller Verstärker schnellere Wellen von bis zu über 80 Zyklen pro Sekunde zu beobachten, weshalb sich die Neurowissenschaft in den letzten Jahren speziell mit diesem Bereich, den sogenannten Gamma-Wellen beschäftigt. »In jedem Fall spielt es eine Rolle, ob bei der Messung die Probanden die Augen geschlossen halten oder nicht«, erklärt Jürg Lütschg. Der Basler Professor für Neurologie fügt an: »Kinder blinzeln immer ein bisschen bei den Tests.« Trotz Ungenauigkeiten, die dadurch entstehen, sind jedoch allgemeine Rückschlüsse möglich. Etwa, dass bei Erkrankungen des Gehirns, beispielsweise einer Tumorbildung, die Frequenzen in diesem Kopfbereich niedriger sind als bei Gesunden. Auch lassen sich den einzelnen Frequenz-Bandbreiten grob die folgenden mentalen Zustände zuordnen:

Delta-Wellen

Je jünger ein Kind ist, desto langsamer die Grundfrequenz. Bis etwa im Alter von 2 Jahren schwingt das menschliche Gehirn hauptsächlich zwischen 0,5 bis 4 Zyklen pro Sekunde. Diese Delta-Wellen sind auch bei Erwachsenen während des Tiefschlafs feststellbar, ebenso in tranceähnlichen Zuständen und bei außerkörperlichen Erfahrungen.

Theta-Wellen

Im Kleinkindalter benötigt der Nachwuchs eine erhöhte Lern- und Merkfähigkeit, um sich zu entwickeln. Im Gehirn beginnen sich synaptische Verbindungen zu stabilisieren. Das Gehirn schwingt hauptsächlich im Frequenzbereich von 4 bis 8 Hertz. Diese nach wie vor niedrigen Frequenzen machen das Unterbewusstsein sehr empfänglich für Programmierungen. Es ist die Zeit, in der Kinder am leichtesten lernen und von ihrer Umgebung Glaubenssätze und Ansichten über sich selbst und ihre Umwelt übernehmen. Gleichzeitig öffnen diese Frequenzen die Pforten zu Kreativität und Fantasie. Bei Erwachsenen zeigen sich kaum Theta-Wellen während des Ruhe-EEGs. Jedoch lassen sich diese Frequenzbereiche im Schlaf, vor allem während Traumphasen, und bei Patienten mit Demenz nachweisen. Auch bewusst herbeigeführte Zustände tiefer Entspannung, beispielsweise durch Meditation, gehen mit vermehrt messbaren Theta-Wellen einher.

Hypnotherapeuten und Heiler nutzen die Empfänglichkeit des Gehirns in diesem Frequenzbereich zur Behandlung ihrer Patienten.

Alpha-Wellen

Bei größeren Kindern liegt die Grundfrequenz zwischen 8 und 13 Hertz. In diesem Bereich sind sie weniger leicht beeinflussbar. Diese Frequenzen lassen sich auch bei Erwachsenen feststellen, kurz vor dem Einschlafen oder kurz nach dem Aufwachen. Sind wir gesund und stressfrei, schwingt unser Gehirn auch während des Tages öfters auf Alpha-Wellen. Studien haben gezeigt, dass Aufenthalte in der Natur oder nur schon die Betrachtung von Naturbildern diesen Frequenzbereich fördern. Alpha-Wellen werden in verschiedenen Lernprogrammen und für diverse Mentaltechniken genutzt. Im Alpha-Zustand wirkt die innere Welt realer als die äußere.

Beta-Wellen

Etwa ab 12 Jahren schwingt das Gehirn zunehmend in Frequenzen von 13 bis 30 Hertz. Dieser Frequenzbereich ist auch typisch für den normalen Wachzustand des Erwachsenen. Im unteren Bereich der Beta-Wellen können wir konzentriert und doch einigermaßen entspannt alltägliche Aufgabe erledigen. Je höher die Frequenz, desto angespannter fühlen wir uns. Im hohen Frequenzbereich funktioniert das Gehirn nach einfachen Reiz-Reaktions-Mustern. Im Beta-Zustand erscheint die äußere Welt realer als die innere.

Gamma-Wellen

In jedem Alter können die elektromagnetischen Vorgänge im Gehirn auch über den durchschnittlichen Rahmen hinausschlagen. Beispielsweise während körperlicher oder geistiger Spitzenleistungen steigen sie auf 30 bis 80 Hertz. Im Bereich von Gamma-Frequenzen werden besonders anspruchsvolle kognitive Leistungen erbracht, unter anderem Aufmerksamkeit, Lernen und Erinnern, Kreativität und Fantasie, Argumentation, Planung und Orientierung in Zeit und Raum. Eine wichtige Rolle spielen Gamma-Frequenzen nach heutigen Theorien und Erkenntnissen in Zusammenhang mit dem Bindungsproblem (Kapitel 2.3). Forschungsergebnisse deuten darauf hin, dass sich die Synchronisation verschiedener Hirnregionen im EEG als Gamma-Wellen messen lässt. Bedeutung zugesprochen wird diesem Frequenzband auch für das Ich-Bewusstsein. Außerdem wurde in wissenschaftlichen Studien festgestellt, dass bei tibetischen Mönchen in der Meditation vermehrt Gamma-Gehirnwellen auftreten. Im Schlaf und während Narkosen wird die Gamma-Aktivität unterdrückt.

EEG-Frequenzbänder

Delta	0,5 bis 4 Hz *Tiefschlaf, Trance*
Theta	4 bis 8 Hz *Dösen, tiefe Entspannung, Hypnose, Wachträume, erhöhte Erinnerungs- und Lernfähigkeit, Konzentration, Kreativität*
Alpha	8 bis 13 Hz *Nach innen gerichtete Aufmerksamkeit, Entspannung, erhöhte Erinnerungs- und Lernfähigkeit*
Beta	13 bis 30 Hz *Steigerung von entspannter, nach außen gerichteter Aufmerksamkeit zu Konzentration, in der Hochfrequenz Hektik, Stress, Angst, Überaktivierung*
Gamma	30 bis 80 Hz *Konzentration auf anspruchsvolle Tätigkeit und hohen Informationsfluss, neuronale Synchronisation*

Viele offene Fragen

Wie im Detail die elektromagnetischen Mechanismen im Gehirn funktionieren, ist nicht abschließend geklärt. Sicher ist: Der Mensch kann ohne diese Impulse höchstens vier Sekunden überleben.

Es sind mehrere Aspekte bekannt, die Einfluss auf die elektromagnetischen Prozesse im Kopf haben. So wurde bereits erwähnt, dass die Membran jeder Nervenzelle elektrisch geladen ist und Botenstoffe durch elektrische Impulse freigesetzt werden. Überraschend ist, dass einige Zellen ohne Botenstoffe kommunizieren, sie agieren rein elektrisch. Arnold Kriegstein, ein Schüler des namhaften Psychiaters und Neurowissenschaftlers Eric Kandel, fand 2004 mit seinem Team an der Columbia-Universität (New York) heraus, dass diese rein elektrisch agierenden Zellen vor allem während der Entwicklung des Embryos die

Zellteilung steuern. Erst wenn die neuronalen Schaltkreise herangereift sind und sich die chemischen Synapsen herausgebildet haben, reduziert sich die Anzahl der rein elektrisch agierenden Zellen. Schließlich verbleiben verhältnismäßig geringe Mengen dieser Zellart in spezifischen Hirnregionen wie dem Hippocampus und der Hirnrinde. Es wird angenommen, dass neben den Zellen auch das Körperwasser eine Rolle im elektromagnetischen Schaltkreis des Organismus spielt. Im menschlichen Gehirn macht Wasser einen Anteil von rund 70 Prozent aus (Kapitel 5.3). Durch seinen Salzgehalt ist Körperwasser elektromagnetisch leitfähig. Dieser Umstand scheint für die Signalübertragungen im Niederfrequenzbereich von Bedeutung zu sein. Bislang gibt es jedoch wenig konkrete Erkenntnisse in diesem Forschungsbereich.

Ein noch besserer Stromleiter als Wasser ist Magnetit – ein Mineral, das, wie der Name vermuten lässt, stark magnetisch ist. Das Forscherteam um Joseph Kirschvink vom California Institute of Technology entdeckte 1992 winzige Magnetit-Kristalle im Gehirn. Magnetit reagiert mehr als eine Million Mal stärker auf ein äußeres Magnetfeld als jedes andere biologische Material. Kirschvink schreibt: »Daten zu magnetischen Eigenschaften zeigen an, dass sich die Kristalle in Klumpen zwischen 50 und 100 Partikeln befinden.« Das menschliche Gehirn enthält pro Gramm fünf Millionen der winzig kleinen Magnetit-Kristalle; die Hirnhaut sogar 100 Millionen.

Biologische Magnete sind auch bei Bakterien, Honigbienen, Tauben, Lachsen und weiteren Säugetieren nachgewiesen worden. Gewisse Bakterien orientieren sich mittels ihrer intrazellulären Kristallpartikel, Magnetosomen genannt, im irdischen Magnetfeld. Kirschvink hält sich jedoch mit Schlussfolgerungen darüber, welche Funktion die Magnetit-Teilchen bei Menschen haben könnten, zurück.

Wege ins Bewusstsein

Elektromagnetische Mechanismen spielen eine bedeutende Rolle bei der Erforschung der sogenannten »neuronalen Korrelate des Bewusstseins«, sprich der neuronalen Aktivitäten, Zustände oder Teilsysteme, die direkt mit Bewusstsein einhergehen. Dabei geht es um die Frage, was ausschlaggebend ist, damit ein Impuls im Gehirn den Weg in die bewusste Wahrnehmung schafft. Bis heute bewegen sich die Theorien dazu im Bereich der Spekulation. Die bekannteste Theorie publizierten 1990 der britische Nobelpreisträger Francis Crick (1916–2004) und der amerikanische Neurowissenschaftler Christof Koch. Sie beruht auf der Erkenntnis, dass in Erwartung eines Ereignisses alle beteiligten Hirnareale beginnen, im Gleichklang zu schwingen. Kommen Konzentration und Aufmerksamkeit hinzu, werden diese synchronen Bewegungen verstärkt. Geschieht dies in regelmäßigen Abständen auf ähnliche Weise, wird die Synchronisation künftig erleichtert, und letztlich bilden sich stabile neurologische Verbindungen aus, die Wiederholungen der eingeübten Muster bis zu einem gewissen Grad auch automatisieren.

Crick und Koch lancierten die Idee, dass eine Feuerrate (die Frequenz, mit der sich Nervenzellen entladen) von über 40 Hertz, also Gamma-Wellen, die Zellen dazu anregen könnte, über die gesamte Großhirnrinde hinweg im Gleichtakt zu schwingen. Diverse Experimente legen nahe, dass ein entscheidender Unterschied zwischen bewusster und unbewusster Hirnaktivität im zeitlichen Zusammenspiel der Hirnbereiche liegen könnte.

Frequenzen ab 40 Hertz allein können jedoch nicht des Rätsels Lösung sein. Beispielsweise im Traum pulsiert unser Kopf fernab der Gammafrequenz, und dennoch gibt es Träume (Kapitel 4.3), die klar und präzis den Zugang ins Bewusstsein finden, während andere Träume höchstens als Fragmente kurz nach dem Aufwachen präsent sind.

Manche Forscher sind der Meinung, dass sich ein

»Korrelat für Bewusstsein« nicht im Gehirn selbst finden lässt. Gestützt wird diese Sichtweise durch die Tatsache, dass Bewusstsein unter speziellen Umständen wie etwa einer Nahtoderfahrung (Kapitel 4.19) unabhängig vom Zustand des Gehirns entstehen kann. In einem ihrer letzten gemeinsamen Aufsätze erklärten auch Crick und Koch: »Wir glauben nicht mehr, dass synchronisiertes Feuern – etwa die sogenannte 40-Hz-Oszillation – hinreichend für das neuronale Korrelat des Bewusstseins ist.«

Über das eigene Gehirn hinaus

Synchronisation, also die Gleichschaltung von Hirnaktivitäten, bleibt dennoch ein wichtiger Aspekt in der Hirnforschung. Am Max-Planck-Institut für Bildungsforschung (Berlin) konnte nachgewiesen werden, dass Synchronisation nicht nur innerhalb jedes einzelnen Gehirns stattfindet, sondern auch übergreifend. Beispielsweise synchronisieren sich die Hirnwellen zweier Gitarristen, wenn sie ein Duett spielen. Johanna Sänger, die dazu 2013 ihre Dissertation abschloss, stellte fest: »Wenn Menschen Handlungen miteinander koordinieren, entstehen kleine Netzwerke innerhalb des Gehirns und bemerkenswerterweise auch zwischen den Gehirnen, besonders dann, wenn die gegenseitige Abstimmung wichtig ist, zum Beispiel beim gemeinsamen Spielbeginn. Solche hirnübergreifenden Netzwerke entstehen vermutlich nicht nur beim Musizieren. Wir gehen davon aus, dass Hirnwellen unterschiedlicher Personen sich auch dann synchronisieren, wenn Menschen ihr Handeln auf andere Weise koordinieren, etwa beim Sport, oder wenn wir miteinander kommunizieren.«

Mathematischer Aspekt

Das Bernstein Center for Computational Neuroscience in Berlin und das Max-Planck-Institut in Göttingen entwickelten während der letzten Jahre eine mathematische

Formel, mit der sich vorhersagen lässt, wie und wann sich Neuronen synchronisieren. Wie Crick und Koch postuliert haben, spielt es eine Rolle, wie aktiv die Zellen sind und auf welcher Frequenz sie pulsieren. Ist die Frequenz hoch, ist es auch die Feuerrate, und entsprechend stärker werden die Antwortsignale korreliert. Doch es gibt einen weiteren Aspekt: Sind die Eingangssignale weitgehend einheitlich, wenn man beispielsweise ein gemeinsames Ziel verfolgt, verliert die Feuerrate an Bedeutung. Wichtiger ist dann das Timing eines neuronalen Impulses relativ zu anderen Signalen: Wenn wir beim Beispiel des Konzerts bleiben also die Notwendigkeit, dass alle Musiker genau dem Dirigentenstab folgen.

All diese Aspekte konnten die deutschen Forscher mit ihrem mathematischen Modell bestätigen. Zu diesem Zweck wurden Zellen mit im Computer nachgebildeten Gehirnströmen angeregt und ihre jeweiligen Antwortsignale gemessen.

Es ist eine große Herausforderung, die elektromagnetischen Aktivitäten jedes einzelnen Gehirns wie auch das Zusammenspiel mehrerer Gehirne zu verstehen. Doch der elektromagnetische Aspekt unseres Daseins ist noch weit größer, weil nicht nur Gehirne interagieren, sondern jedes Gehirn außerdem mit seiner Umwelt. Eingebettet im Meer elektromagnetischer Strahlung ist das Gehirn natürlich auch von außen beeinflussbar. Ein Umstand, der intensive Forschungen zum Thema »Veränderte Bewusstseinszustände« ausgelöst hat (Kapitel 4.11).

> *Wir glauben nicht mehr, dass synchronisiertes Feuern – etwa die so genannte 40-Hz-Oszillation – hinreichend für das neuronale Korrelat des Bewusstseins ist.*
> Francis Crick und Christof Koch,
> Neurowissenschaftler

2.6 HUMAN BRAIN PROJECT

Versuch einer Simulation

Das Human Brain Project (HBP) hat sich zum Ziel gesetzt, die komplexen Prozesse des menschlichen Gehirns mithilfe von computerbasierten Modellen und Simulationen nachzubilden. Es ist das aktuell umfassendste und wohl auch ehrgeizigste Vorhaben der Hirnforschung in Europa.

Initiator des HBP ist Henry Markram. Auf einer Farm im südafrikanischen Teil der Kalahari aufgewachsen, studierte Markram Medizin und Neurophysiologie in Kapstadt. Der Kognitionsforscher war in Israel und Heidelberg tätig, bevor er 2002 dem Ruf der schweizerischen École Polytechnique Lausanne (EPFL) folgte. Dort lancierte er 2005 das Blue Brain Project in Zusammenarbeit mit IBM USA. Ziel dieses Projekts ist der Nachbau einer sogenannten neokortikalen Säule, also eines Neuronenverbundes im Großhirn, anhand von Computermodellen. 2007 gelang mit der »Blue Column« die Simulation einer neokortikalen Säule auf zellulärer Ebene mit einem Durchmesser von einem halben Millimeter und einer Höhe von zwei Millimetern. Blue Column bildet die neokortikale Säule einer Ratte ab und besteht aus circa 10 000 Nervenzellen; die eines Menschen enthält sechs Mal mehr Neuronen.

Für Henry Markram war Blue Column der erste Baustein für die Umsetzung seiner Vision: der computerbasierten Simulation eines menschlichen Gehirns. Allerdings besteht allein schon der Neokortex des Menschen aus etwa einer Million der erwähnten kortikalen Säulen. Um eine Simulation in der Größenordnung eines menschlichen Gehirns zu erreichen, rief die EPFL Hirnforscher auf der ganzen Welt dazu auf, Modelle der von ihnen untersuchten Hirnregionen zu erstellen, um diese dann über eine gemeinsame Datenbank zu vernetzen. 2013 startete nach einer mehrjährigen Vorbereitungsphase das Human Brain Project Project als eines von vier FET-Flaggschiffen (Future and Emerging Technology) der Europäischen Union. Die Finanzierung des HBP läuft über 10 Jahre. Rund 500 Wissenschaftler an mehr als 100 Universitäten, Lehrkrankenhäusern und Forschungszentren in ganz Europa sind direkt ans HBP angeschlossen.

In den USA wurde, kurz nachdem die EU das HBP-Projekt startete, ein ähnlich umfangreiches Projekt lanciert: The Brain Initiative.

Supercomputer

Deklariertes Ziel des europäischen HBP ist es, »eine hochmoderne Forschungsinfrastruktur einzurichten, die es wissenschaftlichen und industriellen Forschern ermöglicht, unser Wissen in den Bereichen Neurowissenschaften, Computer und gehirnbezogene Medizin zu erweitern«. Zu diesem Zweck soll insbesondere die computerbasierte Neurowissenschaft aufgebaut und gefördert werden. Es geht darum, die Ergebnisse unzähliger einzelner Experimente zu sammeln und zu verknüpfen. Die technische Basis dafür bildet aktuell »Juwels«, einer der schnellsten Rechner in Europa, im deutschen Forschungszentrum Jülich. »Die modulare Supercomputing-Architektur ermöglicht es, flexibel und ohne Kompromisse die besten verfügbaren Technologien zu integrieren, und ist unsere Antwort auf die zunehmend komplexeren und heterogeneren Anforderungen der Anwendungscodes an die Supercomputer«, schwärmt Thomas Lippert, Direktor des Jülich Supercomputing Centre. Allerdings reicht auch die volle Kapazität des Supercomputers nicht aus, um ein Gehirnmodell zu simulieren. »Alle paar Jahre steht aber eine neue Computergeneration bereit, welche die vorgesehenen Aufgaben wiederum ein bisschen besser zu bewältigen vermag«, ist Projektleiterin Katrin Amunts überzeugt, und relativiert die Vorstellung eines einzigen Gehirnsimulators: »Wir werden kein Kästchen vor uns haben, das dann das Gehirn ist und alle Funktionen auf jeder zeitlichen und räumlichen Ebene korrekt widerspiegelt. Eher wird es ein System aus verschiedenen Modellen sein, die auf Computern gerechnet werden.«

2013 wurde eine für das HBP relevante Entwicklung mit dem Nobelpreis für Chemie geehrt: Multiskalenmodelle, die komplexe Moleküle und chemische Prozesse simulieren. »Sie können dieses Wissen zum Beispiel nutzen, um neue Medikamente zu entwickeln, oder – wie in meinem Fall – einfach um ihre Neugier zu stillen«, sagte Preisträger Arieh Warshel, als er von der bevorstehenden Ehrung erfahren hatte. In Bezug auf das HBP ist die Simulation molekularer Vorgänge wichtig, um beispielsweise zu verstehen, wie Neurotransmitter an Rezeptoren anbinden und dadurch biochemische und elektrische Prozesse auslösen.

Auch im Bereich Bewusstsein erhofft man sich vom HBP Antworten. »Bewusstsein ist sicher eine der grundlegendsten Fragen der Naturwissenschaft, die hier nicht ausgeklammert werden kann«, sagt Katrin Amunts. Ein eigenständiges Teilprojekt befasst sich deshalb mit der »kognitiven Architektur« des Gehirns, also damit, wie beispielsweise Lernen, Sprache und Erinnern im Gehirn ablaufen.

Der Vorstand des HBP betont die vorrangige Förderung der computerbasierten Neurowissenschaft. Die beteiligten Forscher erhoffen sich jedoch, dass im Laufe der Zeit auch laborbasierte und medizinische Experimente zur Simulation beitragen.

Mit einem global vernetzten Modell des Gehirns, so hoffen die Beteiligten, könnten Experimente unter stets denselben Voraussetzungen durchgeführt, wiederholt und die bisher schon erbrachten Ergebnisse miteinander in Beziehung gesetzt werden.

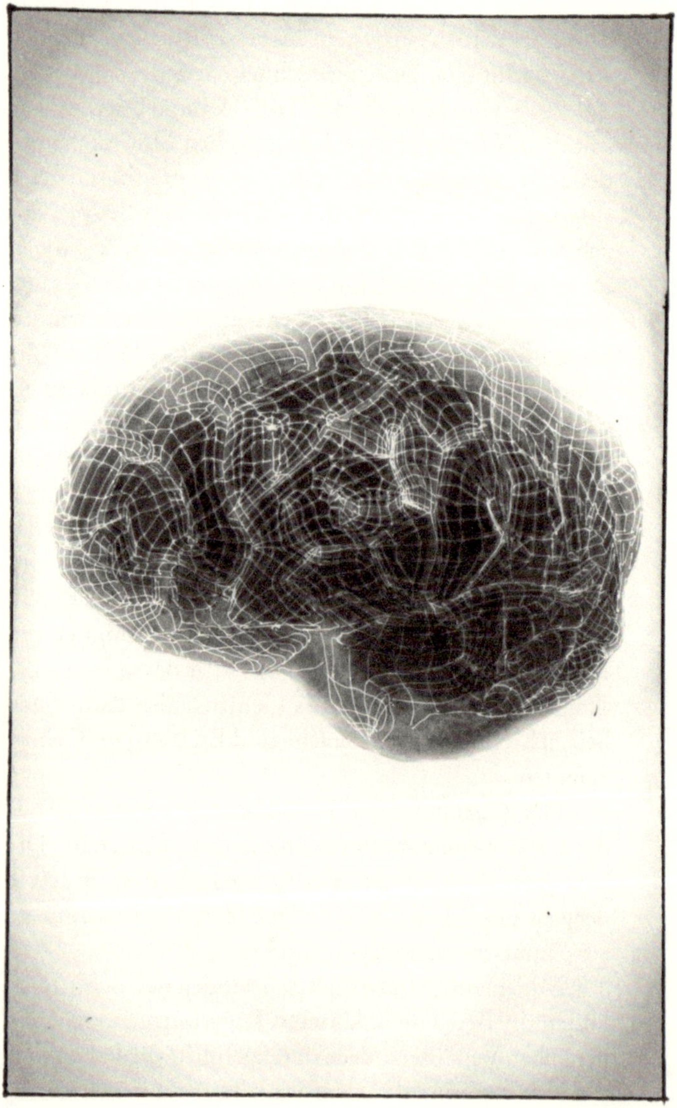

Thomas Lippert vergleicht die Simulation im Rahmen des HBP mit der Modellierung von Wetter und Klima oder mit Modellen von Elementarteilchen mittels Supercomputern: »Computergestützte Hirnforschung ist in dieser Hinsicht nichts Besonderes.«

Zur Anwendung kommen Simulationen dann, wenn Abläufe zu komplex sind, um sie nachvollziehen zu können. Eingesetzt werden Simulatoren beispielsweise auch, um Verkehrsströme zu analysieren. Bei den Modellen handelt es sich stets um eine grobe Vereinfachung der Realität, was die Resultate entsprechend relativiert. Beim HBP beispielsweise werden die Gliazellen, obschon sie rund die Hälfte der Hirnzellen ausmachen und aktiv an vielen Prozessen in unseren Köpfen beteiligt sind, gar nicht berücksichtigt. Ein wesentlicher Bestandteil des Projekts ist daher die Beweisführung, dass eine Simulation die Praxis-Anforderungen erfüllt. Und natürlich braucht es Interpretationen all dessen, was sich anhand des Simulators beobachten lässt, und dazu sind laut Projektbeschreibung wiederum »Durchbrüche in der Mathematik und Softwareentwicklung« notwendig.

Kritik

In Anbetracht der unübersichtlichen Flut an Veröffentlichungen, die sich im Bereich der Neurowissenschaften in den letzten Jahrzehnten angehäuft haben, sind Bemühungen, aktuelle Erkenntnisse zu verknüpfen, zu vergleichen und Schlussfolgerungen daraus zu ziehen, durchaus sinnvoll. Zumal die große Mehrheit der einzelnen Studien meistens nur ein bis drei Jahre umfasst. Eine Kontinuität, wie sie die zehnjährige Laufzeit des HBP bietet, ist neu.

Dass ein solches Projekt auch Kritik hervorruft, versteht sich. Unter anderem befürchteten Forscher, die nicht daran beteiligt wurden, dass die Mittel für kleinere Experimente fehlen, weil zu viele Ressourcen ans HBP gebunden sind. Aufgrund ihrer Bedenken wandten sich 2014 über 600 Wissenschaftler unterschiedlichster Forschungsrichtungen in einem offenen Brief an die Europäische Kommission. Unter anderem forderten sie eine transparente Vergabe der Forschungsgelder und zu diesem Zweck ein unabhängiges Expertengremium. Kritisiert wird nach wie vor, dass der Frauenanteil am HBP mit unter 20 Prozent zu gering sei.

Auch hinsichtlich des erklärten Ziels des HBP, der Simulation eines menschlichen Gehirns, gibt es Zweifel und Kritik. Manche Forscher argumentieren, das Projekt sei seiner Zeit voraus und beinhalte das Risiko zu scheitern. Es drohe der Neurologie ein ähnliches Schicksal wie der Erforschung der künstlichen Intelligenz. Diese wurde in den 1960er-Jahren großzügig gefördert, konnte jedoch die Erwartungen bei Weitem nicht erfüllen und dümpelte in der Folge jahrzehntelang vor sich hin. Nur sehr langsam gelang es diesem Forschungszweig, wieder Renommee und Vertrauen aufzubauen.

Dass die Erwartungen ans HBP zu hoch seien, befürchtet unter anderen der renommierte deutsche Hirnforscher Helmut Kettenmann, Professor für Zelluläre Neurowissenschaften am Max-Delbrück-Centrum für Molekulare Medizin in Berlin. Er gibt zu bedenken, dass beispielsweise Hummer und Krabben seit Langem intensiv erforscht werden. Obwohl der Nervenverbund, der die Muskeln ihres Magens und damit den Kauvorgang kontrolliert, aus nur etwa 30 Neuronen besteht, ist er noch nicht vollständig entschlüsselt. Kettenmann findet, »man müsste erst mal ein so kleines Netzwerk verstanden haben, bevor man sich an ein komplexeres wagt.«

Auch den am HBP beteiligten Forschern ist bewusst, dass sich das Geheimnis ums Gehirn durch das Human Brain Project nicht vollständig lüften lassen wird. Zentrales Ziel der letzten Phase bis 2023 ist es, »die entwickelten Plattformen zu konsolidieren und weiter in eine kohärente und nachhaltige Forschungsinfrastruktur für die Entwicklung der Neurowissenschaften und des Gehirns zu integrieren«.

2.7 BAUCHHIRN

Gescheiter als man denkt

Obgleich das Denken definitiv im Kopf vonstattengeht, verortet die Wissenschaft im Bauchraum unser »zweites Gehirn«. Das sogenannte enterisches Nervensystem (ENS) ähnelt in Anatomie und Funktionsweise verblüffend stark dem zentralen Nervensystem. Das Netzwerk aus über 100 Millionen Nerven- und Gliazellen zieht sich von der Speiseröhre bis zum Darmausgang. Detailliert beschrieben wurde das ENS zu Beginn des 20. Jahrhunderts vom Physiologen John Newport Langley (1852–1925). Der Brite verbrachte sein gesamtes berufliches Leben an der Universität Cambridge und fokussierte seine Forschung auf Neurotransmitter. Dabei war Langley seiner Zeit weit voraus. Bereits 1905 formulierte er Thesen über Rezeptoren, die für Drogen empfänglich seien – was sich gegen Ende der 1960er-Jahre nachweisen ließ (Kapitel 2.4). Langleys Erkenntnisse über das ENS griff der New Yorker Neurowissenschaftler Michael D. Gershon in den frühen 1980er-Jahren auf und stieß für seine Beschäftigung mit der in Vergessenheit geratenen Idee eines selbstständigen »Bauchhirns« erst einmal auf Skepsis und Kritik.

Doch Gershons Forschung lieferte beeindruckende Erkenntnisse. Allein der Umstand, dass im Laufe eines 75-jährigen Lebens mehr als 30 Tonnen Nahrung und 50 000 Liter Flüssigkeit durch das Gedärm wandern, ist beachtlich. »Das Herz ist dagegen eine primitive Pumpe«, so Gershon. Es ließ sich außerdem nachweisen, dass das ENS tatsächlich autonom funktioniert: Auch wenn man einem Wesen sämtliche Nerven, die den Bauch mit seiner Umgebung verbinden, durchtrennt, funktioniert das ENS weiter. Kein anderes Organ verfügt über die Fähigkeit, ohne Impulse des Gehirns oder des Rückenmarks selbstständig zu agieren, Reflexe zu steuern und Informationen zu verarbeiten.

Der Magen-Darm-Trakt analysiert – als größtes Konglomerat von Nervenzellen außerhalb des Kopfes – Millionen chemische Substanzen, trennt nach Nährstoffen und Giftstoffen. Er dirigiert in Eigenregie unter anderem rund 500 potenziell tödliche Bakterien und Pilze. Mehr als 70 Prozent aller Abwehrzellen des menschlichen Körpers sind im Darm angesiedelt. Somit ist die Magen-Darm-Region auch für unser Immunsystem von entscheidender Bedeutung.

Emotionaler Spiegel

Die Kommunikation zwischen Bauch und Kopf verläuft zu fast 90 Prozent von der Magen-Darm-Region hin zum Gehirn und nur zu etwa 10 Prozent in umgekehrter Richtung. Dies mag mit ein Grund sein, weshalb wir emotionale Zustände oft zuerst im Bauch wahrnehmen und sie vom Kopf aus wenig kontrollierbar sind.

Egal, ob wir Schmetterlinge im Bauch, ein flaues Gefühl im Magen oder vor lauter Angst die Hosen voll haben: Diese Redewendungen haben einen festen Platz in unserer Sprache eingenommen, da solche Empfindungen ziemlich verlässlich Auskunft über unsere aktuelle Gemütsverfassung geben. Etwa, wenn wir in der Magengegend vor lauter Lampenfieber ein Kribbeln feststellen, ein Unwohlsein im Magen uns misstrauisch macht oder die Verdauung aufgrund unserer Nervosität hyperaktiv ist. Mit Leuten, die Hunger haben, ist nicht gut Kirschen essen, manche Information ist schwer verdaulich und liegt uns im Magen, während Liebe durch ihn hindurch geht.

Wechselwirkungen

Gesunde Menschen nehmen nur einen Bruchteil dessen wahr, was in ihrem Darm vor sich geht. Doch ein beachtlicher Anteil der Bevölkerung leidet an chronischen Funktionsstörungen wie Reizdarm oder Verstopfung. »Oft haben Reizdarmpatienten nicht nur ein sensibleres ENS. Auch das zentrale Nervensystem reagiert viel empfindlicher auf die Informationen des Darms«, erklärt Michael Schemann, Humanbiologe an der Technischen Universität München: Überdurchschnittlich oft leiden Reizdarmpatienten an Migräne, Schlafstörungen oder Angst.

Das zentrale und das enterische Nervensystem verfügen über dieselben Zelltypen, Botenstoffe und Rezeptoren. Michael Gershon folgert: »Da sprechen zwei die gleiche Sprache.« Beispielsweise weisen Darm und Gehirn während der Tiefschlafphasen sanfte regelmäßige Wellenbewegungen auf, während der traumreichen REM-Phasen schlagen hingegen die EEG-Werte nervös aus und auch im Darm sind aufgeregte Zuckungen feststellbar. Bei Alzheimerpatienten lassen sich häufig im Darm dieselben Gewebeschäden feststellen wie im Gehirn. Ein ähnlicher Befund resultierte bei der Untersuchung der sogenannten »Rinderseuche« BSE. Aktuell mehren sich auch die Indizien, dass zwischen einem Ungleichgewicht in der Darmflora und psychischen Erkrankungen ein Zusammenhang bestehen könnte.

Gerhard Rogler, Gastroenterologe am Universitätsspital Zürich, erklärt, es gebe eine ganze Menge indirekter Hinweise, wie Bakterien psychische Veränderungen herbeiführen könnten. Darmbakterien sind außerdem an der Produktion von körpereigenen Botenstoffen (Kapitel 2.4) wie Serotonin oder Dopamin beteiligt, die Einfluss auf unseren Gemütszustand haben. Manchmal machen sich Medikamente, die auf das Neurotransmittersystem im Kopf wirken, auch in der Magen-Darm-Region bemerkbar. So aktivieren Medikamente, die den Serotoninspiegel heben, oftmals die Verdauung. Und umgekehrt können regelmäßige Verdauungsstörungen eines der ersten Anzeichen für eine sich entwickelnde Depression sein.

Zusammenhänge zwischen Darmbakterien und psychischer Verfassung stellten auch Forscher der medizinischen Fakultät an der chinesischen Universität Chongqing fest. Das Team um Peng Zhang analysierte das Mikrobiom von 63 Schizophrenie-Patienten und machte eine interessante Entdeckung: Während sie einerseits eine Artenarmut im Darm der Betroffenen feststellten, ließen sich gleichzeitig 56 Bakterienspezies nachweisen, die bei der gesunden Kontrollgruppe nicht vorhanden waren.

Darmflora

Schließlich entnahmen die chinesischen Forscher den Schizophrenie-Patienten Proben ihrer Darmflora und transplantierten diese in den Darm von keimfrei aufgewachsenen Mäusen. Ihr Fazit: Die Mäuse entwickelten Symptome einer Schizophrenie, darunter Hyperaktivität, Unruhe und Schreckhaftigkeit. Auch der irische Forscher John Cryan führte den Stuhl von Menschen in den Darm von Ratten ein und stellte dabei fest, dass jener von depressiven Menschen bei den Nagern depressionsähnliche Verhaltensweisen auslöst. Emeran Mayer, der sich an der Universität von Kalifornien seit vielen Jahren mit dem Magen-Darm-Trakt auseinandersetzt, ist überzeugt, dass die Forschung am ENS uns noch einige neue Einsichten über die Psyche bringen wird. Doch das wird noch einige Zeit dauern. Der Zürcher Gastroenterologe Gerhard Rogler betont: »Um wirklich zu belegen, dass Darmbakterien Ursache für psychische Veränderungen sind, braucht es mehr Studien.«

Praktiziert wird Stuhltransplantation aktuell bei Menschen, um gewisse Magen-Darm-Probleme zu lösen. Der Stuhl wird einer (in der Regel nahestehenden) gesunden Person entnommen und in den Organismus einer erkrankten Person eingebracht. Die Methode ist nicht neu. Der chinesische Alchemist Ge Hong beschrieb bereits im 4. Jahrhundert in einem Notfallmedizin-Lehrbuch eine Anwendung. Der deutsche Arzt und Universalgelehrte

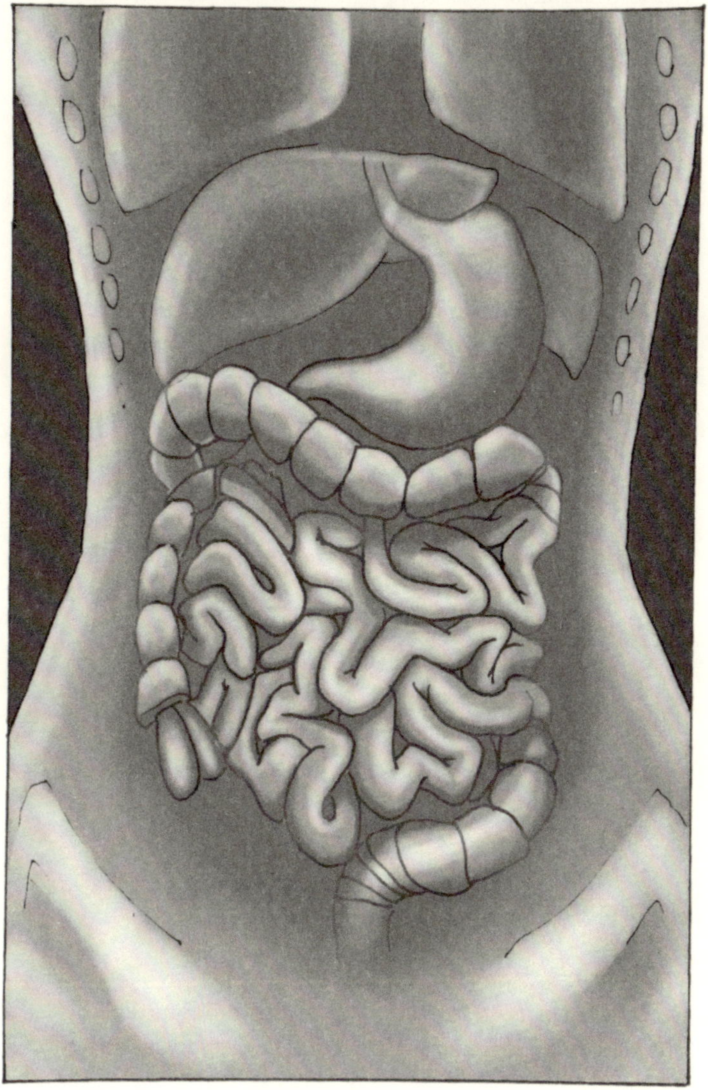

Christian Franz Paullini schilderte in seinem 1697 erschienenen Lehrbuch »Heilsame Dreck-Apotheke« diverse Beispiele für die Anwendung von Stuhltransplantationen. Mitte des 20. Jahrhunderts wurde die Methode erneut beschrieben. Vermehrte Aufmerksamkeit erhält die Therapie in medizinischen Kreisen erst, seit 2013 in der renommierten Fachzeitschrift »The New England Journal of Medicine« ein Artikel darüber erschien.

Intensiv mit dem Darm befasst sich das 2012 gegründete »Flemish Gut Flora Project« in Belgien. Das staatlich finanzierte Institut soll Zusammenhänge zwischen Lebensstil, Gesundheit und Darmflora erforschen. Zu diesem Zweck wurden von den Wissenschaftlern mehrere Tausend Stuhlproben von Flamen gesammelt und analysiert. Jeroen Raes, Initiator des Instituts, erklärt, inwieweit sich ihre Forschung von der bisherigen unterscheidet: »Die Mehrheit der früheren Studien fokussierte auf spezifische Krankheiten oder konzentrierte sich auf signifikant kleinere geografische Gebiete. Die Analyse der ›durchschnittlichen‹ Darmflora ist essenziell für die Entwicklung bakterienbasierter Diagnostika und von Medikamenten auf der Basis von Bakterien. Man muss erst verstehen, was normal ist, bevor man Krankheiten verstehen und behandeln kann.«

Unbestritten ist, dass eine gesunde Darmflora das Immunsystem stärkt und der physischen und psychischen Gesundheit zuträglich ist.

Intuition

Wenn Menschen gefragt werden, wo sie ihre Emotionen (Kapitel 3.3.) als erstes wahrnehmen, deuten die meisten in die Bauch- und Herzregion. Ebenso verhält es sich mit der Intuition, bei der es sich um einen ausgesprochen schnellen Impuls handelt. Die Hirnforschung hat nachgewiesen, dass der Verstand rund 40 Informationen pro Sekunde verarbeiten kann, während die Intuition im selben Zeitraum auf 400 Milliarden kommt. Bevor wir anfangen, über etwas nachzudenken, hat die Intuition also längst ihre Impulse gesendet. Sie unterscheidet sich damit deutlich vom Gefühl, das einen zumeist langsam beschleicht.

Lösungsorientierung

Henning Fritz vertrat als Torwart der deutschen Handballnationalmannschaft die Meinung, dass ihn Intuition – und nicht etwa Reaktionsfähigkeit – befähigte, zu den besten seiner Disziplin zu zählen. Albert Einstein sagte über die spezielle Relativitätstheorie, sie habe sich ihm intuitiv erschlossen, und bemerkte: »Der intuitive Geist ist ein heiliges Geschenk und der rationale Geist ein treuer Diener. Wir haben eine Gesellschaft erschaffen, die den Diener ehrt und das Geschenk vergessen hat.«

Ganz so düster scheint die Lage laut einer Umfrage bei 500 deutschen Führungskräften heutzutage nicht zu sein: Mit 66 Prozent gab eine beachtliche Mehrheit an, intuitiv zu entscheiden. 92 Prozent scheinen gar überzeugt, dass Intuition einen großen Nutzen für die Qualität der Entscheidungen habe, speziell wenn es darum gehe, komplexe Sachverhalte zu beurteilen. In Seminaren für die obere Führungsebene wird die Wichtigkeit intuitiver Entscheidungen immer wieder betont – obschon es wichtig ist, sie im Anschluss Dritten gegenüber mit sachlichen Argumenten zu vertreten. »Intuition beruht auf viel Erfahrung«, erklärt Gerd Gigerenzer (Direktor emeritus am Max-Planck-Institut für Bildungsforschung). »Man spürt, was zu tun ist, aber man kann es nicht begründen.«

Intuitive Entscheidungen beruhen auf sogenannten Heuristiken, also auf der Kunst, ein Problem ohne vollständiges Wissen in kürzester Zeit adäquat zu lösen.

Intuition liefert also nicht zwingend den Impuls für die beste, doch für eine gute Lösung, und dies bei extrem geringem Zeitaufwand. Dieser Umstand kann lebensrettend sein, insbesondere wenn in einer bedrohlichen Situation keine Zeit zum Überlegen bleibt. In der evolutionären Geschichte ging die Intuition dem logischen, abstrahierten Denken voraus.

Intuition wird oft als Bauchgefühl bezeichnet, untersucht wurde das Phänomen aber vorwiegend in der Hirnforschung. Diese siedelt aus dem Unbewussten schöpfende intuitive Eingebungen eher in der rechten Gehirnhälfte an, während von der Vernunft geprägtes rationales Denken vor allem in der linken Hirnhälfte stattfindet. Computertomografien bestätigen, dass sich der Schwerpunkt der Informationsverarbeitung von einer Gehirnhälfte in die andere verlagert, sobald sich eine Person vom Anfänger zum Experten entwickelt. Tatsächlich erfordern Gedankengänge in einem Bereich, in dem man sich sehr gut auskennt, weniger Aufwand. Diesen Mechanismus nimmt man etwa beim Erlernen einer Fremdsprache zur Kenntnis: Erst muss jedes Wort gepaukt und jeder Satz mühsam konstruiert werden. Nach einer Sprachreise in das entsprechende Land fließen gewisse Ausdrücke schon wie von selbst, und nach längerer Zeit im Sprachgebiet mag man sogar in der Fremdsprache träumen. Letzteres passiert, wenn sich der Wissensschatz im Unbewussten gefestigt hat.

Intuition kann falsch sein

Intuition beruht weniger auf Fakten als auf Halbwissen. Das zeigte sich unter anderem bei einer Befragung in Deutschland: Zwei Drittel der Angesprochenen antworteten spontan richtig, als sie erraten sollten, welche der beiden US-Städte – San Diego oder San Antonio – mehr Einwohner habe. Wer auf die bekanntere Stadt San Diego tippte, lag richtig. Gerd Gigerenzer erwähnt eine schwedische Studie, bei der man Experten und Nicht-Experten vorhersagen ließ, welche von zwei Aktien besser laufe: »Normale Anleger lagen in der Hälfte der Fälle richtig, die Experten nur bei 40 Prozent.« Der Psychologe erklärt: »Intuition ist die Kunst, sich auf das Wesentliche zu konzentrieren und den Rest – also überflüssige Informationen – zu ignorieren.«

Aufgrund von Vorurteilen, Projektionen, Emotionen oder »falsch« gespeicherten Daten kann die Intuition allerdings auch in die Irre führen, weil sie eben nicht rational auf ihren Wahrheitsgehalt geprüft wird. Eine amerikanische Studie, die sogenannte Maximizer und Satisficer verglichen hat, kommt zum Schluss, dass Maximizer, die in jeder Lebenslage die Vor- und Nachteile detailliert rational abwägen, unter dem Strich unzufriedener sind als Satisficer, die intuitiv entscheiden, mit den Folgen dann aber recht gut umgehen können. Wer sich spontan entscheidet, kann demnach eine Fehlentscheidung leichter verkraften und kennt weniger Reue und Selbstvorwürfe als jemand, der im Vorfeld jeden Schritt genau durchdacht hat, so das Ergebnis der Studie.

Bücher von amerikanischen Autoren wie Laura Day oder Malcolm Gladwell, die zu mehr Intuition im Leben auffordern, sind Bestseller. Sie machen darauf aufmerksam, dass uns Intuition im Laufe des Erwachsenwerdens zusehends abhandenkommt und dass es in der Folge oft schwerfällt, intuitive Impulse bewusst wahrzunehmen. Als Kind gelingt dies leichter, weil das rationale Denken noch weit weniger ausgebildet ist.

3 – MENTALE PROZESSE

3.1 EINFÜHRUNG

Von Androiden und Kuscheltieren

Der japanische Robotiker Hiroshi Ishiguro kreiert Androide. Sein eigener maschineller Doppelgänger – er heißt Geminoid – hat sich für seine Tochter im Kleinkindalter als Spielpartner bewährt. Geminoid sieht nicht nur aus wie Ishiguro; er verhält sich in vielerlei Hinsicht auch ähnlich wie der Professor und ist zeitweise als Assistent der Universität Osaka auf Vortragsreisen. Ishiguro, der dadurch Zeit und lange Reisen spart, findet das »recht bequem« und sieht in seinem Double weit mehr als eine Maschine: »In Japan sehen wir so etwas wie Seele überall. Es ist eine sehr christliche Vorstellung, dass nur Menschen sie besitzen«, erklärt der Ingenieur. So hätten sie auch kein Problem mit der Idee, dass ein Roboter eine Seele haben könne. Motiviert zu seinen Forschungen wurde der gelernte Kunstmaler durch den Wunsch »Menschen zu verstehen«. Er habe bloß die Arbeitsweise verändert.

Hiroshi Ishiguro lebt in einem Land, das gegenüber Robotern aufgeschlossen ist wie kein anderes. Sein Institut an der Universität Osaka zählt zu den weltweit führenden Forschungseinrichtungen für Robotik. Der Institutsleiter stellt fest, dass Senioren und Kinder Androiden schon heute als Mitglieder der Gesellschaft akzeptieren.

Beispielsweise bewährt sich die Robbe Finchen, kreiert vom Team um Hiroshi Ishiguro, in Altersheimen als Kuscheltier der Extraklasse. Der flauschige Roboter reagiert vielseitig auf Berührungen und Sprache und er animiert dazu, sich um ihn zu kümmern. Man kann argumentieren, dass schon ein normales Kuscheltier ausreicht, um bei dessen Besitzer positive Gefühle wie Vertrautheit, Trost,

Spaß und Motivation auszulösen. Doch die Roboter sollen künftig noch weit mehr leisten.

Vorerst sind jedoch Rückschläge in der Entwicklung von Robotern zu verzeichnen. So haben sie beispielsweise als Rezeptionisten in japanischen Hotels bezüglich ihrer Serviceorientierung schlechte Noten erhalten. Erica, die aktuell schönste und fähigste Android-Frau, ebenfalls eine Kreation der Universität Osaka, kann zwar ihren Kopf bewegen, jedoch nicht den Körper, und sie kann nicht sehen. Ihr Gesicht aber verfügt über eine beeindruckende Mimik, in Anbetracht der Tatsache, dass es sich um eine Maschine handelt. Da die Robotikindustrie allerdings erst in ihren Anfängen steckt, gelten perfektionierte Modelle für die Zukunft als gesetzt. Über den Charakter von Erica sagt Hiroshi Ishiguro: »Sehen Sie, sie will gemocht werden.« Erica sei auch sehr interessiert über sich und die Welt Neues zu lernen. Dazu befähigt wird sie durch eine Kombination von Werkzeugen aus der Kognitionsforschung, der behavioristischen Wissenschaft und der Neurowissenschaft, die in aufwendigen Programmierungen kurzgeschlossen werden. Ein Fernziel ist, dass sich solche Androiden über Hirn-Computer-Schnittstellen (Kapitel 4.11) komplett steuern lassen. Letztlich sollen sie über Wahrnehmungen, Emotionen, Gedanken und Erinnerungen verfügen. Dieses Kapitel befasst sich mit genau diesen mentalen Prozessen, weil das Bewusstsein ohne sie nicht auskommt. Sie sind eine wesentliche Voraussetzung dafür, dass wir unbewusst und bewusst Impulse verarbeiten.

Realitäten

Selbstverständlich regt uns der Austausch mit anderen Lebewesen stärker an, als dies ein Roboter vermag. Wenn es darum geht, mentale Prozesse wie die Empfindung von Zuneigung oder Fürsorge auszulösen, erweisen sich aber Robbe Finchen, Erica oder sogar ein simples Kuscheltier als hinreichender Ersatz. Die Stellvertreter sind insofern souveräne Partner, als sie alles mit sich machen lassen. Ein lächelndes Kuscheltier, das an die Wand geworfen wird, lächelt danach nicht weniger. Ein Roboter wie Erica beschwert sich höchstens ein Mal, wenn sie beleidigt wurde. Roboter agieren derzeit so simpel, weil sie selbst nichts erleben. Sie erbringen völlig emotionslos eine Rechenleistung.

Beim Menschen sind die mentalen Prozesse an biochemische und physikalische Gegebenheiten gebunden. Der deutsche Philosoph Franz von Kutschera sagt: »Denken wir uns das Gehirn eines Menschen proportional so vergrößert, dass wir darin spazieren gehen könnten, so würden wir Nervenzellen und ihre Verbindungen finden, wir könnten physiologische Veränderungen feststellen, Erregungsmuster und ihre Entstehung und Verbreitung beobachten. Wir würden aber kein Bewusstsein finden, keine Empfindungen, keine Wahrnehmungen oder Denkvorgänge. Auch bei einem Spaziergang im Gehirn eines Menschen ließe sich das mentale Leben dieser Person nicht beobachten.«

Mentale Prozesse sind untereinander eng verknüpft: So haben Emotionen wesentlichen Einfluss auf Erinnerungen und in Kombination steuern die beiden die Wahrnehmung bedeutend mit. Die Wahrnehmung wiederum filtert selektiv und individuell neue Erfahrungen und fügt sie in den einzigartigen Datenmix des menschlichen Gehirns ein.

Mentale Prozesse helfen uns dabei, ein individuelles Ich zu konstruieren. Je älter wir werden, desto stabiler wird dieses Konstrukt, und dennoch handelt es sich um ein äußerst fragiles Gebilde. Ein extremes Ereignis wie eine Hirnverletzung oder eine emotional stark fordernde Situation kann zur Folge haben, dass sich das Ich, dieses Konglomerat an Informationen, unverhofft komplett neu ausrichtet. Ein solches »Resetting« kann, wenn erwünscht, auch behutsam und schrittweise vonstattengehen. Voraussetzung für die sanfte Variante ist Interesse und Motivation, sich aufmerksam und liebevoll mit dem Menschen, also mit sich selbst auseinanderzusetzen. Auf dem Weg, sich neu zu konstituieren, gewinnen Avatare zunehmend an Bedeutung. Der Name stammt aus dem Sanskrit, bedeutet »Abstieg« und steht in der hinduistischen Tradition für die Manifestation eines göttlichen Aspekts, inkorporiert im Menschen oder Tier. Im Gegensatz zu Androiden existieren sie nur virtuell. In Online-Spielen erlauben Avatare, losgelöst von der eigenen Persönlichkeit, ein zweites Ich in einer digitalen Parallelwelt zu leben. Der Hongkong-Chinese Nick Yee zeigte 2007 im Rahmen seiner Dissertation, dass die Nutzer eines Avatars nicht nur online zunehmend in ihre zweite Persönlichkeit hineinwachsen und deren Attribute ausleben. Als Nick Yee zwei Jahre nach den Laboruntersuchungen seine Probanden wieder kontaktierte, stellte der Forscher fest, dass im virtuellen Leben antrainierte Verhaltensweisen und dadurch ausgelöste mentale Prozesse auch Zugang in ihren normalen Alltag gefunden hatten. Eine derartige Veränderung der Persönlichkeit gelingt besonders gut, wenn die virtuelle Spielwelt möglichst realitätsnah gestaltet ist.

Solche Erkenntnisse werden zunehmend für neue Therapieformen genutzt, etwa im Rahmen des EU-Projekts VERE (Virtual Embodiment and Robotic Re-Embodiment), an dem mehrere europäische Universitäten beteiligt sind. Unter anderem werden Männer, die wegen Gewalt an Frauen einsitzen, auf freiwilliger Basis virtuell in die Lage körperlich deutlich unterlegener Frauen versetzt. Rassisten können virtuell rassistische Ausgrenzung erleben. Dass sich dadurch ihr Empfinden gegenüber den Opfern verändert, steht fest, allerdings sind die Folgen noch unklar: Wird der Täter durch das Einfühlen in die Situation des Opfers geläutert oder stärkt es gar sein Vergnügen zu wissen, wie sehr das Opfer leidet?

Im Rahmen des EU-Projekts VERE hat sich die deutsche Universität Mainz insbesondere mit Körperillusionen beschäftigt. Es geht dabei um die Erfahrung (beispielsweise in einem virtuellen Spiel), einen anderen Körper zu besitzen und diesen kontrollieren zu können.

Virtuelle Realität erschafft einen technisch erzeugten Raum für etwas, das uns aus Fantasie und (Tag)träumen bereits bekannt ist. Zum Beispiel, sich zum Zwecke der Selbstbefriedigung gedanklich eine erregende Szene zu konstruieren, die uns gar zum Höhepunkt bringen mag, obschon wir allein unter einer ganz und gar unerotischen Dusche stehen. Die Fähigkeit, Dualität in ganz unterschiedlichen Situationen zu leben, ist uns natürlicherweise gegeben. Ob die Spielwiesen dafür real, im Traum oder virtuell animieren, spielt eine untergeordnete Rolle. Ausschlaggebend für die Auswirkung der Situation ist, wie intensiv wir uns dem Erleben hingeben und wie stark wir uns damit identifizieren.

Killerroboter

Bei der Entwicklung von neuen Technologien steht in der Regel das Wohl der Menschheit im Vordergrund. Doch es können dabei immer auch Instrumente entstehen, die das Gegenteil bewirken. Der deutsche Informatiker Jürgen Schmidhuber – oftmals als Vater der künstlichen Intelligenz bezeichnet und seit 1995 wissenschaftlicher Direktor beim Schweizer Forschungsinstitut für künstliche Intelligenz (IDSIA) – wandte sich deshalb gemeinsam mit Tesla-Erfinder Elon Musk und weiteren Vertretern der Robotikindustrie 2017 in einem offenen Brief an die Vereinten Nationen. Sie appellierten an die UNO, gezielt gegen die Verbreitung von tödlichen autonomen Waffensystemen, sogenannten Killerrobotern, vorzugehen. »Unsere Erfindungen werden nicht nur zum Guten verwendet, sondern auch für militärische Anwendungen«, begründet Schmidhuber die Initiative.

Gefahr und Fokus

Evolutionsbedingt fokussieren Lebewesen auf alles, was irgendwie gefährlich sein könnte: ein Feind, ein Unwetter, ein Feuer, ein Unfall. Mit Blick auf die Menschheitsgeschichte ist es erst einen Moment her, seit ein Großteil der Bevölkerung seine Aufmerksamkeit nicht mehr pausenlos auf lebensbedrohliche Gefahren ausrichten muss. Die tief im Menschen verwurzelte Angst, dass unsere mühevoll aufgebaute Identität zunichte gemacht werden könnte, veranlasst uns, selbst in vermeintlich sicheren Zeiten immer wieder den Fokus aufs Bedrohliche zu richten. Die Schweizer Paar- und Sexualtherapeutin Birgit Kollmeyer verweist in diesem Zusammenhang auf den Umstand, »dass das Verhältnis von Positivem zu Negativem 5:1 sein muss, damit eine Partnerschaft glücklich bleibt«, und bezieht sich dabei auf die Forschung von Barbara Fredericksonim Fachbereich der Positiven Psychologie. Auch in anderen Lebensbereichen neigen viele Menschen zu einer verhältnismäßig stärkeren Wertung des Negativen. Im Wissen darum kann die Dynamik solcher Negativspiralen bewusst korrigiert beziehungsweise relativiert werden.

Bewusstsein befähigt dazu, mentale Prozesse zu analysieren und neu zu beurteilen.

3.2 WAHRNEHMUNG

Interpretative Verarbeitung

Stellen Sie sich vor, dass sich der Veranstaltungssaal füllt. Besucher nehmen ihre Plätze ein, auf der Bühne werden letzte Vorbereitungen getroffen, schließlich die Gäste begrüßt. Doch dann folgt kein Programm. Stattdessen gehen die Lichter aus – es bleibt dunkel und still.

Was geschieht nun? Im Innern jedes Einzelnen und im Saal? Welche Gedanken schießen durch die Köpfe, welche

Empfindungen machen sich breit? Viele Reaktionen sind möglich, etwa: »Oha, eine technische Panne, wenigstens was sagen könnten sie«, oder »Ich will hier weg!« Alle im Saal teilen die Wahrnehmung der überraschenden Dunkelheit und Stille, doch was diese Wahrnehmung bei jedem Einzelnen auslöst, ist sehr individuell und abhängig von vielen Faktoren: vom Temperament, vom Biorhythmus, von der aktuellen physischen und psychischen Verfassung und vielem mehr.

Das Schweizer Unternehmen Qualis Evaluation ist spezialisiert auf Qualitätsmessungen in Alters- und Pflegeheimen. Auf Grundlage von zahlreichen Umfragen unter Heimbewohnern folgert das Unternehmen, dass die persönliche Verfassung der Befragten die Wahrnehmung der Qualität des Umfelds beeinflusst: Diejenigen, die sich munter und gesund fühlen, bewerten in großer Mehrzahl Dinge positiver als jene, die sich während der Befragung unwohl fühlen. Zu einem ähnlichen Schluss kommen Studien zu Depressionen und Angststörungen: Erkrankte schenken negativen Ereignissen und Informationen weit mehr Aufmerksamkeit als Gesunde.

Auch im Alltag beeinflusst die persönliche Befindlichkeit maßgeblich die Wahrnehmung und unsere Reaktionen darauf. So mag ein Wartender an der Bushaltestelle angespannt jedes Motorgeräusch registrieren und sich ärgern, dass der Bus schon zwei Minuten Verspätung hat, während eine andere Person im selben Moment an derselben Bushaltestelle das Zwitschern der Vögel wahrnimmt und gar überrascht sein mag, dass der Bus »plötzlich« da ist.

Erwartungshaltung

Daniel Simons und Christopher Chabris etablierten Ende der 1990er-Jahre einen Klassiker der experimentellen Psychologie. Ihre Probanden wurden beauftragt, einen Film mit Ballspielern anzuschauen und genau zu beobachten, wie viele Ballwechsel stattfinden. Durchschnittlich bemerkte jeweils rund die Hälfte der Testpersonen, dass im Film auch ein als Gorilla verkleideter Mensch über das Spielfeld läuft. Diejenigen, die ihn sehen, haben für dessen Wahrnehmung noch ausreichend Aufmerksamkeit vorrätig. Bei den anderen wird durch die Zählaufgabe weiteres ausgeblendet, insbesondere Dinge, die nicht zu erwarten sind. Wird der Film ohne die Zählaufgabe gezeigt, nimmt die große Mehrheit der Probanden den Gorilla wahr. Doch einige übersehen den Verkleideten auch dann, weil sie von sogenannter Unaufmerksamkeitsblindheit betroffen sind. Genutzt wird dieses Phänomen gelegentlich von der »Versteckten Kamera«. Da spricht beispielsweise eine Person einen Passanten an und bittet um die Beschreibung eines Weges auf einem Stadtplan. Sobald der Passant auf den Plan konzentriert ist, wird die fragende Person ausgetauscht. Nur einige der Angesprochenen bemerkten das jeweils.

Sogar Geschmacksnerven reagieren auf eine Erwartungshaltung: Nimmt jemand an, dass etwas bitter schmeckt, ist die Überraschung groß, wenn es sich als süß erweist. In dieser Situation hat das Süße dennoch einen leicht bitteren Beigeschmack. Zumal die Hirnforschung bestätigt, dass zwischen der Vorstellung eines bestimmten Objekts und dessen effektiver Wahrnehmung eine Überlappung in der Aktivierung der entsprechenden Hirnzellen auszumachen ist. Stellt man sich also etwas rund vor, das sich als eckig erweist, ist die Wahrnehmung der Form weniger eindeutig, als wenn Vorstellung und Tatsache übereinstimmen. Hans-Anton Lehr vom Medizin-Campus Bodensee in Friedrichshafen ist der Meinung, dass die Erwartungshaltung auch auf die Wissenschaft Auswirkungen hat. Sie kann zur Folge haben, dass ausgebildete Pathologen mikroskopische Gewebeaufnahmen von Prostata-Krebspatienten unter Umständen falsch interpretieren. Dies geschehe, wenn sie aufgrund ihrer Erfahrung und gewisser Indizien eine bestimmte

Erwartungshaltung einnehmen und deshalb nicht genau genug hinsehen, ob die Gewebeaufnahmen eventuell doch eine Besonderheit aufweisen.

Die Möglichkeit, Erwartungshaltungen zu manipulieren und dadurch Wahrnehmungen zu relativieren, wird im Alltag vielseitig genutzt, sei es mit einer bestimmten Absicht oder intuitiv, indem man beispielsweise dem Gegenüber erst ein Kompliment macht, bevor man zur Kritik ansetzt. Dieser Mechanismus dient unter anderem als Steuerungsinstrument im Neuromarketing. Die relativ junge wissenschaftliche Disziplin beschäftigt sich mit dem Konsumentenverhalten. Auf der Basis von Hirnscans bestätigt sich wenig überraschend, dass die Beschriftung »Aktion« in einem Geschäft bei den meisten Probanden auffällige Reaktionen im neuronalen Belohnungssystem auslöst und die Fähigkeit, kritisch zu hinterfragen, reduziert. Je unentschlossener die Kundschaft ist, desto leichter lässt sie sich manipulieren. Tests in Restaurants haben gezeigt, dass der Umsatz an französischen Weinen steigt, wenn im Hintergrund französische Musik läuft. In solchen Situationen mag man unbewusst indoktrinierte »Entscheidungshilfen« sogar schätzen. Wie die Geschichte zeigt, vermag das System raffinierter PR allerding auch hochgradig destruktive Prozesse in Gang zu bringen.

Hirnforschung und kognitive Psychologie gehen davon aus, dass die menschliche Wahrnehmung zu großen Teilen das Ergebnis einer neuronalen Konstruktion ist, welche die äußere Realität durch mentale Prozesse teilweise kreiert und mitgestaltet. Wolf Singer vom Max-Planck-Institut für Hirnforschung hält fest: »Wahrnehmung ist immer die Folge eines erwartungsgesteuerten Suchprozesses« und »unsere Wahrnehmungssysteme sind in hohem Masse interpretativ.«

Aufmerksamkeit

In den 1960er-Jahren wurde deutlich, dass der Großteil der Wahrnehmungen kein Bewusstsein benötigt, um wirksam zu werden. Der deutsche Verhaltensphysiologe Gerhard Roth erklärt das so: »Unbewusste Wahrnehmungen und die durch sie ausgelösten emotionalen und vegetativen Reaktionen besitzen einen geringen Detailreichtum und eine geringe Flexibilität; ihre Informationsverarbeitung ist ›flach‹.« Sie lösen oftmals einen Automatismus aus, der adäquat ist, um das Überleben unserer Spezies zu sichern, etwa wenn es darum geht, auf eine Gefahr zu reagieren oder für Nachwuchs zu sorgen. »Bewusste Wahrnehmung dagegen ist meist detailreich und bewusste Handlungssteuerung flexibel«, so Roth.

Damit Wahrnehmungen ins Bewusstsein vordringen, müssen die Impulse über eine gewissen Penetranz verfügen. Oder aber wir steuern die Aufmerksamkeit mit Absicht auf eine spezifische Wahrnehmung. Dann gelingt es sogar oftmals, Informationslücken zu füllen und beispielsweise dse Wrte trz fhlndn uchabn korkt z lsn.

In den frühen 1980er-Jahren untersuchte Benjamin Libet (1916–2007) die Zuverlässigkeit unbewusster Wahrnehmungen: Unter anderem setzte der US-amerikanische Physiologe seine Probanden vor zwei Lampen. Sie leuchteten abwechselnd, unterschiedlich lange oder überhaupt nicht. Zwischendurch flimmerten die Lampen so kurz auf, dass die Probanden das unmöglich bewusst wahrnehmen konnten. Bat Libet seine Probanden danach zu erraten, welche der beiden Lampen ganz kurz und welche gar nicht aufgeleuchtet hatte, entschied sich dennoch die Mehrheit für die richtigen Lampen.

Verlass auf eine korrekte Verarbeitung von Wahrnehmungen gibt es allerdings nicht. Schauen Sie sich beispielsweise die folgende Abbildung an:

Die Linien erscheinen schräg, obschon sie horizontal gerade mit dem Maßstab gezogen wurden.

Der britische Psychologe und Neurowissenschaftler Richard Gregory (1923–2010) hat maßgeblich zur Erkenntnis beigetragen, dass die Bilder, die die Netzhaut entstehen lässt, immer interpretativ und mehrdeutig sind und sich Fehlinterpretationen nie ausschließen lassen. Auch im akustischen Bereich funktionieren Täuschungen bestens, wie das beliebte Kinderspiel »Stille Post« zeigt. Man steht dazu in einer Reihe und flüstert jeweils der nächsten Person zu, was einem zuvor leise ins Ohr gesagt wurde. Das, was die oder der Letzte in der Reihe dann laut ausspricht, ist meist weit entfernt vom ursprünglichen Satz oder Wort. In der Wahrnehmung getäuscht wird man auch nach einer längeren Schifffahrt, wenn man an Land tritt und der feste Boden unter den Füßen zu schwanken scheint. Auch die Selbstwahrnehmung kann Trugbildern unterliegen. So gibt es bekanntlich Menschen, die fest überzeugt sind zu dick zu sein, obgleich das gesamte Umfeld der Person wie auch der Body-Mass-Index das Gegenteil besagen.

Abgesehen von individuellen Befindlichkeiten werden Wahrnehmungen auch von außen durch unser direktes Umfeld beeinflusst. So ist beispielsweise belegt, dass Menschen, die in einem Regenwald aufwachsen, wesentlich mehr Nuancen der Farbe Grün wahrnehmen und diese auch mit differenzierteren Wortschöpfungen benennen als Menschen, die in urbaner Umgebung heranwachsen. Die Komplexität aller Aspekte, die an Wahrnehmung beteiligt sind, löst Kopfzerbrechen aus, insbesondere im Forschungsbereich der künstlichen Intelligenz. Denn es sind derart viele Daten involviert, dass selbst die leistungsfähigsten Computer nicht in der Lage sind, auch nur annähernd Ähnliches zu reproduzieren.

Die Sinne

Sinneswahrnehmungen zählen zu jenen Dingen, die niemand im Leben missen möchte. Mehr als die Hälfte aller Eindrücke sammeln Menschen über die Augen; sie leiten visuelle Impulse auf komplizierte Wege durchs Gehirn (Kapitel 5.5). Das Spektrum des Gehörs (Kapitel 5.4) ist um einiges tiefer, präziser und rund zehnfach breiter als das der Augen. Gerüche nimmt der Fötus ab der 26. Woche über das Fruchtwasser wahr. »Gerüche gelangen über eine einzige Schaltstelle direkt ins Zentrum für Gefühl und Erinnerung«, erklärt der deutsche Biologe und Duftforscher Hanns Hatt von der Ruhr-Universität Bochum. Die Verknüpfungen zwischen Wahrnehmungen und Emotionen sind generell stark ausgeprägt. Und je intensiver Emotionen durch eine Wahrnehmung angeregt werden, desto fester verankern sie sich in der Erinnerung. Ein Duft kann uns deshalb in null Komma nichts in eine vergangene Situation versetzen. Wobei Hatt und sein Team nachgewiesen haben, dass es nicht nur in der Nase, sondern über den ganzen Körper verteilt Duftrezeptoren gibt. Düfte zu werten, lernen wir erst im Laufe des Lebens. Deshalb könne man sich »Signalparfums« mixen, erklärt Hanns Hatt, »eines zum Einschlafen, eines fürs konzentrierte Arbeiten. Einatmen – und schon weiß der Körper, was er zu tun hat.« Dieser Mechanismus wird bereits in Therapien genutzt und Hatt ist überzeugt: »In

20 Jahren werden wir Duftstoffe schlucken, einreiben oder inhalieren, um gewisse Rezeptoren zu aktivieren oder zu blockieren.«

Der Geschmackssinn basiert auf den Grundqualitäten: süß, sauer, bitter, salzig und fettig. Die Haut verfügt über einen Vibrationssinn und taktile Wahrnehmungen wie warm und kalt. Hinzu kommen Wahrnehmungsinstrumente wie der Gleichgewichtssinn. Oder der Tastsinn, welcher bereits ab der 7. Schwangerschaftswoche aktiv ist. »Kommt das Kind auf die Welt, ist das Tasten im Vergleich zum Sehen und Hören schon sehr weit entwickelt«, hält der Entwicklungspsychologe Moritz Daum von der Universität Zürich fest.

Organisch lässt sich nachvollziehen, wie der Akt des Sehens oder des Hörens vonstattengeht. Die Enttäuschung war jedoch groß, als sich zeigte, dass eine rein organische Erzeugung der Sehfähigkeit des Auges bei einer von Geburt an blinden Person nicht dazu führt, dass sie sehen kann. Inzwischen weiß man, dass nicht das Auge alleine sieht und das Ohr nicht allein hört. Die Sinnesorgane nehmen die physikalischen Signale auf und leiten sie weiter. Zur Wahrnehmung verarbeitet werden sie unter komplexen Umständen im Gehirn. Wie die Umsetzung der Impulse in ein Bild oder in einen Ton letztlich gelingt, ist bisher nicht abschließend geklärt. So hat sich etwa im Rahmen wissenschaftlicher Studien gezeigt, dass Menschen, die »blindsehen«, sich selbst als blind erachten. Wenn sie aber starken Reizen ausgesetzt werden, können sie visuelle Aufgaben dennoch vorwiegend korrekt lösen. Grund dafür ist, dass zwar die primären Sehrinde zerstört ist, andere Teile des visuellen Systems jedoch intakt sind.

In der Regel gehen wir davon aus, dass alle Menschen dieselben Wahrnehmungen haben. Doch individuelle Besonderheiten sind weit häufiger als angenommen. Beispielsweise verfügen sogenannte Synästhetiker von Geburt an über Hirnzellen, die überdurchschnittlich stark vernetzt sind, sodass die Betroffenen Zahlen gleichzeitig als Farben wahrnehmen oder Musik auch schmecken können. Viele Synästhetiker werden sich ihrer speziellen Wahrnehmung erst mit der Zeit bewusst – weil sie nichts anderes kennen und es dadurch für sie nichts Außergewöhnliches darstellt. Vielen Betroffenen gelingt es, die gekoppelten Wahrnehmungen für besondere Leistungen zu nutzen: Berühmte Synästhetiker waren unter anderen Johann Wolfgang von Goethe, Leonardo da Vinci, Franz Liszt, Miles Davis und Jimi Hendrix.

Eine überdurchschnittliche Wahrnehmung von Reizen kann auch Stress auslösen. Der chaotische Mix von Lichtern, Musik, Lärm, Menschen und Stimmungen, beispielsweise auf einem Jahrmarkt, fasziniert viele Besucher. Für hochsensitive Personen (HSP), im deutschen Sprachraum meist Hochsensible genannt, sind derart viele Impulse jedoch eine Zumutung. Die US-amerikanische Psychologin Elaine Nancy Aron publizierte 1996 ihre Forschungsergebnisse zum Thema im Buch »The Highly Sensitive Person«. Über eine Million Käufer interessieren sich für das mittlerweile als Standardwerk eingestufte Buch. Die Autorin hat Hochsensibilität aus persönlicher Betroffenheit zu ihrem Forschungsschwerpunkt gemacht. Sie kam zu dem Ergebnis, dass es sich dabei um eine genetisch bedingte Eigenschaft handelt, nicht um eine Krankheit, und dass man lernen kann, damit zu leben. »Unsere Sensibilität bedeutet, dass wir vorsichtig sind und mehr Zeit allein brauchen. Weil Menschen ohne diese Eigenschaft (also die Mehrheit) das nicht verstehen, sehen sie uns als ängstlich, schüchtern, schwach, oder – das Schlimmste von allen – ungesellig. Aus Angst vor diesen Stempeln versuchen wir, wie die anderen zu sein. Doch das führt nur dazu, dass wir noch überforderter und gestresster sind.«

Menschen, die eine eingeschränkte Wahrnehmungsfähigkeit haben, stehen vor nicht minder großen Herausforderungen wie Hochsensitive. Wenn sie von der sogenannten

Gesichtsblindheit (Prosopagnosie) betroffen sind, können sie Menschen nicht an ihrem Antlitz erkennen. Weil sie es jedoch von Geburt an nicht anders kennen, lernen die Betroffenen, diesen Mangel zu kompensieren, indem sie sich anstelle des Gesichts an der Art des Gehens, der Haarfarbe, der Kleidung und Ähnlichem orientieren, um ein Gegenüber wiederzuerkennen. Farbenblinde lernen damit umzugehen, dass sie nur Hell-Dunkel-Kontraste wahrnehmen können. Farbenfehlsichtige finden Wege, mit ihrer Rot-Grün-Sehschwäche zu leben. Die Fähigkeit, trotz reduziert oder gar nicht funktionierender Organe eine adäquate Wahrnehmung zu entwickeln, zeigt sich auch bei Menschen, die im Kleinkindalter eine solche Einschränkung erfahren, beispielsweise auf einem Ohr taub werden oder die Sehkraft auf einem Auge verlieren. Sie sind in der Lage, die Beeinträchtigung in ihrer Entwicklung weitgehend zu kompensieren, und müssen als Erwachsene nicht zwingend schlechter hören oder sehen als andere – es sei denn, man spricht zum Beispiel gezielt ins taube Ohr.

Außerhalb der Norm

Unabhängig von den beispielhaft erwähnten individuellen Besonderheiten gibt es Wahrnehmungen, die einer großen Mehrheit der Menschen zuteil werden und die uns erlauben, eine gemeinsame Realität zu deklarieren. Darüber hinaus werden immer wieder sogenannte paranormale Wahrnehmungen thematisiert, die sich mehrheitlich der Beweisbarkeit entziehen. Die Forschung neigt dazu, derartige Phänomene als Täuschungen zu interpretieren. Das mag als Erklärung kaum befriedigen, wird aber nachvollziehbar in Anbetracht all dessen, was Menschen in veränderten Bewusstseinszuständen (Kapitel 4) wahrnehmen und sich jeglichen wissenschaftlich akzeptierten Erklärungsmodellen entzieht.

Manche Phänomene werden mittlerweile aufgrund zahlreicher Studien als existent bestätigt, beispielsweise die Möglichkeit korrekter Vorausahnungen (Präkognition). Auch konnten mehrere Tausend sogenannte Ganzfeldversuche Belege für telepathischen Austausch zwischen zwei Testpersonen liefern. Bei Versuchen im Bereich der Fernwahrnehmung, einer bestimmten Form der Hellsichtigkeit, wird untersucht, ob und wie die Wahrnehmung eines Objekts möglich ist, wenn sie nicht auf sensorischen Informationen basiert. Unter anderem am Princeton Engineering Anomalies Research Laboratory in New Jersey wurden mehrere Hundert solcher Versuche durchgeführt. Dabei wurde beobachtet, dass Probanden zum Beispiel eine für sie nicht sichtbare Fotografie korrekt beschreiben können. Die Signifikanz solcher Studien wird allerdings immer mal wieder angezweifelt (Kapitel 4.1).

Egal, wie alltäglich oder außerordentlich unsere Wahrnehmungen sind: Die Fähigkeit, bewusst zu sehen, zu hören, zu fühlen, zu riechen und zu schmecken, macht uns lebendig. Die persönlichen Interpretationen des Erlebten können wir für uns behalten oder mit anderen teilen. Die zunehmende Bereitschaft, auch außergewöhnliche Wahrnehmungen öffentlich anzusprechen, verändert und erweitert die geteilte Realität der Menschheit.

3.3 EMOTIONEN

Lange unterschätzter Aspekt

An Flughäfen in den USA empfiehlt es sich, ein »Pokerface« aufzusetzen, denn etliche verfügen über sogenannte Spot-Programme (»Screening passengers through observation techniques«): Anhand von Videoaufzeichnungen, die in Zeitlupe abgespielt werden, analysiert speziell geschultes

Sicherheitspersonal die Mimik Tausender Flugreisender, um über unkontrollierte Gesichtsausdrücke verdächtige Personen ausfindig zu machen. Basis für die Technik ist das »Facial Action Coding System«. Es beruht auf Erkenntnissen des US-amerikanischen Psychologen Paul Ekman, der 2009 vom »Time Magazine« als einer der 100 einflussreichsten Menschen aufgelistet wurde. Ekman katalogisierte mehrere Tausend Gesichtsausdrücke, zu denen Menschen mittels ihrer 26 Gesichtsmuskeln fähig sind.

Unser Gesicht kann die Gemütslage derart präzise zum Ausdruck bringen, dass das »Facial Action Coding System« gar fähig sein soll, ein echtes von einem falschen Lächeln zu unterscheiden. Im Zusammenhang mit seinem Buch »Ich weiß, dass du lügst: Was Gesichter verraten« schreibt Paul Ekman: »Das Lächeln ist wahrscheinlich der am meisten unterschätzte Gesichtsausdruck, denn ein Lächeln ist viel komplizierter, als die meisten Menschen denken. Es gibt Dutzende Arten zu lächeln, die sich in Aussehen und Ausdrucksweise unterscheiden.«

In den 1970er-Jahren wies Ekman nach, dass Emotionen weltweit, unabhängig von Kultur und Sozialisierung, in den Gesichtern der Menschen vergleichbare Reaktionen hervorrufen.

Doch nicht nur der Gesichtsausdruck gibt Aufschluss über den emotionalen Zustand. Auch der Körper und die Sprache verraten, wie wir uns fühlen. Etwa, wenn wir erröten, Schweißhände oder einen Kloß im Hals haben, uns ein Schauer über den Rücken läuft oder wir Gänsehaut bekommen. Auch unsere Stimme spricht Bände darüber, wie es uns geht, wenn wir in einem Gefühlsausbruch schreien, wenn wir lachen, stottern oder um Worte ringen. Ein Grund für die außerordentlich vielfältigen Ausdrucksweisen von Emotionen und Gefühlen ist, dass sie – gekoppelt ans limbische System – an fast allen neuronalen Aktivitäten beteiligt sind (Kapitel 2.2). Diese Erkenntnis ist relativ jung, sie geht auf das Ende des

20. Jahrhunderts zurück. Hans Markowitsch, Professor für Physiologische Psychologie an der Universität Bielefeld, erklärt: »Wenn uns etwas emotional anspricht, wird es in ein breiteres Nervenzellen-Netzwerk eingebunden. Es gelangt zum Beispiel nicht nur ins Wissenssystem, sondern auch ins episodische Gedächtnis.« In jedem Fall *bewegen* uns Emotionen. Darauf verweist schon die lateinische Wortwurzel *movere.*

In der Forschung war Sigmund Freud (siehe Kapitel 1.4) einer der ersten und lange Zeit einer der wenigen, die Emotionen Aufmerksamkeit schenkten. Der heute renommierte Bewusstseinsforscher António Rosa Damásio vermochte gegen Ende des 20. Jahrhunderts mit seinem Buchtitel »Ich fühle, also bin ich« noch zu provozieren. Doch im 21. Jahrhundert hat sich in der Wissenschaft ein grundlegender Blickwechsel vollzogen. Zwischenzeitlich wurde nachgewiesen, dass Emotionen großen Einfluss auf Wahrnehmungen, Erinnerungen, Motivation und Handlungen haben. Die Forschung geht mittlerweile davon aus, dass Emotionen an jeder Entscheidung, die wir im Leben treffen, beteiligt und ein wesentlicher Grund sind, weshalb sich künstliche Intelligenz nicht mit der menschlichen vergleichen lässt.

Mit der veränderten Wahrnehmung von Emotionen geht die Einsicht einher, dass auch ein Großteil der Tiere über ein emotionales Leben verfügt. In der Wissenschaft weniger etabliert ist die Ansicht, dass zudem Pflanzen und weitere lebende Organismen über ein ihnen eigenes emotionales System verfügen.

Kulturelle Prägungen

Für emotional besonders starke Momente, die sich in unsere Erinnerung einprägen, hat António Rosa Damásio den Begriff somatische Marker geprägt. Sie seien unentbehrlich für gute Entscheidungen und wichtige Vermittler zwischen bewussten und nicht bewussten Prozessen. Be-

rührt eine Wahrnehmung zu einem späteren Zeitpunkt einen somatischen Marker, wird dadurch eine Reihe von Impulsen ausgelöst. Wenn der somatische Marker durch ein Trauma geprägt ist, kann die erneute Berührung starke emotionale Reaktionen hervorrufen. Beispielsweise können Böllerknallen und Lichterfunken eines Feuerwerks bei jemandem, der oder die einen Krieg erlebt hat, das Trauma reaktivieren, auch wenn sich die Person im entsprechenden Moment auf einem Sommerfest in einem sicheren Land befindet. Die Korrektur somatischer Marker, das emotional Gespeicherte »neu zu überschreiben«, fällt schwer; Achtsamkeit gegenüber Emotionen und Gefühlen kann den Zugang erleichtern.

Der US-amerikanische Anthropologe und Psychologe Paul Ekman identifizierte sieben sogenannte Basisemotionen, die nach seinen Forschungsergebnissen kulturübergreifend auftreten: Freude, Überraschung, Angst, Wut, Ekel, Trauer und Verachtung. Doch bis heute gibt es unterschiedliche Auffassungen darüber, was eine Basisemotion ist. So simpel die Gliederung scheint, so kompliziert wird es, wenn man sich im Detail mit der Materie befasst. Der renommierte deutsche Hirnforscher Gerhard Roth differenziert zum Beispiel in seinem Buch »Fühlen, Denken, Handeln«: »Furcht ist eine emotionale Abwehrreaktion gegenüber konkreten Ereignissen und unterscheidet sich dadurch – so die Auffassung vieler Fachleute – von Angst, die als diffuse negative Emotion gesehen wird.« Der Begriff Emotion wird als grundlegende Empfindung verstanden, während Gefühle eher den momentanen Ausdruck einer Emotion meinen. Demnach agieren Emotionen an der Basis, eher subtil, teils unbewusst, wiederkehrend und bei den meisten Menschen gleich, während Gefühle zumeist bis ins Bewusstsein vordringen.

Obgleich sich der Ausdruck spezifischer Gefühle weltweit häufig ähnelt (überall auf der Welt ziehen Menschen im Zorn die Stirn zusammen), ist der kulturell geprägte

Umgang damit doch sehr unterschiedlich. Dieser Umstand stellt in einer globalisierten Welt eine besondere Herausforderung dar, denn Emotionen zu zeigen, kann je nach Aufenthaltsort ebenso gut wie schlecht ankommen. Im Fernen Osten beispielsweise gilt es als Alltagstugend, das »Gesicht zu wahren«, in lateinamerikanischen Ländern wie Brasilien oder Argentinien werden Gefühle intensiv kultiviert. International tätige Manager machen sich vor einer Reise ins Ausland schlau über die örtlichen Gepflogenheiten, um sich vor Fettnäpfchen in Acht zu nehmen. Der Umgang mit Emotionen, wie wir ihn als Teil des persönlichen Kulturkreises erleben, empfinden wir im Allgemeinen als richtig, anderes oft als befremdend. Rücksicht auf kulturell geprägte Emotionen ist daher auch eine Voraussetzung für gelingende Integration und eine funktionierende international geprägte Gesellschaft.

> *Ich fühle, also bin ich.*
> — António Rosa Damásio, Emotionsforscher

Trotz kulturell verankerter Unterschiede gibt es zahlreiche Emotionen, die Menschen im Laufe der evolutionären Entwicklung gleichermaßen gespeichert haben. So gibt es nur wenige, die ein heftiges Gewitter als heimelig empfinden. Aber ganz viele, die bei einer hochkarätigen Sportveranstaltung oder einem Konzert gemeinsam jubeln. Und Menschen jeder Kultur drücken nach einem erschütternden Ereignis gegenseitige Anteilnahme aus. So kommt es, dass wir, unabhängig von allen Unterschieden, emotional doch immer wieder zusammenfinden.

Von Anfang an emotional

Emotionen machen uns fit für die Herausforderungen des Lebens: Negative Gefühle schützen uns vor Gefahren, positive spornen uns an, Ziele zu erreichen oder für Nachwuchs zu sorgen. Die emotionale Konditionierung jedes Einzelnen beginnt bereits im Mutterleib und ist eine der ersten unbewussten Wahrnehmungen. Der Fötus ist so eng mit dem Organismus der Mutter verknüpft, dass sich deren Ängste und Freuden übertragen. Das limbische System ist bereits im Säuglingsalter voll ausgereift, in den ersten drei Lebensjahren erfolgt ein außerordentlich nachhaltiger Prozess der emotionalen Prägung. Später als Teenager sind wir neuen, uns bis dahin unbekannten, starken Emotionen ausgesetzt. Umfragen unter mehreren 100 000 Amerikanern im Alter zwischen 15 und 90 Jahren lassen den Schluss zu, dass man in jungen Jahren häufiger von Unruhe, Gefühlsausbrüchen und Ängsten geplagt wird. Junge Menschen erleben starke Gefühlsschwankungen und dadurch auch aufregende Zeiten, die sich in den Erinnerungen (Kapitel 3.5) verankern.

Statistisch gesehen sind Menschen zwischen 35 und 55 Jahren am unglücklichsten, weil sie durch Familie und Beruf fest in ein Korsett gebunden sind. Diese Altersklasse wird auch vermehrt von Ängsten geplagt – etwa, alles, was über die Jahre erarbeitet wurde, wieder zu verlieren. Trübsal, Wut und Alltagssorgen nehmen etwa ab dem 50. Lebensjahr tendenziell ab. Menschen »im besten Alter«, die schmerzfrei, in eine Gemeinschaft eingebunden und vom Druck, immer noch mehr aus dem eigenen Leben zu machen, erlöst sind, können beständiges Glück erfahren. Erst im hohen Alter stehen in der Regel neue Herausforderungen an: Der Körper bereitet zunehmend Probleme, ein Umzug in eine kleinere Wohnung oder ein Heim verlangt neue Orientierung und Abschiede von geliebten Menschen häufen sich.

Die Art, wie wir Emotionen erleben, und unser Umgang damit wird nicht nur durch die Lebensumstände geprägt; sie sind auch Teil der charakteristischen Grundstruktur, die jeder und jede Einzelne ins Leben mitbringt. Aus unserer emotionalen Grundhaltung resultiert, was wir als Temperament bezeichnen (Kapitel 1.3): Die einen schauen eher missmutig auf die Welt, andere generell motiviert und interessiert. Jeder hat seinen eigenen Stil, mit Emotionen umzugehen: eher aufbrausend oder weitgehend gelassen, eher versöhnlich oder strikt verharrend.

Manche Menschen vermögen ihre eigenen Emotionen wie auch diejenigen der anderen kaum wahrzunehmen. Sie sind gewissermaßen gefühlsblind (Alexithymie). Man geht davon aus, dass im deutschsprachigen Raum rund 9 Prozent der Frauen und 11 Prozent der Männer davon betroffen sind. Den Gefühlsblinden selbst macht das weniger aus als den Angehörigen. Gefühlsblindheit ist keine Krankheit – eher ein Persönlichkeitsmerkmal, ebenso wie es Menschen gibt, die sich durch eine regelrechte Gefühlslust auszeichnen. Sie stürzen sich auf alles, was Anlass zu Gefühlen gibt, und falls das eigene Leben zu wenig Berg- und Talfahrten bietet, leiden oder freuen sie sich mit Bekannten oder Unbekannten. Gelegentlich müssen Emotionen gar als Lebensinhalt herhalten – etwa, wenn so unermesslich geliebt oder gehasst wird, dass dafür jeder Preis in Kauf genommen wird. Unsere emotionale Grundstimmung manifestiert sich, je älter wir werden, auch in unserer Erscheinung: Wer ein Leben lang gelacht hat, zeigt im Alter eine ganz andere Körperhaltung und andere Gesichtsfalten als jemand, der ständig enttäuscht war.

Interaktion mit dem Körper

Auch wenn Gefühlsblinde Emotionen nicht auf der Gefühlsebene erleben, reagiert dennoch ihr Körper darauf. Die Wechselwirkungen zwischen Emotionen und Körper sind bei allen Menschen intensiv. Furcht etwa setzt den Körper in Bereitschaft, adäquat zu reagieren, indem sich die Blutzufuhr in den Beinarterien erhöht und die Beinmuskulatur zusätzlich mit Sauerstoff und Glucose versorgt wird, um flüchten zu können. Permanent negative Gefühle wie Frust und Sorgen schwächen nachweislich das Immunsystem, durch positive Emotionen wird es gestärkt. Emotionen vermögen sogar Gehirnaktivitäten grundlegend zu modifizieren. In der Steuerung von körperlichen Reaktionen auf Emotionen erachten Biologen das Herz als entscheidenden Taktgeber.

Aus Erfahrung wissen wir, dass die Beziehung zwischen Gefühlswelt und Körper eine wechselseitige ist: Natürlich fühlt man sich gut, wenn man gerade liebevolle Streicheleinheiten empfängt, wohingegen kaum jemand in Hochform ist, wenn der Körper schmerzt. Eher überraschend ist, dass Läufer am Ende eines Marathons Glücksgefühle haben, obgleich der Körper malträtiert wurde. Auch eine Geburt mündet trotz Schmerzen zumeist in liebevolle Gefühle für das Neugeborene. Eine Erklärung für solche Umstände bieten biochemische Botenstoffe (Kapitel 2.4), die uns für besondere Herausforderungen wappnen. Die enge Beziehung zwischen Körper und Emotionen zeigt sich auch in überraschenden Charakterveränderungen, die durch eine Verletzung des limbischen Systems ausgelöst werden. Eines von Damásios exemplarischen Beispielen dafür ist Phineas Gage. Der Vorarbeiter erlitt 1848 im Alter von 25 Jahren einen schweren Unfall. Damals bohrte sich eine Eisenstange von dem linken Wangenknochen bis hinauf zum vorderen Schädelknochen. Gage verlor ein Auge. Die Ärzte stellten aber keine Beeinträchtigung von kognitiven Fähigkeiten und Motorik fest. Die Persönlichkeit von Gage veränderte sich indes auffällig: von einem verantwortungsbewussten, freundlichen und ausgeglichenen Charakter zu einem wankelmütigen, respektlosen Typ, der sich schwertat, Entscheidungen zu treffen. Auch durch einen Schlaganfall oder Sauerstoffmangel ausgelöste Hirnverletzungen können die emotionale Persönlichkeit eines Menschen wesentlich verändern.

Hautwiderstandsmessung

Schon bei geringen Veränderungen des emotionalen Erregungszustandes lassen sich Reaktionen des Hautwiderstandes feststellen. Gemessen wird dieser meist mittels der sogenannt exosomatischen Methode. Wenn Menschen Stress oder ungute Gefühle haben, produzieren sie automatisch mehr Schweiß; dieser steigert die Fähigkeit der Haut als Stromleiter. Weil die Schweißsekretion durch das vegetative Nervensystem gesteuert wird, kann sie nicht (beziehungsweise nur durch spezielle, langjährig eingeübte Methoden) bewusst beeinflusst werden. Die Hautwiderstandsmessung kommt in der Forschung, in Biofeedback-Trainings und beim Lügendetektor zum Einsatz.

Salz in der Suppe

Gefühle können uns übermannen und vereinnahmen – wider jede Logik und trotz des Vorsatzes, cool zu bleiben. Wenn uns Gefühle beherrschen und wir diese auch zeigen, kann das lustvoll und schön sein. Aber oft fühlen wir uns ausgeliefert und unfähig, ihnen beizukommen. Starke Emotionen (Affekte) lassen sich kaum kontrollieren, weil sie wie Düsenjäger durch den gesamten Organismus sausen. Sie agieren viel schneller als Bewusstsein und mehr oder weniger unabhängig davon. Antike Philosophen bezeichneten diesen Aspekt unserer Gefühlswelt abschätzig als Pathos, was von lateinisch passio, zu Deutsch *Krankheit* abgeleitet ist. Auch der deutsche Aufklärer Immanuel Kant (1724–1804) äußerte sich voller Verachtung darüber. Der deutsche Universalgelehrte Gottfried Leibniz (1646–1716) kam gar zum Schluss, dass Emotionen »an sich selbst etwas Schädliches haben«, weil wir durch sie »verdunkelt und unvollkommen« würden. Auch in der asiatischen Philosophie gilt das Credo, dass man »unberührbar« werden müsse, um sein wahres Selbst zu entwickeln. Die Einstellung gegenüber Emotionen untersteht aber auch gesellschaftlichen Veränderungen. So löste etwa die Forderung, in jeder Situation Contenance zu bewahren, im Europa des 18. Jahrhunderts eine Gegenbewegung aus: Goethe, Mendelssohn, Shaftesbury pflegten einen »Kultur der Empfindsamkeit« und machten sie für einige Jahre zum zentralen Thema ihres Schaffens. Insbesondere das Weinen entwickelte sich zu einem wahren Kult. Doch dann hatte die Gesellschaft auch mal wieder genug davon: In der ersten Hälfte des 19. Jahrhunderts kam das Weinen aus der Mode. Es folgte eine Zeit, in der Zucht und Ordnung in Europa vorherrschten. Ein weiterer wesentlicher gesellschaftlicher Wandel vollzog sich in der zweiten Hälfte des 20. Jahrhunderts: Wurden Kinder vor drei Generationen noch weitgehend auf der Basis von Verstand und Pflicht erzogen, gelten Eltern heute als inkompetent, wenn sie nicht auf die Gefühle und Emotionen ihrer Kinder eingehen. 1990 propagierten John Mayer von der Universität New Hampshire und Peter Salovey von der Yale-Universität, auch in Managerkreisen durch emotionale Intelligenz die Performance zu steigern. Sie empfahlen eine bewusste Wahrnehmung von Gefühlen – den eigenen und jenen des Gegenübers – und das Einbeziehen dieser Wahrnehmung ins Denken und Handeln.

Nicht zuletzt sind Emotionen und Gefühle ein Lebenselixier. Sie motivieren uns, etwas zu wollen oder abzulehnen. Der Psychologe Hans Markowitsch hat untersucht, wie wichtig Emotionen für Menschen sind, damit sie sich lebendig fühlen. Ein Ergebnis seiner Studie ist, dass bis zu 30 Prozent der Patienten, die sich wegen besorgniserregender Vergesslichkeit auf Alzheimer testen lassen, in keiner Weise daran erkrankt sind. Ihr Problem sei vielmehr, dass ihr Leben gefühlsmäßig derart flach und auf sich selbst bezogen sei, dass es scheinbar nichts gebe, was es wert wäre, im Gedächtnis gespeichert zu werden. Markowitsch: »Die Emotionen sind ganz zentral, insbesondere für unser biografisches Erinnern. Wir merken uns, was uns interessiert, was uns zu Herzen geht, an die Nieren geht, auf den Magen schlägt. Dinge also, die unsere Emotionen in einer positiven oder negativen Weise erregen.« Der deutsche Philosoph Richard David Precht konstatiert in seinem Buch »Wer bin ich – und wenn ja wie viele?«: »Im Zweifelsfall kommt das Gefühl ohne allzu viel Verstand aus. Aber ohne das Gefühl hat der Verstand ein Problem, denn erst die Gefühle sagen dem Denken, wohin der Hase laufen soll.«

Wobei nicht nur positive Gefühle positive Auswirkungen haben. Dies konnte Joe Forgas von der Universität New South Wales in Sydney anhand einer Studie in Supermärkten nachweisen: Dabei zeigte sich, dass Versuchspersonen bei ungemütlichem, schlechtem Wetter sich die Gegenstände viel besser merken können als an sonnigen Tagen bei entspannender Einkaufsmusik. Schlecht Gelaunte beobachten deutlich genauer als gut Gelaunte, und es gelingt im Übrigen schlecht Gelaunten auch überzeugender und präziser zu argumentieren, wenn es darum geht, eine These zu vertreten.

Mittlerweile belegen diverse Studien, dass sich Glücksgefühle, beispielsweise nach einem Lottogewinn oder einer Lohnerhöhung, nicht allzu lange Zeit nach dem Ereignis verflüchtigt haben. Grund dafür ist, dass Emotionen per se darauf ausgerichtet sind, immer wieder neue Anreize zu finden, um immer wieder neue Glücksgefühle zu erleben.

Vielleicht etwas überspitzt als »glücklichsten Menschen der Welt« bezeichnet wird der 1978 zum Buddhismus konvertierte Franzose Matthieu Ricard. Der amerikanische Hirnforscher Richard Davidson stellte im Rahmen einer Studie bei Ricard eine außergewöhnlich starke Aktivität in der linken Seite des präfrontalen Kortex fest. Die Intensität der Aktivitäten in diesem Hirnbereich scheint an positive Gefühle gekoppelt zu sein. Menschen, die an Depressionen leiden, weisen eine erhöhte Aktivität im rechten präfrontalen Kortex auf.

Befragt nach seinem Rezept, um glücklich zu sein,

antwortete Matthieu Ricard: »Wohlwollen, Güte, Begeisterung und Solidarität, das ist zum einen ein sehr gesunder Zustand für euren Geist, zum anderen werden euch die Menschen positiver wahrnehmen und ihr werdet euch fitter fühlen.«

Rolle des Mitgefühls

Eine groß angelegte Studie der Thomas-Jefferson-Universität im amerikanischen Philadelphia hat gezeigt, dass der Krankheitsverlauf von Diabetes-Patienten bedeutend milder und mit weniger Komplikationen verbunden ist, wenn der behandelnde Arzt als mitfühlend empfunden wird. Mohammedreza Hojat, der Leiter der Studie, sagt dazu: »Diese umfangreiche Studie hat bestätigt, dass die Beziehung zwischen Arzt und Patient große Bedeutung im Heilungsprozess hat.«

Mitgefühl ist auch eine wichtige Kompetenz von Politikern, wenn in ihrem Land beispielsweise eine Katastrophe geschieht. Die Menschen nehmen in der Regel ziemlich präzise wahr, ob dabei nur Reden gehalten werden oder echtes emotionales Verständnis für die betroffene Bevölkerung ausgedrückt wird. »Wahres Mitgefühl ist nicht nur einfach eine emotionale Reaktion, sondern eine starke, auf Vernunft basierende Verpflichtung. Deshalb kann eine wahrhaft mitfühlende Einstellung gegenüber anderen auch nicht erschüttert werden, wenn diese sich negativ verhalten«, sagt dazu der Dalai Lama.

Der renommierte amerikanische Hirnforscher und Psychiater Richard Davidson appelliert an die Möglichkeit, das eigene Wohlbefinden selbst markant zu steigern, indem positive Gefühle und damit verbundene Wahrnehmungen und Gedanken trainiert werden. In seinem Buch »Warum wir fühlen, wie wir fühlen« stellt er seine Theorie über Ursprung, Auswirkungen und Formbarkeit von Emotionen vor und folgert: »Die Ergebnisse lassen uns darauf schließen, dass viele der Merkmale, die wir für relativ unabänderlich hielten – wie zum Beispiel unser Glücks-Level und Wohlergehen –, in Wahrheit eher ein Produkt unserer Fähigkeiten sind, die wir zum Beispiel durch Training verbessern können.« Das Einüben positiver Gefühle kann man sich also ähnlich vorstellen wie das Erlernen einer Fähigkeit, beispielsweise Radfahren.

Eine einfache und wirkungsvolle Strategie, positive Gefühle zu stärken, hat die Universität von Maryland entdeckt: Es ist völlig egal, warum wir lächeln oder lachen. Schon ein leichtes Lächeln erhöht die Durchblutung und kurbelt die Produktion von Glückshormonen an. Es reicht dafür aus, die Mundwinkel öfter mal zu einem Lächeln hochzuziehen, ganz ohne weiteren Anlass, einfach nur, um sich selbst einen Gefallen zu tun.

3.4 GEDANKEN

Wie frei sind Gedanken?

Als der Friedensnobelpreis 2010 an Liu Xiaobo in seiner Abwesenheit verliehen wurde, sangen Sympathisanten das Lied »Die Gedanken sind frei ...« als Zeichen der Solidarität mit dem damals inhaftierten chinesischen Schriftsteller und Friedensaktivisten. Auch auf dem Höhepunkt der Berlin-Blockade 1948 stimmten die Menschen die deutsche Volksweise an. Während des Nationalsozialismus war das Volkslied in Deutschland verboten. Die darin thematisierte Freiheit der Gedanken behagte den Machthabern ganz und gar nicht.

Totalitäre Systeme setzen auf größtmögliche Kontrolle der Menschen und ihrer Gedanken. Geheimdienste bemühen sich, Gedanken lesbar zu machen. Boris Kotchoubey,

Professor am Institut für Medizinische Psychologie an der Universität Tübingen, sagt dazu: »Der Umstand, dass der Staat gierig auf die Gedanken seiner Bürger ist, erklärt wahrscheinlich, warum sowohl die EU als auch die USA so unproportional viel Geld in diese Forschung investieren.«

Die Steuerung von technischen Hilfsmitteln mittels fokussierter, einfacher Gedanken funktioniert bereits heute: Im europäischen Forschungsprojekt TOBI (Tools for Brain-Computer Interaction) testeten querschnittgelähmte Personen sogenannte Gehirn-Computer-Schnittstellen (Brain-Computer-Interfaces, BCI, beziehungsweise Brain-Machine-Interfaces, BMI). Durch intensives Training können die Anwender solcher BCI beispielsweise den Rollstuhl mittels gedanklicher Steuerung lenken. Wobei Kotchoubey den Begriff »Gedankensteuerung« am Beispiel eines Cursors veranschaulicht: »Es ist nicht so, dass der Nutzer bestimmte Gedanken verwendet, um beispielsweise einen Cursor auf einem Bildschirm zu bewegen. Vielmehr lernt der Nutzer im Laufe zahlreicher Trainingssitzungen ganz neue Netzwerke in seinem Hirn zu bilden und neue stabile Aktivierungsmuster zu erzeugen, die extra dazu dienen, den Cursor in die erforderliche Richtung zu bewegen.« Einfach sei diese Herausforderung nicht: Wird den Patienten vorgegeben, was sie zu tun haben und woran sie denken sollen, um etwa den Cursor nach rechts zu bewegen, haben sie in der Regel keinen Erfolg damit. Erfolgreiche BCI-Nutzer können nicht formulieren, mit welchen spezifischen Gedanken sie das Gerät steuern. Es ist ein Trial-and-Error-Prozess, mit dem Ziel, Gedanken und Maschine letztlich zu synchronisieren.

Erstaunlich gut ist das einer Frau in den Vereinigten Staaten gelungen: Sie sorgte für Aufsehen, als sie, trotz Lähmung, mittels eines künstlichen Arms Schokolade aß. Die Prothese konnte annähernd (ohne die Elastizität von Gelenken und Sehnen) in der Komplexität eines realen Arms nachgebaut werden. Um den Arm bewegen zu können, wurden der Frau Elektroden im Gehirn eingepflanzt.

2015 gelang es im Rahmen des internationalen Forschungsprojekts Brainflight mittels Brain-Machine-Interfaces auch erstmals, eine neuartige Drohne allein durch Gedanken über Lissabon fliegen zu lassen. »Die Organisationen, die am Brainflight-Projekt beteiligt sind, teilen die gemeinsame Überzeugung, dass sich Flugzeuge direkt über das menschliche Gehirn steuern lassen«, erklärt Tekever-CEO Ricardo Mendes. Die Technologien sind allerdings von Alltagstauglichkeit noch weit entfernt. »Wo es sicherheitsrelevant ist, können wir uns nicht auf Hirn-Computer- oder Hirn-Maschinen-Schnittstellen verlassen«, macht Roger Gasser, Professor für Rehabilitationstechnik an der ETH Zürich, deutlich.

Unternehmen wie Facebook und Samsung investieren beträchtliche Summen in die Weiterentwicklung der Technologie. Tesla-Gründer Elon Musk hat sich für seine Firma Neuralink zum Ziel gesetzt, Elektroden ins Gehirn zu pflanzen und sie mittels künstlicher Intelligenz zu verlinken. Trotz intensiver Bemühungen und gelegentlich vielversprechender Ankündigungen gibt es bislang aber keinen Hinweis darauf, dass Apparaturen in absehbarer Zukunft in der Lage sein werden, auch nur ansatzweise ganze Gedankengänge zu lesen – insbesondere, wenn die betreffende Person dies nicht wünscht. Professor Kotchoubey betont: »Im Gegenteil müssen die Nutzer der

BCI unbedingt, manchmal über längere Zeit, lernen, ihre Gedanken den Maschinen mitzuteilen.«

An dieser Tatsache ändern auch bildgebende Verfahren nichts, die aufzeigen, welche Hirnareale wann aktiviert sind. Zwar ist es dem Team um John-Dylan Haynes am Bernstein Center for Computational Neuroscience in Berlin gelungen, aufgrund der Abbildung von Hirnaktivitäten zu unterscheiden, ob eine Versuchsperson ein Gesicht oder ein Haus betrachtet. Vorläufig können auf Grundlage solcher Daten aber beispielsweise nicht zwei verschiedene Häuser differenziert werden. Haynes ist jedoch zuversichtlich: »Ähnlich wie bei einer Polizeidatenbank, bei der die Fingerabdrücke Verbrechern zugeordnet werden, machen wir eine Zuordnung zwischen dem Gehirnaktivitätsmuster und einem Gedanken, den eine Person hat.« Boris Kotchoubey wendet ein: »Während Fingerabdrücke ein Leben lang fix gegeben sind, löst jeder Gedanke einen hochkomplexen Satz völlig unterschiedlicher Hirnmuster aus. Es gibt im Alltag kaum Gedanken, die sich in exakt gleicher Weise wiederholen.« Denkt beispielsweise jemand mehrmals am Tag an seine Katze, werden unter Umständen jedes Mal völlig andere Hirnareale aktiviert – weil wir einmal denken: »Ich muss dem Tier Futter geben«, ein anderes Mal: »Die Katze ist zu dick« und beim nächsten Mal: »Mein Kater ist einfach der Beste.« Boris Kotchoubey betont, Schlussfolgerungen aus der Beobachtung von Hirnaktivitäten könnten im Bereich Werbung allenfalls von Interesse sein, um unbewusst ein bestimmtes Verhalten zu fördern. »Beim Versuch, Gedanken von Menschen zu lesen, sind solche Befunde dagegen nichts wert, da braucht man die märchenhaften 100 Prozent.« Diese Trefferquote könnte nur erreicht werden, wenn ein Gedanke in immer gleicher Weise wiederholt würde.

Steuerung durch Gedanken

Trotz aller Beschwichtigungen lässt die Gedankenforschung nicht nur Gutes erahnen. An der Harvard-Universität gelang es 2013, durch eine technische Vernetzung von Mensch und Ratte mit der Kraft menschlicher Gedanken den Schwanz der Rate zu bewegen. In einem ebenfalls 2013 publizierten Experiment waren an der Universität Seattle zwei Forscher über eine Gehirn-zu-Gehirn-Schnittstelle verbunden. Der Informatiker Rajesh Rao trug eine Datenkappe, die über ein EEG (Kapitel 2.5) seine Gehirnströme aufzeichnete. Diese Signale wurden in magnetische Impulse übersetzt und mittels einer weiteren Kappe auf den Schädel seines Kollegen Andrea Stocco übermittelt. Dieser hielt sich während des Experiments in einem anderen Gebäude auf demselben Campus auf. Rao konzentrierte sich während des Experiments auf ein Computerspiel und gedanklich darauf, mit seiner rechten Hand eine bestimmte Taste zu bedienen, ohne jedoch die Aktion selber auszuführen. Stocco hingegen, der in einem anderen Raum saß, führte Stoccos gedanklichen Tastenbefehl aus. Er sagte darüber, es habe sich angefühlt wie ein nervöses Zucken. Allerdings gab es in diesem Experiment keine ausreichende Kontrollbedingung.

Die aktuellen Fortschritte in der Entwicklung von Gehirn-Computer-Schnittstellen sind für medizinische Hilfsmittel, etwa für die Rekonvaleszenz von Querschnittgelähmten oder Schlaganfallpatienten, revolutionär, sie werfen aber auch ethische Fragen auf: Werden Gedanken kontrollierbar? Gunnar Grah vom Bernstein Center for Computational Neuroscience in Freiburg im Breisgau relativiert: »Wird mittels Handys und Computer geprüft, was gesprochen und gegoogelt wird und wo sich eine Person bewegt, liegt deren Persönlichkeit offener, als wenn versucht wird, deren Gedankengänge nachzuvollziehen.«

Die Macht der Überzeugung

Gedanken allein sind mäßig kraftvoll. Gemeinsam mit Emotionen, Erinnerungen und Wahrnehmung aber können aus ihnen einflussreiche Überzeugungen entstehen. Diese vermögen die Gedanken selbst sowie Abläufe innerhalb und außerhalb unseres Organismus zu beeinflussen. So hat sich etwa in der Medizin gezeigt, dass zwischen unseren Überzeugungen und unserem Körper eine folgenreiche Wechselbeziehung besteht.

Die erste wissenschaftliche Untersuchung, wie Überzeugungen auf den Organismus wirken, erfolgte 1830 in Sankt Petersburg. Dabei wurde der Placebo-Effekt entdeckt. Ausgangslage war die Überprüfung der Wirkung homöopathischer Mittel. Probanden erhielten in der Untersuchung homöopathische Arzneien, schulmedizinische Medikamente und erstmals auch Scheinmedikamente ohne Wirkstoff verabreicht. Dabei wurde festgestellt, dass es einen signifikanten Einfluss auf die Wirksamkeit hatte, ob die Testpersonen wussten, welcher Gruppe sie angehörten. Aufgrund dieser Erfahrung wurden Studien eingeführt, bei denen die Probanden nicht wissen, welches Mittel sie erhalten. In weiteren Testreihen zeigte sich, dass es ebenfalls eine Rolle spielt, ob der Arzt, der die Substanz verabreicht, über den wahren Inhalt informiert ist. Deshalb ist heute die sogenannte Doppelblindstudie Standard bei der Prüfung von Arzneimittelwirkungen, in der weder Arzt noch Patient wissen, was verabreicht wird.

Die mittlerweile beträchtliche Zahl der durchgeführten Doppelblindstudien hat gezeigt, dass rund ein Drittel aller Heilerfolge auf Substanzen ohne Wirkstoff beruhen, dass also allein die Überzeugung, ein hilfreiches Medikament einzunehmen, die gewünschte Wirkung erzielen kann.

Wie Überzeugung Einfluss auf den Gesundheitszustand nimmt, zeigt sich insbesondere in Extremsituationen. So beobachtete Warlam Schalamow (1907–1982), ein russischer Schriftsteller und Dissident, der Jahre in sowjetischen Arbeitslagern verbringen musste, dass unter Bedingungen, welche bei den meisten Insassen zum Tod führten, religiöse Fanatiker nicht einmal krank wurden. Ähnliches berichtete der österreichische Neurologe und Psychiater Viktor Frankl (1905–1997) aufgrund seiner Beobachtungen in den deutschen Konzentrationslagern während des Zweiten Weltkriegs.

Ein berühmter Verfechter der These, dass unsere Gedanken Einfluss auf unseren Körper und unsere Gesundheit haben, ist Joe Dispenza. Aus persönlicher Sicht, ohne Anspruch auf wissenschaftliche Relevanz, schildert der Neurologe, Biochemiker und Chiropraktiker seine eigene Geschichte: Nach einem schweren Unfall hatte der Amerikaner sechs gebrochene Rückenwirbel und sollte sich einer Operation unterziehen, die seine Beweglichkeit jedoch künftig stark eingeschränkt hätte. Dispenza entschied, sich stattdessen täglich zwei Stunden verschiedenen Meditationstechniken zu widmen und dabei seine Wirbelsäule so zu visualisieren, wie sie in gesundem Zustand aussehen sollte. Er hatte beschlossen, keine Ablenkung und keine Gedanken zuzulassen, die er nicht erleben wollte. So untersagte er sich etwa die Vorstellung, wie es wäre, nie mehr gehen zu können. Nach zweieinhalb Monaten war der Wissenschaftler wieder normal arbeitsfähig.

Einer der ersten, der sich als Wissenschaftler dafür interessierte, wie Gesundheit entsteht, war der israelisch-amerikanische Professor für Medizinsoziologie Aaron Antonovsky (1923–1994). Sein Modell der Salutogenese beruht im Wesentlichen auf drei Aspekten: die Zusammenhänge des Lebens verstehen, der Überzeugung, das eigene Leben gestalten zu können, und dem Sinn des Lebens. Seine Schülerin Shifra Sagy, Psychologieprofessorin an der israelischen Ben-Gurion-Universität, erachtet diesen Ansatz als »gedankliche Revolution«. An der Universität Zürich wurde 2017 ein Zentrum für Salutogenese eröffnet; es arbeitet mit Forschern in diesem Gebiet weltweit zusammen.

Auch in der Psychologie haben positive Gedanken und Einstellungen zu einem neuen wissenschaftlichen Ansatz geführt. Ausgangslage dafür war in den 1990er-Jahren die Feststellung, dass sich die Psychologie bis dato fast ausschließlich mit Krankheiten und Mängeln befasst hatte. So wurden beispielsweise bis 2001 weltweit rund 80 000 wissenschaftliche Artikel über Depressionen publiziert, im selben Zeitraum gab es aber nur rund 4 000 Publikationen über Lebenszufriedenheit. Wegbereiter der sogenannten »Positiven Psychologie« ist der Amerikaner Martin Seligman, damals Psychologieprofessor an der Universität von Pennsylvania. Seine Forschungen haben unter anderem Fortschritte in der Behandlung von Depressionen gebracht. Große Erfolge feiert Seligman im Bereich Coaching und Motivationstraining, was auch viele Kritiker auf den Plan ruft.

Manche Menschen
sterben nicht an Krebs,
sondern daran, dass sie glauben,
an Krebs zu sterben.
— Clifton Meador, Mediziner

Gleichzeitig nehmen Mediziner zur Kenntnis, dass negative Gedanken konkrete negative Auswirkungen haben können: Beim sogenannten Noceboeffekt führt nämlich die Erwartungshaltung der Patienten dazu, dass sie sich schlechter fühlen, als der Gesundheitszustand tatsächlich ist. Auslöser dafür mag beispielsweise die Prognose des Arztes sein. Clifton Meador, Direktor des Medical College an der Vanderbilt-Universität in Nashville, macht kein Geheimnis daraus, dass sich bei der Obduktion von Krebspatienten gelegentlich zeigt, dass sich der Krebs in keinem lebensgefährdenden oder gar tödlichen Stadium befand: »Manche Menschen sterben nicht an Krebs, sondern daran, dass sie glauben, an Krebs zu sterben«, so Meadors Fazit.

Wie sich Überzeugungen als sich selbst erfüllende Prophezeiungen manifestieren können, wurde vom amerikanischen Soziologen Robert King Merton (1910–2003) intensiv untersucht. Merton zeigte auf, wie Vorhersagen, die wir selbst oder andere machen, zu einer Tatsache werden können. Voraussetzung dafür ist, dass an die Prophezeiung geglaubt und sie entsprechend erwartet wird und – zu einem Großteil unbewusst – das Verhalten so angepasst wird, dass sich die Situation wie vorausgesagt entwickeln kann. Dieser Mechanismus birgt Chancen und Risiken. So bedienen sich etwa politische Parteien nicht selten unserer Urängste, um bestimmte Ideen zu lancieren und die Gedanken der Bürger auf populistische Weise zu lenken. Auch die Werbebranche setzt sich intensiv mit der manipulativen Kraft von Gedanken auseinander und präsentiert Bilder, die uns in einer Art berühren, die Gedanken entstehen lässt wie: »Das will ich auch.«

Da jedoch in medizinischen Studien nur ein Drittel der Patienten positiv auf ein Placebo anspricht und glücklicherweise auch nicht jeder im vom Arzt prognostizierten Zeitraum stirbt, liegt die Folgerung nahe, dass nicht alle Menschen gleichermaßen empfänglich sind für die Steuerung von Gedanken. Ähnliches lässt sich übrigens im Zusammenhang mit Suggestionen unter dem Einfluss von Hypnose feststellen (Kapitel 4.9). Die oftmals propagierte Losung: »Man muss nur positiv denken und alles wird gut«, greift denn auch zu kurz, weil das Unbewusste unsere Überzeugungen stärker beeinflusst als vorsätzlich gefasste Gedanken. Hatten beispielsweise Großeltern und Eltern stets proklamiert: »Wir sind arme Schlucker«, mag allein der Gedanke »Ich werde reich« kaum überzeugen. Aber: Die Erkenntnis, dass Armut eventuell kein Zwang sein muss, und entsprechend neue Gedanken vermögen neue Impulse zu geben und können dazu führen, dass die erworbene Konditionierung zumindest aufgeweicht wird.

Geht es darum, sich von einer Überzeugung zu lösen, muss gelernt werden, Gedanken als solche achtsam wahrzunehmen statt sich mit ihnen zu identifizieren. Auch gilt es zu überlegen, welche Gedanken sinnvollerweise an die Stelle der alten treten. Was nützt es, um beim obigen Beispiel Armut zu bleiben, sich Reichtum zu wünschen, wenn man ständig Geldsorgen hat? Auch viele Reiche haben ständig Geldprobleme. »Immer ausreichend Geld haben«, wäre in diesem Beispiel ein effektvollerer Gedanke. Insofern ist auch bei der Formulierung der positiven Leitgedanken Achtsamkeit angebracht.

Kritiker der positiven Denkstrategie bemängeln, dass Misserfolge, Rückschläge und Niederlagen nun mal zum Leben gehören und als solche zu akzeptieren und zu integrieren sind. So stellen etwa die deutschen Psychotherapeuten und Autoren Günter Scheich und Klaus Walle in ihrem Buch »Positives Denken macht krank« eine Gegenthese auf. Schlechte Gefühle nicht zuzulassen, negative Gedanken zu verdrängen kann das Immunsystem schwächen.

Boris Kotchoubey argumentiert, es gelte, objektiv die Situation zu analysieren: »Bei neurologischen Erkrankungen, bei denen die Wiederherstellung der Funktion theoretisch möglich ist, helfen positive Einstellungen, diese zu erreichen. Bei Erkrankungen aber, bei denen dies nicht möglich ist, helfen sie nicht, sondern führen zur Enttäuschung und Depression.« So können Menschen, die auf die Kraft ihrer Gedanken setzen, durch einen Misserfolg empfindlich gestört werden. Allerdings ist im Vorfeld nicht immer klar, was unveränderlich gesetzt ist. Sodass der Fokus auf positive Gedanken – im Wissen, dass es nicht klappen könnte – zumindest einen Versuch wert sein könnte. Das erwähnte TOBI-Projekt deutet jedenfalls einen Mechanismus an, den wir trotz aller Vorbehalte nutzen können: Je präziser und überzeugter wir einen Gedanken einüben, desto eher lässt er sich realisieren.

Materie aus den Nichts

Ein Phänomen, das bisher einer wissenschaftlichen Erklärung entbehrt, ist die direkte Umsetzung eines Gedankens in Materie. Als während der ersten Hälfte des 19. Jahrhunderts in den industrialisierten Ländern spiritistische Praktiken Mode waren, befassten sich einige Wissenschaftler mit dem Phänomen. Nachdem sie nicht mal den Ansatz einer Erklärung finden konnten, begann das Interesse bald wieder abzuflauen. In den 1970er-Jahren machte sich Erlendur Haraldsson (1931–2020), damals Professor für Psychologie an der Universität Island, zusammen mit Karlis Osis von der Amerikanischen Gesellschaft für Parapsychologie in New York auf den Weg nach Indien. Sie wollten den 2011 verstorbenen Guru Sathya Sai Baba aufsuchen, der über die Fähigkeit zu materialisieren verfügt haben soll. Die beiden Wissenschaftler beobachteten vor Ort mehrere Materialisierungen und bezogen unzählige Augenzeugen, welche über Jahrzehnte hinweg das Phänomen immer wieder miterlebt haben wollen, in ihre Untersuchungen mit ein. Haraldsson und Osis kamen zum Schluss, dass diese wohl tatsächlich stattfanden. Auf die Materialisierungen angesprochen, soll Sai Baba erklärt haben, dass einige der dabei zum Vorschein tretenden Dinge neu geschaffen und manche von irgendwo anders hergebracht seien und dass es sich um einen Ausdruck des Göttlichen handle. Sakral thematisiert werden Materialisierungen auch im Zusammenhang mit Besessenheit (Kapitel 4.13). Nicht zuletzt wurde in Bezug auf Sai Baba immer mal wieder das Phänomen Teleportation (Kapitel 5.8) angesprochen, also die Wahrnehmung, sich an einem und dann unvermittelt an einem anderen Ort aufzuhalten.

Wissenschaftliche Laborversuche konnten bisher Materialisierungen nicht nachvollziehen. Erklärungsmodelle, die jedoch wissenschaftlich nicht haltbar sind, verweisen im Hinblick auf solche Phänomene auf die Schwingungsrate der Gedanken: Normalerweise seien

Gedanken unsichtbar wie die sich drehenden Blätter eines laufenden Flugzeugpropellers. Werde deren Frequenz bewusst verlangsamt, würden sie indes sichtbar.

Gedankenhygiene

Obwohl ein markanter Einfluss von Gedanken und Überzeugungen nachweisbar ist, ignorieren wir im Alltag weitestgehend, was in unserem Kopf vor sich geht. Es sei denn, wir denken konkret über etwas nach oder es gibt etwas, dass uns derart beschäftigt, dass sich die Gedanken quasi von selbst melden.

Doch der Umstand, dass wir unseren Gedanken im Normalfall keine große Aufmerksamkeit widmen, bedeutet nicht, dass wir keine haben. Tatsächlich denkt »es« in unserem Kopf fast pausenlos, auch bei Tätigkeiten, die einigermaßen automatisiert ablaufen: also zum Beispiel beim Zähneputzen, beim Duschen oder beim Kaffeemachen.

Um sich seiner Gedanken gewahr zu werden, ist in der buddhistischen Tradition die sogenannte Arbeitsmeditation verankert: Dabei verrichtet eine Gruppe, ohne zu sprechen, eine gemeinsame Aufgabe, zum Beispiel ein Essen vorzubereiten. Währenddessen schlägt eine der beteiligten Personen in regelmäßigen Abständen einen Gong. Der Ton ist das Signal dafür zu prüfen, was gedanklich gerade vonstatten geht. Meist stellt man dann fest, dass der Kopf irgendwo ist, nur nicht beim Karottenschälen.

An sich spricht nichts dagegen, den Gedanken freien Lauf zu lassen, denn beim freien Assoziieren können sich die Hirnzellen neu verschalten, neue Gedanken kreieren und andere ad acta legen.

Das Problem ist, dass wir meist denken, ohne zu beobachten, was wir denken. Dadurch besteht die Gefahr, dass die Gedanken mit uns machen, was sie wollen. Einen bewussten Umgang mit den Gedanken einzuüben, ermöglicht, ihnen auch Einhalt bieten zu können. Bewusst werden uns in erster Linie sich wiederholende Gedanken.

Ihre Penetranz sollte Anlass geben, sie auf ihre Relevanz und Korrektheit hin zu prüfen und allenfalls zu korrigieren. Boris Kotchoubey veranschaulicht dies an einem Beispiel: »Dominiert automatisch der Gedanke, ich sei ein schlechter Mensch, so steuert er mich. Wenn ich aber meine Gedanken bewusst verfolge, fühle ich mich nicht mehr als schlechter Mensch, sondern als jemand, der denkt, er sei ein schlechter Mensch, und das ist nicht dasselbe!«

Eine Auseinandersetzung mit der eigenen Gedankenwelt setzt voraus, dass wir uns Muße gönnen. Man sollte sich bewusst sein, dass Gedanken mehr oder weniger dieselben Hirnareale aktivieren wie die effektive Durchführung einer Handlung. Diesen Umstand hat etwa Alvaro Pascual-Leone am Beispiel des Klavierspiels belegt. Der spanische Neurowissenschaftler setzte zwei Gruppen von Probanden, die das Instrument nie zuvor gespielt hatten, ein Klavierstück vor. Eine Gruppe übte in den folgenden fünf Tagen während je zwei Stunden das Stück am Instrument. Die andere Gruppe stellte sich während der fünf Tage je zwei Stunden lang nur vor, welche Tasten zu drücken wären. Zu Beginn und zum Ende des Tests wurden Aufzeichnungen der Gehirne gemacht. Beide Testgruppen beherrschten nach den fünf Tagen das Stück gleich gut.

Auf unseren Alltag übertragen bedeutet dies, dass sich unser Organismus bereits im Stress befindet, wenn wir beim Frühstück sitzend gedanklich bereits die Aufgaben des Tages durchgehen. Wiederholen sich solche Gedankengänge, ohne ein Bewusstsein dafür zu haben, kann sich der Stress ungehindert in unserem ganzen System ausweiten. Das Gute an diesem Mechanismus ist, dass er auch in umgekehrter Richtung funktioniert. Denkt man an eine entspannte Situation und stellt sich diese bildlich vor, entspannt sich auch sofort unser Organismus. Dieses Vorgehen kann in vielen Situationen hilfreich sein, beispielsweise beim Zahnarzt, wenn man die Augen schließt und sich vorstellt, der Liegestuhl befände sich irgendwo am Strand und das blendende Licht der Lampe sei die Sonne. In Gedanken können wir frei sein, wenn wir sie bewusst wahrnehmen und wir diejenigen sind, die sie lenken, aber ihnen als Beobachter auch immer mal wieder die Möglichkeit geben, frei zu assoziieren.

3.5 ERINNERUNGEN

Was bleibt und was wir vergessen

Die meisten Menschen können sich daran erinnern, womit sie gerade beschäftigt waren, als am 11. September 2001 die Nachricht über den Angriff auf das World Trade Center in New York um die Welt ging. Die damaligen Ereignisse lösten weltweit starke Emotionen aus, und emotionale Situationen bleiben uns besonders stark in Erinnerung. Das Datum – beispielsweise der eigenen Hochzeit – mag man schon mal vergessen. Die Umstände, Erlebnisse und Gefühle an besagtem Tag verankern sich jedoch tief im Gedächtnis.

Persönliche Langzeiterinnerungen von älteren Menschen beziehen sich– selbst bei Demenz-Patienten – auffällig häufig auf die Zeit von den Teenagerjahren bis zum Alter von etwa 30 Jahren. Dies sind in der Regel besonders aufregende, emotionale Jahre, in denen wir viele neue Herausforderungen erleben: Schulabschluss, Ablösung vom Elternhaus, erste Liebe, erste Arbeitsstelle, Hochzeit und viele weitere unvergessliche Momente folgen quasi Schlag auf Schlag. Im Laufe der Jahre, wenn sich immer mehr Routine in unser Leben einschleicht, werden die Sequenzen, die unserem Gehirn eine Speicherung im Langzeitgedächtnis wert wären, weniger.

Da Kleinkinder täglich Neues und Aufregendes erleben, mag überraschen, dass wir kaum bewusste Erinnerungen an diese Zeit haben. Was wir über die ersten Lebensjahre wissen, wurde uns vorwiegend später erzählt, etwa von Eltern oder Großeltern. Frühkindliche Erinnerungen sind vor allem emotional geprägt und verankern sich eher diffus im Unbewussten. Die Neuropsychologin Katharina Henke von der Universität Bern hat festgestellt, dass der Hippocampus (Kapitel 2.2.) sehr früh schon ganze Lebenssequenzen erfassen und sie zur Speicherung im Unbewussten weiterleiten kann: »Die gegenwärtig dominanten Gedächtnistheorien postulieren, dass das Von-Moment-zu-Moment-Lernen neuer Zusammenhänge oder Bezüge nur mit Bewusstsein möglich ist. Wir zeigten, dass es auch ohne Bewusstsein des Wahrgenommenen gelingen kann«, macht Henke deutlich.

Pamela Banta Lavenex und Pierre Lavenex von der Universität Lausanne publizierten ihre Studienresultate zu diesem Thema 2015 im »International Journal of Behavioral Development«. »Ein zweijähriges Kind, das sich die Finger an einem Herd verbrennt, kann sich sehr gut die Tatsache merken, dass ein Herd heiß ist und man sich daran verbrennen kann, aber es wird sich später nicht an das eigentliche Erlebnis erinnern – wahrscheinlich nicht einmal am nächsten Tag«, so Banta Lavenex. Inwiefern ein Kleinkind die Erfahrung speichert, ist nicht zuletzt abhängig vom emotionalen Erleben. Wurde das Kind aufgrund des Missgeschicks geschimpft, erfuhr es empathische Zuwendung oder ging das Ereignis mehr oder weniger im Alltag unter?

Autobiografische Erinnerungen

Das limbische System, also die für Emotionen zuständigen Hirnregionen, reifen bereits im Embryonalstadium heran, weshalb die Forschung davon ausgeht, dass emotionale Erinnerungen bewusst oder unbewusst schon kurz nach dem Zeitpunkt der Zeugung einsetzen können.

Für die Einordnung von Erinnerungen in Raum und Zeit ist das sogenannte autobiografische Gedächtnis zuständig. Wann die autobiografischen Erinnerungen einsetzen, scheint abhängig vom kulturell-gesellschaftlichen Umfeld zu sein: Studien der neuseeländischen Universität Otago zeigen, dass bei den Ureinwohnern, den Maori, die frühsten Erinnerungen im Durchschnitt aufs Alter von zweieinhalb Jahren zurückgehen, bei Europäern und Amerikanern auf dreieinhalb und bei Asiaten durchschnittlich auf vier Jahre. Als ein wichtiger Grund für diese Unterschiede erweist sich die Erzählkultur: Je intensiver das alltägliche Geschehen sprachlich thematisiert wird, desto deutlicher festigt es sich im Bewusstsein.

Ein weiterer wichtiger Grund für das relativ späte Einsetzen autobiografischer Erinnerungen ist der Hippocampus. Er benötigt rund sieben Jahre bis zur vollen Reife und ist maßgeblich daran beteiligt, was wir wie im Gedächtnis verankern. Das Resultat einer Befragung an der Emory-Universität in Atlanta mag deshalb wenig überraschen: Von den 4- bis 8-jährigen befragten Kindern vermochten sich die ältesten am ehesten wie Erwachsene bewusst an spezifische Situationen zu erinnern. Die Fähigkeit, persönliche Erinnerungen zeitlich geordnet aus der Vergangenheit abzurufen, wird von vielen Neurologen auch als Voraussetzung dafür verstanden, eine Zukunft für sich selbst planen zu können. Menschen, deren autobiografisches Gedächtnis beschädigt ist, haben Mühe, für sich selbst eine Zukunftsvision zu entwickeln, während sie sich mögliche Zukunftsszenarien für die Allgemeinheit durchaus vorstellen können.

Das autobiografische Gedächtnis beruht auf einem weit verzweigten neurologischen Netzwerk, das vermutlich verhältnismäßig spät in der menschlichen Evolution entstand. Es ist sehr empfindlich; der Zugang zu den im Langzeitgedächtnis abgelegten Erinnerungen an die eigene Biografie wird unter Umständen bereits unterbrochen, wenn wir noch voll im Leben stehen.

Diverse Schubladen

Lange differenzierte die Wissenschaft nur zwischen Kurzzeit- und Langzeitgedächtnis. Doch mittlerweile hat sich gezeigt, dass die Gliederung so einfach nicht ist. Aufgrund zahlreicher experimenteller und klinischer Studien wurde deutlich, dass das Gedächtnis zahlreiche komplexe, zeitlich und inhaltlich differenzierbare Abrufleistungen beinhaltet. Beispielsweise befähigt uns das sensorische Gedächtnis dazu, Bilder, Töne und Wahrnehmungen des Tastsinns zu speichern. Das Kurzzeitgedächtnis dient der Speicherung von bewussten, expliziten Erinnerungen, beispielsweise zur Vorbereitung auf eine Prüfung. Es wird auch als Arbeitsgedächtnis bezeichnet und ist pausenlos damit beschäftigt, Daten zu verarbeiten, auszusortieren und weiterzuleiten.

Welche Informationen an das weit potentere und weniger störungsanfällige Langzeitgedächtnis weitergeleitet werden, ist abhängig von diversen Faktoren, etwa der Motivation, sich etwas längerfristig merken zu wollen. Das Langzeitgedächtnis setzt sich aus mehreren Erinnerungsstrukturen zusammen und beherbergt unter anderem den Wissensschatz, den wir bewusst und unbewusst zu Rate ziehen, um unseren Alltag bewältigen zu können.

Informationen, die ins Langzeitgedächtnis vordringen, gehen nur selten verloren. Lediglich der Zugang zu den Erinnerungen ist unter Umständen blockiert. Neben autobiografischen Erinnerungen hält das Langzeitgedächtnis eine Bandbreite von allgemeinem Wissen bereit: Das sogenannte semantische Gedächtnis weiß Dinge wie den Namen der Hauptstadt von Ungarn, wann der Erste Weltkrieg stattfand, wie viel 13 mal 13 ergibt. Es hortet Fakten, Wörter, Zahlen und Ähnliches, das keinen direkten Bezug zur eigenen Persönlichkeit hat. So arbeitet das semantische

Gedächtnis auch ohne zeitlich-biografische Ordnung. Uns ist deshalb selten bewusst, wann wir etwas gelernt haben, es sei denn, das Lernen fand in einem emotionalen oder sonst bemerkenswerten Moment statt.

Weitgehend ohne Anstrengung können wir Dinge aus dem Gedächtnis abrufen, die wir x-fach wiederholt haben und regelmäßig anwenden. So muss kaum ein Erwachsener, dem eine Schulbildung zuteil wurde, darüber nachdenken, was 5 und 7 ergibt. Wenig angewendetes Wissen hingegen kann durchaus verblassen.

Als weiteren Bestandteil der Langzeiterinnerungen merkt sich das sogenannte prozedurale Gedächtnis insbesondere motorische Fähigkeiten und Bewegungsabläufe. Neben Bewegungen wie Gehen, die als Kleinkind quasi automatisch erlernt werden, sorgt das prozedurale Gedächtnis dafür, dass Fertigkeiten wie Schwimmen oder Radfahren erhalten bleiben, wenn sie einmal richtig eingeübt wurden.

Belastende Erinnerungen

Das Langzeitgedächtnis ist komplex verschaltet, was Vor- und Nachteile haben kann. Es kann unter Umständen ein Geruch oder eine andere Kleinigkeit ausreichen, um wie aus dem Nichts die Erinnerung an eine ganze Szenerie aus der Vergangenheit zu wecken; und zwar auch dann, wenn wir auf diese Erinnerung gar keinen Wert legen.

Da stark belastende Ereignisse psychische Störungen verursachen können, sind derartige Erinnerungen häufig Thema in Psychotherapien. Eine mögliche Auseinandersetzung damit ähnelt dem Vorgehen im Umgang mit Albträumen (Kapitel 4.3): Dabei wird trainiert, die belastende Situation aus der Vergangenheit durch bislang nicht in Erwägung gezogene Aspekte neu zu gestalten. Das können etwa Antworten auf die Frage sein, was sich trotz oder mit dem Schrecklichen dennoch positiv verändert hat im Leben. Dieses Vorgehen vermag traumatische Erinnerungen nicht zu löschen, kann jedoch den Umgang mit der Erinnerung erleichtern und so zur Heilung beitragen.

Hat man sich mit einer Erinnerung bewusst auseinandergesetzt, kann man sich aktiv entscheiden, diese Erinnerung nicht mehr abzurufen. »Man kann durch Nicht-daran-denken bewirken, dass man sich an bestimmte Dinge weniger gut erinnert«, sagt dazu Walter Perrig, Emeritus am Institut für Psychologie der Universität Bern. Im Labor wirke bei Probanden sogar die Anweisung, Wörter aus einer Liste zu vergessen. »Bei negativen Ereignissen, die einen sehr stark beschäftigen, ist das aber nicht möglich. Da geht es eher darum, diese Ereignisse in neue Zusammenhänge zu stellen und dadurch vielleicht einen Sinn darin zu erkennen. So werden sie langsam weniger schmerzhaft – das braucht aber viel Zeit.«

Das Team um Johannes Gräff an der ETH Lausanne hat Neuronen im Hippocampus lokalisiert, die in der Lage sind, belastende Erinnerungen umzuschreiben. Die in der Fachzeitschrift »Science« publizierten Erkenntnisse zeigen anhand von Versuchen mit Mäusen, dass spezifische Neuronen im Gyrus dentatus (einem Areal des Hippocampus) zwar Angst kodieren, sich diese aber mittels Überschreibung der Information auch reduzieren lässt. Professor Johannes Gräff erklärt: »Unsere Erkenntnisse bringen zum ersten Mal Licht in die Prozesse, welche eine erfolgreiche Behandlung von Posttraumatischen Belastungsstörungen unterstützen.« Folgern lässt sich, dass dieselben Neuronen, welche traumatische Erinnerungen speichern, auch in der Lage sind, diese abzuschwächen. Wie schwierig es sein kann, eine Erinnerung zu überschreiben, merkt man allerdings schon im Alltag, etwa, wenn das Computerpasswort geändert wurde. Noch Tage danach geben die meisten Menschen spontan das alte Passwort ein und erinnern sich erst an das neue, wenn der Computer den Zugang verweigert.

Eselsbrücken

Nützlich ist die Komplexität der Gedächtnisprozesse zum Beispiel, wenn es darum geht, einen verlorenen Gegenstand wiederzufinden: Wenn man sich vergegenwärtigt, wann und wo man einen Gegenstand zum letzten Mal bewusst in den Händen gehalten hat, findet sich das Gesuchte oft leichter wieder. Auch um sich Dinge einzuprägen, kann man sich die weitgehende Verknüpfung von Erinnerungen zunutze machen. Wie dieser Mechanismus funktioniert, hat eine Untersuchung am Max-Planck-Institut in Berlin gezeigt. Dort wurden Studenten aufgefordert, sich 40 Wörter in einer bestimmten Reihenfolge zu merken. Ohne eine Eselsbrücke blieben in den Köpfen der Probanden durchschnittlich 5 von 40 Begriffen hängen. Studenten, die eine auf Assoziationen beruhende Merktechnik, die sogenannte Loci-Methode, nutzten, konnten sich hingegen durchschnittlich 35 Wörter merken. Ginge es beispielsweise um die Begriffe Mädchen, Maus, Baum, Birne, Dach, könnte eine Eselsbrücke geschaffen werden, die lautet: Ein Mädchen beobachtet eine Maus, die einen Baum hochklettert, eine Birne stibitzt und diese unters Dach bringt. Die Methode wird als Gehirntraining und Lerntechnik empfohlen und bietet vielerlei Anwendungsmöglichkeiten. Man kann zum Beispiel, bevor man einkaufen geht, anstatt einen Einkaufszettel zu schreiben, die Produkte mit Punkten einer Handlungsabfolge oder eines Weges verknüpfen: beim Anziehen der Schuhe das Brot, beim Abschließen der Haustür die Butter, beim Warten auf den Bus den Käse, beim Aussteigen die Milch. Ruft man im Supermarkt den Weg zum Geschäft ab, meldet sich quasi der Einkaufszettel dazu.

Glaubwürdigkeit

Auch mit Erinnerungshilfen ist auf das Gedächtnis nur bedingt Verlass. Längst nicht alles, an das wir uns bestens zu erinnern meinen, hat tatsächlich in dieser Form stattgefunden. Das weiß jeder, der schon mal Familienerinnerungen mit denen der Geschwister oder Eltern verglichen hat: Fast immer treten Ungereimtheiten auf, und doch sind alle überzeugt, dass die jeweils eigene Erinnerung diejenige ist, die den damaligen Tatsachen entspricht. Wahrnehmung und Wertung von Erinnerungen können sich im Laufe der Zeit auch verändern: So mag jemand jahrelang stolz auf sein rebellisches Verhalten in der Jugend sein und eines Tages genau dieses Verhalten als peinlich empfinden.

Aufgrund dieser Unzuverlässigkeit gelten auch Augenzeugenberichte in der Kriminalistik als problematisch. Zwar profitiert die Polizei von den Zeugenaussagen von Personen, die in ein Verbrechen involviert waren. Die vielfach ausgezeichnete US-amerikanische Psychologin Elizabeth Loftus warnt jedoch, dass das Gedächtnis suggestiv sei, subjektiv und formbar. In einem ihrer bekanntesten Experimente aus dem Jahr 1992 forderte die Professorin 24 Probanden auf, sich daran zu erinnern, dass sie im Alter zwischen fünf und sechs Jahren in einem Einkaufszentrum verloren gegangen waren. Sechs der Probanden schilderten danach ausführlich dieses Ereignis, obgleich es eine reine Erfindung der Psychologin war und nie stattgefunden hatte. Dieses Experiment wurde in ähnlicher Weise von verschiedenen Wissenschaftlern wiederholt und bestätigt: Durch Suggestionen können Erinnerungen an Ereignisse kreiert werden, die in Wahrheit nie stattgefunden haben (Kapitel 4.9.).

Loftus' Experimente machen deutlich, dass die Wortwahl bei der Befragung von Zeugen ausgesprochen heikel ist. So zeigte sich, dass Zeugen die Geschwindigkeit höher einschätzten, wenn sie gefragt wurden, wie schnell zwei Fahrzeuge zusammenstießen, als wenn die Formulierung »wie schnell« in der Frage ausgelassen wurde. Selbst dann, wenn eine Befragung ohne suggestive Mittel auskommt und Zeugen ganz neutral aufgefordert werden, einen Tathergang zu schildern, weisen unzählige Studien nach, dass die Fehlerquote hoch ist; Experten gehen von 30 bis 80 Prozent aus. Loftus' Forschung hat dazu beigetragen, dass bei der Befragung durch die Polizei, beispielsweise in Fällen von Verdacht auf Kindesmissbrauch oder Vergewaltigung, die suggestive Wirkung der Wortwahl vermehrt in Betracht gezogen wird und Fragen bewusst möglichst neutral gestellt werden. In der modernen Psychoanalyse hat sich aufgrund solcher Testergebnisse auch die Empfehlung durchgesetzt, dass Psychotherapeuten eventuelle Traumata nicht selber ansprechen. Erst wenn ein Klient von sich aus Entsprechendes berichtet, wird es in die Therapie aufgenommen.

Ohne Gehirn

Die Neurologie hat viel dazu beigetragen, Gedächtnisstrukturen besser zu verstehen. Das Erinnerungsvermögen allein auf das Gehirn zu reduzieren, greift jedoch zu kurz. Auch Organismen, die über kein Gehirn verfügen, haben ein Erinnerungsvermögen. Dies hat unter anderem ein Experiment des kanadischen Zellbiologen Malcolm Campbell an der Universität Toronto aufgezeigt. Campbell pflanzte genetisch identische Pappeln in Töpfe, nach einiger Zeit wurden sie in verschiedenen Landesteilen ausgesetzt. Später ließ Campbell die Töpfe wieder einsammeln und alle zusammen an einem Ort platzieren. Abhängig vom Ort, an dem die Pappeln zwischenzeitlich standen, reagierten sie – wiedervereint unter einem Dach – ganz unterschiedlich auf Stresssituationen wie beispielsweise den Entzug von Wasser. »Je nachdem, aus welcher Baumschule Sprösslinge kommen, gedeiht der eine prächtig, während der andere nur spärlich wächst«, stellte der Zellbiologe fest. Das heißt, trotz genetisch gleichen Voraussetzungen hatten sie aufgrund ihrer unterschiedlichen Lebenserfahrungen unterschiedliche Strategien im Umgang mit Problemen entwickelt.

Die Fähigkeit der Zelle (Kapitel 5.2), aus Erfahrung zu lernen, Erinnerungen zu speichern und diese an Nachkommen weiterzugeben, wird nicht zuletzt in der Medizin genutzt, um das Immunsystem durch Impfstoffe gegen spezifische Angreifer zu wappnen. Bekanntlich entwickeln Zellen, die durch eine Impfung mit einem abgeschwächten Krankheitserreger konfrontiert werden, Antikörper. Werden die Zellen zu einem späteren Zeitpunkt erneut mit demselben Virus konfrontiert, aktiviert das Immunsystem durch die Erinnerung die Antikörper, welche im Kampf gegen das Virus entwickelt wurden. Erinnerungen können allerdings auch bei Zellen verblassen. Deshalb ist es notwendig, gewisse Impfungen nach einigen Jahren aufzufrischen.

Das zelluläre Erinnerungsvermögen ist noch wenig erforscht. Möglicherweise könnte es im Zusammenhang stehen mit gelegentlichen überraschenden Berichten nach Organtransplantationen, für die jedoch keinerlei wissenschaftliche Evidenz besteht. So berichtete beispielsweise die Bernerin Stephanie Otz in einem Schweizer Frauenmagazin, dass sie kurz nach einer Herztransplantation eine Veränderung feststellte: »Mit dem neuen Herzen entflammte meine Leidenschaft für Katzen.« Ihr Interesse an diesen Tieren war vorher ausgesprochen mäßig gewesen, doch dann widmete sie sich ohne Vorkenntnisse sogar deren Zucht. Dies gelang erstaunlich leicht, »als wäre ein großer Erfahrungsschatz vorhanden«. Auch andere Organempfänger berichten von überraschenden Veränderungen nach einer Transplantation, etwa dem plötzlichen Heißhunger auf ein Gericht, an dem vor der Operation keinerlei Interesse bestand. Weil im Rahmen von Organspenden der Datenschutz die Möglichkeit unterbindet, neue Vorlieben betroffener Personen mit jenen der Spender zu vergleichen, lassen solche Erfahrungsberichte nicht mehr als eine Mutmaßung zu, dass die transplantierten Zellen stark ausgeprägte Züge und Vorlieben in Erinnerung behalten könnten und diese möglicherweise mit dem Organ in den Organismus der Empfängerperson transplantiert werden.

Meeresschnecken und Gene

Dass Erinnerungen die Struktur unseres Erbguts verändern können, ist hingegen wissenschaftlich anerkannt. Maßgeblich zu diesen Erkenntnissen beigetragen hat der in die USA emigrierte Wiener Psychiater und Zellforscher Eric Kandel. Der Nobelpreisträger studierte 30 Jahre lang die molekularen Grundlagen für Erinnerungen anhand der Meeresschnecken der Gattung Seehase (Aplysia californica). Sie haben die größten Nervenzellen, die bisher im Tierreich entdeckt wurden. Kandels Forschung zeigte, dass beim Kurzzeitgedächtnis der Nervenzelle ein Signalsystem namens zyklisches AMP aktiviert wird. Dieses verstärkt temporär die Verbindung zwischen den Neuronen und schafft dadurch eine Basis für Erinnerungen. Unter gewissen Umständen können diese bis in den Zellkern vordringen, also bis ins Zentrum der Gen-Regulierung, und dort Einfluss auf die Gene nehmen (Kapitel 5.2). Der Nobelpreisträger erklärt: »Viele Leute glauben, dass die Gene über unser Verhalten bestimmen. Sie erkennen nicht, dass Gene auch von unserer Umwelt beeinflusst werden. Die Gene in unserem Gehirn werden durch Lernen und (unterschiedliche) Umwelteinflüsse modifiziert. Sie verändern den Grad ihrer Umsetzung und das führt zum Wachstum neuer Nervenzellen.«

Dadurch hat das Nervensystem grundsätzlich die Möglichkeit, bisherige Erfahrungen und Erinnerungen bis ins hohe Alter zu überschreiben. Die Forschung legt nahe, dass nicht das Alter der Grund dafür sei, dass die Gedächtnisleistung abnimmt, sondern dass wir im Laufe des Lebens immer weniger Neues lernen und uns zunehmend auf unsere Erfahrungen verlassen.

Kollektive Erinnerungen

Obgleich alle ihre sehr persönlichen Erinnerungen an 9/11 haben, verankern sich solch prägende Ereignisse auch im kollektiven Gedächtnis.

Die Art und Weise, wie dies geschieht, ist kulturell unterschiedlich. Die Wissenschaftler Aleida und Jan Assmann verweisen zum Beispiel auf das Haus der US-amerikanischen Bürgerrechtlerin Rosa Parks (1913–2005). Weil in den USA nach ihrem Tod niemand das Haus kaufen wollte, sollte es abgerissen werden. Das Wissenschaftlerehepaar erklärt das damit, dass die USA von einer Vergessenskultur geprägt sei. Das geht auf die Kultur nomadischer Indianerstämme zurück, die ihre Spuren verwischten, wenn sie weiterzogen. Auch viele neue Siedler hatten mit ihrer Ankunft in den USA ihre Vergangenheit im Herkunftsland hinter sich gelassen. Dieser Umgang mit der Vergangenheit scheint bis ins heutige Amerika zu wirken. »Sie bleiben in einer Zeitlosigkeit und verankern sich nicht«; folgert Aleida Assmann. Das erwähnte Haus von Rosa Parks wurde schließlich von einem amerikanischen Künstler abgebaut und in Berlin wiederaufgebaut. Im Gegensatz zu Amerika herrscht in Deutschland eine Kultur, die viel Wert auf Vergangenheit und Geschichte legt.

Aleida und Jan Assmann haben für ihre interdisziplinären Forschungen über das kulturelle Gedächtnis 2017 den Balzan-Wissenschaftspreis entgegengenommen und 2018 den Friedenspreis des Deutschen Buchhandels. Aleida Assmann konstatiert, dass auch das kollektive Gedächtnis wandelbar ist: »Gesellschaftliche Umbrüche führen zu einem Umbau des kulturellen Gedächtnisses.« Ob Vergessen oder Erinnern sinnvoller ist, erachtet Assmann als zweitrangig. Die Frage sei vielmehr: »Was ist für uns wichtig? Und das ist etwas, was nur innerhalb einer Gruppe ausgehandelt werden kann.« So kommt es, dass gesellschaftliche Umbrüche zu einem Umbau des kulturellen Gedächtnisses führen können. Aber auch, dass die Geschichtsschreibung einzelner Gruppen über ein und dasselbe Ereignis sehr unterschiedlich sein mag.

Subjektive Erinnerungen sind ein Teil des kollektiven Gedächtnisses. In der Forschung gewinnen sie seit rund

20 Jahren zunehmend an Bedeutung. Vor allem Historiker setzen vermehrt auf die Befragung von Zeitzeugen. Dominik Streiff Schnetzer, Co-Präsident des schweizerischen Netzwerkes Oral History, erklärt: »Oral History erhebt nicht den Anspruch, ganze Epochen abzubilden. Durch Anwendung der Methode entstehen allerdings neue Quellen.« Historiker arbeiten diese auf und vergleichen sie mit anderen Zeugnissen aus derselben Zeit; etwa mit Urkunden, Fotografien oder Gerichtsakten. Danach ziehen sie ihre Schlüsse. Oral History, persönliche Erinnerungen an ein Ereignis, gewinnen auch an Bedeutung, wenn es darum geht, gesellschaftliche Phänomene zu erforschen, für die aufgrund des Standes der Wissenschaft kaum andere Methoden zur Verfügung stehen.

Insbesondere für die Beschreibung veränderter Bewusstseinszustände sind sie hilfreich, weil das individuelle Erleben erst eine Idee davon gibt, was spezifische Aktivierungen im Gehirn und im Organismus auszulösen vermögen.

Eine ausreichend große Gedächtnisspanne, um Veränderungen in mentalen Prozessen erfassen zu können, erachten renommierte Neurowissenschaftler als eine wesentliche Voraussetzung, damit ein Organismus über Bewusstsein verfügen kann.

4 – VERÄNDERTES BEWUSSTSEIN

4.1 EINFÜHRUNG

Unter dem dünnen Eis

Wir definieren unsere Welt über das, was wir im Wachzustand bewusst wahrnehmen und erleben. Verändert sich das Bewusstsein in ungewohnter Weise oder kommt es uns gar abhanden, sind wir verunsichert, weil die Welt, die unsere Realität repräsentiert, sich auflöst.

Natürlich ist unser Bewusstsein auch im alltäglichen Wachzustand nicht starr, sondern mal getrübt, mal erhöht, mal mehr oder weniger fokussiert oder empfänglich. Es verändert sich laufend, in der Regel in einem vertrauten Rahmen, der uns Sicherheit gibt und in dem wir wissen, wer wir sind, wo wir sind und was wir wann tun.

Manchmal zeigt sich auf ganz natürliche Weise, dass unser Bewusstsein noch andere Dimensionen kennt, etwa wenn sich ein eindrücklicher Traum am Morgen nicht abduschen lässt. Träume vermögen uns in Welten zu entführen, die uns im Wachzustand nicht präsent sind; solche Zustände können faszinieren, aufwühlen und tief berühren. Die Mehrheit der Menschen strebt bewusst und unbewusst immer wieder nach solchem Erleben.

Unterschiede und Gemeinsamkeiten

Die österreichische Ethnologin Erika Bourguignon (1924–2015) zeigte in einer 1973 publizierten Studie, dass von 488 Volksguppen in verschiedenen Erdteilen etwa 90 Prozent über zumindest einen kulturell geformten, institutionalisierten Weg zur Erfahrung veränderter Bewusstseinszustände verfügen. Was dabei gesellschaftlich akzeptiert ist, hängt sehr von den Gepflogenheiten vor Ort ab. So kann zum Beispiel in Europa eine prominente Person in der Öffentlichkeit ganz selbstverständlich Alkohol trinken, während dieses Verhalten in einer muslimischen Gesellschaft inakzeptabel wäre. In unserem Kulturkreis nehmen wir dafür eher mit Befremden Kenntnis von schamanischen Praktiken, die in anderen Kulturen ganz alltäglich sein mögen. Der US-amerikanische Psychologe Charles Tart, ein Pionier in der Erforschung von außergewöhnlichen Bewusstseinszuständen, hält fest, dass es zwischen verschiedenen Kulturen große Unterschiede gibt in der Einstellung, wie sie spezielle Bewusstseinszustände anerkennen und nutzen: »Viele ›primitive‹ Menschen glauben beispielsweise, dass so ziemlich jeder normale Erwachsene die Möglichkeit hat, in Trance zu gehen und von einem Gott besessen zu werden. Erwachsene, die nicht dazu fähig sind, werden als psychologische Krüppel empfunden. Wie defizitär Amerikaner aus der Perspektive einer solchen Person wären.«

Trotz kulturell unterschiedlicher Vorlieben werden zahlreiche Methoden zur Veränderung des Bewusstseins weltweit doch ähnlich genutzt: Askese etwa, spezifische Atmung und Körperübungen, die Anwendung psychoaktiver Substanzen oder der Einsatz von Rhythmus und Musik. Einige Methoden, beispielsweise Meditation, haben erst durch die Globalisierung weltweit Verbreitung gefunden. In den folgenden Kapiteln werden Mittel und Wege zur Veränderung des Bewusstseins und deren Auswirkungen vorgestellt.

In Zürich untersuchte Adolf Dittrich 1986 rund 2 000 Berichte über veränderte Bewusstseinszustände, die in einem Zeitraum von 20 Jahren weltweit gesammelt wurden. Der Psychologe kam zum Schluss, dass unabhängig von der Methode der spezifische Zustand des veränderten Bewusstseins in seinen Grundzügen vergleichbar sei. Ekstase hat beispielsweise weltweit ein phänomenologisch ähnliches Erleben sowie vergleichbare Aktivitätsmuster der Gehirnareale zur Folge. Und Vergleiche von Berichten über Mystiker aus verschiedenen

Jahrhunderten und Kulturen zeigen, dass sie bei formalen Unterschiedlichkeiten inhaltlich übereinstimmen.

> *Alles ist Eines,*
> *und Eines ist Alles.*
> — Meister Eckhart, Mystiker

Während unser Vokabular nur den einen unspezifischen Begriff »Bewusstsein« kennt, verfügt das indische Sanskrit über rund 20 verschiedene Nomen zur Differenzierung von Bewusstsein. Der amerikanische Psychiater Arnold M. Ludwig schilderte und analysierte 1966 unter dem Titel »Altered States of Consciousness« diverse veränderte Bewusstseinsphänomene. Er beschreibt sie als zeitlich begrenzte, nicht pathologische Zustände. Es verändert sich generell die Wahrnehmung der eigenen Person wie der Umwelt. Dinge, Menschen und Begebenheiten können eine bisher unbekannte oder unerwartete Bedeutung erhalten. Die Kontrolle über Körper, Denken, Handeln und Empfinden kann reduziert sein oder gar abhandenkommen. Auch Konzentration, Urteilsfähigkeit und Gedächtnisleistung können sich verändern. Zeit und Raum verlieren oft ihren gewohnten Rahmen. Der eigene Körper und andere Materie können ungewohnt wahrgenommen werden, etwa durchlässig wie Nebel oder formbar wie Knetmasse. Trotz derartiger Standards ist das Erleben sehr individuell ausgestaltet. Beispielsweise mag der Ausdruck »Tunneleffekt« in der Beschreibung von Nahtoderfahrungen häufig sein, doch das Erleben dieser Erfahrung ist unterschiedlich und wird ebenso unterschiedlich interpretiert. Immer wieder wird die Gleichzeitigkeit zweier Ichs geschildert, von welchen das eine den Bezug zur gewohnten Realität beibehält und das andere sich parallel dem außergewöhnlichen Erleben hingibt. In Extremsituationen, etwa in Ekstase, kann sich diese Dualität auflösen und erlebt werden, was der mittelalterliche Mystiker Meister Eckhart als »Alles ist Eines, und Eines ist Alles« umschrieb.

Wissenschaftliche Forschung

Einzelne Phänomene von verändertem Bewusstsein wurden verhältnismäßig früh wissenschaftlich untersucht: Schamanismus und Hypnose beispielsweise bereits ab dem 18. Jahrhundert. Psychoaktive Substanzen und deren Wirkung wurden im 20. Jahrhundert in breit angelegten Forschungsprojekten untersucht. Auch Erkenntnisse über Neurotransmitter brachten neue Impulse, und gegen Ende des 20. Jahrhunderts ermöglichten bildgebende Verfahren, einst als irrelevant oder eingebildet deklarierte Zustände aufgrund der Hirnaktivierungsmuster nachzuweisen. Zusätzliche Daten zur Erforschung eines außergewöhnlichen Bewusstseinszustands liefern auch der elektrische Hautwiderstand, die Puls- und die Atemfrequenz, der Zellinnendruck und in manchen Fällen eine signifikant veränderte Körpertemperatur.

Die Wissenschaft beschäftigt sich zunehmend mit Formen veränderten Bewusstseins, die im vergangenen Jahrhundert noch vernachlässigt wurden, darunter Klarträume, Nahtoderfahrungen oder auch Wachphänomene während einer Narkose. Damit einher geht das Eingeständnis, dass die Forschung trotz der Anerkennung gewisser Phänomene diese noch nicht zu deuten vermag. Ausschlaggebend für diese Entwicklung ist nicht zuletzt ein verstärkter kollektiver Gedankenaustausch in Internetforen: Spezifische, nicht alltägliche Bewusstseinszustände, die möglicherweise im privaten Umfeld nicht thematisiert werden, stoßen online auf ein Echo von Menschen, die ähnliche Erfahrungen gemacht haben.

Über den Sinn von wissenschaftlicher Bewusstseinsforschung sagte LSD-Erfinder Albert Hofmann (1906-2008): »Es könnte wohl sein, dass der Wert und die Bedeutung der Naturwissenschaft nicht in erster Linie darin liegt, dass sie uns die moderne Technik und den durch sie ermöglichten Wohlstand brachte, sondern dass ihr eigentlicher, evolutionärer Sinn in der Erweiterung des menschlichen Bewusstseins vom Wunder der Schöpfung besteht.« Arnold M. Ludwig kritisiert, dass die Thematik zu wenig konsequent erforscht werde: »Unter dem dünnen Furnier des menschlichen Bewusstseins liegt ein relativ unerforschter Bereich mentaler Aktivität, dessen Natur und Funktion bisher weder systematisch erforscht noch adäquat konzeptualisiert wurde. Trotz zahlreicher Klinik- und Forschungsberichte [...] wurde bisher kaum versucht, diese verstreuten Informationen in ein konsistentes theoretisches System einzuordnen.«

In einzelnen Fachbereichen sind durchaus ansehnliche Erfolge erzielt worden. Beispielsweise bietet die Pharmakologie ein immer größer werdendes Angebot an Produkten, die zunehmend raffinierter und subtiler Bewusstseinsveränderungen initiieren, um Stimmung, Leistungsvermögen oder andere Aspekte der Lebensqualität zu beeinflussen. Diese Entwicklung erzeugt auch Ängste, die im Folgenden thematisiert werden – beispielsweise vor allen möglichen Arten der Manipulation von Bewusstsein, an der unter anderem Geheimdienste großes Interesse zeigen. Ein beachtlicher Anteil von Menschen fühlt sich im eigenen Bewusstsein in unerwünschter Weise maßgeblich von außen beeinflusst. Nicht zuletzt sind massiv veränderte Bewusstseinszustände stets eine Gratwanderung. Das Spektrum des emotionalen Erlebens wird erweitert: zwischen höchster Glückseligkeit und tiefstem Abgrund. Unter Umständen führt das Bedürfnis, zunehmend Grenzen auszuloten, sogar zu einer Selbstüberschätzung. Wie in anderen Extremsituationen – etwa beim Bergsteigen – können Fehleinschätzungen zu Überforderung, Unfällen oder gar Todesfällen führen.

Mangelnde Schulung

Ein gewisser natürlicher Respekt, wie ihn viele gegenüber verändertem Bewusstsein hegen, ist durchaus angebracht. Zumal sich Menschen heutzutage vielerorts Methoden zuwenden, die kulturell nicht etabliert und gesellschaftlich nicht eingebunden sind. Wie weit sich jemand darauf einlässt, ist in erster Linie abhängig von der persönlichen Motivation und Offenheit.

Der Anästhesist und Hypnoseforscher am Universitätsklinikum Regensburg, Ernil Hansen, stellt fest: »Ein Psychologiestudent, wie er zum Beispiel typischerweise in der Hypnoseforschung an Studien teilnimmt, hat nur bedingt Gründe, in Trance zu gehen, und muss deshalb eine Hypnoseinduktion erfahren.« Wenn sich Menschen in einer Notsituation befinden, nehmen sie hingegen unaufgefordert einen veränderten Zustand ein. »Dieser Umstand basiert auf der natürlichen Fähigkeit aller Menschen, in Notsituationen in eine natürliche Trance zu gehen«, erklärt Hansen. Die Reaktionen darauf sind vielfältig: zum Beispiel Dissoziation (Abspaltung), Reframing (Umdeutung), Katalepsie (Schockstarre) oder selektive Amnesie. Individuell ist auch die Reaktion auf die Substanz oder Methode, welche den veränderten Bewusstseinszustand auslöst. »Die Dosis, die jemand für eine Narkose benötigt, ist zwar individuell, aber grundsätzlich ist jede Person narkotisierbar«, sagt dazu Ernil Hansen.

Zurück im Alltag scheint ausschlaggebend, wie die Erfahrung des außerordentlichen Zustands verarbeitet und in das bisherige Leben integriert werden kann. Trotz aller Vorbehalte lassen wissenschaftliche Studien den Schluss zu, dass außergewöhnliche Bewusstseinszustände generell eine positive und lebensbejahende Auswirkung haben. Insbesondere weil die Betroffenen in der Folge zunehmend Wert auf die eigene Authentizität legen und sich gleichzeitig verstärkt im Dasein eingebunden fühlen. Manche Wissenschaftler gehen davon aus, dass unser Gehirn darauf ausgerichtet sei, mystische, außergewöhnliche Bewusstseinserfahrungen zu machen, weil solche Erfahrungen zu einem sinnhaften Prozess in der persönlichen Entwicklung gehören. Der Schweizer Chemiker Albert Hofmann hielt fest: »Ich messe der Veränderung des Bewusstseins die allerhöchste Bedeutung zu. Denn die ganze Evolution der Menschheit besteht in einer Veränderung und Erweiterung des Bewusstseins. Die ganze kulturelle und sonstige Entwicklung hängt davon ab.« Ernil Hansen stellt jedoch fest, dass dieser Aspekt kaum kultiviert wird: »Ich bin erschüttert, wenn ich sehe, wie wenig heute junge Menschen – ich begleite zum Beispiel 16- bis 26-Jährige bei der Extraktion von Weisheitszähnen – eine Ahnung haben, wie sie mit einer belastenden Situation umgehen sollen.« Wir lernen in der Schule Rechnen, Lesen und Sport. Doch grundlegende, etablierte Methoden, unser Bewusstsein zu schulen, wie Meditation, Achtsamkeitsübungen oder Selbsthypnose, werden gesellschaftlich kaum kultiviert. Die Ausbildung dieser Fertigkeiten ist vielerorts abhängig von der Motivation jedes einzelnen. In Indien hingegen werden Schulkinder auch in Yoga unterrichtet. Ob sie dieses Instrument später nutzen, ist natürlich offen. Doch können diejenigen, die sich damit befassen wollen, zumindest auf eine gewisse Basis zurückgreifen. Ernil Hansen betont die unspektakulären Seiten veränderter Bewusstseinszustände. In den folgenden Kapiteln werden wir sehen, dass allein schon die Höhenmeter, auf denen wir uns aufhalten, unser Bewusstsein beeinflussen. Dessen ungeachtet gibt es elitäre Ansichten, die nur »Auserkorenen« und der »Gefolgschaft« unter klar definierten Voraussetzungen zugestehen, an ihrem Bewusstsein zu arbeiten und es zu erweitern. Das ist unangebracht. »Für zeitgemäß halte ich, Menschen darauf hinzuweisen, dass sie alle ihre natürlichen Fähigkeiten nutzen können«, so Ernil Hansen.

Psi-Phänomene

Ein Forschungszweig, der sich mit außergewöhnlichen Phänomenen befasst, ist die Parapsychologie. Sie unterscheidet grundsätzlich zwei Gruppen sogenannter Psi-Phänomene: Einerseits sind damit außersinnliche Wahrnehmungen wie Telepathie (also die Übertragung von Gedanken, Gefühlen, Stimmungen zwischen Personen, ohne Beteiligung üblicher Kommunikationsformen) sowie Hellsichtigkeit und Präkognition (das Erfassen künftiger Gegebenheiten, ohne über dazu notwendige Informationen zu verfügen). Andererseits wird im Bereich der Psychokinese untersucht, wie Menschen Gegenstände ohne direkten physikalischen Einfluss bewegen oder beeinflussen können. Teilweise werden auch Spuk- und Geistererscheinungen untersucht, wobei Betrug oder subjektive Täuschung durchaus in Betracht gezogen werden.

Initiiert wurde die parapsychologische Ausrichtung in England 1862 mit der Gründung des Ghost Clubs. In London entstand 20 Jahre später die Society for Psychical Research, die sich der statistischen Erfassung von Geistererscheinungen und Sinnestäuschungen bei gesunden Menschen widmete. Im späten 19. Jahrhundert entstanden in Europa und Amerika weitere Gesellschaften mit ähnlicher Forschungsausrichtung. 1911 schaffte das Übernatürliche sogar den Sprung an die amerikanische Stanford-Universität. Die Duke-Universität in Durham (USA) gewann ab 1930 als akademische Institution die größte Bedeutung in diesem Bereich. Ihre Forschungsausrichtung stieß unter Wissenschaftskollegen allerdings auf Kritik. Gleichzeitig sorgten Publikationen wie »Journal of Parapsychology« oder das Buch des Biologen Joseph B. Rhine »New Frontiers of the Mind« (auf Deutsch unter dem Titel »Neuland der Seele« erschienen) für eine Popularisierung der Thematik. Die 1957 in Durham gegründete Parapsychologische Vereinigung setzte sich eine internationale Professionalisierung zum Ziel und schloss sich später der American Association for the Advancement of Science (AAAS) an. Heute hat die Parapsychologische Vereinigung weltweit über 100 Vollmitglieder.

Als Reaktion auf die Kritik an ihrer Forschung hatte die Duke-Universität 1934 erstmals in der akademischen Geschichte eine Metaanalyse vorgelegt: »Extra-Sensory Perception After Sixty Years« nahm offensiv Stellung zu verschiedensten Kritikpunkten. Allerdings vermögen Metaanalysen, das heißt Auswertung und Schlussfolgerung aus verschiedensten Studien, viele Wissenschaftler heute nicht mehr zu überzeugen. Sie argumentieren, es würden dafür selektiv positive Ergebnisse ausgewählt, was das Gesamtergebnis verfälsche. Diese Problematik betrifft alle Forschungseinrichtungen. Als beispielsweise die Harvard Business School 2012 mit einer Umfrage unter 2 155 Wissenschaftlern die Forschungspraxis innerhalb der Psychologie untersuchte, gestand die Hälfte von ihnen, nur jene Experimente veröffentlicht zu haben, welche die gewünschten Ergebnisse geliefert hatten.

Große Hoffnungen

Die voreingenommene Haltung gegenüber Psi-Phänomenen begann sich im Dunstkreis des gesellschaftlichen Aufbruchs in den 1960er-Jahren zu lockern. Nicht zuletzt setzten kommunistische und kapitalistische Geheimdienste große Hoffnung auf Erkenntnisse aus der Parapsychologie, um sie für sich nutzbar zu machen. In vielen Punkten waren jedoch weder Erklärungen noch die notwendige Reproduzierbarkeit von Experimenten möglich. Aufgrund des mangelnden Erfolgs wurden an zahlreichen Universitäten eingerichtete Fachabteilungen wieder geschlossen. Integriert ist die Disziplin heute noch am Psychologischen Institut der Universität Edinburgh, am Medical Center der Universität Charlottesville (Virginia), am Princeton Engineering Anomalies Research Laboratory (New Jersey) und am traditionsreichen Rhine Research Center in Durham.

Darüber hinaus befassen sich vorwiegend private Institutionen mit der Thematik. So legte der Philosoph Peter Ringger in den 1950er-Jahren den Grundstein für die Parapsychologische Gesellschaft in Zürich. In Innsbruck gründete 1980 Andreas Resch das Institut für Grenzgebiete der Wissenschaft. In Deutschland hat sich das 1950 von Hans Bender (1907–1991) gegründete Institut für Grenzgebiete der Psychologie und Psychohygiene (IGPP, Freiburg im Breisgau) zu einem der weltweit größten Institute seiner Art entwickelt. Es konzentriert sich auf die interdisziplinäre Erforschung von Phänomenen und Anomalien wie veränderten Bewusstseinszuständen, außergewöhnlichen Erfahrungen und psychophysischen Beziehungen sowie deren sozialen, kulturellen und historischen Kontexten. »Das IGPP kooperiert heute mit diversen Universitäten und Forschungseinrichtungen, lässt sich von einem wissenschaftlichen Fachbeirat begleiten und die eigene Leistung regelmäßig von unabhängigen Wissenschaftlern beurteilen«, erklärt IGPP-Vorstand Eberhard Bauer. Außerdem verfügt das Institut in Europa über die größte Bibliothek zur Thematik und publiziert halbjährlich die internationale Zeitschrift www.mindmatter.de. Nicht zuletzt bietet das IGPP Weiterbildungsmöglichkeiten für Fachleute und Beratungsgespräche für die Bevölkerung. Beide Angebote sind gefragt.

In repräsentativen Umfragen in mehreren europäischen Ländern gaben bis zu drei Viertel der Befragten an, PSI-Phänomene aus eigener Erfahrung zu kennen – gemäß statistischer Auswertung unabhängig von Geschlecht, Herkunft, Bildung und Religion. Unterschiede gibt es aber in Bezug auf das Alter: Vorwiegend jüngere Menschen machen parapsychologische Erfahrungen, welche ihr Weltbild bisweilen ziemlich umkrempeln.

4.2 ENTZIEHEN – ZUGEBEN

Überfluss und Mangel

Mit einer Veränderung von Atmung, Schlafmenge oder Nahrungszufuhr kann eine Veränderung des Bewusstseins einhergehen. Das gilt ebenso für den Entzug von Reizen und Reizüberflutung. Auch Schmerzempfinden verändert unsere Wahrnehmung und beeinflusst das Bewusstsein.

Dieses Kapitel zeigt auf, wie wenig es braucht, um unser Erleben über den gewöhnlichen Wachzustand hinauszubefördern. Dieser Umstand wird seit jeher genutzt, um Menschen zu foltern – mit dem Ziel, Willen und Widerstand zu brechen. Ein Entzug von Nahrung oder Schlaf wie auch das Zufügen von Schmerzen können später kaum nachgewiesen werden, weshalb diese Methoden als Weiße Folter bezeichnet werden.

Doch ganz unabhängig davon gibt es zahlreiche Umstände, weshalb wir, mehr oder weniger freiwillig, an Schrauben drehen, die unser Bewusstsein beeinflussen.

Atem

Jeden Tag atmen wir rund 20 000 Mal ein und aus. Ohne Sauerstoffversorgung können Menschen fünf bis sieben Minuten überleben. Die Zusammensetzung der Atemluft beeinflusst den Organismus, die psychische Verfassung und den Bewusstseinszustand.

Atemluft

In der gasförmigen Hülle, die sich bis zu 90 Kilometer um den Erdball ausdehnt, macht Sauerstoff einen Volumenanteil

von knapp 21 Prozent aus. Hauptsächlich besteht die Luft, die wir atmen, aus Stickstoff (78 Prozent) sowie zu einem Anteil von rund 1 Prozent aus Argon und Spuren weiterer Edelgase. Letztere haben keinen Einfluss auf den Organismus, sie sind Füllgase. Die Forschung geht davon aus, dass sich die gegenwärtige Zusammensetzung der Atemluft vor rund 350 Millionen Jahren ergab und in früheren Erdzeitaltern immer mal wieder starken Schwankungen unterlag.

Die Atemluft auf Meereshöhe ist für die Leistungsfähigkeit des Menschen ideal; in höheren und tieferen Lagen verändert sie sich. Grund dafür ist der Luftdruck. Auf Meereshöhe beträgt er rund ein Bar beziehungsweise 1 000 Hektopascal (beides sind Einheiten zur Messung des Luftdrucks). Je höher man steigt, desto mehr sinkt der Luftdruck. Und je tiefer man taucht, desto höher steigt er an. Unsere Bewegungsfreiheit nach oben und unten wird dadurch stark eingeschränkt. Wollen wir bloß neun Kilometer nach oben steigen, beispielsweise auf den Mount Everest (8 849 Meter über dem Meer), ist dies ohne Sauerstoffgerät nur für außergewöhnlich versierte Bergsteiger möglich. Unter Wasser können die veränderten Luftdruckverhältnisse bereits ab 30 Metern Tiefe maßgebliche Bewusstseinsveränderungen hervorrufen. Grund dafür ist, dass ab einem gewissen Druck fast jedes Gas toxisch wirken kann.

In der Tiefe des Meeres nimmt der Druck des Stickstoffanteils in der Sauerstoffflasche bis um das Vierfache zu, was einen Tiefenrausch auslösen kann, weil der erhöhte Stickstoffgehalt das Gehirn angreift. »Ein Tiefenrausch ist in mancher Hinsicht vergleichbar mit einem Alkoholrausch«, erklärt der Facharzt und Tauchexperte Dirk Michaelis. Logisches Denken, Wahrnehmung und Urteilsvermögen sind eingeschränkt, sodass Taucher im Tiefenrausch Gefahren nicht richtig einschätzen, in übertriebene Euphorie oder Angstzustände geraten können.

Außerdem ist die Reaktionsfähigkeit reduziert. Es können optische und akustische Sinnestäuschungen auftreten. Die örtliche wie zeitliche Orientierung mag verloren gehen.

Wie bei allen anderen Bewusstseinsveränderungen spielt auch beim Tiefenrausch die allgemeine psychische Verfassung eine Rolle. »Gestresste oder übermüdete Taucher reagieren anfälliger auf die erhöhte Stickstoffdosis«, weiß Dirk Michaelis. Oft seien sich die Betroffenen ihres Rauschzustands nicht bewusst. Vielmehr falle ihr Benehmen dem Tauchpartner auf. Dirk Michaelis erzählt, dass er aber auch öfters Menschen erlebe, die sich unter Wasser kaum auffällig benähmen, zurück an Land jedoch nicht mehr wüssten, was sie beim Tauchen gesehen und erlebt haben. Dieser Effekt weist Parallelen zum »Filmriss« nach einem Alkoholrausch auf. Im Gegensatz zum Alkohol, der sich erst im Verlauf von Stunden abbaut, lässt der Tiefenrausch allerdings nach, sobald ein Taucher aufsteigt und somit der Stickstoff-Druck sinkt.

> *Gestresste oder übermüdete Taucher reagieren anfälliger auf die erhöhte Stickstoffdosis*
> — Dirk Michaelis, deutsche Gesellschaft für Tauch- und Überdruckmedizin

Yeti in den Bergen

Auf etwa 5 000 Metern Höhe beträgt der Partialdruck des Sauerstoffanteils in der Luft gerade noch ein Zehntel des Drucks auf Meereshöhe und löst Stress aus. Atmung und Kreislauf beschleunigen sich, um den Körper mit ausreichend Sauerstoff zu versorgen. Manche Menschen reagieren bereits auf 2 000 Metern über dem Meeresspiegel mit Kopfschmerzen, Appetitverlust, Unwohlsein, Reizbarkeit, Schlaflosigkeit oder fallen durch unvernünftiges Verhalten auf. Das sind Symptome einer beginnenden Höhenkrankheit. Nicht nur auf dem Mount Everest müssen Bergsteiger ihre Tour gelegentlich ab- oder unterbrechen.

Der Organismus braucht Zeit, um sich an den reduzierten Sauerstoffgehalt auf dem Berg zu gewöhnen. Insbesondere in Höhenlagen zwischen 4 000 und 7 000 Metern gerät der Hormonhaushalt durcheinander, Konzentrations-, Koordinations- und Reaktionsfähigkeit sind reduziert. Es können Wahrnehmungsstörungen bis hin zu Halluzinationen und Bewusstseinsstörungen bis hin zum Koma eintreten. Insofern überrascht es nicht, dass der Mythos des Yetis im Hochgebirge entstanden ist.

Wie wir atmen

Die Art und Weise, wie wir atmen, ist eng gekoppelt an die psychische Verfassung. Sind wir aufgeregt, ist es auch unsere Atmung. Deshalb ist es ratsam, vor einer großen Herausforderung langsam und tief durchzuatmen. Dadurch entspannen sich Organismus und Psyche, und wir schaffen es, uns auf das Wesentliche zu konzentrieren. Dieser Effekt ist physiologisch nachweisbar: »Während einer atemtherapeutischen Übung sinkt der Blutdruck. Der Pulsschlag verlangsamt sich. Auch nehmen die Spannung der Muskulatur und die Hautleitfähigkeit ab«, erklärt die deutsche Atemtherapeutin Karoline von Steinaecker.

Wenn es uns nicht gelingt, den Rhythmus der Atmung zu kontrollieren, wenn wir über längere Zeit viel schneller und tiefer atmen als nötig, kann es zur Hyperventilation kommen. Diese übermäßige Lungenbelüftung ist selten lebensbedrohlich, doch meistens Ausdruck einer großen psychischen Belastung. Durch Hyperventilation nimmt der Partialdruck von Kohlenstoffdioxid (CO2) im Blut ab. Gleichzeitig steigt der pH-Wert an, was Muskelkrämpfe, Panik, Erregung, Schmerzen, ja sogar Bewusstlosigkeit zur Folge haben kann.

Weil sich während einer Hyperventilation die Gefäße im Großhirn verengen, kann sich die Durchblutung in den äußeren Schichten des Gehirns bis zu 50 Prozent reduzieren. Diese Sauerstoff-Unterversorgung kann bis zu eine halbe Stunde später eine massive Veränderung des subjektiven Erlebens auslösen. Hyperventilation wird deshalb im Allgemeinen negativ gewertet. Es ist aber auch eine Methode, welche gezielt angewendet wird, um das Bewusstsein zu verändern, zumal Sauerstoffmangel transpersonale Erfahrungen von außergewöhnlicher Tiefe auslösen kann. Dieser Umstand wird von verschiedenen Völkern intuitiv genutzt, beispielsweise von den australischen Aborigines: Das Spielen des traditionellen Blasinstruments Didgeridoo setzt eine Zirkularatmung voraus, die Hyperventilation auslösen kann und von den australischen Ureinwohnern auch als Methode zur Bewusstseinsveränderung eingesetzt wird. Belegt ist außerdem, dass manche afrikanischen Stämme und auch Sufis, also islamische Mystiker, Hyperventilation praktizieren, um veränderte Bewusstseinszustände hervorzurufen.

»Hyperventilation ist Hollywood«, sagt dazu die deutsche Atemtherapeutin Karoline von Steinaecker. Diese Art der Atemmanipulation habe in der Tat zumeist eine abrupte Bewusstseinsveränderung, ein Außer-sich-Sein zur Folge.

Würgespiele

Auf den Entzug von Sauerstoff setzen auch sogenannte Ohnmachts- oder Würgespiele. Dazu verleiten lassen sich vor allem Jugendliche, oft im Rahmen von Mutproben. Aber auch in sexuellen Praktiken können sie eine Rolle spielen. Der Risiken, die damit einhergehen, sind sich die »Spielenden« meist nicht bewusst. Fachleute bezeichnen Ohnmachtsspiele als »Russisches Roulette«. Mittels unterschiedlicher Techniken wird dabei die Sauerstoffzufuhr des Gehirns reduziert. Der Sauerstoffmangel vermag starke Gefühlswallungen und Halluzinationen hervorzurufen. Der Organismus gerät in Stress und setzt Adrenalin frei, was einen Rauschzustand begünstigt. Enden Würgespiele nicht im Tod, so doch meistens in Ohnmacht. Daraus erwachend kann sich ein euphorisches Gefühl einstellen. Dieses Erleben hat Suchtpotenzial, was dazu verleiten kann, die Grenzen immer weiter auszuloten.

In Amerika und in Europa werden jeden Monat mehrere Todesfälle in der Folge von Ohnmachtsspielen registriert. Betroffen sind gemäß Statistik der US-Gesundheitsbehörde zu zwei Dritteln männliche Teenager und erwachsene Männer. Grund für das Sterben in Folge von Ohnmachtsspielen sind in den meisten Fällen Strangulationstechniken: Die Betroffenen ändern durch die Ohnmacht ihre Position und erwürgen sich dadurch selbst. Weltweit Schlagzeilen machte etwa der Tod des Hollywood-Stars David Carradine 2009, nachdem er stranguliert im Schrank eines thailändischen Hotels vorgefunden wurde. Ähnlich war es dem INXS-Sänger Michael Hutchence ergangen. Der australische Superstar wurde 1997 nach einem »fehlgeschlagenen Sex-Spiel«, wie es seine damalige Lebenspartnerin bezeichnete, nackt erhängt in einem Hotelzimmer in Sydney gefunden.

Atemtherapien

»Soll Bewusstsein durch Atmung nachhaltig und in konstruktiver Weise verändert werden, bewähren sich traditionelle Techniken wie Zen, Yoga, Tai-Chi oder Qigong. Diese setzen nicht auf den Entzug von Sauerstoff, sondern auf das Gewahrsein der Atmung«, erklärt Karoline von Steinaecker. Werden Aufmerksamkeit und Konzentration über längere Zeit auf die Atmung gelenkt, können transzendente Zustände entstehen. »Außerdem verändert beziehungsweise verbessert sich im Lauf der Praxis der Kontakt zum eigenen Körper und zur eigenen Psyche«, argumentiert Karoline von Steinaecker. In verschiedenen Studien, etwa mit Asthma- oder Brustkrebspatienten, hat sich gezeigt, dass Atemübungen zwar keinen direkten Einfluss auf die Genesung haben, sich jedoch auf die psychische Verfassung positiv auswirken. Nachweisbar ist etwa die Reduktion von Stress, Ängsten und negativen Gefühlen. So werden Atemübungen vor allem zur Schulung der Wahrnehmung, zur Selbsterfahrung und persönlichen Weiterentwicklung, zur Bewältigung von Lebenskrisen und in Veränderungsprozessen empfohlen.

Im vergangenen Jahrhundert wurden traditionelle Atemtechniken weiterentwickelt, beispielsweise im Bereich der Transpersonalen Psychologie. Der tschechische Psychotherapeut Stanislav Grof propagierte in den Vereinigten Staaten das sogenannte Holotrope Atmen. Es ermöglicht, innere Blockaden aufzulösen und Verbindungen zum »eigenen Heiler« und »höheren Selbst« aufzubauen. »Ich bin überzeugt, dass uns unser individuelles Bewusstsein nicht nur direkt mit unserer unmittelbaren Umgebung und verschiedenen Perioden unserer Vergangenheit verbindet, sondern auch mit Ereignissen, die weit jenseits dessen liegen, was unsere physischen Sinne uns vermitteln können, und die sich bis in andere geschichtliche Zeiträume, in die Natur und in den Kosmos hinein erstrecken.«, so Grof.

Ebenfalls in den USA definierte Leonard Orr 1967 das sogenannte Rebirthing als therapeutische Atemtechnik, welche durch zirkuläres Atmen der Selbsterfahrung und der Bewusstseinsschulung dienen soll.

Hannes Hempel, Psychologe an der Universität Gießen, verwies in seiner Dissertation »Trance-Induktion mit Musik und Visualisierungen im MRT« 2009 im Zusammenhang mit der Atmung auf die Bedeutung des Drucks des arteriellen Blutes auf die Gefäßwände: »Techniken, die mit der Atmung arbeiten, wie beispielsweise das Rebirthing oder das Pranayama im Yoga, stimulieren die Barorezeptoren.« Barorezeptoren registrieren in der Wand der Blutgefäße fortlaufend den Blutdruck und informieren darüber das zentrale Nervensystem. Beispielsweise wenn ein Proband aus der Rückenlage mit dem Kopf leicht nach unten gekippt wird, fließt mehr Blut in den Kopf- und Halsbereich, sodass die Adern dort mehr gedehnt werden, was zu einem

Anstieg der Feuerrate der Barorezeptoren führt. Wird der Kopf hingegen angehoben, strömt vermehrt Blut in die Beine und die Feuerrate der Barorezeptoren sinkt ab. Dieser Effekt kann genutzt werden, um die Herzraten- und Blutdruckschwankungen zu verstärkten oder zu dämpfen.

Schlaf

Wir verbringen etwa ein Drittel unseres Lebens schlafend (Kapitel 4.3). Während viele Menschen klagen, dass sie schlecht oder zu wenig schlafen, meinen andere, beim Schlaf durchaus sparen zu können. Manche brüsten sich sogar damit, besonders wenig Schlaf zu brauchen. So meinte etwa der deutsche Dichter Novalis (1772–1801): »Je weniger Schlaf man braucht – desto vollkommener ist man.« Novalis Ansicht war jedoch falsch. Wer über längere Zeit zu wenig schläft, schadet sich erwiesenermaßen. Diverse Studien legen aber den Schluss nahe, dass der tägliche Schlafbedarf tatsächlich durch regelmäßige moderate Reduktion ohne offensichtliche Nachteile allmählich um ein bis zwei Stunden gesenkt werden kann, wenn dies dem Wunsch der betroffenen Person entspricht. Mit weniger als sechs Stunden Schlaf kommt nur eine sehr kleine Minderheit längerfristig zurecht. Die große Mehrheit entwickelt durch Schlafmangel früher oder später Probleme.

Der französische Jurist und Humanist Michel de Montaigne (1533–1592) schrieb bereits im 16. Jahrhundert dazu: »Es ist Sache der Ärzte zu urteilen, ob der Schlaf so notwendig ist, dass unser Leben davon abhängt. Wir erfahren allerdings, dass man den König Perseus von Mazedonien als Gefangenen in Rom sterben ließ, indem man ihn am Schlafen hinderte. Plinius jedoch nennt gar manche Beispiele solcher, die lange ohne Schlaf gelebt haben.«

Schlafentzug

Wissenschaftlich untersucht wurde Schlafentzug erstmals 1896 an der Universität Iowa (USA). Es folgten weltweit Studien, die den Schluss zulassen, dass daraus im Allgemeinen Reizbarkeit, Stimmungsschwankungen und eine Tendenz zu Sekundenschlaf resultieren. Motivation, Denk- und Leistungsfähigkeit sowie Widerstandskraft werden beeinträchtigt. Es können Gedächtnis- und Wahrnehmungsstörungen auftreten – bis hin zu Halluzinationen. Letzteres wird gelegentlich ganz bewusst eingesetzt. So dokumentierte der rumänische Religionswissenschaftler Mircea Eliade (Kapitel 4.14) Initiationsriten bei den australischen Aborigines, anlässlich derer junge Männer drei Nächte lang nicht schlafen durften. Der deutsche Theologe und Kirchenhistoriker Ernst Benz (1907–1978) beschrieb in seinem Buch »Visionen« Schlafentzug als eine von Asketen genutzte Methode, um sich in einen Zustand zu versetzen, der übersinnlichen Erfahrungen zuträglich sei.

Allerdings lässt sich Schlafentzug ohne Zwang oder zumindest eine ausgeprägte persönliche Motivation kaum bewerkstelligen. Eine ausgesprochen große Motivation zeigte der Brite Tony Wright. Er blieb im Mai 2007 266 Stunden lang wach und erklärte danach: »Es ist wie beim ersten Sex oder wenn man erstmals Drogen ausprobiert. Ich dachte damals nur: Wow, diese 20 Minuten waren spannender als die letzten 25 Jahre deines Lebens.« Zu jenem Zeitpunkt hatte der junge Mann vier Tage und Nächte nicht geschlafen. Die daraus resultierende Bewusstseinsveränderung bezeichnete er als »eine Art Rausch, allerdings bei höchster Konzentration«. Nach elf schlaflosen Tagen und Nächten antwortete er auf die Frage nach dem Rezept für diesen Rekord: »Es war einfach der Triumph des Geistes über die Materie«.

Gesunde Menschen erholen sich nach einem Schlafentzug überraschend schnell, wenn sie nachschlafen können. Tony Wright wurde im Anschluss an sein Experiment nach knapp 15 Stunden Schlaf im Naval Hospital in San Diego (USA) als gut erholt wahrgenommen.

Druckmittel und Therapie

Bewusst eingesetzt wird Schlafentzug immer mal wieder bei Militärübungen, um eine herausfordernde Grenzerfahrung auszulösen: Reduziert in der Leistungsfähigkeit, werden durch die Erschöpfung auch intensive Gefühle zwischen Apathie und Wut angeregt, sodass die Soldaten besonders gefordert sind, diszipliniert zusammenzuarbeiten.

Überraschen mag, dass für Menschen, die an einer Depression leiden, ein Schlafentzug positive Auswirkungen haben kann. Christian August Heinroth (1773–1843), der 1811 an der Universität Leipzig auf den weltweit ersten Lehrstuhl für Psychiatrie berufen wurde, hatte bereits die sogenannte Wachtherapie eingeführt. Ambulant wird Schlafentzug heute meist nicht mehr empfohlen. »Eine chronische milde Schlafrestriktion könnte aber ein Baustein der Selbsthilfe bei Depression sein«, so der deutsche Psychiater Ulrich Hegerl von der Goethe-Universität Frankfurt am Main. Mehrere Dutzend Studien belegen, dass Schlafentzug bei 50 bis 80 Prozent der Probanden dazu führt, dass deren Depression am darauffolgenden Tag abklingt. Sie kehrt zwar mit ausreichendem Schlaf in der nächsten Nacht wieder zurück. Dennoch könne die Behandlung sinnvoll sein, so Hegerl: »Der Schlafentzug macht den Patienten Mut. Die Betroffenen haben dadurch gesehen, dass ihre Symptome weggehen und sie die Krankheit durchbrechen können.« Hegerl und sein Team haben eine »Get-up«-App entwickelt. Damit können Patienten den Zusammenhang zwischen ihrer Schlaf- und Bettzeit und ihrer Stimmung und ihrem Antrieb über mehrere Wochen erfassen. »Besteht ein negativer Zusammenhang, können sie dabei unterstützt werden, längerfristig die Bettzeit zu reduzieren.«

Die Erfahrungen im Zusammenhang mit Depressionen deuten an, dass es sich auch für Gesunde lohnen kann, bei länger andauernder Missstimmung eine Veränderung des Schlafrhythmus in Betracht zu ziehen.

Isolation

Die Auswirkungen von Isolation wurden ab den 1960er-Jahren wissenschaftlich erforscht. Im Auftrag der NASA ging es unter anderem darum, mehr über die innere Uhr, den Schlaf-Wach-Rhythmus und die Körpertemperatur unter Einfluss von Isolation zu erfahren. Zu diesem Zweck wurden sogenannte Bunker-Experimente durchgeführt. Dabei begaben sich Probanden für mehrere Wochen in einen unterirdischen Bunker nahe der oberbayerischen Klostergemeinde Andechs. Aufgrund der Ergebnisse dieses Experiments ließ der Initiator, Jürgen Walther Ludwig Aschoff (1913–1998), eine Anlage bauen, deren Wände sogar gegen elektromagnetische Strahlung isoliert waren. Unter der Leitung des deutschen Biologen und Verhaltensphysiologen entwickelte sich das Max-Planck-Institut in Andechs zum Mekka der sogenannten Chronobiologie. Als Ergebnis einer Vielzahl von Experimenten resümierte Aschoff: »Alle unter natürlichen Bedingungen beobachtbaren tagesperiodischen Prozesse bleiben erhalten.« Auch im Bunker verbrachten die Teilnehmer einen Drittel des Tages im Schlaf und zwei Drittel wach. Der Rhythmus passte sich in der Isolation aber an die innere Uhr der Probanden an, sodass manche zurück im Alltag Zeit brauchten, um sich wieder an den vorgegebenen Takt von Tag und Nacht zu gewöhnen. Auch zeigte sich, dass die Wahrnehmung der Umwelt, etwa der Farben und Düfte, nach der Rückkehr in den Alltag zunächst deutlich verstärkt war. Vor allem aber wurde eine bis dahin geltende Annahme der Wissenschaft widerlegt: Die Forschung war nämlich davon ausgegangen, dass das Gehirn nur auf äußere Reize reagiert und – sollten die Reize wegfallen – in einen bewusstlosen Zustand fällt. Es hat sich hingegen gezeigt, dass Isolation ein reiches inneres Erleben auslöst.

Inneres Erleben

In welcher Form sich das innere Erleben in der Isolation offenbart und wie sich das Erlebnis langfristig auswirkt, ist abhängig von der eigenen körperlichen und psychischen Verfassung, den Umständen, die zur Isolation führen, und der Lebensqualität in der Isolation. Unter guten Voraussetzungen kann sie beglückendes Empfinden bis hin zu Ekstase auslösen. Deshalb ist dieses Instrument zur Bewusstseinsveränderung seit jeher etabliert bei Mystikern, Meditierenden, Spirituellen, um sich bewusst aus der äußeren Wahrnehmung in eine innere zu begeben.

Entscheidend für die Probanden im Bunker-Experiment war, dass sie jederzeit die Freiheit hatten, ihren Aufenthalt abzubrechen und die Isolation zu verlassen. Der damalige Doktorand und Neuropsychologe Ernst Pöppel berichtete über seinen Aufenthalt: »Die ersten ein, zwei Tage waren hart. Es herrschte ein inneres Chaos, ich hatte mit Unruhe und Gedankenflucht zu kämpfen.« Danach fühlte sich Pöppel wohl: »Ich stellte fest, dass ich hoch konzentriert arbeiten konnte, viel weniger abgelenkt und in gewisser Weise mir selbst genug war.« Nach zwei Wochen zurück im Alltag fühlte er sich »auf eine Art geläutert. Es war eine innere Reinigung, ich hatte sozusagen Kontakt mit mir selbst aufgenommen und erlebt, dass ich von all dem Trubel um mich herum unabhängig sein konnte.«

Intensiv mit Isolation befasste sich auch der amerikanische Arzt, Psychoanalytiker und Philosoph John Cunningham Lilly (1915–2001). Lilly schuf 1954 einen sogenannten Samadhi-Tank, heute meist als Floating-Tank bezeichnet: »Ich entschied mich für ein Experiment der Sinnes-Isolation und baute einen Tank zur Reduktion externer Stimuli – akustisch, visuell, taktil und bezüglich der

Temperatur. Der Tank ist licht- und klangundurchläßig«, so Lilly. Das Wasser im Tank wurde mit Salz angereichert und auf Körpertemperatur eingestellt. »So, dass man nicht sagen kann, wo das Wasser endet und wo der Körper beginnt«, umschrieb Lilly den Effekt. Wer sich in den Tank legt, fühlt sich schwerelos und fördert durch den Entzug von äußeren Reizen den Zugang zu inneren Welten und freiem Assoziieren.

Experimente ergaben, dass es manchen Probanden mit etwas Übung gelingt, den Aufenthalt im Samadhi-Tank quasi vorzuprogrammieren. Das heißt, die Person stellt sich im Vorfeld vor, was sie während des Floatings erleben will, sodass der Zustand der Isolation ähnlich gesteuert werden kann wie ein Klartraum (Kapitel 4.3). Dabei bleibt die Person sich ihrer selbst bewusst, während gleichzeitig ein Anteil des Bewusstseins frei assoziiert. Mittlerweile hat sich Floating als Entspannungstechnik etabliert und wird im therapeutischen Umfeld zur Stressbewältigung oder bei der Behandlung von Depressionen eingesetzt.

Mit seiner technischen Errungenschaft hat Lilly einen Prozess ermöglicht, der Erlebnissen von Asketen gleicht. Isolation zählt zu einer der ältesten und natürlichsten Methoden, das Bewusstsein aus seinem alltäglichen Rahmen zu hieven. Gelebt wird Isolation heute in unseren Breitengraden am ehesten im Zusammenhang mit Extremsport: beim Durchqueren einer Höhle, einer Wüste oder eines Ozeans begeben sich Abenteurer in Isolation und Entbehrung und nehmen dabei eine Veränderung ihres Bewusstseinszustands in Kauf. In gesellschaftlichem Zusammenhang zunehmend thematisiert wird unfreiwillige Isolation, besonders von älteren Menschen. Wenn sie nicht mehr gut sehen oder hören, können sie soziale Kontakte als anstrengend empfinden und sich zurückziehen. Dieser Rückzug in die Isolation kann jedoch das Auftreten diverser Nebeneffekte bis hin zu Halluzinationen (Kapitel 4.6) begünstigen.

Missbrauch

Mögliche Folgen einer anderen Form der unfreiwilligen Isolation schildert die kanadische Autorin, Aktivistin und Filmemacherin Naomi Klein am Beispiel des Amerikaners José Padilla: Wegen vermeintlicher Verbindungen zu einem internationalen Terrornetzwerk wurde Padilla 2002 in einem US-Marinegefängnis in South Carolina inhaftiert. Der Beschuldigte war in einer winzigen Gefängniszelle ohne natürliches Licht, Uhr und Kalender untergebracht. Wurde er aus der Zelle geführt, dann in Ketten und mit verblendeter Brille sowie Ohrschützern. »Über ihn war eine totale Kontaktsperre verhängt, mit Ausnahme seiner Verhörer, die ihn mit Fragen durchlöcherten und ihn grellem Licht und überreizenden Geräuschen aussetzten«, schreibt Klein. Laut seinen Anwälten und zwei Psychologen, die den Angeklagten untersuchten, war Padilla in der Folge in einem derart desolaten Zustand, dass er zu seiner eigenen Verteidigung nichts mehr selbst beitragen konnte. Unter missbräuchlichen Umständen braucht es eine außerordentlich gesunde und starke Psyche, um Isolation einigermaßen unbeschadet zu überstehen.

Viele Reize stressen

Die Taktik der Ankläger von Padilla war insofern perfide, als dass sie ihn von der totalen Isolation direkt in einen Zustand der völligen Reizüberflutung beförderten. Schon unter normalen Umständen reagiert das Bewusstsein nicht nur sensibel auf den Entzug von äußeren Reizen. Auch das Gegenteil hat spürbare Auswirkungen: Reizüberflutung verursacht Stress. Kurzfristig löst dieser Stress Adrenalinschübe, Hektik, nicht selten Aggressionen und schließlich Erschöpfung aus. Eine anhaltende Überreizung der Sinnesorgane führt zu Konzentrationsschwierigkeiten und kann Auslöser für Realitätsverlust, Hyperaktivität oder auch Depressionen sein. In unserer modernen Gesellschaft wird

Reizüberflutung als ein Phänomen erachtet, das verschiedene Zivilisationskrankheiten wie etwa Burn-out begünstigt.

Andererseits wird Reizüberflutung in der Psychologie teilweise bewusst eingesetzt, etwa, um im Rahmen einer Verhaltenstherapie ein Problem anzugehen: Dazu wird beispielsweise ein Patient, der unter spezifischen Ängsten leidet, solchen angsteinflößenden Reizen ausgesetzt, um in der realen Konfrontation mit der Situation besser umgehen zu lernen.

Nahrung

So ziemlich jeder Mensch vermag ohne Nahrung bis zu drei Wochen ohne bleibende gesundheitliche Schäden zu überleben – vorausgesetzt, man nimmt Flüssigkeit zu sich. Gibt es auch nichts zu trinken, kommt der Körper innerhalb weniger Tage in einen lebensbedrohlichen Zustand.

Gibt es keine Möglichkeit, Nahrung oder Flüssigkeit zu sich zu nehmen, geraten Organismus und Psyche in Stress. Der Körper baut Fett, Muskeln und Wasser ab. Er verliert am ersten Tag rund ein Kilogramm, danach täglich ein halbes an Gewicht. Hält der Entzug über längere Zeit an, leiden die inneren Organe unter Eiweißmangel, der sich vermutlich auch auf die Nervenzellen im Gehirn auswirkt.

Im Mittelalter wurden Verbrecher im »Hungerturm« dem Hungertod überlassen. Als Foltermethode ist der Entzug von Nahrung und Flüssigkeit bis heute ein probates Mittel. Er löst Lethargie bis hin zu Depressionen aus. Auch Halluzinationen können damit einhergehen.

Ist der Entzug selbst gewählt – etwa als Druckmittel in Form eines Hungerstreiks –, stärkt der Wille die Psyche und ermöglicht ein Überleben bis zu 50 oder gar 70 Tagen. Umstritten ist die Zwangsernährung von Menschen im Hungerstreik. Das Für und Wider künstlicher Ernährung wird auch immer wieder zum Thema, wenn Schwerstkranke keine Patientenverfügung haben.

Freiwillig auf Nahrung verzichtet wird heute vorwiegend, um das Gewicht zu reduzieren oder zu fasten. Traditionelle religiöse Fastenzeiten haben in Kombination mit Stille und Ritualen auch zum Ziel, sich von geistigem Ballast zu lösen. Anhänger des Heilfastens sind von einer positiven Wirkung auf Körper, Geist und Seele überzeugt; wissenschaftlich belegt ist dieser Effekt jedoch nicht. Hingegen verweist Marc Donath, Professor an der Universität Basel, auf mögliche unerwünschte und unterschätzte Effekte durch Mangelernährung oder das sogenannte Refeeding-Syndrom. Darunter versteht man das Auftreten diverser lebensbedrohlicher Symptome, welche nach einer längeren Phase der Unterernährung durch eine zu rasche Zufuhr der üblichen Nahrungsmengen ausgelöst werden können.

Sonderfälle

Ende des 20. Jahrhunderts sorgte die australische Autorin und Esoterikerin Jasmuheen mit ihrem Buch »Lichtnahrung« international für Aufsehen. Sie beschreibt darin einen dreiwöchigen Prozess, der dazu führen solle, sich »von Licht ernähren« zu können. Die Autorin und ihre Publikationen sind sehr umstritten. Mehrere Menschen, die auf »Lichtfasten« beharrten, sind verstorben. Der österreichische Regisseur Peer-Arthur Straubinger porträtierte in dem ebenfalls umstrittenen Dokumentarfilm »Am Anfang war das Licht« mehrere Personen, die behaupteten, sie würden gut mit »Lichtnahrung« leben.

Im Rahmen eines Forschungsprojekts 2004 begab sich der Anthroposoph Michael Werner, der von sich sagte, er ernähre sich seit 2001 von Licht, für eine zehntägige Untersuchung ins Inselspital der Universität Bern. Das erst 2008 veröffentlichte Resultat der Untersuchung zeigte: Werner hatte innerhalb der 10 Tage 2,6 Kilogramm an Gewicht verloren. Die Auswertung der täglichen Blutwerte verwies auf einen Stoffwechselzustand im Hungermodus. Michael Werner begründete diesen Umstand damit, dass er im Spital kaum mit natürlichen Lichtquellen in Kontakt kam.

Im Sterling Hospital im indischen Ahmedabad wurde der 1927 geborene Prahlad Jani 2003 und 2010 untersucht. Der alte Mann, der von seinen Anhängern Mataji genannt und als Gottheit verehrt wird, sagte über sich, er lebe seit über 70 Jahren ohne feste oder flüssige Nahrung. Während des ersten zehntägigen Spitalaufenthalts stand der Asket unter ständiger Video-Beobachtung. Unter anderem zeigte sich, dass er während des Aufenthalts nichts zu sich nahm und nie zur Toilette ging. Alle untersuchten Körperwerte blieben stabil. Der Asket selbst ist der Auffassung, dass er durch eine Öffnung im Gaumen wenige Tropfen eines »Nektars« erhalte, die ihm ausreichen. Die rund 30 Fachärzte, welche am Sterling Hospital unter der Leitung des Neurologen Sudhir Shah den Asketen untersuchten, fanden keine Erklärung dafür: »Wir versuchen, dieses wunderbare Phänomen zu verstehen, das sich in diesen 10 Tagen von unserer Seite aus bestätigt hat, und wir sind uns nicht sicher, ob dies bei anderen Menschen auf dem Weg des Yoga, wie er es praktiziert, reproduzierbar ist oder durch andere Methoden wie die Gentechnik«, so Shah.

Im Zusammenhang mit spezifischen Praktiken wie Schamanismus, Yoga, Meditation, Askese gibt es einige historische Verweise auf die Möglichkeit, weitgehend ohne Nahrung zu leben. So besagt beispielsweise die Legende von Niklaus von Flüh (1417–1487), dass der Schweizer Einsiedler etwa 20 Jahre lang – mit Ausnahme der Heiligen Kommunion – nichts zu sich genommen habe. 1947 heiliggesprochen, wird Bruder Klaus in der Geschichte auch als einer der einflussreichsten Schweizer eingeordnet. Zu Lebzeiten schon prominent wurde außerdem die bayrische Bauernmagd Therese Neumann, besser bekannt als Resl von Konnersreuth (1898–1962); sie soll ab 1926 ebenfalls außer der Heiligen Kommunion nichts zu sich genommen haben.

Nahrung und Psyche

Für die meisten Menschen ist Essen neben einer Notwendigkeit auch ein Genuss, für manche gar ein »Seelenbalsam«. Die psychische Verfassung beeinflusst die Nahrungsaufnahme und ist ein wesentlicher Grund, weshalb sich viele Menschen nicht an die wissenschaftlich empfohlene Nahrungspyramide halten: So essen wir Schokolade oder Pasta als Trost bei Kummer, Salat, wenn wir voller Elan sind, und ein Fünf-Gang-Menü in guter Gesellschaft. Andererseits können Aufregung, Ängste oder Kummer den Effekt haben, dass beim besten Willen kein Appetit aufkommt.

Mit der zunehmenden Kenntnis über die Wirkung einzelner Nahrungsmittel steigt der Druck, sich einzuverleiben, was guttut. Werden diese Erkenntnisse nicht beherzigt, mag dies unabhängig vom gesundheitlichen Effekt auch Gefühle von Versagen, Trotz und andere Verstimmungen auslösen.

Manche Nahrungsmittel nehmen auch Einfluss auf die körpereigenen Botenstoffe. Emeran Mayer, Neurowissenschaftler an der Universtität von Kalifonien in Los Angeles, ist einer der führenden Forscher im Bereich der Neurogastroenterologie und erachtet die Wechselwirkung zwischen Nahrung und Psyche als noch zu wenig erforscht: »Psychiater haben bisher nie unterhalb des Halses nach Ursachen für Probleme gesucht. Aber vielleicht werden wir in Zukunft psychiatrische Probleme nicht mehr nur im Gehirn, sondern auch im Verdauungstrakt behandeln.« Fest steht, dass Darmbakterien sowie die Zusammensetzung und Verarbeitung unserer Nahrung maßgeblich Einfluss auf unser physisches wie psychisches Wohlbefinden nimmt (Kapitel 2.7).

Die direkte Wechselwirkung von Psyche und Nahrungsaufnahme zeigt sich auch in schwerwiegenden Suchterkrankungen wie Anorexie, Bulimie oder Binge-Eating und deren psychosozialen Folgen.

Wirtschaft und Umwelt

Ernährung ist stark abhängig von lokalen Gegebenheiten wie Klima, Politik, Wirtschaftsfaktoren und Produktionsmethoden. Nach Schätzungen der Vereinten Nationen hatten 2018 rund 820 Millionen Menschen weltweit nicht genug zu essen – das ist jeder neunte. 30 bis 40 Millionen Menschen sterben pro Jahr weltweit an Hunger oder den unmittelbaren Folgen davon, betroffen sind insbesondere Kinder unter fünf Jahren.

Ernährung ist ein mächtiger globaler Wirtschaftsfaktor, der immer mal wieder durch Skandale ins Rampenlicht rückt. Um ein aktuelles Beispiel zu nennen: Während der Coronakrise wurde 2020 mit der Verbreitung des Covid-19-Virus unter mehr als 1 400 Angestellten der Tönnies Holding in Deutschland ein Umstand publik, der sonst keine Aufmerksamkeit erhalten hätte: Einer der weltweit größten Schlachtbetriebe mit Exporten in 82 Länder beschäftigte Tausende Leiharbeiter aus Osteuropa zu niedrigsten Löhnen und brachte sie zusammengepfercht in unwürdigen Unterkünften unter. »Die Fleischwirtschaft muss sich grundlegend verändern«, so das Fazit der Bundesagrarministerin Julia Klöckner. Ständige Preiskämpfe und problematische Bedingungen müssten künftig unterbunden werden.

Längst hat die Art und Weise, wie wir uns ernähren, globale Auswirkungen. Zahlreiche Initiativen zeigen, dass ein Bewusstsein dafür allmählich zunimmt. Radikal thematisiert werden die Ernährungsgewohnheiten unter anderem vom amerikanischen Autor Will Tuttle im Buch »Ernährung und Bewusstsein«.

Die Österreicherin Nina Messinger ist überzeugt:

»Essen ist keine Privatsache« und feierte 2016 Premiere mit ihrem Dokumentarfilm »Hope for All. Unsere Nahrung – Unsere Hoffnung«.

Schmerz

Schmerz ist ein komplexes Thema. Er kann physisch und psychisch erlebt werden.

Körperlicher Schmerz wird durch Erkrankungen, durch Hitze, Kälte oder Verletzungen, durch chemische Reize wie Säuren, Gifte und Entzündungen und teilweise auch durch psychische Leiden verursacht – und verschwindet meistens, wenn der Auslöser dafür behandelt wurde.

Manchmal wird Schmerz auch chronisch und reduziert dadurch die Lebensqualität. Je länger der Schmerzzustand anhält, desto intensiver prägt sich das Empfinden im sogenannten Schmerzgedächtnis ein. Gemeint sind damit Veränderungen im Zentralen Nervensystem, die durch wiederholte Schmerzerfahrung entstehen. Aus Umfragen in Deutschland geht hervor, dass 10 bis 20 Prozent der Bevölkerung an chronischen Schmerzen leiden, was 8 bis 16 Millionen Menschen entspricht. Manchmal lässt sich keine Ursache für die Schmerzen finden. Dieser Umstand wird oft von Depressionen, dem Gefühl, allein gelassen zu sein, und einem Rückzug aus der Gesellschaft begleitet. In Therapien wird, parallel zu einer medikamentösen Behandlung, interdisziplinär versucht, dieses Empfinden zu »überschreiben«, indem normales Fühlen wieder erlernt wird. Zur Unterstützung empfohlen werden oft achtsamkeitsbasierte Praktiken wie Meditation, Autogenes Training oder Atemtherapie. »Ein Aspekt, den wir heute mehr und mehr beachten, ist das ›Schmerzerleben‹, also die Frage: Warum empfinde ich diesen speziellen Schmerz jetzt (oder länger) so stark? Diese Frage stellt die direkte Verbindung zwischen dem körperlichen und dem seelischen Anteil der Schmerzen dar«, erklärt Thomas Blaettner, Chefarzt der Schmerzklinik Basel. Dennoch bliebe manchen Schmerzpatienten nichts anderes übrig, als zu lernen, mit Schmerzen zu leben.

Als entscheidende Signalgeber für Schmerzen galten lange die freien Nervenenden in der oberen Hautschicht (Nozizeptoren). Eine 2019 im »Science-Magazin« veröffentlichte Studie des Karolinska-Instituts in Stockholm kommt zu dem Schluss, dass wohl auch die die Nervenzellen umgebenden Gliazellen (Kapitel 2.3) Schmerzreize ans Gehirn senden. Es scheint, dass sie unter der Haut ein dichtes Netzwerk bilden, das die schwedischen Forscher als eigenständiges Organ deklarieren. Der Leiter der Studie, Patrik Ernfors, erklärt: »Unsere Studie zeigt, dass Schmerzempfindlichkeit nicht nur in den Nervenfasern der Haut, sondern auch im neu entdeckten Organ auftritt. Die Entdeckung verändert unser Verständnis über zelluläre Mechanismen der körperlichen Empfindung und kann für das Verständnis chronischer Schmerzen von Bedeutung sein.«

Bezüglich der Wahrnehmung von Schmerzen spielt auch der Biorhythmus eine Rolle. Er sorgt beispielsweise dafür, dass Zahnschmerzen zwischen vier und acht Uhr morgens stärker sind als in den Mittagsstunden, während Schmerzen, ausgelöst durch eine Angina Pectoris, vor allem tagsüber wahrgenommen werden. Wie die Schmerzen unterliegt auch die Wirkung von Medikamenten der »inneren Uhr«. Björn Lemmer, Pharmakologe an der Universitätsklinik Mannheim, erklärt: »In aller Regel ist die Wirksamkeit von Schmerzmitteln abends und nachts wesentlich geringer als tagsüber.«

Religiöser Kontext

Schmerz kann so intensiv sein, dass er stark veränderte Bewusstseinszustände bis hin zur Bewusstlosigkeit auslöst. Dieser Umstand veranlasst manche Menschen, den Schmerz absichtlich zu suchen. In religiösem Kontext geht es dabei meist um Sühne und Buße oder darum, Leid zu tragen, um dadurch Gutes zu erschaffen, oder auch um den Beweis, physisch wie psychisch unberührbar zu sein. Selbstkasteiung ist in allen Weltreligionen ein Thema, ebenso in Gesellschaften, die eine eigene spirituelle Kultur leben. Die Fähigkeit, Schmerz auszuhalten beziehungsweise auszuschalten ist eng mit der Fähigkeit, einen tiefen Trance-Zustand (Kapitel 4.4) zu erreichen verbunden. Das lässt sich gut auf dem regelmässig stattfindenden Fest Kumbh Mela in Indien beobachten, auf dem sich Sadhus (heilige Männer) auf unterschiedliche Arten selbst malträtieren. Auch in gewissen Initiationsriten von indigenen Völkern spielt Schmerz als Weg in einen ekstatischen Zustand eine Rolle.

Der deutsche Ethnologe Peter J. Bräunlein stellte bei Recherchen für sein Buch »Rituale des Schmerzes im europäischen und philippinischen Christentum« fest, dass Schmerz auch als heilsam erlebt werden kann. Etwa auf den Philippinen, wo sich stets zur Karwoche rund zwei Dutzend Männer selbst mit Peitschenschlägen martern und ihre Selbstkreuzigung öffentlich inszenieren. »Die Akteure suchen bei diesen Passionsritualen – ganz im Gegensatz zu volkstümlichen Ansichten – keinen Schmerz. Vielmehr wird Schmerzlosigkeit als Geschenk betrachtet, als Auszeichnung einer höheren Macht (Christus), die den Akteur für sein Tun belohnt«, so Bräunlein. Hinter solchem Märtyrertum stehe in aller Regel ein Gelübde. Grund dafür seien oft nahe Verwandte, die erkrankt sind. »Für mich als Beobachter war es augenfällig, dass Menschen, die durch die Handfläche an ein Brett genagelt wurden, nie das Gesicht in Schmerz verzerrten«, berichtet der Ethnologe. »Selbst für den Fall, dass die Selbstkasteiung nicht zur gewünschten Genesung der nahestehenden Person führen sollte, können die Akteure davon ausgehen, dass sie alles Menschenmögliche unternommen haben, um eine Heilung zu begünstigen.«

Die Rolle der Psyche

Selbstkasteiung findet auch außerhalb von religiösen oder spirituellen Kontexten statt. Manche Menschen suchen den Schmerz, um sich auf diese Weise besser spüren zu können. Im Sport wird das Aushalten von Schmerz nicht selten als Zeichen verstanden, sich nicht unterkriegen zu lassen. Neben Ehrgeiz und Willen helfen Endorphine, den Schmerz auszuhalten. Diese körpereigenen Botenstoffe (Kapitel 2.4) wirken wie Schmerzmittel. Sie sind auch ein Grund, dass Menschen im Rahmen von sexuellen Sadomaso-Spielen Schmerz als lustvoll bis ekstatisch erfahren.

Psychisches Leiden kann sich mit körperlichen Symptomen äußern, dann spricht man von psychosomatischen Beschwerden. Manchmal wird der Körper auch zu einem Ventil der Psyche, etwa, wenn sich (vor allem) Teenager mit scharfen Gegenständen ritzen und dadurch auf ihr inneres Leiden aufmerksam machen. Andere bauen ihr eigenes Verhalten wie auch das ihres Umfeldes auf einer Schmerzempfindung auf. Das heißt, sie fühlen sich durch die Dominanz des Schmerzes gezwungen, ihr eigenes Leben und das der Nächsten rund um dieses Thema zu organisieren.

Im Gegensatz zu körperlichem Schmerz wird der psychische selten bewusst gesucht; unbewusst mag er aber ebenso an Dominanz im Leben gewinnen. Schmerz ist in gewisser Weise eng gekoppelt an Macht. Wer hat sie? Der Schmerz, der das Leben einer Person beeinträchtigt, oder die Person, die mit dem Schmerz umgehen kann? Neben Menschen, die für sich den Schmerz suchen, gibt es solche, die gern dabei zusehen, wenn andere Schmerz empfinden. Auch in gesellschaftlich akzeptiertem Rahmen finden sich Formen dieser Art vonVoyeurismus: beim Sport, anlässlich von Ritualen und in der Kunst, etwa bei einer Performance.

4.3 TRAUM

Träume sind mehr als Schäume

Der Schlaf verändert unser Bewusstsein Nacht für Nacht auf natürliche Weise. Im Schlaf sind wir alle Träumer. Auch Menschen, die überzeugt sind, kaum oder nicht zu träumen. Die Wissenschaft belegt, dass jeder Mensch jede Nacht mehrere Träume durchlebt. Wir verbringen also einen großen Anteil unseres Lebens im Traum. Insofern ist der Traum ein alltäglicher Bewusstseinszustand, und doch empfinden wir ihn als speziell, weil aus Sicht unseres Wachbewusstseins in der Nacht Absurdes, Rätselhaftes, Unmögliches intensiv gelebt werden kann.

In der westlichen Welt schenken wenige Menschen ihren Träumen Aufmerksamkeit. Meist weckt uns der Wecker und wir sind aus den Federn, bevor Körper und Geist richtig wach sind. Ein Grund für die Vernachlässigung der Traumwelt mag sein, dass wir meinen, der Alltag beschäftige uns schon mehr als genug, da können wir uns nicht noch damit belasten, über unsere Träume nachzudenken. Doch das ist möglicherweise zu kurzsichtig, denn Träume sind fester Bestandteil unserer komplexen Psyche.

Seit rund 100 Jahren sind Träume recht gut erforscht. Aus wissenschaftlicher Sicht ist es ein Verlust, auf die Auseinandersetzung mit Träumen zu verzichten: Es gilt als erwiesen, dass Menschen, die sich mit ihren Träumen befassen, vertiefte Einsichten in die eigene Persönlichkeit und damit an Lebensqualität gewinnen. »Träume sind Gefühle in bewegten Bildern dargestellt«, sagt die Traumforscherin Brigitte Holzinger, sie ist Leiterin des Instituts für Bewusstseins- und Traumforschung in Wien. »Wer diese Gefühle erkennt, kann etwas über sich lernen«. Dieser Tatsache sind sich insbesondere animistisch lebende Völker bewusst. Diese ursprünglich in der seelischen Verbundenheit allen Daseins denkenden und agierenden Gesellschaften leben die Interaktion zwischen Traumwelt und Wachzustand ganz bewusst. Das Traumgeschehen wird reflektiert und beeinflusst das Tagesgeschehen, das wiederum die kommende Nacht beeinflusst. Bei traditionell lebenden Iban, einer Ethnie auf Borneo (Malaysia), erachtet es niemand als außergewöhnlich, wenn am Morgen mal jemand erklärt, er oder sie könne aufgrund der Träume der letzten Nacht nicht zur Arbeit gehen, sondern müsse für einen Verstorbenen etwas erledigen. Allerdings nimmt auch in animistisch lebenden Volksgruppen der Druck der Leistungsgesellschaft zu und der Einfluss des Animismus ab.

Doch auch wir können uns der Wechselwirkung zwischen Tag und Nacht nicht vollständig entziehen, was wir jedoch vorwiegend unbewusst und eher emotional registrieren. Der Spruch, man sei wohl mit dem falschen Bein aufgestanden, kommt nicht von ungefähr, er ist durchaus ein Hinweis auf ein eher unerfreuliches nächtliches Geschehen. Und die Voraussetzungen für süße Träume sind denkbar schlecht, wenn uns der Schlaf unter dem Einfluss von Stress, Angst oder anderen unangenehmen Gefühlen übermannt.

Schlafphasen

Mit dem Traumgeschehen einher gehen markante Veränderungen der Körperfunktionen: Der Organismus läuft vom Moment des Einschlafens an zunehmend auf Sparflamme. Puls und Blutdruck sinken, das Nervensystem ist im Tiefschlaf kaum mehr aktiv. Bei Erwachsenen dauern die Tiefschlafphasen im Durchschnitt 80 Minuten. Unterbrochen wird der vom Hirnstamm gelenkte Zyklus von den sogenannten REM-Phasen.

Die REM-Phase macht sich bekanntlich durch schnelle Augenbewegungen (REM = rapid eye movement) und

ein aktiviertes zentrales wie auch enterisches Nervensystem bemerkbar. Das EEG zeigt dann nicht synchron laufende Wellen, ähnlich wie im Wachzustand. Bei Erwachsenen dauern die vier bis fünf REM-Phasen pro Nacht fünf bis 20 Minuten, bei Kleinkindern etwa doppelt so lang. Die Schlafforschung kommt zum Schluss, dass wir in jeder REM-Phase zumindest einen Traum haben. Deshalb haben Menschen, die nachts häufig aufwachen, auch vermehrt Traumerinnerungen. Am längsten dauert die letzte REM-Phase kurz vor dem Aufwachen.

Unklar ist noch, ob die Träume Grund für die schnellen Augenbewegungen während der REM-Phase sind, oder ob umgekehrt die schnellen Augenbewegungen Ursache für die Entstehung der Bilder sind. Neuere Untersuchungen legen aufgrund der beobachteten Hirnaktivitäten allerdings nahe, dass wir auch außerhalb der REM-Phasen, also auch in den Tiefschlafphasen träumen, wenn sich die Augen kaum bewegen. Erinnerungen an Träume außerhalb der REM-Phasen fehlen jedoch in der Regel.

Wovon wir träumen

Mittlerweile liegen Tausende Traumberichte vor, die den Schluss zulassen, dass wir kurz nach dem Einschlafen vorwiegend von Dingen träumen, die sich während des Tages ereignet haben. Äußere Reize sind keine Ursache für Träume, können das Geschehen jedoch beeinflussen und wie Requisiten in den Traum einfließen. Frieren wir zum Beispiel, weil die Bettdecke hinuntergefallen ist, mag dies im Traum eine Winterszene auslösen. Ins Traumgeschehen integriert werden ebenso Dinge, die wir nicht selbst erlebt, sondern als Information aufgenommen haben, beispielsweise beim Lesen oder beim Fernsehschauen.

Später in der Nacht öffnet sich der Zugang zum Unbewussten. Es offenbaren sich Frustrationen und Verdrängtes ebenso wie Hoffnungen und Freudvolles – oft geschieht dies symbolhaft, sodass es schwerfallen kann, die Bedeutung zu entschlüsseln. Manche Träume vermitteln die Gewissheit, dass sie von besonderer Bedeutung sind, doch das geschieht sehr selten. Sie können Visionen über künftiges Geschehen beinhalten, existenzielle Erkenntnisse oder auch Verbindungen zu Verstorbenen. In Einzelfällen ist es Menschen gelungen, im Traum bedeutende Erkenntnisse zu gewinnen, wie im genannten Beispiel dem Pharmakologen Otto Loewi, der aufgrund eines Traums 1921 eine sensationelle biochemische Entdeckung machte (Kapitel 2.4). Der Musiker Lenny Kravitz sagte über sein Studioalbum »Raise Vibration«: »Ich höre meine Songs im Traum. Das passiert ohne mein Zutun. Es ist fast magisch. Neben dem Bett liegen ein Zettel und ein Aufnahmegerät, manchmal raffe ich mich auch auf und gehe direkt ins Studio nebenan.«

In über 90 Prozent der Träume spielen die Träumenden selbst die Hauptrolle. Auswertungen der umfangreichen wissenschaftlichen Traumsammlung lassen darauf schließen, dass Männer häufiger von Sexualität und Kampf träumen als Frauen. Männer kommen auch generell öfter in Träumen vor als Frauen – auch in den Träumen von Frauen –, was als Spiegelbild unserer männlich geprägten Gesellschaft gedeutet wird.

Je nach Persönlichkeit kann das Geschehen fantasievoll bis fantastisch ausgestaltet sein: etwa mit Fabelwesen oder Szenen, in denen die physikalischen Gesetze irrelevant erscheinen. Die Abfolge der bewegten Bilder wird oft von Geräuschen oder auch Dialogen begleitet – erstaunlicherweise sogar in den Träumen von Menschen, die von Geburt an gehörlos sind.

Im Zusammenhang mit verstorbenen Menschen, die uns nahestanden, wird über Kontakte berichtet, die vorwiegend noch offene Themen zwischen den Lebenden und den Toten beinhalten. Eine wissenschaftliche Erklärung für das Traumgeschehen abseits der Verarbeitung von Alltag und Emotionen fehlt bislang.

Traumtypen

Klassischer Traum

Verarbeitung des Alltags; die Handlung findet oft im Rahmen realer Lebenssituationen statt.

Archetypischer Traum

Symbolhafte Bilder: Fabelwesen, auch Götter können im Traum aktiv sein. Erfahrungen und Gefühle auf Seelenebene werden verarbeitet.

Hellsichtiger Traum

Symbolhafte bis konkrete Hinweise auf künftiges Geschehen; charakteristisch sind intensive Farben, Kontraste, Tiefenschärfe.

Albtraum

Angst und andere starke psychische wie physische Reaktionen auslösend, sehr real wirkend; ein Ventil für im Wachzustand vorhandene Ängste.

Luzider Traum/Klartraum

Die träumende Person ist sich bewusst, dass sie träumt und kann den Traum aktiv steuern und mitgestalten.

Wiederholungsträume

Geben meist Hinweise auf ein ungelöstes Problem oder Verhaftetsein in einer negativen Reaktionsspirale.

Tagtraum

Spielerische Auseinandersetzung mit dem Alltagsgeschehen in sehr entspanntem Wachzustand bis hin zu Ausflügen in die Fantasie.

Erinnerungen

Manchen Träumern fällt es leichter als anderen, sich an das nächtliche Geschehen zu erinnern. Überdurchschnittlich gut gelingt dies im allgemeinen Menschen, die visuell kreativ tätig sind, über eine rege Fantasie verfügen und Tagträume pflegen. Ähnlich wie im realen Leben bleiben vor allem aufregende, absurde, beeindruckende oder beängstigende, also stark von Emotionen (Kapitel 3.3) geprägte Erlebnisse im Bewusstsein hängen. Wissenschaftlich belegt ist, dass sich Frauen häufiger als Männer an Träume erinnern. Bei Kindern bis im Alter von rund 10 Jahren spielt das Geschlecht keine Rolle in Bezug auf die Häufigkeit von Traumerinnerungen. Wer sich für seine Träume interessiert, kann die Erinnerungsfähigkeit allein schon durch den Vorsatz, sich zu erinnern, markant steigern. Als Hilfsmittel nützlich sind Papier und Bleistift neben dem Bett oder ein Aufnahmegerät. Auch nach dem Aufwachen erst mal der Nacht etwas Aufmerksamkeit zu schenken, unterstützt das Erinnerungsvermögen.

Ein Grund, weshalb sich Träume im Allgemeinen nur bruchstückhaft ins Gedächtnis einprägen, dürfte sein, dass der Arbeitsspeicher unseres Kurzzeitgedächtnisses, der für die Bildung von Erinnerungen eine wichtige Rolle spielt, während des Schlafs kaum aktiv ist. Auch benötigt das Gehirn nach dem Aufwachen bis zu 15 Minuten, um seine volle Leistungsfähigkeit zu erreichen. Im Moment des Aufwachens, wenn der Traum noch eine gewisse Präsenz hat, ist das Gehirn noch nicht auf Arbeit eingestellt. Insofern überrascht es weniger, dass wir uns der nächtlichen Erlebnisse in der Regel nicht bewusst sind. Erstaunlich ist eher, dass sich ab und zu Träume in einer Klarheit und Präzision so tief in der Erinnerung verankern, dass sie noch Jahre später wiedergegeben werden können, als wäre der Traum gerade erst erlebt worden.

Traumarbeit

Dem Sinn und Zweck des Träumens nähert sich die Wissenschaft auf zwei Ebenen: der psychologischen und der neurologischen. Sigmund Freud (1856–1939) hoffte, im Traum den Königsweg zum Unbewussten (Kapitel 1.4) zu finden und war überzeugt: »Das Studium des Traumes dürfen wir als den zuverlässigsten Weg zur Erforschung der seelischen Tiefenvorgänge betrachten.« Sein Schweizer Kollege Carl Gustav Jung (1875–1961) sagte über den Zweck des Träumens: »Da das Bewusstsein allen möglichen äußeren Anziehungen und Ablenkungen ausgesetzt ist, lässt es sich leicht dazu verleiten, Wege zu gehen, die seiner Individualität fremd und nicht gemäß sind. Die allgemeine Funktion der Träume ist, solche Störungen des geistigen Gleichgewichts auszugleichen, in dem sie Inhalte komplementärer und kompensatorischer Art hervorbringen.«

Freud etablierte mit seinem 1899 erschienenen Buch »Die Traumdeutung« eine erste psychotherapeutische Behandlungsmethode. Das dort beschriebene Vorgehen, dass der Therapeut die Träume des Patienten deutet, weist jedoch Schwächen auf. Es ist ähnlich wie beim Placebo-Effekt: Die Meinung des Arztes hat Einfluss auf den Patienten. In der Psychoanalyse hat sich bei einem Vergleich gezeigt, dass Freuds Interpretationen bei seinen Patienten vermehrt sexuelle Träume zur Folge hatten, während Psychoanalysen nach Jung vermehrt mystische Träume auslösten. Das heißt, die Themen, auf welche die Analytiker selbst fokussiert waren, fanden Eingang ins Traumgeschehen ihrer Klienten und bestätigten dadurch wiederum die Ansichten der Therapeuten.

Die Tatsache, dass ein Therapeut den Einfluss seiner eigenen Persönlichkeit bei Interpretationen nicht vermeiden kann, hat in der professionellen Traumdeutung zu einem Wandel geführt. Heute wird der Patient aufgefordert und angeleitet, eigenständig Zusammenhänge zwischen der eigenen Lebensrealität und Traumwelt zu erarbeiten. So kann eine Ameise für den einen ein Symbol für unfreies Angepasstsein, für den anderen hingegen für konstruktive Zusammenarbeit sein. Welche Interpretation richtig ist, kann nur die betroffene Person selbst für sich erschließen. »Träume liefern ja niemals fertige Lösungen. Sie sind immer nur eine Anregung zum Weiterdenken«, betont der renommierte deutsche Traumforscher Michael Schredl. Und die Schweizer Psychotherapeutin Verena Kast empfiehlt: »Man sollte Träume nie nur in eine Richtung interpretieren, sonst werden sie furchtbar langweilig.«

Hirnforschung
Jenseits der psychologischen Interpretation ging die Wissenschaft lange vom Motto »Träume sind Schäume« aus. Noch in den 1970er-Jahren teilten viele Wissenschaftler die Meinung des amerikanischen Neurophysiologen Allan Hobson, Träume seien rein zufällige elektrische Entladungen des Gehirns. Lange Zeit hatte die Forschung am Credo festgehalten, dass Menschen ausschließlich auf äußere Reize reagieren. Experimente, auch im Rahmen von Isolation (Kapitel 4.2), haben jedoch deutlich gemacht, dass wir ohne äußere Reize ein besonders aktives Innenleben führen, das gelegentlich sogar als realer empfunden wird als unsere Wirklichkeit.

Inzwischen hat die Hirnforschung Licht ins Dunkel der Träume gebracht. »Wir wissen [...], dass im Traum vor allem diejenigen Bereiche aktiv sind, die für emotionales Empfinden, visuelle Wahrnehmung und Motorik zuständig sind«, erklärt Martin Dresler, Neurowissenschaftler am Donders Institut in den Niederlanden. Das limbische System, in dem Emotionen verarbeitet und auch generiert werden, ist im Traum aktiver als im Wachzustand, was erklärt, weshalb wir diesen Zustand emotional besonders intensiv erleben. Aktiviert sind auch alle für die Wahrnehmung zuständigen Hirnareale. Das sorgt dafür, dass sich Träumende im Raum orientieren oder einfache Verknüpfungen zwischen Sinnesreizen bilden können.

Weil beim Träumen die für Gedanken zuständigen Hirnaktivitäten weitgehend ruhen, wird der Zugriff aufs Unterbewusste erleichtert. Deutlich reduziert ist die Aktivität in jenem Teil der Hirnrinde, der für planerisches, logisches Handeln zuständig ist. Deshalb können Abläufe, die im Wachzustand als bizarr und unlogisch gewertet würden, im Traum als völlig normal erscheinen. Während des Schlafs entstehen in höherem Maße neuronale Verbindungen als im Wachzustand. Dies bekräftigt die Vermutung, dass das Gehirn während der Nacht eine

Art Reinigungsprozess durchläuft, in dem die tagsüber eingegangenen Informationen aussortiert oder an einem geeigneten Ort gespeichert werden, um so wieder Raum für neue Impulse und Verknüpfungen zu schaffen.

Schlafwandeln

Überraschen mag die Erkenntnis der Hirnforschung, dass im Traum auch alle für Bewegungen zuständigen Regionen des Gehirns aktiviert sind. Eine Muskelblockade sorgt während des Schlafs dafür, dass wir dennoch liegen bleiben und nicht im Schlafzimmer herumrennen, wenn wir vom Joggen träumen. Ein spezielles Phänomen ist diesbezüglich das Schlafwandeln. Es geschieht während der Tiefschlafphase mit offenen Augen, ausdruckslosen Gesichtszügen, unsicheren Bewegungsabläufen, ohne Bewusstsein. Schlafwandler – es sind vorwiegend Kinder im Alter von 5 bis 12 Jahren – kehren meistens selbst zurück ins Bett. Und sie können sich nach dem Erwachen nicht an ihre nächtliche Exkursion erinnern. Die Ursache dafür scheint bei Kindern eine Unreife des Zentralen Nervensystems zu sein, die sich meistens in der Pubertät »verwächst«. »Zieht [das Schlafwandeln] sich jedoch bis ins Erwachsenenalter hinein oder beginnt dort erst, sollte man einen Psychiater zu Rate ziehen. Denn dann weist das Schlafwandeln auf unverarbeitete psychosoziale Konflikte hin«, erklärt der deutsche Psychiater Volker Faust.

Angstträume

Durch den Nachweis, welche Hirnareale während des Träumens aktiviert sind, konnten psychologische Thesen bestätigt werden. Beispielsweise kommt eine Studie der Universität Genf zu dem Schluss, dass uns Angstträume befähigen, im Alltag gelassener mit furchterregenden Situationen umzugehen. Das Team um Lampros Perogamvros und Sophie Schwarz stellte fest, dass bei ihren Probanden jene Hirnareale, die während Angstträumen besonders erregt sind, bei einer späteren Präsentation von furchterregenden Bildern im Wachzustand weniger aktiviert wurden als bei Probanden, die keine Angstträume hatten. »Träume könnten ein Training für zukünftige Reaktionen sein und uns darauf vorbereiten, echten Gefahren und Bedrohungen zu begegnen«, resümiert Lampros Perogamvros. Die Aussage passt zur psychotherapeutischen Interpretation. Vermutlich sind gelegentliche Angstträume also Teil des Verarbeitungsprozesses im Umgang mit Angst. »Träume versuchen, emotionale Probleme zu lösen«, so die Schweizer Psychotherapeutin Verena Kast.

Doch Schlafforscher wie Psychologen sind sich einig, dass Personen, die regelmäßig von Albträumen gequält werden, fachmännische Betreuung suchen sollten. Bekannt ist, dass manche Blutdruckmedikamente oder Antidepressiva als unerwünschte Nebenwirkung die Albtraumquote steigern können. Auslöser für Albträume können auch erlebte oder verdrängte Traumata sein.

Bei der Behandlung von Albträumen wird dazu aufgefordert, den Traum schriftlich oder als Zeichnung festzuhalten und ein neues Element einzufügen, das den Albtraum entschärft – beispielsweise in einer bedrohlichen Situation eine Figur, welche die Bedrohung zurückweist. Die so deutlich positiv veränderte Situation wird dann im Wachzustand immer wieder ins Bewusstsein gerufen. Dieses Training unterstützt die Fähigkeit, die Traumszene im Schlaf aktiv und positiv zu beeinflussen.

Klarträume

Das Vorgehen im Umgang mit Albträumen trainiert die Fähigkeit, sich während des Traums vom Geschehen zu distanzieren. Das nächtliche Theater wird dann gleichzeitig als jene Person erlebt, welche träumt, wie auch als jene, die sich bewusst ist, dass sie träumt. Dieser Umstand erlaubt es Schlafenden, den Traum im Moment des Geschehens entscheidend mitzubestimmen – nicht nur die eigene Rolle, die sie im Traum spielen, sondern auch die Rollen der übrigen Figuren und die Umstände, in denen der Traum stattfindet. Diese spezielle Art des Träumens wird als Klartraum oder luzider Traum bezeichnet. Es brauchte allerdings seine Zeit, bis die Wissenschaft diese Art des Träumens anerkannte.

Der Sinologe und Traumforscher Marquis d'Hervey-Saint-Denys (1822–1892) veröffentlichte 1867 eine erste seriöse Arbeit über Klarträume. Den Ausdruck luzide Träume prägte Frederik van Eeden (1898–1912). Der niederländische Psychologe, Sozialreformer und Schriftsteller hatte ein »Nächtebuch« mit 352 Einträgen über Klarträume geführt. In der Wissenschaft blieb das Phänomen dennoch unbeachtet, es hieß gar, die Thesen über Klarträume seien absurd.

Ein Umdenken fand Ende der 1960er-Jahre statt, nachdem das Buch »Lucid Dreams« von Celia Green und fast gleichzeitig ein Aufsatz des amerikanischen Psychologen Charles Tart veröffentlicht wurden. Zu jenem Zeitpunkt war die Wissenschaft noch überzeugt, dass kurzes Aufwachen der Grund für das Phänomen sei. In den 1970er-Jahren konnten dann aber Pioniere wie die Psychologen Stephen LaBerge und Paul Tholey aufzeigen, dass Klarträume echte Träume sind. Der Nachweis gelang, weil mit Versuchspersonen vereinbart wurde, dass sie, sobald sie klarträumen, die Augen mehrmals willentlich nach rechts und nach links bewegen. Diese Bewegung unterscheidet sich deutlich von den üblichen REM-Bewegungen der Augen. Die Methode wird noch heute angewendet, wenn Versuchspersonen in Schlaflabors an Studien teilnehmen.

Die Traumforscherin Brigitte Holzinger nahm mit ihrem Team 2009 die Hirnströme von Klarträumern genauer ins Visier. »Wir fanden bei Probanden im Schlaflabor während luzider Träume eine vermehrte Aktivität im 40-Hertz-Bereich, also im Gamma-Band [Kapitel 2.5], und zwar hauptsächlich über dem Stirnhirn [Frontallappen]. Diese hochfrequenten Wellen begleiten üblicherweise die bewusste Konzentration auf einen Gegenstand«, erklärt die Wissenschaftlerin. Das Stirnhirn arbeitet also während des Klartraums ähnlich wie im Wachzustand, während es in normalen REM-Phasen inaktiv ist. Auf eine besondere Rolle des Stirnhirns in diesem Zusammenhang verweist außerdem die Tatsache, dass Kinder viel öfter luzide Träume haben als Erwachsene. Bei Kindern ist diese Hirnregion noch nicht so stark mit den sensorischen Arealen verknüpft wie bei Erwachsenen und insofern freier in seiner Aktivität.

Insgesamt ist der Anteil luzider Träume am Traumvolumen aller Menschen verhältnismäßig gering. Angaben über die Häufigkeit variieren je nach Umfrage: Etwa 50 bis 80 Prozent der Bevölkerung hatte schon einmal einen Klartraum im Leben. Ein Fünftel bis ein Drittel macht diese Erfahrung regelmäßig, mindestens einmal im Monat. Am Zentralinstitut für Seelische Gesundheit in Mannheim, welches eine dieser Umfragen in Auftrag gab, konnte zwischen der Häufigkeit von Klarträumen und spezifischen Charakterzügen kein signifikanter Zusammenhang ausgemacht werden. Trainiert wird Klarträumen in buddhistischen und schamanistischen Traditionen, um Achtsamkeit und Bewusstsein zu schulen. Der deutsche Psychologe und Sportwissenschaftler Daniel Erlacher erläutert: »Einzig Meditationserfahrung, gute Traumerinnerung und Offenheit für neue Erfahrungen führen zu einer größeren Wahrscheinlichkeit von luziden Träumen.« Erlacher promovierte in Heidelberg mit dem Thema »Motorisches Lernen im luziden Traum« und habilitierte mit der Arbeit »Sport, Schlaf und Traum«.

Erforscht und gefördert werden luzide Träume speziell im Training von Spitzensportlern. Sie lernen, während des Schlafs bewusst spezifische Bewegungen einzuüben und zu verfeinern, was das normale Training nicht ersetzt, aber hilfreich ergänzt. Da die Hirnareale, welche motorische

Abläufe lenken, nachts aktiv, doch die entsprechenden Körperfunktionen blockiert sind, können Abläufe geschult werden, ohne dass sich die träumende Person bewegt. Einen ähnlichen Effekt stellte der Neurowissenschaftler Alvaro Pascual-Leone am Beispiel des Klavierspiels fest, als er seine Probanden dieses in Gedanken üben ließ (Kapitel 3.4).

Manche Klarträumer können im Traum sogar ihren aktuellen Traum reflektieren und analysieren. Andere vermögen den Körper »zu verlassen« oder willentlich zu »fliegen« im gleichzeitigen Bewusstsein, dass der Körper sicher im Bett ruht. Antworten darauf, wie man sich im Körper befinden und ihn gleichzeitig verlassen oder fliegen kann (Kapitel 4.7), bietet die Wissenschaft bisher nicht. Ein Rätsel ist nach wie vor auch der Übergang vom Traum zum Nicht-Traum, ein Prozess, den selbst geübte Klarträumer äußerst selten bewusst nachvollziehen können.

4.4 TRANCE

Entspannte Konzentration

Gelegentlich fühlen wir uns dem Leben entrückt, obschon wir mittendrin sind – beispielsweise während einer langen Zugfahrt, wenn der Blick in der Landschaft versinkt, die Geräusche im Abteil in den Hintergrund treten und die Zeit an Bedeutung verliert. Auch wenn wir uns in eine kreative Beschäftigung vertiefen, kommt es durchaus vor, dass wir mehrmals angesprochen werden müssen, um voll ins Hier und Jetzt zurückzufinden. Vor allem Kindern ergeht es häufig so beim Spielen. Für solche als angenehm empfundene Formen des Entrücktseins, wenn wir voll und ganz in einer Tätigkeit aufgehen, prägte Mihály

Csíkszentmihályi, emeritierter Professor für Psychologie an der Universität Chicago, 1975 den Begriff »Flow«. Flow stellt sich ein, wenn wir einer Beschäftigung nachgehen, bei der uns wohl ist und die uns nicht zu viel abverlangt. Der Schlüssel zu Flow sei es, einer Aktivität ihrer selbst willen nachzugehen, nicht um irgendwas daraus gewinnen zu wollen, erklärt der Glücksforscher. Es sei ein Zustand, der mit einem beglückenden Entrücktsein vom aktuellen Tagesgeschehen einhergehe. »Eine der am meisten erwähnten Dimensionen des Flow-Erlebens ist, dass man währenddessen alle unangenehmen Aspekte des Lebens vergisst«, so Csíkszentmihályi.

Fokussierte Aufmerksamkeit

Flow kann ein Beispiel für eine leichtere Form der Trance sein. Der Übergang (lat. Transitus) in einen veränderten Bewusstseinszustand verläuft fließend. Flow und leichte Trance erleben wir immer mal wieder auf natürliche Weise. Sie zeichnen sich durch eine vorübergehende Einengung der Wahrnehmung und eine Fokussierung der Aufmerksamkeit aus. Geschieht dies in einem als positiv empfundenen Moment, ist Trance der Befindlichkeit zuträglich und zeichnet sich durch ein Gefühl der Entspannung aus.

Leichte Trance stellt sich gelegentlich aber auch ein, wenn sie unerwünscht ist. So wurde im Zuge der Automatisierung ab den 1950er-Jahren festgestellt, dass Mitarbeitende am Fließband unmöglich eine seriöse Qualitätskontrolle durchführen können, wenn das immer gleiche Objekt im stets gleichen zeitlichen Abstand transportiert wird. Unter solchen Voraussetzungen sind auszuführende Arbeiten stark fehleranfällig. Das Problem der Monotonie macht sich auch bei Fernfahrern bemerkbar, die beispielsweise stundenlang auf einer geraden Strecke mit wenig Gegenverkehr durch eine öde Landschaft fahren. In einer solchen Situation riskieren Fahrzeuglenker, dass sich in einem tranceähnlichen Zustand gar Pseudo-

halluzinationen (Kapitel 4.6) bemerkbar machen. Nicht zuletzt besteht die Gefahr, dass der Fahrer am Steuer einnickt – eine häufige Folge von Trance-Zuständen. In leichter Trance erlebt der Facharzt Hans Wehrli auch viele Patienten, wenn sie sich in einer Notsituation befinden, sich ausgeliefert, machtlos, verunsichert und ängstlich fühlen. »Die Absorption durch all diese Empfindungen, oft verbunden mit einem Abtauchen in die innere Welt, können ein Zeichen einer Trance sein«, so der Supervisor bei der Schweizer Ärztegesellschaft für Hypnose. In einer solchen Situation nimmt Hans Wehrli einige Besonderheiten zur Kenntnis: »Worte, auch aus einem beiläufig mitgehörten Gespräch, werden auf sich selbst bezogen. Vieles wird wörtlich verstanden, Negationen werden ausgeblendet. Das kritische Urteil ist aufgehoben. Der Bezug zur Realität und ihre Bewertung sind verändert. Anstelle von abstrakten Gedanken herrschen konkret bildliche Vorstellungen vor. Manchmal ist man auch in ein früheres Erlebnis zurückversetzt oder desorientiert.«

Trance ist nicht gleich Trance

Die Wissenschaft unterscheidet drei Intensitäten von Trance: leichte, mittlere und tiefe Trance. Analysen im Zusammenhang mit der gut erforschten Hypnose ergeben, dass neben der oben beschriebenen leichten Trance rund 10 Prozent aller Menschen auch den Zustand einer mittleren Trance selbständig einnehmen können. Als Auslöser sind bestimmte Rituale hilfreich. Unter Anleitung eines Hypnotiseurs kann mittlere Trance, die Voraussetzung für Hypnose ist (Kapitel 4.9), bei einer Mehrheit der Menschen ausgelöst werden. Die Erinnerung an das Erleben im Trance-Zustand kann willentlich initiiert oder auch ausgeschaltet werden.

Tiefe Trance ist ein Zustand, der nur wenigen Menschen und diesen nur in Ausnahmesituationen zugänglich ist, etwa unter Todesangst, aufgrund von extremen

Schmerzen oder einem massiven Entzug von Wasser, Nahrung oder Schlaf. Nur etwa 10 Prozent der Bevölkerung vermögen sich willentlich zu einem bestimmten Zeitpunkt in tiefe Trance zu begeben, diesen Zustand bewusst zu erleben und sich zu einem selbst gewählten Zeitpunkt wieder davon zu lösen. Zurück im Wachzustand können Erinnerungen an das Erlebte fehlen.

Warum sich die individuellen Möglichkeiten, sich in Trance zu begeben, relativ stark unterscheiden, kann die Wissenschaft bisher nicht abschließend erklären. Eine Grundvoraussetzung für die Trance-Tiefe ist aber zweifellos der Wunsch und die persönliche Absicht, sich in diesen Zustand hinzugeben.

Hannes Hempel differenzierte in seiner Dissertation »Trance-Induktion mit Musik und Visualisierungen im MRT« an der Universität Gießen 2009 zwischen drei Kategorien von Trance: hypnotische, schamanische und ekstatische. »Diese Arten unterscheiden sich bezüglich des Settings, in dem sie auftreten, der Induktionsmethode und ihrer spezifischen Merkmale«, schrieb der Naturwissenschaftler. Für Trance-Zustände, hervorgerufen durch Hypnosetechniken, wurden im Rahmen der Forschung verschiedene Fragebogeninstrumente entwickelt, welche erlauben, die Trance-Tiefe zu erfassen und zu bestimmen. »Bei der hypnotischen Trance werden eine oder mehrere Personen von einem Hypnotiseur in Trance versetzt. Dies geschieht mittels eines Rituals, welches sich Suggestionen bedient. Die Merkmale hypnotischer Trance sind automatisches Verhalten, Reaktionsverlangsamung, häufig auch Amnesie und durch Suggestionen hervorgerufene Empfindungslosigkeit, Lähmung oder das Ausführen posthypnotischer Aufträge«, so Hannes Hempel.

Ekstatische Trance ergibt sich vorwiegend in einem mystischen oder spirituellen Kontext. Ausgelöst wird der Zustand durch etablierte rituelle Handlungen, mit dem Ziel in Ekstase (Kapitel 4.5) zu gelangen. Die Anzahl der beteiligten Personen mag stark variieren. Ekstatische Trance kann sich unter Umständen wild und unkontrolliert äußern und von Amnesie begleitet sein.

Die gebürtige Ungarin Felicitas Goodman (1914–2005) erläutert in ihrem Buch »Ekstatische Trance: Rituelle Körperhaltungen – das Praxisbuch« wie die Rituale indigener Völker mit spezifischen Körperhaltungen und rhythmischer Stimulation durch Instrumente wie Trommel oder Rassel zusammenhängen. Die in den Vereinigten Staaten ausgebildete Anthropologin – eine Schülerin von Erika Bourguignon (Kapitel 4.13) – gründete Ende der 1970er-Jahre in New Mexiko ein erstes Institut zur Erforschung und Lehre von rituellen Körperhaltungen und ekstatischer Trance. »Durch die rituelle Körperhaltung und die damit verbundene Absicht kann man mit allen Sinnen zum ekstatischen Erleben kommen«, so Goodmann. Auslöser für ihre Forschung war ein Seminar, in dem sie gebeten wurde, die Studenten in Trance zu versetzen, was auch gelang. Doch deren visuelle und auditive Wahrnehmungen schienen ziemlich willkürlich, was Goodmann überraschte, da eine Analyse von 488 nichtwestlichen Kleingesellschaften ergeben hatte, dass Trance anlässlich von Ritualen in 92 Prozent religiöses Erleben auslöst. In der Folge lenkte die Anthropologin ihre Aufmerksamkeit auf Körperhaltungen und wies deren Bedeutung für die Art des Erlebens während der Trance nach.

Ekstatische und schamanische Trancen werden oft durch den Konsum von Drogen (Kapitel 4.10) gefördert. Schamanische Trance ist vorwiegend Teil eines Heilrituals und wird bewusst von der ritualführenden Person induziert. Sie behält üblicherweise jederzeit die Kontrolle über das Geschehen, es sei denn, sie überlässt ihren Körper und ihr Bewusstsein vorübergehend und willentlich der Besetzung durch andere Kräfte wie einem Geistwesen oder Krafttier, wobei sie diesen Zustand auch wieder selbstbestimmt beenden kann. Hannes Hempel verweist auch auf die Bedeutung der Kommunikation mit Geistern oder Toten: »Durch diese Kommunikation sollen Informationen gewonnen werden, die zur Heilung oder zur Erlangung spezieller Kräfte genutzt werden können. Eine Variante der schamanischen Trance ist die mediumistische Trance, in der eine Person in Trance versetzt wird, um als Mittler zur Geisterwelt zu fungieren.« (Kapitel 4.12)

Ein spezielles Phänomen religiöser Trance ist Glossolalie, »Sprechen in Zungen«. Beginnen Menschen im Zustand der Trance zu reden oder zu singen, verändert sich ihr stimmlicher Ausdruck auf charakteristische Weise und bringt eine rhythmische, wie ein Versmaß pulsierende Vokalisation hervor, die nicht deutbar ist. Felicitas Goodman machte in verschiedenen Kulturen mit unterschiedlichen Muttersprachen Tonbandaufnahmen davon: Dabei zeigte sich bei allen Aufnahmen ein einheitlich zugrunde liegendes Sprechmuster. Die Intonation, die Satzbetonung, die für jeden Bewusstseinszustand eine andere Kurve ergibt, war gesetzmäßig gleich bei allen Sprechern in Zungen.

Körperveränderungen

In leichter Trance unterscheiden sich Wahrnehmung, Körperfunktionen und Hirnströme nur leicht vom normalen Wachzustand. Ähnlich wie im Schlaf oder in der Meditation bietet leichte Trance dem Körper und dem Gehirn Gelegenheit, das Programm herunterzufahren, sich zu regenerieren, Boten- und Nährstoffe neu zu laden und neuronale Verbindungen neu zu verknüpfen.

Im Übergang in eine tiefere Trance werden teilweise körperliche Reaktionen beobachtet: etwa Zuckungen, Veränderung der Stimmlage, Muskelverkrampfungen, Hitze- oder Kälteempfindungen, teilweise auch stereotype oder repetitive Bewegungen. Mit zunehmender Tiefe der Trance reduziert sich die Sensibilität der nach außen gerichteten Sinnesorgane, und auch lebensnotwendige Funktionen des Körpers werden heruntergefahren: Atem- und Herzfrequenz, Blutdruck, Puls, Hormone und Reflexe.

Ein Pionier, der in gewisser Weise eine Formel zur Erzeugung von Trance fand, war der ursprüngliche Skeptiker James Braid (1795–1860). Der britische Augenspezialist nahm in den frühen 1840er-Jahren an einer öffentlichen Darbietung des Pariser Hypnotiseurs Lafontaine teil, weil er überzeugt war, dessen Schwindel entlarven zu können. Doch dann beobachtete Braid bei den Probanden ein Lidflattern, das stets vor Eintreten des Trance-Zustandes augenfällig wurde. Der renommierte britische Arzt wusste, dass ein solches Zittern der Lider nicht willentlich über längere Zeit auftreten kann. Er etablierte in der Folge eine Methode, die es ermöglichte, den Trance-Zustand objektiv zu reproduzieren. Auch wies er als erster nach, dass der Wille der Probanden, sich in diesen Zustand zu begeben, eine wichtige Voraussetzung dafür ist. Zudem etablierte Braid erste Methoden zur Selbsthypnose.

Mit der Trance-Tiefe einher geht ein Anstieg der Aktivitäten in den visuellen und auditiven Kortexarealen. Die Deutsche Gesellschaft für Hypnose und Hypnotherapie schreibt auf ihrer Homepage: »Trance-Induktion führt zu einem intensiveren Farberleben; die PET-Ergebnisse zeigen eine erhöhte neuronale Aktivität im Sehzentrum und korrelieren mit dem Grad der subjektiv empfundenen Entspannung.« Viele Probanden berichten in der Tat von einem intensiven Farb- und Bildgefühl während der Trance. Neurologische Studien zeigen zudem eine Überlappung mit Schaltkreisen, denen eine bedeutende Funktion im Aufmerksamkeitssystem und in der impliziten Informationsverarbeitung zukommt.

Während der Trance gemessene Hirnfrequenzen (Kapitel 2.5) ergeben keine einheitlichen Resultate, was daran liegt, dass es eben nicht den einen Trance-Zustand gibt. Für neurologische Studien ist es deshalb wichtig, dass der Trance-Zustand unter Laborbedingungen eingenommen werden kann. Zu diesem Zweck bewähren sich Versuchspersonen, die sich durch Stimulation mit Musik und Visualisierungen in Trance begeben können, weil der Zustand unter diesen Umständen mittels Magnetresonanztomografie gemessen werden kann.

Im entspannten Zustand leichter Trance produziert das Gehirn typischerweise Alpha-Frequenzen. In leichter bis mittlerer Trance bleibt der Geist hellwach und fokussiert. Typischerweise werden im EGG Theta-Wellen angezeigt. Reduziert sind die Aktivitäten im präfrontalen Kortex (Kapitel 2.2) und somit die üblichen Filter des Bewusstseins wie das Bedürfnis, die Realität zu überprüfen oder die Logik aufrechtzuerhalten. Kritikfähigkeit, analytisches Denken und Reaktionsfähigkeit sind eingeschränkt, dafür fällt der Zugang zum Unbewussten leichter. Dies schafft Raum für Kreativität, Assoziationen und mentale Prozesse und verstärkt die Empfänglichkeit für Suggestionen.

Bei ekstatischer Trance werden überdurchschnittliche Impulse des Nervensystems beobachtet, bis hin zur Hyperstimulation. Das Gehirn arbeitet dann auf einem höheren Energielevel als im Wachzustand. Die linken und rechten Hirnhälften synchronisieren sich und arbeiten in der Folge eng zusammen. Während des Erlebens lässt sich derselbe Effekt wie beim Träumen (Kapitel 4.3) nachweisen: Auch wenn Handlungen nicht ausgeführt werden, sind dieselben neuronalen Erregungsmuster aktiv wie beim tatsächlich Erlebten. »Die Person macht also in Trance wirkliche und nachhaltig verändernde Erfahrungen«, fasst der deutsche Psychologe und Coach für Leistungssport, Wilhelm Gerl, zusammen.

Erleben

Trotz nachweislich verminderter Wahrnehmung von äußeren Reizen berichten viele Menschen, dass sie während der Trance über eine verbesserte Wahrnehmung beziehungsweise Vorstellungskraft bezüglich des Erlebens von Sinneseindrücken verfügen. Wie im Traum können Emotionen stark ge- und erlebt werden. Außerdem ist das Zeitgefühl oft verändert. Manche Probanden berichten über außerkörperliche Erfahrungen. Felicitas Goodman hält fest: »Ein in der Trance wahrgenommenes Wesen oder Bild wird nicht als Innenwahrnehmung, sondern stets als transpersonales Erlebnis berichtet, wo das Bewusstsein oder die Wahrnehmung über die gewöhnlichen Ich-Grenzen hinaus erweitert ist und wo außerdem die Schranken von Raum und Zeit überschritten werden.«

Wer geübt ist im Umgang mit Trancen, vermag unter Umständen sein Bewusstsein ähnlich wie in Klarträumen erleben (Kapitel 4.3).

Professionell hervorgerufene Trance wird stets durch ein spezifisches Zeichen beendet. Das kann ein Schnippen mit dem Finger sein, das Verstummen des Trommelwirbels oder ein anderes vereinbartes Zeichen. Ohne bewusstes Auflösen der Trance kann die betroffene Person in Schlaf fallen oder aus dem Trancezustand heraus allmählich in den Wachzustand zurückfinden. Je nachdem, was mit der Trance bezweckt wurde, kann es aber problematisch sein, wenn der Zustand nicht bewusst aufgelöst wird.

4.5 EKSTASE

Schimmer des Unaussprechlichen

Es heißt, Ekstase sei ein extremer Zustand, der nicht in Worte zu fassen ist. Dennoch gibt es viele Wörter zur Umschreibung dieser außergewöhnlichen Erfahrung. Der aus dem Griechischen stammende Begriff bedeutet *aus sich heraustreten* und umschreibt eine rauschhaft gesteigerte

Trance, in der die mentale und physische Kontrolle in einer Weise entzogen ist, die als beglückend empfunden wird. Erfahrungsberichte besagen, Ekstase sei großartig, extrem, einzigartig, mystisch. In der Ekstase gibt es nur das Jetzt in endloser Grenzenlosigkeit und inniger Verbundenheit mit der eigenen Existenz und jener allen Lebens. Die Empfindungen sind extrem, intensiv, berührend, durchdringend, wirken gleichzeitig vertraut und lösen Staunen aus. Der Mensch in Ekstase ist entrückt und zerfließt in absoluter Hingabe. Dieses Erleben von voll umfassender Liebe, Seligkeit, Euphorie und Verzückung wird als göttlich, schöpferisch, kraftvoll, intuitiv, still und völlig real beschrieben. Über das Geschehen besteht persönliche Gewissheit, obschon Ekstase auf intuitiver, nicht rationaler Basis stattfindet.

Gezielt gesucht wird Ekstase traditionell in religiösen, mystischen und spirituellen Praktiken, um »mit dem Göttlichen zu verschmelzen«. In der schamanischen Tradition wird der Zustand auch dazu genutzt, den eigenen Körper vorübergehend willentlich einem Geist, einem Gott, einem Tier, einer Seele zur Verfügung zu stellen, damit diese durch den Menschen wirke (Kapitel 4.13). Im Zustand der Ekstase kann der Geist den Körper vorübergehend verlassen, um sich an andere Örtlichkeiten, in andere Realitäten zu begeben. Man spricht dann von einer außerkörperlichen Erfahrung (Kapitel 4.7).

Ausgelöst wird Ekstase durch unterschiedliche Methoden zur Veränderung des Bewusstseins, etwa durch Askese, Meditation, Atemtechniken, psychoaktive Substanzen, Riten und Rituale. Weltweit praktiziert wird, um in andere Sphären zu gleiten, die Hingabe an Musik und Tanz. In gewissen religiösen oder mystischen Praktiken, so beim hinduistischen Tantra, bei gewissen Riten des christlichen Exorzismus oder bei der Göttervermählung im Voodoo kann dies auch mittels Sexualität geschehen. Auslöser können auch unangenehme Extremsituationen

sein, zum Beispiel Schmerz, Krankheit, Isolation oder Todesangst – oder sie entsteht spontan und ohne Absicht. Es ist ein Zustand, den man nicht auf Knopfdruck auslösen kann und der an keine Methode gebunden ist: Ekstase geschieht oder geschieht nicht.

Ekstase als Grundtrieb

Der amerikanische Psychologe Abraham Harold Maslow (1908–1970) sagte über solche Grenzerfahrungen: »Da das ganze Sein wahrgenommen wird, gelten alle jene Gesetze, die gültig wären, wenn der ganze Kosmos auf einmal erfasst werden könnte.« Diese Wahrnehmung steht in schroffem Gegensatz zur normalen Wahrnehmung. Der Begründer der Humanistischen Psychologie prägte Ende der 1960er-Jahren den Begriff «Peak Experience«, also Gipfelerfahrung. Psychoaktive Substanzen (Kapitel 4.10) hatten zu jener Zeit einen Hype ausgelöst und das Bewusstsein als Teil des Spektrums menschlicher Erfahrung ins Interesse der Wissenschaft gerückt. Die Humanistische Psychologie geht davon aus, dass Ekstase ein elementarer Aspekt der menschlichen Existenz ist und das Überschreiten der individuellen Persönlichkeit durch Gipfelerfahrungen einem Trieb entspricht, vergleichbar mit dem sich fortzupflanzen oder sich selbst zu erhalten. Es sei jener Aspekt, der danach frage, wer wir sind und weshalb wir sind, der nach Wahrhaftigkeit strebe, nach größtmöglicher Unabhängigkeit von Prägungen und Einschränkungen durch die eigene Persönlichkeit. Diese Entfaltungskraft wird gar als die eigentliche Triebfeder der Evolution gesehen. Vertreter der Humanistischen Psychologie sind überzeugt, dass dieser Trieb in jedem Menschen vorhanden sei, wenn auch in unterschiedlicher Ausprägung.

Der österreichische Neurologe und Psychiater Viktor Frankl (1905–1997) argumentierte, dass eine nachhaltige Frustration im Bedürfnis nach Sinnbefriedigung die Basis für neurotische Störungen wie Burn-out, Depression, Sucht, Apathie und ähnliche Erkrankungen sei. »Wer um einen Sinn seines Lebens weiß, dem verhilft dieses Bewusstsein mehr als alles andere dazu, äußere Schwierigkeiten und innere Beschwerden zu überwinden«, so Frankl. Ihm zufolge setzt sich das menschliche Dasein neben einer physischen und psychischen Dimension aus einer geistigen zusammen, die an sich immun gegen Erkrankungen sei. Die aus diesem Gedankengut heraus entwickelte Logotherapie und Existenzanalyse setzen auf inspirierende, kreative Energien. Im Nachhall eines Ekstase-Erlebens werden demnach der freie Wille, die Sinnhaftigkeit des eigenen Lebens wie auch die Empathie als gesteigert erlebt. Die Logotherapie ist in Amerika als wissenschaftlich fundierte Psychotherapie-Richtung anerkannt. 27 Universitäten in aller Welt haben dem Begründer einen Ehrendoktortitel verliehen.

Die Datensammlung über Folgen von ekstatischen Zuständen weist in der Tat darauf hin, dass Ekstase wichtige Veränderungen im Leben auslöst und die eigenen Werte und Perspektiven verändert. Dies geschieht im Allgemeinen unbewusst, als natürliche Folge der Erfahrung. Die koreanische Schamanin Hiah Park (Kapitel 4.14) durchlief vor ihrer Initiation einen mehrjährigen Prozess, für den unter anderem Ekstase ausschlaggebend war. Sie sagt über den Zustand: »Ekstase ist auch eine Flamme, die im Herzen aus dem Sehnen heraus entsteht, die Wahrheit (Gott) zu schauen und eins mit ihr zu werden. […] Die Reise der Ekstase verhilft dem menschlichen Geist und Verstand zu der Fähigkeit, einen höheren Seinszustand voller Freude zu erforschen, zu entdecken und zu erreichen. Und sie hilft uns dabei, die Kunst der göttlichen Energie zu verstehen.« Es scheint, dass dieser Zustand nicht allen zugänglich ist. Vermutet wird ein Zusammenhang zwischen der Fähigkeit, im normalen Alltag über sich hinaus zu wachsen und sich verwirklichen zu können. Diese charakteristische Grundstruktur wird auch als eine Erklärung in Betracht gezogen, weshalb manche Menschen aus sozial und emotional schlecht gestellten Familien befähigt sind, trotz misslicher Umstände ein außerordentlich glückliches und erfolgreiches Leben zu realisieren. Sie verfügen über die Fähigkeit, in spezifischen Situationen wie ein Stern am Himmel aufzuleuchten.

Ungewöhnlich, aber normal

Ekstase ist ein Zustand, der sich heutzutage wissenschaftlich messen und beobachten lässt und als eine grundlegende Erfahrung im menschlichen Dasein anerkannt wird. Der Zustand ist an zahlreichen Universitäten ein Aspekt der Forschung. So wurde beispielsweise 2008 von der Medizinischen Hochschule Hannover ein internationaler Kongress organisiert, der sich ausschließlich diesem Thema widmete; die Universität Graz organisierte dazu 2014/2015 eine umfangreiche Serie an Ringvorlesungen.

Wie bei der Trance zeigen sich bei der Messung von Hirnfrequenzen während der Ekstase keine einheitlichen Resultate. Die Hirnaktivitäten weisen aber frappierende Ähnlichkeiten mit Zuständen auf, welche durch Halluzinogene ausgelöst werden (Kapitel 4.10). In beiden Fällen lassen sich neuronale Ereignisse beobachten, die zwar ungewöhnlich sind, aber noch im Bereich der normalen Hirnfunktionen liegen.

Obschon es sich um ein sehr persönliches Erlebnis handelt, deuten weltweite Studien an, dass Ekstase im Kern ähnlich erlebt wird. Immer wieder wurde berichtet, dass sich auf dem Weg in die Ekstase körperlich ein Gefühl der Schwere bemerkbar machen kann, das die Bewegungsfähigkeit einschränken oder gar zu blockieren vermag. Der biochemische Haushalt verändert sich, wobei der Botenstoff Dopamin (Kapitel 2.4) eine wesentliche Rolle spielt. Oft gipfelt die Erfahrung in enormer Energie, was sich durch starke Erregung, veränderte Atmung,

Gänsehaut, Hitzegefühle, Schwitzen, Zittern, Zucken oder Vibrieren äußern kann.

Herausragende Kicks

Ekstase ist nicht für alle Menschen gleichermaßen zugänglich. Zahlreiche Umfragen im Rahmen wissenschaftlicher Studien lassen den Schluss zu, dass maximal 30 bis 40 Prozent der Menschen irgendwann im Leben einen derartigen Zustand erleben. Der Drang nach Gipfelerfahrung ist dennoch eine Kernmotivation für zahlreiche Tätigkeiten. Beim Sport etwa im Streben nach der Überwindung körperlicher Grenzen und der Erfahrung von Einheit, zum Beispiel beim Bergsteigen mit dem Felsen oder beim Tennis mit dem Racket. Die Suche nach Grenzerfahrungen zeigt sich auch in Freizeitaktivitäten wie Bungee-Jumping, Tauchen oder Rafting. In Diskotheken versuchen einige Besucher durch Drogenkonsum ein intensiveres Erleben der Sound- und Lichteffekte herbeizuführen. In sogenannten »Spaßgesellschaften« nehmen die Möglichkeiten, eine Gipfelerfahrung zu machen, stetig zu. Durch die gesellschaftliche Akzeptanz können Extremsituationen heute von vielen bewusst gesucht und erlebt werden. Gipfelerfahrungen sind zwar nicht gleichzusetzen mit Ekstase. Aber sie geben uns einen Eindruck davon, die eigenen Grenzen sprengen zu können.

Gemeinschaftserlebnisse

In traditionell lebenden Gesellschaften sind Gipfelerlebnisse in der Regel an gewisse Feste oder Rituale gebunden. Der Weg in die Ekstase wird im mystisch-religiösen Rahmen oft von der Gruppe gestützt. In der Regel nimmt die Leitfigur die Ekstase als Ausdruck von höchstem Bewusstsein für sich selbst in Anspruch, während der Gruppe die Euphorie vorbehalten ist.

In modernen Gesellschaften ist Ekstase eher selten das Ziel eines Gemeinschaftserlebnisses. Doch die Gruppendynamik wirkt ebenso bei Fußballspielen, Partys und

Konzerten. Yvonne Niekren, Soziologin an der Universität Rostock, befasste sich 2004 mit »rauschhaften Vergemeinschaftungen«. In ihrer Studie zum rheinischen Straßenkarneval stellte sie fest, dass unter den Teilnehmenden ein Zusammengehörigkeitsgefühl entsteht: »[...] ihre Emotionskontrolle ist ebenso verändert wie ihr soziales Handeln, das alltägliche Konventionen hinter sich lässt.« Ein auffälliges Merkmal von solchen außeralltäglichen Situationen sei gleichzeitig ihr stark reglementierter, fast schon ritueller Charakter: »Anfang und Ende des Feierns, der genaue zeitliche Ablauf, die Verkleidungen, der Fundus an Liedern, die man singt – diese Dinge geben dem scheinbar so hemmungslosen Rausch ein recht enges Schema vor. Das gilt für den Karneval ebenso wie etwa für das Fanverhalten im Fußballstadion.«

Die Wertung von Euphorie und Ekstase ist wie jene von starken Gefühlen zwiespältig. Einerseits wird das Bedürfnis danach als menschlich verstanden und es gibt keine Zweifel, dass das Erleben enorm positiv auf jeden Einzelnen und die Gruppe wirken kann. Andererseits mag das Entrücken aus den im Alltag geltenden Normen und Konventionen ausufern. Rückblickend erachtet der Marburger Soziologe Markus Schroer diesen Umstand als einen wesentlichen Auslöser für die Reformation: »Der Protestantismus hat einen gehörigen Anteil an dem Versuch der Austreibung des Rausches aus dem Alltag. Askese statt Genuss, rastlose Tätigkeit statt rücksichtsloser Verausgabung stehen hier auf dem Programm. [...] Dahinter steckt auch immer die Angst vor dem Körper und seinem Eigenleben. Die Angst vor dem Kontrollverlust. Die Angst vor den animalischen Anteilen, die im Menschen schlummern und im Rausch zum Ausdruck gelangen könnten, was unbedingt zu verhindern versucht wird.« Es braucht viel Aufwand, um der berauschenden Wirkung von kollektiven Aufmärschen, die heutzutage oft bei Fussballspielen und Kundgebungen an Demonstrationen zu beobachten sind, Einhalt zu gebieten. Die Dynamik der Masse, die Energie aus der Gleichschaltung von Gesten und Worten ist machtvoll und deshalb auch nicht jedem geheuer.

Suchtgefahr

Egal, ob Ekstase als Individuum erlebt wird oder in der Euphorie in der Gruppe: Das Erlebnis ist eindrücklich. »Etwas ›wie im Rausch‹ zu tun meint, dass es nicht um die Ausführung eines Plans, um die rationale Umsetzung eines Handlungsziels geht, sondern um eine wie in Trance vollzogene Aktivität, die sich der Kontrolle unseres Bewusstseins weitgehend entzieht, von der wir oft kaum genug bekommen können und die somit Suchtcharakter annehmen kann«, so der deutsche Soziologe Markus Schroer. Die Sehnsucht nach Ekstase vermag unter Umständen ein Verlangen nach Wiederholung und Steigerung auslösen, das zum Missbrauch von Drogen, Sexualität, Sport, Gewalt oder Askese führen kann.

4.6 HALLUZINATION

Wahrnehmen, was für andere nicht ist

Hat eben das Telefon geklingelt? Warum ist kein Anruf registriert? Sind das Schatten oder Gestalten, die sich bei der Autofahrt durch Nacht und Nebel zeigen, beim Näherkommen aber in Luft auflösen? Derartige Wahrnehmungstäuschungen kann man leicht als solche erkennen und locker wegstecken. Sie werden als Illusionen oder Pseudohalluzination bezeichnet. Die Übergänge zu echten Halluzinationen, also Wahrnehmungen, die uns selbst nachhaltig real erscheinen, jedoch für andere nicht erkennbar sind, sind fließend. Der Begriff Halluzination ist von dem lateinischen *(h)al(l)ucinatio*, »gedankenlose Reden, Träumerei« abgeleitet.

Auslöser

Der Schweizer Chemiker Albert Hofmann sagte über Halluzinationen, die durch LSD ausgelöst werden: »Es können kristallene Landschaften auftauchen, mit Juwelen bedeckte Goldberge, geometrische Figuren, Blumen, Vögel, Schmetterlinge und farbige Springbrunnen. Dies geht oft in lebendige Szenen über mit Tieren, Dingen, Menschen und Stimmen aus der frühen Kindheit – und man erlebt häufig Ereignisse aus der Vergangenheit noch einmal.« Halluzinationen können abgesehen von Drogen (Kapitel 4.10) auch durch den Entzug von Sinnesreizen in Isolation, im Schlaf, während der Meditation und aufgrund von weiteren veränderten Bewusstseinszuständen auftreten. In fortgeschrittenem Alter werden Halluzinationen vermehrt festgestellt, wenn die Schwerhörigkeit stark zunimmt beziehungsweise die Sehfähigkeit massiv abnimmt. »Manchmal reicht es schon, wenn jemand sehr oft allein ist. Wenn ein Mensch sozial isoliert ist oder unter Reizentzug leidet, hat er mit großer Wahrscheinlichkeit nach einer Weile Halluzinationen«, sagt der Hamburger Psychologieprofessor und Autor Erich Kasten. Speziell in der Pflege stelle sich die Frage nach dem Umgang mit halluzinierenden Patienten: »Ich hatte mal eine demente Patientin, die sah Köpfe auf ihrem Bett und weigerte sich dementsprechend, abends ins Bett zu gehen. Das war eine visuelle Halluzination. Ausreden konnte man ihr die Köpfe nicht. Es funktionierte aber, sie ins Bett zu bringen, wenn man ihr dabei half, die Köpfe auf ein Tablett zu legen und zum Mülleimer zu transportieren. Danach konnte sie schlafen gehen. Leider wiederholte sich das Theater am nächsten Tag wieder.« Sollten derartige Halluzinationen dem Frieden zuliebe akzeptiert werden?

Die Frage lässt sich nicht eindeutig beantworten und dürfte vor allem abhängig sein von der Befindlichkeit, die sich durch vermeintliche Anerkennung oder Negierung der Halluzination für die betreute und die betreuende Person ergibt.

»In unserer zu sehr bewusstseinszentrierten Welt wird imaginäres Erleben leider meist pathologisiert«, konstatierte der Professor für Nervenheilkunde Michael Schmidt-Degenhard (1953–2020). »Eine Psychose ist eine schwere, leidvolle Krankheit, aber sie birgt auch Positives, Kreatives. [...] Diese Seite ignorieren wir«. Erst in den letzten Jahren hat sich in der Psychiatrie die Erkenntnis durchgesetzt, dass Halluzinationen nicht zwingend Ausdruck einer psychischen Erkrankung sein müssen. In psychiatrischen Krankenhäusern sind die Ärzte vorwiegend mit Halluzinationen konfrontiert, die als störend empfunden werden. »Als krankhaft diagnostiziert werden Halluzinationen vorwiegend im Zusammenhang mit Schizophrenie und teilweise bei weiteren seelischen Erkrankungen wie schweren Depressionen, Alkoholismus oder Kokainsucht«, erklärt Erich Kasten. Auslöser können außerdem körperliche Erkrankungen sein, etwa Parkinson, Alzheimer, hohes Fieber, Migräneattacken oder Schlaganfall. Vorübergehende Trugwahrnehmungen sind zudem feststellbar als Begleiterscheinung eines Hirntumors, bei einer Demenz, bei Bluterkrankungen oder infolge eines Vitamin-B12-Mangels. »Auch hochgradiger Stress, Schlafentzug oder sogar Liebeskummer können dazu führen«, so Kasten.

Harald Prüß, Neurologe an der Charité Berlin, erforscht, wie Halluzinationen und Psychosen durch Viren oder Bakterien, die Gehirnentzündungen verursachen, entstehen. Er stellte auch fest, dass bestimmte Autoimmunerkrankungen, die den eigenen Organismus angreifen, Nervenzellen zerstören und damit Symptome einer Schizophrenie auslösen können. Diese Erkenntnis ist relativ jung und legt die Vermutung nahe, dass etliche Patienten als psychisch Kranke behandelt werden, obwohl sie eigentlich unter einer Entzündung des Gehirns leiden. »Um solche Fehlinterpretationen zu vermeiden, wird empfohlen, bei frisch auftretenden Halluzinationen zunächst das Blut oder Hirnwasser der Patienten zu untersuchen«, so Prüß.

Erleben

Beteiligt an Halluzinationen können einzelne, kombinierte oder auch alle Sinne sein. Halluzinierende können also beispielsweise nur etwas riechen oder auch gleichzeitig hören, schmecken, sehen oder fühlen, obwohl objektiv keine Reize vorhanden sind. Das Erleben von Halluzinationen wird aktuell von Wissenschaftlern als Sinnestäuschung deklariert. Doch die Betroffenen selbst verstehen ihr Erleben als real und wahrhaftig, nicht selten sogar als intensiver als in ihrer alltäglichen Realität. In der Konsequenz wirken sich die Halluzinationen in den meisten Fällen konkret auf das Leben der betroffenen Personen aus: Aufgrund des halluzinativen Erlebens verändert sich ihr Weltbild und dadurch auch ihr Verhalten und Fühlen.

»Das Verrückte ist, Psychotiker leiden unter ihren Halluzinationen und schlucken teure Medikamente, um sie loszuwerden, andere geben Geld für Drogen aus, um welche zu bekommen«, sagt Erich Kasten. Werden Halluzinationen als positiv empfunden, spricht man in religiösem Kontext auch von Visionen. Am anderen Ende der Skala stehen albtraumhafte Erlebnisse. Emotional können Halluzinationen sowohl mit Gefühlen wie Misstrauen, Bedrohung und Todesangst einhergehen, als auch mit Euphorie und außerordentlichen Glücksgefühlen. Wie eine Halluzination erlebt wird, ist wie jeder andere veränderte Bewusstseinszustand abhängig von der physischen und psychischen Verfassung sowie vom Inhalt. Unter guten Voraussetzungen werden Halluzinationen als erfreuliche, bereichernde und erhellende Erfahrung verstanden. Manche Menschen nutzen Vorstufen der Halluzination, etwa mittels gelenkter Fantasiereisen, um im Wachbewusstsein auf innere Bilder zu achten oder auch um willentlich welche zu kreieren. Sie können dann überwältigend real erscheinen. Nicht selten sind es fantasiereiche und schöpferische Menschen, die solche Erlebnisse bewusst fördern. Manche Künstler sehen oder hören gar ihr Werk in einer Form von Halluzination, bevor es umgesetzt ist. Auch Hildegard von Bingen, Jeanne d'Arc, Franz von Assisi, Gotthold Ephraim Lessing und Rainer Maria Rilke sollen mit Halluzinationen gelebt und gearbeitet haben, teils gibt es schriftliche Berichte dazu. Heutzutage gibt es Vereine, in denen sich Menschen treffen, die Stimmen hören und ansonsten ein normales Leben führen. Der britische Neurologe und Autor Oliver Sacks (1933–2015) warf in seinem Buch »Drachen, Doppelgänger und Dämonen: Über Menschen mit Halluzinationen« die Frage auf, ob Halluzinationen womöglich den Ursprung unserer Kunst, Folklore und Religion bildeten, und verwies unter anderem auf die Geschichten von Edgar Allen Poe.

Belastende Wahrnehmungen

Als beängstigend, störend, bedrohlich werden Halluzinationen insbesondere dann empfunden, wenn sie unerwartet auftreten oder unter Umständen, die ohnehin schon als schwierig empfunden werden.

Werden akustische Halluzinationen im Zusammenhang mit einer Erkrankung diagnostiziert, sind meist Stimmen im Spiel, die als dominant, autoritär, angsteinflößend empfunden werden. Sie stören dann oftmals die eigenen Gedanken, indem sie reinreden, Befehle oder Wertungen von sich geben. Es kann auch vorkommen, dass die gehörten Stimmen als charmant, witzig, unterhaltsam oder lehrreich empfunden werden; gelegentlich entstehen sogar Dialoge. Die Quelle der Stimmen kann ganz unterschiedlich sein, sie können aus Wänden oder Wolken, aus dem eigenen Blut oder einem anderen Körperteil heraus sprechen. Seltener als Stimmen werden Geräusche gehört, etwa das Rauschen von Wasser oder ein Knacken. Wichtig zu unterscheiden ist, dass die bei Tinnitus auftretenden Ohrgeräusche wie das bekannte Pfeifen nicht auf einer Halluzination, sondern auf einer Erkrankung des Ohrs beruhen.

Im optischen Bereich gibt es ebenfalls eine große Bandbreite von Wahrnehmungen: Lichter, Blitze oder Farben, geometrische Muster, mehr oder weniger deutliche Gestalten, ganze Szenen, detaillierte Bilder, statisch oder bewegt, in Farbe oder schwarzweiß. Wie im Traum können sich Bilder und Szenen in absurder Folge zusammensetzen oder in einigermaßen logischer Abfolge erlebt werden. Ebenfalls traumähnlich können Sequenzen aus kürzlich oder vor langer Zeit Erlebtem eine Rolle spielen.

Fast ausschließlich als problematisch protokolliert werden Trugwahrnehmungen des Tastsinns: etwa »Ameisen unter der Haut« oder sogenannte Leibhalluzinationen wie das Empfinden, der eigene Körper verbrenne, sei ausgetrocknet, ausgehöhlt, verstopft, zerrissen, aufgebläht oder sogar tot und von Maden zerfressen. Körperbetonte Halluzinationen können aber auch einhergehen mit ekstatischen Zuständen wie der Verschmelzung mit Licht, ein Erleben, das unter anderem im Zusammenhang mit Todesnähe (Kapitel 4.19) berichtet wird.

Ebenso weit ist die Bandbreite von Täuschungen des Geruchs- oder Geschmackssinnes: Es mag nach Fäulnis stinken oder nach Seife schmecken, während unter guten Voraussetzungen der Duft von Blumen oder der Geschmack des Lieblingsessens wahrgenommen werden kann.

Patienten, die unter Halluzinationen leiden, nehmen ihre Trugbilder als Wirklichkeit wahr, im Extremfall können sie lebensgefährlich sein: Etwa wenn jemand sich als Vogel wahrnimmt und glaubt, vom Balkon fliegen zu können, oder meint, ein Fisch zu sein, und unter Wasser atmet. Vielleicht geben die gehörten Stimmen den Auftrag zu einer lebensbedrohlichen Handlung. Sinnestäuschungen können im Rahmen von psychischen Erkrankungen zudem mit Wahnhaftigkeit, einer Fehlbeurteilung der Wirklichkeit, einhergehen. Zum Beispiel kann sich jemand im Alltag verfolgt und bedroht fühlen, obwohl es objektiv betrachtet nicht den geringsten Anlass dazu gibt.

Erlebt werden Halluzinationen fast niemals als Dauerzustand, sie kommen und gehen und können sich auf natürliche Weise auch für immer verabschieden. Durch gezielte Therapien, vorwiegend mit Neuroleptika, können unerwünschte Halluzinationen meist vollständig verschwinden.

Ursache ungeklärt

Als Ursache für Halluzinationen wird eine Übererregung von Teilen des Gehirns vermutet – unter Umständen ausgelöst durch eine Überfunktion der beteiligten Transmittersysteme (Kapitel 2.4), beispielsweise infolge von Drogenkonsum oder hirnorganisch bedingten Veränderungen im Hirnstamm. Aber auch eine »Unterbeschäftigung« des Gehirns, etwa ausgelöst durch Isolation, kann dazu führen, dass die Kontrollfunktionen zusammenbrechen und die Gedächtnisareale ihre Inhalte unkontrolliert ins Bewusstsein leiten. »Halluzinationen beruhen im Wesentlichen auf Gedächtnisinhalten, die irgendwann einmal gespeichert wurden«, ist Erich Karsten überzeugt.

Was das Hören von Stimmen betrifft, verweisen bildgebende Verfahren auf Besonderheiten im Gehirn: Der primäre Hörkontext ist jener Bereich, der bei Gesunden dafür sorgt, dass sie differenzieren können, ob ein akustischer Impuls von außen kommt oder im Kopf stattfindet. Es fällt leicht festzustellen, ob ein Lied im Radio läuft oder als »Ohrwurm« im Kopf. Patienten mit Schizophrenie, die Stimmen hören, weisen im Gehirn ungewöhnlich stark ausgebildete Verbindungen zwischen den Schläfenlappen, die gehörte Sprache verarbeiten, dem Wernicke-Areal, das für eine sinnvolle Antwort auf das Gehörte verantwortlich ist, und dem Broca-Areal, dem Zentrum der Sprachmotorik auf. Interessant ist auch, dass bei manchen Patienten mit Hirnschäden das Auftauchen von Halluzinationen als ein Zeichen dafür gewertet werden kann, dass sich geschädigte Hirnbereiche erholen und neu verknüpfen.

4.7 AUSSERKÖRPERLICHE ERFAHRUNGEN

Im Flugmodus

Außerkörperliche Erfahrungen sind nicht alltäglich. Sie werden im Englischen als Out-of-Body-Experiences (OBE) bezeichnet und vorwiegend als unbeabsichtigter, spontan auftretender Zustand infolge einer Notsituation im Krankenhaus protokolliert. Es liegen wissenschaftlich geprüfte Berichte vor, die aufzeigen, dass beispielsweise während einer Operation aus der Außenperspektive korrekte Wahrnehmungen der Realität möglich sind. In den überprüften Fällen konnten die Betroffenen präzise Angaben über das Setting, die Akteure und das Geschehen machen, obschon sie nicht bei Bewusstsein waren. Von der Forschung zur Kenntnis genommen werden OBEs außerdem im Zusammenhang mit Nahtoderfahrungen (Kapitel 4.19).

Auslöser für OBEs können auch psychischer oder körperlicher Stress sein, epileptische Anfälle oder Hirnschädigungen. Der Zustand kann sich auch bei Gesunden unerwartet, spontan und ohne erkennbaren Grund einstellen. Manchmal werden OBEs absichtsvoll angestrebt. Oder sie treten im Rahmen eines außergewöhnlichen Bewusstseinszustandes auf, der durch Klartraum, Trance,

Meditation, Entzug von Schlaf oder Nahrung oder die Einnahme von Halluzinogenen hervorgerufen wurde. Geschildert werden OBEs außerdem im Zusammenhang mit schamanischen Ritualen.

Beschrieben wurden und werden OBEs seit jeher in allen Kulturen, es finden sich Berichte aus dem alten Ägypten, von griechischen Philosophen und in religiösen Abhandlungen.

Stand der Forschung

Im Verlauf des 18. und 19. Jahrhunderts gewann die Thematik an Aufmerksamkeit in der Öffentlichkeit, unter anderem durch Publikationen des schwedischen Naturwissenschaftlers und Visionärs Emanuel Swedenborg (1688–1772), des französischen Spiritisten Allan Kardec (1804–1869) oder des heiliggesprochenen italienischen Priesters von Pietrelcina (1887–1968), bekannt als Pater Pio.

Einer, der jahrzehntelang Forschung vor allem im Zusammenhang mit Außerkörperlichkeit betrieb, war Waldo Vieira (1932–2015). Der in Japan zum Arzt ausgebildete Brasilianer besaß eine der weltweit größten Bibliotheken zum Thema Bewusstseinsforschung. In seinem Buch »Projectiology« beschreibt er verschiedenste Techniken, um in den Zustand der Außerkörperlichkeit zu gelangen. Vieira machte OBEs zum Forschungsschwerpunkt der 1986 von ihm begründeten »Bewusstseinswissenschaft«. Sie betrachtet die Wirklichkeit als multidimensional. Um Forschung in nicht physisch erfassbaren Dimensionen durchzuführen, verlässt sich die Bewusstseinswissenschaft auf die Fähigkeit des Menschen, sein außerkörperliches Erleben zurück im Wachzustand ausführlich zu schildern. Waldo Vieiras Forschungsansatz hat zur Gründung der International Academy of Consciousness mit Ablegern in neun Ländern und einem Forschungscampus in Portugal geführt. Vieira selbst war auch Mitglied der weltweit wichtigsten parapsychologischen Institutionen (Kapitel 4.1).

Intensiv mit der Thematik befasste sich auch der Amerikaner Robert Allen Monroe (1915–1995). Der Ingenieur sagte von sich, er habe spontan und unbeabsichtigt in einer Nacht im Jahr 1958 erstmals seinen Körper verlassen. Das Erlebnis beunruhigte ihn, weshalb er den Entschluss fasste, dem Phänomen nachzugehen. Er gründete in Virginia (USA) das Monroe-Institut, wo allein im Rahmen des sogenannten Gateway-(Einstiegs-)Programms 60 000 protokollierte Einzeltests mit Freiwilligen durchgeführt wurden. Weltweit bekannt wurden die Experimente wie auch das Phänomen der OBEs durch Monroes Buchpublikationen. Sein Fazit: »Die größte Illusion ist, dass die Menschheit Grenzen hat.« Als Rückmeldung auf seine Bücher erhielt Monroe unzählige Briefe aus aller Welt, in denen sich die Schreibenden dafür bedankten, nun die Gewissheit zu haben, nicht allein mit ihren Erlebnissen und deswegen auch keine Kandidaten für die Psychiatrie zu sein. Die Weltgesundheitsorganisation bestätigt: Außerkörperliche Erfahrungen sind kein Hinweis auf eine psychische Störung. Mittlerweile liegen Tausende Protokolle über solches Erleben vor.

2007 wurden gleich zwei Studien publik, die OBEs infolge von optischen Manipulationen erforschten. Unabhängig voneinander wurden am Polytechnikum in Lausanne (Schweiz) und am University College in London den Versuchspersonen über Videobrillen dreidimensionale Bilder ihres eigenen Körpers gezeigt. Als die Forscher dem echten Menschen und dem digitalen Abbild gleichzeitig Berührungsreize gaben, etwa durch rhythmisches Streichen über den Rücken, glaubten einige der Probanden, nicht mehr vollständig im eigenen Körper, sondern hinter dem physischen Körper zu sein und sich aus dieser Position zu beobachten. Bei anderen Experimenten, die als zweite »Person« eine Schaufensterpuppe zeigten, welche gleichzeitig mit der Versuchsperson berührt wurde, hatte ein Teil der Probanden den Eindruck, die Schaufensterpuppe sei der eigene Körper. Wurde die virtuelle Person geschlagen, zeigte die echte Person Stresssymptome.

»Außerdem wird [...] deutlich, dass die normalerweise als sehr stabil erlebte subjektive Verortung des Ichs innerhalb des Körpers eine aktive Leistung des Gehirns darstellt, die auch bei gesunden Probanden manipulierbar ist und somit systematisch untersucht werden kann«, folgert Olaf Blanke, der bei dem Experiment an der ETH Lausanne mit dem deutschen Neurophilosophen Thomas Metzinger zusammenarbeitete. Auch wenn es verlockend sei, übernatürliche Kräfte verantwortlich zu machen, so sei die Erklärung eine sehr natürliche. Vermutet wird, dass das Gehirn in einer Situation wie im genannten Experiment den eigenen Körper im Rahmen eines Abwägens von Wahrscheinlichkeiten so schnell wie möglich identifizieren und seine Position im Raum feststellen will. Dabei könne dieser Prozess auf Kosten der Genauigkeit gehen. Klassischerweise erachtet die Wissenschaft OBEs als Fehlinterpretationen jener kognitiven Prozesse, die körperbezogene Sinneseindrücke verarbeiten. Die Energie, das Niveau und die Intensität der Frequenzen in den spezifischen Hirnregionen scheinen ein entscheidender Faktor für außerkörperliches Erleben zu sein.

Erleben

Thomas Metzinger umschreibt eine eigene Erfahrung mit Außerkörperlichkeit wie folgt: »Das war Anfang der 80er-Jahre. Ich lebte damals in einer einsamen Mühle bei Limburg und schrieb an meiner Doktorarbeit. Eines Nachts, als ich im Bett lag, meinte ich aus meinem Körper herauszuschweben. Ich begann sofort mit diesem Zustand zu experimentieren. Ich wanderte ein wenig im Zimmer herum, ging zum offenen Fenster und ließ meine Hände über den Fensterrahmen gleiten. Dann sprang ich durch das Fenster, fiel aber nicht hinunter, sondern begann aufwärts zu schweben. Etwas später, zurück im Schlafzimmer, beschloss ich, zum Haus eines Freundes im 85 Kilometer entfernten Frankfurt zu fliegen und mich dort ein wenig umzusehen. Sofort wurde ich mit großer Geschwindigkeit vorwärts gerissen, durch die Schlafzimmerwand hindurch, und verlor das Bewusstsein. Als ich zu mir kam, hatte ich mich schon wieder in den physischen Körper eingeklinkt. Ich hatte solche Erlebnisse vielleicht sechs oder sieben Mal. Leider sind mir seit vielen Jahren keine außerkörperlichen Erfahrungen mehr gelungen. Ich würde sehr viel dafür bezahlen, wieder welche zu haben.«

Üblicherweise ist die Rede von OBEs, wenn Reisen außerhalb des Körpers mit dem eigenen Körper stattfinden. Zum Beispiel, wenn der physische Körper in einem Bett ruht, während die Person sich zur selben Zeit von außen wahrnimmt. Das Geschehen ereignet sich innerhalb einer als real empfundenen Welt, deren Rahmen allerdings über das Spektrum des Bekannten hinausgehen kann. Das Erleben wird vorwiegend mit allen Sinnen und bei vollem Bewusstsein wahrgenommen. Die tatsächliche Dauer einer OBE entspricht kaum je dem Zeitempfinden während des Erlebens. Eine Besonderheit außerkörperlicher Erfahrungen ist die vorübergehende Besetzung eines anderen, zumeist nicht menschlichen Körpers im Zusammenhang mit schamanischen Ritualen oder auch der Einnahme von Halluzinogenen.

Wird eine außerkörperliche Erfahrung mit Absicht angestrebt, muss sich der physische Körper in einem sehr entspannten Zustand befinden, da er der Person während der OBE präsent bleibt. Ein knurrender Magen oder eine volle Blase können ein ausreichender Grund sein, das Bewusstsein in den Körper zurückkehren zu lassen. Auch eine unbequeme Position, ein eingeschlafener Arm oder akustische Störungen können eine Rückkehr auslösen. Am Monroe-Institut gaben zahlreiche Probanden zu Protokoll, dass sie im außerkörperlichen Zustand mühelos Materie jeglicher Art durchdringen können: Wände, die

Erde, das Meer, die Luft. Wie im Klartraum bleibt es der Person während des Erlebens möglich, Entscheidungen zu treffen. Dabei bleiben das Bewusstsein für die eigene Individualität wie auch der persönliche Willen erhalten, sodass beispielsweise Kontakte mit anderen Wesen abgebrochen oder auch intensiviert werden können.

Probanden berichten von Begegnungen mit Personen, die sie aus dem realen Leben kennen, mit solchen, die verstorben sind, oder auch mit Wesen, die nicht der irdischen Dimension entstammen.

> *Sofort wurde ich mit*
> *großer Geschwindigkeit*
> *vorwärts gerissen, durch*
> *die Schlafzimmerwand hindurch,*
> *und verlor das Bewusstsein.*
> — Thomas Metzinger, Philosoph

Kommunikation

Kommunikation im Rahmen von OBEs wird als verbal, telepathisch, empathisch umschrieben. Das Vokabular müsse teilweise angepasst werden, so Robert Allen Monroe, weil manchmal Begriffe, insbesondere wenn sie sich auf unser irdisches Dasein beziehen, von Wesen aus anderen Dimensionen nicht oder missverstanden würden: etwa die Notwendigkeit zu essen oder die Wahrnehmung von Zeit.

Monroe schildert auch, wie im außerkörperlichen Zustand umfangreiche Informationen als sogenannte Routinen ausgetauscht würden. Er beschrieb die Routine als etwas, das er anfassen, dessen Energie er spüren und das er öffnen konnte. Ist die Routine geöffnet, so Monroe, wirke sie auf den Empfänger wie eine Art Kinofilm. Die Routinen kämen in Einsatz, um komplexe Informationen auszutauschen, zum Beispiel, um dem Gegenüber die eigene Biografie zu vermitteln. Derartige Schilderungen kennt man aus Nahtoderfahrungen, wenn zum Beispiel von Sichtungen des eigenen Lebensfilms die Rede ist.

Robert Allen Monroe schrieb in seinem Buch »Der zweite Körper«, dass es noch eine komplexere Art der Kommunikation gebe, die er selbst nicht beherrsche, die aber von intelligenten Entitäten sowohl im physischen Universum als auch in anderen Energiesystemen angewendet werde. Er beschreibt sie als eine Vermittlung von Inhalten, die über verbale und visuelle Kommunikation hinausgehe. Genannt wird das Beispiel eines entzündeten Zehs. Durch die Schilderung bekomme das Gegenüber augenblicklich auch eine entzündete Zehe, wobei ihm bewusst sei, dass es sich um den Zeh des Kommunikationspartners handle. Auf diese Weise könne auch wahrgenommen werden, wie sich die Entzündung des Zehs anfühlt.

Wie ein zweiter Körper

Bewegungen im außerkörperlichen Zustand werden zumeist als schwerelos, schwebend, fliegend erlebt, wobei sie sowohl im Schneckentempo als auch in Lichtgeschwindigkeit geschehen können. Der eigene Körper wird in der Regel als vollkommen erlebt, auch wenn er in der Realität von Einschränkungen betroffen ist. Es gibt Berichte von Blinden, die sahen, Amputierten, die über alle Gliedmaße verfügten, und Verunfallten, die unversehrt und schmerzfrei waren.

Bei der Rückkehr in den ruhenden Körper wird vielfach die Wahrnehmung von zwei Körpern berichtet: dem physischen, uns bestens bekannten Körper sowie einem weiteren, der zum Physischen in Distanz gehen kann. Monroe schrieb: »Ich stellte fest, dass ich vor dem Wiedereintritt in den irdischen Körper tatsächlich in eine zweite Hülle schlüpfte. Rein äußerlich war sie identisch mit der physischen, nur nicht so dicht. Bei der Rückkehr wirkte dieser zweite Körper jedoch wirklichkeitsnäher, als sei er der kompaktere der beiden.« Diese Wahrnehmung verflüchtigte sich wieder, wenn er ganz im irdischen Körper angekommen war. Bewegte sich Monroe in diesem zweiten Körper, so erlebte er anfangs eine unfreiwillige Gebundenheit an seinen tatsächlichen Körper: Er konnte ganz dicht beim physischen Körper schweben oder sich bis auf eine Distanz von etwa fünf Metern von diesem entfernen. Um sich auch vom zweiten Körper lösen zu können, entwickelte er eine Art »Sicherheitsbox«, in die er Gedanken, die einer außerkörperlichen Reise im Weg standen, ablegen konnte. Beim Verlassen oder Eintreten in den physischen Körper werden auch zuckende Gliedmaßen, Taubheit, Kribbeln, Vibration in den Gliedern, Tränen, Veränderungen der Körpertemperatur, Druck auf den Körper und Tunneleffekte wahrgenommen. Die Instrumente am Monroe-Institut ließen auch gewisse Muster in den Körperreaktionen erkennen: Der Blutdruck sinkt, der Puls reduziert sich, die Körpertemperatur fällt leicht ab, der Muskeltonus lässt nach. Da diese Merkmale auch bei anderen veränderten Bewusstseinszuständen eintreten, sind sie jedoch keine spezifischen Besonderheiten von OBEs.

4.8 MEDITATION

Achtsam geschehen lassen

Freizeit in modernen Gesellschaften beinhaltet vor allem Aktivitäten. Selbst wenn Entspannen angesagt ist, bleiben viele online, sind stets erreichbar, stets präsent. Erholung im Sinne von Nichtstun und Muße gönnen sich viele Menschen höchstens im Urlaub oder im Schlaf. Ist im Alltag nichts da, was uns beschäftigt oder ablenkt, macht das schnell mal kribbelig – sind wir doch gewohnt, dass der Tagesablauf eng getaktet und der Leistungsdruck hoch ist.

Dem Corona-Lockdown im Frühjahr 2020 konnten noch viele, deren Arbeitspensum von einem Tag auf den anderen drastisch reduziert war, etwas abgewinnen: Die Wände wurden frisch gestrichen, man hatte Zeit, selbst zu kochen, für Spaziergänge und Gespräche. Im Herbst jedoch, als klar wurde, dass nun auch ein langer Winter mit viel Zeit und wenig Unterhaltung bevorstehen würde, machte sich Frustration breit. Die Beschäftigung mit sich selbst schien ausgeschöpft. Viele waren gefordert, in einem sehr begrenzten Rahmen neue Tagesstrukturen aufzubauen und zu gestalten. Das kann tatsächlich genauso viel Stress auslösen wie die Situation all jener, die aufgrund der Pandamie versuchen, ein immens gewachsenes und nicht enden wollendes Arbeitspensum zu bewältigen.

Meditation ist eine Methode, sich von solchem Stress zu lösen. Der Jesuit Tobias Karcher leitet das Bildungszentrum Lassalle-Haus in Bad Schönbrunn (Schweiz). Schon seit einiger Zeit stellt er eine wachsende Nachfrage bei Meditationskursen fest. Er sagt aber auch: »Die größte Herausforderung für Menschen, die zu uns kommen, ist das Leistungsdenken.« In der Tat braucht es in der ersten Zeit der Übung – wie bei allem anderen – einen gewissen Ehrgeiz, um Routine zu entwickeln. Doch es braucht auch stets die Fähigkeit, die Dinge loszulassen und geschehen zu lassen. Beispielsweise den Gedankenfluss einfach nur zu beobachten. Mit der Zeit lässt sich die Meditationspraxis zunehmend in den Alltag integrieren. Der aus Vietnam stammende, buddhistische Mönch und Lyriker Thich Nhat Hanh erklärt: »Ihr solltet Meditation üben beim Gehen, Stehen, Liegen, Sitzen und Arbeiten, beim Händewaschen, Abspülen, Kehren und Teetrinken, im Gespräch mit Freunden und bei allem, was ihr tut.«

Das Wort Meditation hat seine Wurzeln im Lateini-

schen: Dort bedeutet *meditatio* »zur Mitte hin ausrichten« und *meditari* »nachdenken, nachsinnen«. Schriftlich zurückverfolgen lassen sich Meditationspraktiken beispielsweise in den Upanishaden der hinduistischen Tradition bis ins 6. Jahrhundert vor Christus. Verschiedene Kulturen haben über Jahrhunderte hinweg diverse Wege in die Stille etabliert. Die Praxis beinhaltet unter anderem ruhiges Sitzen oder Gehen, gezielte Atemübungen, konzentriertes Schauen und spezifische Bewegungen wie im Yoga, Tai-Chi oder Qigong. Auch Tanz spielt traditionell in fast allen Gesellschaften eine Rolle, etwa in der hinduistischen Tradition der Tempeltänzerinnen oder im Sufismus (Derwische), ebenso bei afrikanischen oder indianischen Kulten. Genutzt wird zudem die Sprache, indem Silben oder paradoxe Sätze als sogenannte Mantras beziehungsweise Koans und Beschwörungen oder Gebete wiederholt werden. Unterstützt wird Meditation teils auch durch Musik oder Klang. Außerdem werden visuelle Reize wie das Gestalten und Betrachten von geometrischen Figuren als Hilfsmittel genutzt, etwa Mandalas im Buddhismus oder Yantras im Hinduismus.

Unabhängig von der Methode geht es darum, die Aufmerksamkeit nach innen zu richten und mentale Prozesse wie Gedanken, Bilder und Emotionen in der Stille wahrzunehmen, ohne sie zu werten oder daran festzuhalten. Im Zustand tiefer Versenkung können Visionen erlebt und Wahrnehmungen außerhalb der üblichen Raum-Zeit-Realität gemacht werden. Meditation bietet auch die Möglichkeit, sich bewusst mit einer Thematik zu befassen und zu sehen, wohin die innere Inspiration führt. Gelegentlich werden Meditierende auch durch Lehrer auf ihrem Weg in ein verändertes Bewusstsein angeleitet.

Nachweisliche Folgen

Die Wissenschaft beschäftigt sich seit etwa 50 Jahren mit der Meditation, zunächst nur am Rande, doch seit der Jahrtausendwende nahm das Interesse stetig zu. In Berlin findet beispielsweise seit 2010 alle zwei Jahre der interdisziplinäre Kongress »Meditation und Wissenschaft« statt. Das bereits 1990 gegründete Mind and Life Institute mit Sitz in Charlottesville (USA) hat einen engen Dialog und eine intensive Kooperation zwischen dem Dalai Lama und renommierten Hirnforschern wie Richard Davidson oder Wolf Singer etabliert. Mittlerweile legen neurologische Untersuchungen nahe, dass eine langjährige Meditationspraxis zu Veränderungen des Aufbaus und der Arbeitsweise des Gehirns führt. Es lassen sich beispielsweise Veränderungen im System der Hormone und Neurotransmitter feststellen. EEG-Messungen der Hirnströme zeigen Wellenmuster, die mit zunehmender Tiefe der Meditation langsamer und synchronisierter werden. Bei langjährig Praktizierenden lassen sich zudem sehr schnelle Schwingungen im Gamma-Bereich beobachten. Diese erlauben es, Sinnesreize mit großer Aufmerksamkeit zu verarbeiten (Kapitel 2.5). Wenn Nervenzellen in der Gamma-Frequenz großflächig synchron schwingen, so eine These, fällt die Differenzierung zwischen Subjekt und Objekt weg. Deshalb, so die Vermutung, stärkt Meditation den Eindruck von Einheit und Verbundenheit.

Als gesichert gilt, dass man normalerweise mit zunehmendem Alter mehr Zeit benötigt, um die Aufmerksamkeit auf den jeweils nächsten Reiz zu lenken, wodurch für einen Moment eine Aufmerksamkeitslücke entsteht. Bei regelmäßiger Meditation jedoch wurde eine Zunahme der grauen Substanz in Hirnbereichen beobachtet, die sich mit der Steuerung der Aufmerksamkeit befassen. Dadurch verkürzen sich die altersbedingten Aufmerksamkeitslücken und die Wahrnehmung verfeinert sich. So kommt es, dass Menschen, die regelmäßig meditieren, im hohen Alter geringere Aufmerksamkeitslücken aufweisen als 30-Jährige, die nicht meditieren.

Während einer Meditation verlangsamt und vertieft sich in der Regel die Atmung. »Das Herz schlägt langsamer, der Blutdruck sinkt, die Muskelspannung und die Aktivität der Schweißdrüsen nehmen ab. Das ist das typische Bild einer Entspannungsreaktion«, erklärt Ulrich Ott, einer der führenden Meditationsforscher im deutschsprachigen Raum.

Nachgewiesen wurde außerdem, dass Meditation das Immunsystem stärkt und Selbstheilungsprozesse auf der Zellebene anregt. Positive Effekte von Meditation zeigten sich auch in der Behandlung von Entzündungskrankheiten, Bluthochdruck, Herz-Kreislauf-Problemen, Schmerzen, Schlafstörungen und weiteren stressbedingten Erkrankungen. Klinische Studien kommen zum Schluss, dass Meditation die Therapie von psychischen Problemen wie Angststörungen, Depressionen oder Substanzabhängigkeiten unterstützen kann. Die Anwendung meditativer Praktiken bei schweren psychischen Erkrankungen wird in der Psychiatrie allerdings skeptisch betrachtet.

Abseits religiöser Motive

Ulrich Ott lehrt in seinem psychologischen Fachbereich an der Universität Gießen auch selbst Yoga und Meditation. Er sagt: »Für mich ist Meditation eigentlich primär ein Weg zur Selbstbestimmung. Dabei muss ich erst einmal in der Lage sein wahrzunehmen, was und wer ich bin und wie ich mich fühle. Dazu ist es nötig, meine Aufmerksamkeit ganz stark auf mein Innenleben zu richten. Der Aspekt der Selbst-Erkenntnis gilt ja auch als ein sehr wichtiger Schritt in der Meditation. Dafür müssen erst mal die Gedanken als solche erkannt und dann die Identifikation mit ihnen aufgehoben werden.«

Meditation ist primär ein
Weg zur Selbstbestimmung.
Ulrich Ott, Meditationsforscher und Praktizierender

Im 20. Jahrhundert waren es vor allem Lehrpersonen aus dem asiatischen Raum, welche ihre Kenntnisse in den Vereinigten Staaten und in Europa weitergaben. Eines der ersten Bücher, das eine breite Leserschaft fand, ist die 1946 erstmals erschienene »Autobiographie eines Yogi«. Darin schilderte der Inder Paramahansa Yogananda seinen Werdegang in der Obhut des Kriya-Yoga-Lehrers Sri Yukteswar Giri, der ihm eine Zukunft als Vermittler von indischen Weisheiten in den Vereinigten Staaten voraussagte. Mittlerweile werden Meditationskurse in fast jedem größeren Ort angeboten. »Zwar spielt Meditation als spirituelle Übung in den verschiedenen religiösen Traditionen nach wie vor eine zentrale Rolle, doch es sind weitere Anwendungsfelder hinzugekommen: Meditation gilt heute auch in der säkularen Welt als Entspannungsverfahren mit nachgewiesener Wirksamkeit«, so Ulrich Ott. »In der Hirnforschung wird Meditation in erster Linie als mentales Training verstanden, das zu verbesserter Selbstwahrnehmung und Selbstregulation führt.«

So positiv der Einfluss von Meditation auf die psychische und physische Gesundheit auch gewertet wird, gibt es bei dieser wie bei jeder anderen Methode zur Veränderung des Bewusstseins auch das ein oder andere Aber: Meditation ist ein nachhaltiger, aber ein langer Weg, der vor allem in der Anfangsphase Disziplin erfordert. Es wird möglichst tägliches Üben empfohlen. Zu Beginn fällt es jedoch schwer, in die Ruhe zu kommen: Nervosität, Langeweile, Konzentrationsschwäche, Probleme bei der Körperhaltung und grundsätzlich Motivationsschwierigkeiten treten häufig auf. Durch das bewusste Umlenken der Aufmerksamkeit von äußeren Wahrnehmungen auf innere Welten können sich auch Blockaden oder Traumata bemerkbar machen. Es können Ängste, etwa vor Kontrollverlust, auftreten.

Später, wenn Entspannung und Ruhe vermehrt geschätzt werden, besteht ein gewisser Reiz, sich vom Alltag abzukapseln und mittels Meditation möglicherweise davor zu fliehen. Dazu soll der Dalai Lama gesagt haben, dass Veränderung nur durch aktives Handeln, nicht durch Meditation oder Beten allein hervorgerufen werde.

Vor allem in der ersten Zeit des Lernens ist professionelle Anleitung und Begleitung durch eine kompetente Lehrperson wichtig. Diese achtet darauf, dass die Lernenden keine Abhängigkeit entwickeln. Denn es besteht, wie bei vielen anderen Methoden zur Veränderung des Bewusstseins, gelegentlich das Bedürfnis, die Eigenverantwortung abzugeben. Meditation hat aber genau das Gegenteil zum Ziel: Die Praktizierenden sollen zunehmend die Fähigkeit erlangen, ihre Gedanken und Gefühle wahrzunehmen, und lernen, sich nicht mehr in ihrem ganzen Sein damit zu identifizieren. Im Laufe der Zeit fällt es leichter, sich frei zu machen von Konditionierungen und das Leben selbstverantwortlich in die Hand zu nehmen. Das Bewusstsein verändert sich während der Praxis grundlegend, weil man sich vieler zuvor unbewusster Prozesse gewahr wird und ihnen weniger ausgeliefert ist. Meditation stärkt die Momente, in denen wir nichts wollen, sondern einfach sind. Im Hier und Jetzt.

4.9 HYPNOSE

Weit mehr als Hokuspokus

Einer der berühmtesten Hypnotiseure der Welt, Abbé Faria (1756–1819), ist in Alexandre Dumas Klassiker »Der Graf von Monte Christo« als der »verrückte Mönch« in die Weltliteratur eingegangen. Der portugiesische Priester hatte infolge der Französischen Revolution tatsächlich im Gefängnis Château d'If auf einer Festungsinsel vor Marseille eingesessen. Geboren wurde er in der portugiesischen Kolonie Goa, heute Indien. In der Hauptstadt Panaji steht eine riesige, furchteinflößende Statue, die zeigt, wie er eine ihm zu Füßen liegende Frau hypnotisiert. Als 15-Jähriger ging er mit seinem Vater nach Europa, um sich zum Priester ausbilden zu lassen. Ab 1788 lebte und arbeitete er als einer der Pioniere der Hypnose-Forschung in Frankreich. Farias Familie gehörte ursprünglich der Brahmanenkaste an; Faria unterfütterte die Hypnose mit der hinduistischen These, dass jeder Mensch seines Glückes Schmied sei. Was beinhaltet, dass alle, egal welcher Kaste sie angehören und welche Herausforderungen ihr Leben bietet, alles tun sollten, um das Beste daraus zu machen. In diesem Sinne betonte Faria auch schon früh die Eigenverantwortung der Hypnotisierten. Die Hypnose in ihrer heutigen Form wurde auch von meditativen Techniken beeinflusst, wie sie in Indien seit Jahrtausenden gelehrt werden.

Frankreich war im 18. und 19. Jahrhundert ein wahres Eldorado für die Hypnose-Forschung. Die Heilmethode ist aber ein zeitloses Phänomen, angewendet seit Menschengedenken, nachweislich belegt beispielsweise bei den Kelten, im alten Ägypten, im antiken Griechenland und in Indien.

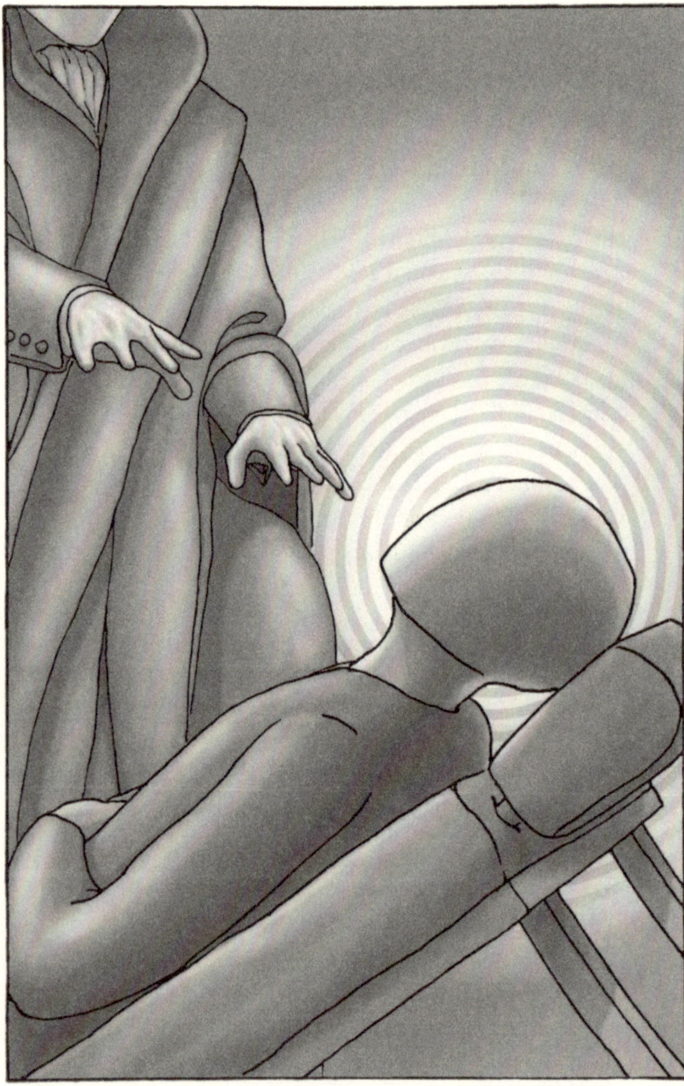

Suggestionen

Schon immer ging es vor allem darum, mittels Hypnose Heilungen durchzuführen. Viele Erkenntnisse von Abbé Faria kommen noch heute in Hypnose-Therapien zur Anwendung. Unter anderem hatte Faria als Erster im westlichen Kulturkreis die Verbindung zwischen Hypnose und Suggestion erforscht.

Suggestionen sind eines der wichtigsten Arbeitsinstrumente des Hypnosetherapeuten. »Es handelt sich dabei um rhetorische, didaktische und methodische Mittel der Sprache, um Veränderungen in der Wahrnehmung und Bewertung von Umständen im Leben des Patienten zu erzeugen«, erklärt Stephan Eitner, Zahnarzt und ehemaliger Geschäftsleiter der Deutschen Gesellschaft für Hypnose und Hypnotherapie. »Dabei werden die Patienten nicht manipuliert, sondern es sollen sich ihnen Möglichkeiten eröffnen, sodass negatives Verhalten und ungünstige Einstellungen umgelenkt werden.« Suggestionen dienen als Einladung zur Aufmerksamkeitslenkung auf ein spezifisches Denken, Handeln oder Fühlen. »Es ist wichtig, dass ein Therapeut seine Worte zum Wohle des Patienten mit viel Bedacht wählt«, betont Stephan Eitner. Angestrebt wird eine zuverlässige, empathische Begleitung und eine ruhige, sinnhafte, bildliche Sprache, die den Fokus auf gute Gefühle und positive Veränderungen richtet. Gearbeitet wird also fast ausschließlich mit positiven Suggestionen – auch weil die Erfahrung gezeigt hat, dass das Gehirn dafür empfänglicher ist als für negativ formulierte Worte. Besteht beispielsweise die Absicht, »nicht viel zu essen«, bestünde die Gefahr, dass das Unterbewusste nur die Information »viel essen« aufnehmen würde. Hat jemand Prüfungsangst, sagt die betroffene Person meistens, sie wolle keinen Stress und keine Angst mehr. Das Unbewusste aktiviert aber die Hirnzustände entsprechend der unangenehmen Wörter. Die Suggestion sollte in diesem Fall eher lauten: »Ich will entspannt und zuversichtlich in die Prüfung gehen«.

Freier Wille

Trotz der verhältnismäßig langen wissenschaftlichen Auseinandersetzung mit dem Thema und der Anerkennung ihrer Wirksamkeit seit 1882 ist die Wahrnehmung von Hypnose in der Bevölkerung bis heute ambivalent. Mit ein Grund dafür sind Hypnosen zu Showzwecken. Dort inszeniert sich der Hypnotiseur meistens als »Dompteur«, dem die hypnotisierte Person ausgeliefert ist. Dieser Eindruck täuscht allerdings: Der freie Wille, sich einzulassen oder eben auch nicht, die Bereitschaft, volles Vertrauen zu fassen, und die eigene Motivation, eine Veränderung zuzulassen, sind ausschlaggebend für den Erfolg einer Hypnose. Insbesondere in Bezug auf künftige Handlungen behält die hypnotisierte Person ihren freien Willen. Es ist also kaum möglich, dass ein Hypnotiseur eine Suggestion nachhaltig durchsetzen kann, wenn dies nicht auch dem Wunsch und der Veranlagung der behandelten Person entspricht. Voraussetzung für Hypnose ist der Zustand von Trance (Kapitel 4.4). »Die Kunst besteht darin, den Patienten so zu führen, dass er weder wach wird und die Entspannung verliert, noch einschläft, sondern sich in die Trance begibt«, erklärt Peter Sandor, Neurologe und Präsident der Schweizerischen Ärztegesellschaft für Hypnose. »Trance erlaubt den Zugang zu einer anderen Bewusstseinsebene, die nicht rational und analytisch, sondern sinnesbezogen, fantasievoll und intuitiv ist«, so der Schweizer Facharzt Hans Wehrli. Die Tiefe der erreichbaren Trance ist grundsätzlich individuell und auch nicht bei jeder Sitzung gleich. Hinzu kommt, dass jeder Mensch unterschiedlich auf Suggestionen anspricht; dieser Aspekt wurde bereits im Zusammenhang mit Gedanken angesprochen.

In der Trance wird ohne die Filter des Alltagsbewusstseins der Zugang zum Unterbewussten und damit auch zur Gefühlswelt gefördert. »Gerade (aber nicht nur) mit Kindern kann man mit in spielerische Geschichten eingebauten Metaphern Ressourcen aktivieren, die heilsame Bewältigungsmöglichkeiten für das dem Symptom zugrunde liegende Thema ermöglichen. Die Ursache muss dafür nicht bewusst sein«, erklärt Wehrli, der dem Institut für Anästhesiologie als Konsiliararzt angehört und Ausbilder sowie Supervisor bei der Schweizer Ärztegesellschaft für Hypnose ist.

Sigmund Freud, der das Unbewusste (Kapitel 1.4) ins Bewusstsein der Öffentlichkeit rückte, hatte sich nach einiger Auseinandersetzung mit dem Thema von der Hypnose distanziert. In der klassischen Psychoanalyse wird nicht mit Hypnose gearbeitet, obwohl wahrscheinlich im freien Assoziieren oft auch Trancezustände entstehen. Der amerikanische Psychotherapeut Milton H. Erickson (1901–1980) förderte indes den Einsatz von Hypnose in seinen Therapien und beeinflusste maßgeblich die moderne Anwendung von Hypnose. Er gilt als Begründer der modernen Hypnotherapie.

Ambivalenz

Der Umstand, dass ein Großteil der Bevölkerung Hypnose in erster Linie mit Showdarbietungen in Verbindung bringt, verleiht der Methode einen Beigeschmack, der wenig Seriosität und Vertrauenswürdigkeit vermuten lässt. Jeder kann als Hypnose-Therapeut arbeiten, geschützt ist die Berufsbezeichnung nicht. Die großen Verbände nehmen aber zumeist nur ausgebildete Ärzte, Zahnärzte, Psychiater und weiteres medizinisches Fachpersonal auf. Sie bilden diese aus und weiter. Ihr Ziel ist, einen fachlichen und ethischen Standard sicherzustellen. Das heißt nicht, dass jemand, der kein Verbandsmitglied ist, die qualitativen Anforderungen nicht erfüllen kann. Stephan Eitner betont jedoch: »Professionalität und therapeutische Hingabe sind wichtig.«

Professionalität und therapeutische Hingabe sind wichtig.
— Stephan Eitner, Zahnarzt und Hypnose-Fachmann

Eingesetzt wird Hypnose vorwiegend, um Schmerzen, Verhaltensstörungen, Süchte, psychische oder psychosomatische Probleme zu behandeln. Die größte Herausforderung dabei ist, dass Patienten ihr Problem oft nicht eindeutig loslassen wollen. Vielmehr sind beispielsweise Suchtkranke hin- und hergerissen zwischen der Sucht und dem Wunsch, davon frei zu werden. Auch bei Schmerztherapien spielt die Psyche eine entscheidende Rolle: Wenn ein Patient seit 20 Jahren an Migräne leidet, kann man ihm theoretisch suggerieren, dass damit jetzt Schluss ist, das macht aber wenig Sinn. Die Migräneanfälle sind an jahrelang eingeübte Verhaltensmuster gekoppelt, beispielsweise können durch die Migräne unangenehme Situationen vermieden werden oder die Migräne verursacht eine verstärkte Zuwendung der Mitmenschen. In einem solchen Fall haben die Symptome eine Funktion. Das Ziel der Behandlung kann dann sein, die Kompetenzen im Umgang mit dieser Herausforderung zu fördern, weil Hypnose zulässt, sich das Für und Wider anzusehen. Im Laufe einer Behandlung müssen wie bei jeder anderen Therapie unter Umständen nahestehende Personen des Patienten einbezogen werden, weil auch diese sich aufgrund der Einschränkungen, etwa durch die Migräne des Partners, bestimmte Verhaltensmuster angeeignet haben. Das behutsame Zulassen kleiner Veränderungen durch positiv formulierte Suggestionen soll allmählich zu einer anderen Wahrnehmung des Gesamtbildes führen. Dieses Vorgehen schützt Patienten und deren Umgebung vor einem plötzlichen Zusammenbrechen des bisherigen Bildes, das sie sich von sich und der Welt gemacht hatten.

Schmerz wird bei einer Hypnose oft visualisiert. »Er

bekommt eine Größe, Struktur, Beschaffenheit, ein Gewicht, eine Temperatur und so weiter. Damit kann man das Syndrom greifbar machen und darauf einwirken«, erklärt Peter Sandor. »Eine andere Möglichkeit ist, dass man sich sozusagen wegbeamt. Das heißt: Ich bin hier im Arztzimmer und habe Schmerzen, gehe aber mit Hypnosetechniken an den Ort meines letzten Urlaubs, wo es mir sehr gut gefallen hat, wo ich wie in einer anderen Welt bin.« Den Schmerz lässt man dort, wo er war. Auf diese Art werden sogar große Operationen ohne Narkose durchgeführt. »Die Patienten sind wach, aber geistig nicht am Operationsort«, so Sandor.

Einen solchen Eingriff wagte 2019 der Mentalcoach Christian Schiermayer. Er ließ sich anlässlich einer Spezialausgabe der Sendung »Puls« des Schweizer Fernsehens im Spital ohne Narkose operativ eine Platte aus der Hand entfernen. Ein solches Vorgehen setzt eine hohe Motivation des Patienten voraus. Drei Monate lang hatte sich Schiermayer mit Unterstützung des Hypnoseausbilders Ray Popoola intensiv auf den Eingriff vorbereitet. Die Operation gestaltete sich nicht einfach, weil die Plattenschrauben verwachsen waren und der Arzt diese freihämmern musste. Auf die Frage, ob das nicht wehgetan habe, antwortete der Patient: »Das Hämmern habe ich natürlich gespürt, Schmerzen aber nicht. Ich war einfach komplett woanders – an meiner Lieblingsstelle am Zugersee bei der Chollermüli.« »Hypnose bedeutet, dass man nicht alles aufnimmt, sondern dass man seine geistige Aktivität herunterfährt und nur den Teil, der einen interessiert, fokussiert wahrnimmt«, erklärt Peter Sandor.

Vermehrte Anwendung

Der enorme Aufwand für die Vorbereitung einer Operation ohne Narkose unter Hypnose ist nicht alltagstauglich. Die Methode kommt aber zunehmend in Zahnarztpraxen und Kliniken zum Einsatz, um Ängste zu nehmen und medizinische Heilungsprozesse nachweislich positiv zu beeinflussen. Am Kantonsspital St. Gallen in der Schweiz besteht das Angebot der Hypnosetherapie seit 2006 und wird dort vor allem bei Patienten mit einer Schmerzerkrankung als unterstützende Methode im Rahmen ihrer ambulanten oder stationären Behandlung eingesetzt. »Die Hypnosetherapie dient auch der Begleitung von Patienten, die große Angst vor Narkose und Operation haben – vielleicht bedingt durch ein traumatisches Erlebnis in der Vergangenheit«, so Hans Wehrli. Meist werde das Interesse an der Hypnosetherapie von den Patienten selbst geäußert. Zunehmend verweisen auch Hausärzte oder Kollegen anderer Fachrichtungen des Kantonsspitals Patienten an das Institut, was für die wachsende Bekanntheit und Akzeptanz der Hypnosetherapie spricht. Die Methode, die nachweislich Komplikationen und Umfang notwendiger Behandlungsmaßnahmen reduziert, wird in der Schweiz auch an den Universitätsspitälern Zürich, Basel und Lausanne eingesetzt. Am Universitätsspital Genf erwies sich die Integration der klinischen Hypnose mitunter im Pflegealltag als derart positiv, dass daraufhin 2 000 der Ärzte und Pflegepersonen Sensibilisierungskurse für Hypnose besuchten. Für Menschen, die eine passivresignative Haltung hinsichtlich ihres gesundheitlichen Problems einnehmen, ist die Methode ungeeignet, das ist jedoch eine Minderheit. »Stimmen die Voraussetzungen, so ist die Wahrscheinlichkeit sehr groß, dass sich der Gesundheitszustand und die Lebensqualität der Patienten mithilfe einer Hypnosetherapie zum Guten verändern«, so Wehrli.

Hirnaktivitäten

Obgleich die Wirksamkeit von Hypnose längst nachgewiesen ist, ist aus wissenschaftlicher Sicht nach wie vor unklar, wie die Methode funktioniert. Eine der Übungen, die Schiermayer zusammen mit seinem Hypnose-Ausbilder im Vorfeld trainierte, war, sich die Zahlenreihe von 30 bis 1 bildlich vorzustellen. Der visuelle Aspekt erhält in der Hypnose, wie in vielen veränderten Bewusstseinszuständen, besondere Kraft. Die intensivierte visuelle Wahrnehmung unter Hypnose wurde 1985 nachgewiesen: Die bildhafte Lernleistung, das visuelle Gedächtnis und die Tendenz zu Visualisierungen sind gesteigert. Auch akustisch dargebotene Suggestionen wirken direkt auf die visuellen Verarbeitungsprozesse. Viele Menschen berichten auch von einer verbesserten Vorstellungskraft bezüglich des Erlebens von Sinneseindrücken. Es wurde festgestellt, dass Menschen unter Hypnose zu mehr und genaueren außersinnlichen Wahrnehmungen fähig sind als im normalen Wachzustand.

Die Hirnforschung verweist auf einen Zusammenhang zwischen der Variabilität von Neurotransmittern und individuellen Unterschieden in der Hypnotisierbarkeit. Eine Schlüsselrolle scheint hierbei der Botenstoff Dopamin zu spielen (Kapitel 2.4). Mittels moderner Verfahren der dynamischen Bildgebung können auch Veränderungen in den Hirnaktivitäten während einer Hypnose belegt werden. Bei Suggestionen, die nach der Hypnose weiterwirken, lassen sich messbare Veränderungen in der Informationsverarbeitung nachweisen.

An der Universität Genf stellte das Team um den Neurologen Yann Cojan fest, dass Nervenzellen, welche für die Bewegungssteuerung eines Armes zuständig sind, bei einer hypnotisierten Person gleich stark aktiv sind wie bei einer Person im Wachzustand. Unterbrochen ist jedoch der Kontakt zwischen den »befehlsgebenden« Nervenzellen und den Nervenzellen, die die Impulse an die Muskeln weiterleiten. Dieser Sachverhalt, der sich auch bei Träumen (Kapitel 4.3) feststellen lässt, ist Grund dafür, weshalb eine Situation intensiv und aktiv erlebt werden kann, obschon sich die hypnotisierte Person auf einer Liege in einer Praxis befindet.

Vorgehen

Unter Hypnose, die zu therapeutischen Zwecken durchgeführt wird, tritt der Hypnotiseur nie autoritär auf, sondern regt sanft die vorhandene Heilkraft des Klienten an. Ein behutsames Abwägen zwischen Machbarem und Sinnvollem ist dabei ausschlaggebend. In einem Vorgespräch wird mit den Patienten das bestehende Problem besprochen und gemeinsam ein realistisches, klar definiertes, positiv formuliertes Ziel der therapeutischen Zusammenarbeit festgelegt. Zudem wird eine Probetrance durchgeführt, in der der Patient diesen Bewusstseinszustand kennenlernt und gleichzeitig seine Fähigkeit, Trance zu erleben, geprüft wird. Die folgenden Sitzungen bestehen jeweils aus einem Gesprächsteil und einer Trancesequenz. Vor Beginn jeder Sitzung wird wiederum ein thematischer Rahmen festgelegt, um dem Patienten Sicherheit zu geben.

Während der Hypnose-Sitzung kann eine Situation erlebt werden, als würde die Person im Projektionsraum eines Kinos sitzen. Sie spielt den »Film« – beispielsweise zur Behandlung von Flugangst eine Situation am Flughafen – selbst ein, bestimmt Lautstärke und Licht, kann den Film bei Bedarf auch stoppen und sich so der realen Situation allmählich annähern. Auf diese Weise kann der Auslöser für die Angst (ähnlich wie bei der Arbeit mit Albträumen) allmählich durch positive Impulse verändert werden, die die Situation ergänzen.

»Am Ende einer Hypnose-Sitzung ist es wichtig, dass der Therapeut den Patienten behutsam aus der Trance herausführt, damit er oder sie sich ins normale Alltagsbewusstsein zurückorientieren und zum Beispiel wieder sicher im Straßenverkehr bewegen kann«, so Hans Wehrli. Nicht zuletzt wird durch den Abschluss der Sitzung festgelegt, welche Suggestionen wieder aufgelöst und welche weitergehend wirken sollen.

Die Psyche setzt Grenzen

Die schon relativ lange wissenschaftlich erforschte Praxis der Hypnose hat den Vorteil, dass bei diesem Instrument zur Bewusstseinsveränderung viel Erfahrung und Knowhow vorhanden ist. Ab dem 20. Jahrhundert sind auf dieser Grundlage auch Methoden entstanden, sich – zumindest bis zu einem gewissen Grad – selbst zu hypnotisieren. So wurde 1926 das auf Autosuggestion basierende Autogene Training vom Berliner Psychiater Johannes Heinrich Schulz (1884–1970) erstmals vorgestellt. Beim Neuro-Linguistischen Programmieren (kurz NLP) handelt es sich um eine Methode, die in den 1970er-Jahren an der Universität von Kalifornien entwickelt wurde. Sie arbeitet mit verschiedenen Kommunikationstechniken, unter anderem mit Suggestionen, um psychische Abläufe zu verändern.

Anleitung zur Selbsthypnose ist für viele Hypnose-Therapeuten auch ein Bestandteil der klassischen Behandlung. So erzählt etwa Peter Sandor: »Ich als Neurologe nutze die Methode meist, um Menschen mit Kopfschmerzen zu behandeln. Ich möchte diesen Menschen auch beibringen, wie sie sich selbst in Trance versetzen können; ich praktiziere also Hypnose mit Anleitung zur Selbsthypnose. Deshalb möchte ich unbedingt, dass meine Patienten alles mitbekommen. Darüber hinaus will ich als Arzt generell, dass der Patient die Kontrolle hat. Ich rechne bei Hypnose mit Anleitung zur Selbsthypnose mit sechs bis acht Sitzungen, zum Teil mit recht langen zeitlichen Abständen.« Die meisten Patienten würden währenddessen intensiv den theoretischen Hintergrund erarbeiten und täglich Übungen machen – vergleichbar damit, ein Instrument oder eine Sportart zu lernen. »Nach sechs bis acht Sitzungen mit intensiven Vorbereitungen sind manche da, wo andere nach Jahren mit diversen Meditationstechniken sind«, konnte Peter Sandor in seiner Praxis feststellen.

4.10 HALLUZINOGENE

Erst vergöttert, dann verteufelt

Halluzinogene sind sozusagen die Instant-Methode, um Bewusstsein zu verändern: umrühren, reinkippen, fertig. Halluzinogene unterscheiden sich von anderen Drogen wie beispielsweise Amphetaminen dadurch, dass sie einen sogenannten Trip auslösen, eine innere Reise, die weit über die gewohnten Normen unseres Erlebens hinausführen kann. Der Überbegriff nimmt nicht umsonst Bezug auf Halluzinationen (Kapitel 4.6).

Es gibt weltweit rund 500 000 Pflanzen, die eine fundamentale Veränderung von Wahrnehmung und Bewusstsein auslösen, wenn sie von Menschen konsumiert werden. Sie sind in vielen Kulturen seit jeher Bestandteil spezieller Rituale. Legendär ist etwa ein Trunk, hergestellt aus der »göttlichen Pflanze Soma«. Ihm wird eine wichtige Rolle bei der Entstehung der indischen Veden (religiöse Texte im Hinduismus) zwischen 1800 und 1200 vor Christus nachgesagt. Heute konsumieren Sadhus, das sind religiöse Bettelmönche, im Hinduismus hauptsächlich Cannabis, dessen Wirkstoff Tetrahydrocannabinol (THC) in hoher Dosis eine psychedelische Wirkung entfalten kann. In der griechischen Antike sollen Philosophen wie Platon und Aristoteles mit Mutterkorn, einem Schmarotzerpilz an Getreidesorten wie Roggen, experimentiert haben.

Weltweit wachsen »Magic Mushrooms«, unter anderem auch auf gedüngten Weiden in Mitteleuropa. Meistens handelt es sich um sogenannte Kahlköpfe. Sie wirken auf der Basis von Psilocybin beziehungsweise Psilocin, einem Indolalkaloid aus der Gruppe der Tryptamine. Konsumiert werden auch Fliegenpilze, deren halluzinogene Wirkung auf der psychoaktiven Ibotensäure basiert, die sich bei einer Temperatur von rund 60 Grad Celsius oder durch längere Lagerung in Muscimol verwandelt. Im trockenen Klima Mittelamerikas wird die Kakteenart Peyote beziehungsweise deren Wirkstoff Meskalin genutzt, um sich auf einen Trip zu begeben. Im tropischen Amazonasgebiet wächst Yage, eine Lianenart mit hohem DMT-Gehalt. Ayahuasca ist ein psychedelisch wirkender Pflanzensud aus mehreren Pflanzen, die DMT (Dimethyltryptamin) und MAO-Hemmer beinhalten.

Hype um LSD

Der Schweizer Pharmakologe Albert Hofmann (1906–2008) experimentierte Ende der 1930er-Jahre in Basel mit Mutterkorn und löste damit einen Boom in der wissenschaftlichen Erforschung halluzinogener Stoffe aus. Am 19. April 1943 hatte sich Hoffmann erstmals selbst auf einen Trip begeben. Der Tag ging als »Bicycle Day« in die Geschichte ein, denn Hofmann hielt fest: »Schon auf dem Heimweg mit dem Fahrrad nahm mein Zustand bedrohliche Formen an. Alles in meinem Gesichtsfeld schwankte und war verzerrt wie in einem gekrümmten Spiegel.« Eigentlich hatte der Chemiker die Absicht gehabt, aus Lysergsäurediethylamid (LSD) ein Kreislaufstimulans zu entwickeln. 1957 synthetisierte Albert Hofmann auch Psilocybin und Psilocin aus Pilzen (Indocybin). Mit seinen Büchern wurde Hofmann weltberühmt. Unter anderem schrieb er 1980 in »LSD: Mein Sorgenkind«: »Dieser Bewusstseinszustand, der unter günstigen Bedingungen durch LSD oder durch ein anderes Halluzinogen aus der Gruppe der mexikanischen sakralen Drogen hervorgerufen werden kann, ist verwandt mit der spontanen religiösen Erleuchtung, mit der unio mystica.«

Unter dem Markenname Delysid hatte die Firma Sandoz, für die Hofmann bis zu seiner Pensionierung arbeitete, vorerst das weltweite Monopol auf LSD. Über zwei Jahrzehnte unterstützten Regierungen und private

Geldgeber diverse Forschungen mit LSD, später dann auch mit weiteren psychoaktiven Substanzen. Es gab zahlreiche wissenschaftliche Publikationen, Konferenzen und Symposien über neuste Erkenntnisse. Allein im Bereich der Psychiatrie wurden damals in kurzer Zeit Studien mit über 40 000 Patienten veröffentlicht. Dabei wurde die Wirkung von LSD unter anderem bei der Behandlung von sexuellen Störungen, Autismus sowie der Linderung von psychischen und physischen Belastungen bei Krebspatienten erprobt. In der sogenannten psycholytischen Therapie wurden psychoaktive Substanzen verwendet, um therapeutische Prozesse bei psychisch erkrankten Patienten zu intensivieren und zu beschleunigen, teilweise mit eher geringen Dosen, teilweise auch mit bewusst hohen Dosen, in der Absicht, intensive transformierende Erfahrungen auszulösen. Die gesellschaftliche Entwicklung führte allerdings dazu, dass dieser Forschungszweig stillgelegt wurde und eine Evaluation der Studien kaum stattfand.

Abseits der wissenschaftlichen Forschung hatten verschiedene Drogen ab Ende der 1950er-Jahre ihren Weg in die westlichen Gesellschaften gefunden. Es entwickelte sich ein Geist, der neben den eigenen Grenzen auch die gesellschaftlichen sprengen wollte. Mehrere Autoren förderten mit Büchern über ihre persönlichen Drogenerfahrungen eine neue Wahrnehmung in der Gesellschaft. So schilderte beispielsweise Aldous Huxley 1954 in »Die Pforten der Wahrnehmung« seine Eindrücke nach der Einnahme von Meskalin. 1963 wurden Erfahrungen mit Ayahuasca von William S. Burroughs und Allan Ginsberg im Buch »The Yage Letters« veröffentlicht.

Flower-Power, Summer of Love, Demonstrationen gegen den Vietnamkrieg und gesellschaftlicher Ungehorsam machten Schlagzeilen; aber auch Todesfälle, ausgelöst durch Drogenkonsum. Während bei traditionell verankerten Ritualen der Einnahme von Halluzinogenen eine teils tagelange Vorbereitung durch Meditation, Askese und Riten vorhergeht, gab es im Westen keine Kultur für diese Art der Bewusstseinsveränderung. Unkontrollierter Konsum, die gleichzeitige Einnahme verschiedener Substanzen, Überdosen oder Verunreinigungen von Drogen forderten Opfer. Die westliche Welt sah sich genötigt, auf die unerwartete Entwicklung zu reagieren. Auch in der Wissenschaft wuchs die Skepsis, etwa gegenüber dem amerikanischen Psychologen Timothy Leary (1920–1996), der unter anderem in Berkeley und Harvard lehrte und zunehmend unter Druck geriet. Leary erachtete psychoaktive Substanzen als Instrument für eine »Neu-Programmierung des Gehirns«. 1970, als die Vereinigten Staaten einen Riegel vorschoben und so ziemlich alle psychedelischen Substanzen, die damals in der Bevölkerung konsumiert wurden, als verbotene Drogen deklarierten, wurde Leary zu 10 Jahren Gefängnis verurteilt – aufgrund von zwei Jointkippen, die bei einer Durchsuchung seines Fahrzeugs gefunden wurden. Leary flüchtete vor der Gefängnisstrafe. Heute gilt er als eine der schillerndsten und umstrittensten Figuren des damaligen Drogenbooms.

In den späten 1970er-Jahren stellte sich heraus, dass der amerikanische Geheimdienst auf der Suche nach einer »Wahrheitsdroge« vielen Hunderten von Menschen ohne deren Wissen oder Einwilligung psychoaktive Substanzen verabreicht hatte. Experimentiert wurde in diesem Zusammenhang auch mit MDA (3,4-Methylendioxyamphetamin), einer synthetischen Droge, die zur Gruppe der Amphetamine zählt. MDA ist das Ausgangsmaterial für Ecstasy und wurde in den USA 1985 ebenfalls auf die Liste der verbotenen Substanzen gesetzt.

Die von den USA verfasste Liste der verbotenen Substanzen ist weltweit gültig, wenn auch zwischenzeitlich in Bezug auf Cannabis mancherorts ein freiheitlicher Umgang erprobt wird. Halluzinogene spielen heutzutage beim Konsum illegaler Drogen eine eher geringe Rolle.

Was Halluzinogene auslösen

Auf die Einnahme eines Halluzinogens reagiert der Körper oft als erstes mit Übelkeit. Es kann Druck auf den Kopf oder andere Körperteile empfunden werden. Auch Wahrnehmungen wie Klirren, Schwirren oder Knacken, ebenso Kälte oder Hitze, Schüttelfrost oder Zittern können Folgen sein. Die Wahrnehmung des eigenen Körpers verändert sich. Dieser kann zerfließen, pulsieren, die Form eines Tieres annehmen, um Beispiele zu nennen. Es können Gleichgewichtsstörungen auftreten, das Gefühl, sich vom Körper loszulösen, oder der Eindruck, der Körper selbst löse sich auf. Die sensorische und kognitive Sensibilität verändert sich, ebenso wie die Wahrnehmung des Ichs und der Umgebung und somit die Fähigkeit zur sozialen Interaktion. Die sinnliche Wahrnehmung wird intensiviert und verfremdet. Äußere Reize werden uminterpretiert und können sich überlagern, sodass beispielsweise Töne als Farben wahrgenommen werden. Extreme Formen von Pseudohalluzinationen bis hin zu echten Halluzinationen treten auf. Verwirrung, Gedächtnisverlust oder Desorientierung in Bezug auf Personen, Raum und Zeit sind mögliche Auswirkungen. Insgesamt erscheint vieles beschleunigt: die Denkprozesse, der Wechsel von emotionalen Empfindungen zwischen Angst und Euphorie, Beklemmung und Entspannung. Möglich sind außerdem Kreislaufprobleme, weniger wegen der eingenommenen Substanz an sich als durch deren psychische Wirkung, etwa wenn dadurch Angstzustände ausgelöst werden.

Im Vergleich zu Träumen werden Drogentrips als realistischer erlebt. Die Konsumenten sind sich in der Regel bewusst, dass sie sich auf einem Trip befinden. Dieses Bewusstsein von zwei Welten mag es erfahrenen Konsumenten erlauben, bis zu einem gewissen Grad selbst zu entscheiden, wie intensiv sie sich auf ihren Trip einlassen beziehungsweise wie stark sie sich mit den Erlebnissen auf einem Trip identifizieren. Der erwähnte Schweizer

Chemiker Albert Hofmann hatte von Hippies mit großer Erfahrung auf diesem Gebiet gehört, dass von fünf Trips durchschnittlich einer ein Horror-Trip sei, das müsse so in Kauf genommen werden. Das Ausloten der Grenzen ist gleichzeitig die größte Gefahr. Drogentote waren meistens erfahrene Konsumenten. Bis heute gilt LSD als das potenteste Halluzinogen, das heißt, es wird im Vergleich zu anderen psychoaktiven Substanzen die kleinste Dosis benötigt, um eine starke Wirkung zu erzielen. Die zeitliche Wirkung von LSD beträgt je nach Dosis bis zu 12 Stunden. Die Wirkung von Meskalin, Psilocybin, Psilocin hält etwa halb so lange an. Im Zusammenhang mit Pilzen ist öfter die Rede vom »Geist im Pilz«, also der Wahrnehmung eines nicht eigenen Bewusstseins, das sich durch die Substanz offenbart. Die Visionen wirken oft »organischer«, natürlicher, weniger abstrakt als unter dem Einfluss von LSD. Reines DMT wirkt nur während etwa einer Viertelstunde, jedoch sehr intensiv.

Neben der Qualität der eingenommenen Substanz sind die körperliche und psychische Verfassung des Konsumenten sowie das Umfeld, in dem der Trip stattfindet, ausschlaggebend für die Qualität des Erlebens. Je besser in jeder Hinsicht die Voraussetzungen sind, desto sicherer und größer ist die Chance auf einen bereichernden Trip. Zum Umfeld gehört ein sogenannter Tripsitter, also eine kompetente Vertrauensperson, die in kritischen, schwierigen Momenten den Konsumenten positiv unterstützen kann. Zu vermeiden ist ein psychedelischer Trip, wenn die körperliche und/oder psychische Verfassung schlecht ist und eine geeignete Begleitperson fehlt.

Wissenschaftliche Erkenntnisse

Ausgelöst durch das weltweite Drogenverbot kam ab 1970 die Humanforschung mit psychoaktiven Substanzen für einen Zeitraum von rund 20 Jahren völlig zum Erliegen. Veränderte Bewusstseinszustände wurden dennoch weiter erforscht, wenn auch ausgelöst durch andere Techniken wie Atmung, Isolation, Meditation und Weiteres. Psychedelisch wirkende Substanzen wurden weiterhin bei Tierversuchen eingesetzt. Unter anderem zeigte sich dabei, dass der neuronale Botenstoff Serotonin (Kapitel 2.4) in seiner Grundstruktur mit Psychedelika so eng verwandt ist, dass sie auf die gleichen Rezeptoren ansprechen. Werden vor der Verabreichung halluzinogener Substanzen Blocker eingesetzt, welche die Serotonin-Bindungsstellen auf den Nervenzellen besetzen, zeigt sich keine Wirkung, weil das Halluzinogen nicht andocken kann.

Insbesondere in der Schweiz gab es Bemühungen, die Humanforschung wieder in Gang zu bringen. So wurde 1985 ein Verein, die Schweizerische Ärztegesellschaft für Psycholytische Therapie, gegründet, um psycholytische und psychedelische Verfahren zu therapeutischen Zwecken möglich zu machen. Ziel war, gleichzeitig deren Handhabung zu kontrollieren und, wo nötig, deren weitere Erforschung anzuregen. Nicht zuletzt geht es dem Verein darum, die nötige theoretische und praktische Ausbildung für die Handhabung der entsprechenden Substanzen anzubieten.

Einer der wenigen Wissenschaftler, der sich rund 20 Jahre nach dem Drogenverbot wieder der Humanforschung mit psychoaktiven Substanzen zuwandte, ist der Psychiater und Hirnforscher Franz X. Vollenweider. Seit 1989 schickt er an der Psychiatrischen Universitätsklinik Burghölzli in Zürich zahlreiche Probanden auf Trips. Anhand bildgebender Apparaturen beobachtet Vollenweider, welche Hirnregionen unter dem Einfluss von Halluzinogenen aktiv sind und prüft, welche Rückschlüsse dies auf Patienten zulässt, die an Depressionen oder Schizophrenie leiden. Mit einer Modellpsychose unter kontrollierten Bedingungen ist es möglich, einen Teil der Symptome von Schizophrenie vorübergehend hervorzurufen. Dazu gehört unter anderem, dass sich die Grenzen des Ichs auflösen. Dieser Eindruck des Verschmelzens mit allem, was da ist, entspricht einer relativ häufigen Erfahrung unter dem Einfluss halluzinogener Substanzen. Es ist ein Phänomen, das auch im Zustand von Ekstase oder während einer Meditation auftreten kann. Diese Erfahrung wird je nach psychischer Voraussetzung positiv erlebt oder als Horror.

Beobachten lässt sich als weitere Gemeinsamkeit von einem schizophrenen Schub und einem Trip eine Reizüberflutung des vorderen Hirnbereichs. Grund dafür dürfte eine Störung der normalen Funktion des Thalamus (Kapitel 2.2) sein. Das ist jene Hirnregion, welche Wahrnehmungen normalerweise vorfiltert, sortiert und weiterleitet. Vollenweider erklärt, dass die inneren Reize sich unter Drogeneinfluss mehren. »Das liegt teils daran, dass uns die Sinnesorgane intensivere Informationen aus der Umwelt liefern. Durch diese Substanzen wird das Großhirn auch ohne äußere Reize erregt. Das führt dazu, dass die Grenze zwischen Ich und Umwelt verschmilzt«, so Vollenweider.

In den Vereinigten Staaten bemühen sich das Heffter Reseach Institute und MAPS (Multidisciplinary Association for Psychedelic Studies) um die Förderung von Studien mit psychoaktiven Substanzen in der Humanforschung. Als der Psychiater Rick Strassman nach einem aufwendigen, Jahre dauernden Bewilligungsverfahren 1990 erstmals wieder in den USA die Genehmigung erhielt, mit DMT an Menschen zu forschen, war dies in Wissenschaftskreisen eine absolute Sensation. Während seines Projekts an der Universität von New Mexiko wurden Freiwilligen während 5 Jahren insgesamt rund 400 Dosen DMT als Injektion verabreicht. Alle Freiwilligen hatten zuvor schon Erfahrungen mit psychedelischen Substanzen gemacht. Wie Strassman in seinem Buch »DMT – Das Molekül des Bewusstseins« schreibt, gab es unter seinen 60 Probanden nur 3, die in keiner Weise eine Wirkung von DMT feststellten. Strassman erfuhr, dass

Biologe und Autor Terence McKenna (1946–2000), der Hunderte in die DMT-Erfahrung eingeführt hatte, eine ähnliche Bilanz zog und schätzte, dass etwa 5 Prozent der Personen, denen er DMT gab, nichts von den Wirkungen spürten, also nicht auf das Halluzinogen ansprachen.

Unerklärliche Erfahrungen

Bei der großen Mehrheit der Konsumenten löst DMT eine kurze, intensive Reaktion aus. Strassman war tief beeindruckt von dem, was ihm die Probanden über ihre Trips erzählten. Zum Zeitpunkt der Studie gehörte der Wissenschaftler schon seit vielen Jahren einer buddhistischen Gruppe an. Spirituelle Ansichten waren ihm also nicht fremd und Bewusstseinsaustausch war für Strassman nicht überraschend und irgendwie nachvollziehbar. Schwieriger einzuordnen waren für ihn Beschreibungen von fremden Wesen, Entführungen, Manipulationen am Körper der Probanden, angenehme wie auch erschreckende physisch wahrgenommene Kontakte. Wie war es möglich, dass Probanden, deren Körper geschützt auf einer Liege lag, überzeugt sein konnten, dass der Körper auf dem Trip gleichzeitig voll in das Geschehen involviert war? Im Rückblick benannte Strassman nicht zuletzt seine eigene Schwierigkeit im Umgang mit solchen Schilderungen als Grund, weshalb er das Projekt nach fünf Jahren trotz einer erneuerten Genehmigung nicht weiterführen wollte.

Wenngleich die Humanforschung mit psychoaktiven Substanzen heute eine Randerscheinung ist, so laufen doch international immer wieder Projekte, an denen sich Freiwillige beteiligen. Geforscht wird aktuell vor allem im Zusammenhang mit der Behandlung von Neurosen, Depressionen und Alkoholismus oder auch zur therapeutischen Unterstützung von unheilbar Kranken. So berichtete etwa das US-amerikanische Fachmagazin »Archives of General Psychiatry« 2010, dass während eines Experiments mit Magic Mushrooms bei 12 Freiwilligen mit fortgeschrittener Krebserkrankung keine Nebenwirkungen feststellbar waren, jedoch Angst und Depressionen reduziert werden konnten. An der Universität Zürich wurde mittels bildgebender Verfahren nachgewiesen, dass schon eine kleine Menge Psilocybin die Mandelkerne beeinflusst und dadurch negative Emotionen abschwächt. Zudem werden die Andockstellen für den Botenstoff Serotonin stimuliert, was sich stimmungsaufhellend auswirkt. Deshalb könnte das Zauberpilz-Extrakt bei der Behandlung von Depressionen nützlich sein.

Ebenfalls in der Schweiz hatte der Psychiater Peter Gasser 2007 eine Sonderbewilligung erhalten, LSD zur Behandlung von Angststörungen bei einem Dutzend schwerkranken Krebspatienten einzusetzen. Gasser zog eine positive Bilanz: »Die durch LSD unterstützte Therapie hat geholfen, dass die Patienten ihre Ängste besser bewältigen konnten.« Unter anderem, weil dadurch tiefgreifende Themen zur Sprache kämen – »gerade auch spirituelle Fragen, die von konventionellen Therapien eher nicht berührt werden.« Gasser betont gleichwohl, dass für fundierte statistische Aussagen diese Studie viel zu klein sei. Bis 2021 hat er mit einer Gruppe von acht Schweizer Therapeuten in einem Forschungsprojekt die Zulassung, weitere rund 40 Patienten mit Angststörungen zu behandeln. Gasser ist überzeugt, »dass LSD therapeutisches Potenzial besitzt. Ich glaube allerdings nicht, dass es jemals zu einer Mainstream-Behandlung wird.«

Zu einem ähnlichen Ergebnis kommt eine norwegische Studie der Technisch-Naturwissenschaftlichen Universität Trondheim. Festgestellt wurde, dass bei mehr als 500 alkoholkranken Patienten nach der ärztlich kontrollierten Gabe von LSD der Alkoholmissbrauch bis zu einem halben Jahr, bei größeren LSD-Dosen auch länger, gestoppt werden konnte.

Aktuell forscht Katrin Preller an der Universität Zürich zum Thema Therapiemöglichkeiten mit Psilocybin bei Alkoholsucht und Depressionen, wobei die klinische Studie mit Gesunden durchgeführt wird. Es stellen sich vor allem Studierende als Probanden zur Verfügung. »Die meisten wollen das Halluzinogen einmal in einer sicheren, kontrollierten und legalen Umgebung ausprobieren«, so die Studienleiterin. »Solche Substanzen öffnen uns ein Fenster in die Chemie des Gehirns. Sie können im Gehirn eingefahrene Denkmuster unterbrechen. Dadurch könnten depressive Menschen eine gewisse Einsicht in ihre Probleme erhalten«, argumentiert die Neuropsychologin Katrin Preller. Erste Studien zeigten, dass Psychedelika Symptome von Depressionen lindern können.

Das Schweizer Forschungsmagazin »Horizonte« schrieb in diesem Zusammenhang 2020 von einem »scheinbar verwerflichen Experiment«, was deutlich macht, dass Halluzinogene nach wie vor ein Reputationsproblem haben. Dazu tragen weiterhin auch missbräuchliche Anwendungen bei. Beispielsweise verabreichte 2009 ein Arzt in Berlin zu Therapiezwecken während einer Sitzung mehreren Patienten Halluzinogene: In der Folge fielen zwei Menschen ins Koma und zwei starben. Die gesellschaftliche Wirkung stark bewusstseinsverändernder Drogen schätzte Terence McKenna klar negativ ein.

4.11 ELEKTRIZITÄT

Unter dem Einfluss von Wellen

Auf Knopfdruck das Verhalten von Mensch oder Tier abrupt beeinflussen? Oder subtil den Bewusstseinszustand mittels ultraschwacher elektromagnetischer Wellen verändern? Geht das? Solche Fragen stellen sich Wissenschaftler seit der Erfindung der Elektroenzephalografie (EEG) 1929, denn damals wurde deutlich, dass spezifische mentale Zustände mit unterschiedlichen Hirnströmen einhergehen (Kapitel 2.5).

Naheliegend also, dass Wissenschaftler in der Folge wissen wollten, was geschieht, wenn Hirnfrequenzen manipuliert werden. Einer der ersten, der sich mit Neurostimulation befasste, war Walter Rudolf Hess (1881–1973). In Zürich experimentierte der Nobelpreisträger unter anderem mit der gezielten Elektrostimulation des Hypothalamus (Kapitel 2.2). Zu diesem Zweck legte der Schweizer Physiologe seinen Probanden Elektroden am Kopf an. Je nachdem, welche Region des Hypothalamus mittels Impulsen im Niederfrequenzbereich stimuliert wurde, reagierten seine Probanden mit unterschiedlichen emotionalen Zuständen: von starker Erregung bis hin zu Apathie. Als Reaktion auf schwache Stromstöße auf andere Hirnregionen zeigten sich außerdem körperliche Reaktionen: etwa Hunger und Durst, eine Reduktion des Blutdrucks oder eine Verlangsamung der Atmung.

Strom gegen Depression

In den 1930er-Jahren entwickelten die italienischen Neurologen und Neuropsychiater Ugo Cerletti (1877–1963) und Lucio Bini (1908–1964) eine Methode zur Behandlung von Patienten, die unter Depressionen leiden. Technische Basis dafür waren auch in diesem Fall am Kopf angebrachte Elektroden. Die Elektrokrampftherapie, besser bekannt als Elektroschocktherapie, ist bis heute in vielen Köpfen als Horrorvision verankert. Allerdings zu Unrecht, denn in verfeinerter Form bewährt sie sich besser denn je. Heute wird sie zur Linderung von schweren Depressionen und gelegentlich auch zur Behandlung von Schizophrenie unter einer kurzen Vollnarkose durchgeführt. Verwendet wird Strom mit 0,8 Ampere, was im Bereich der Glühbirne einer Taschenlampe liegt. »Die Ärzte lösen zwar einen

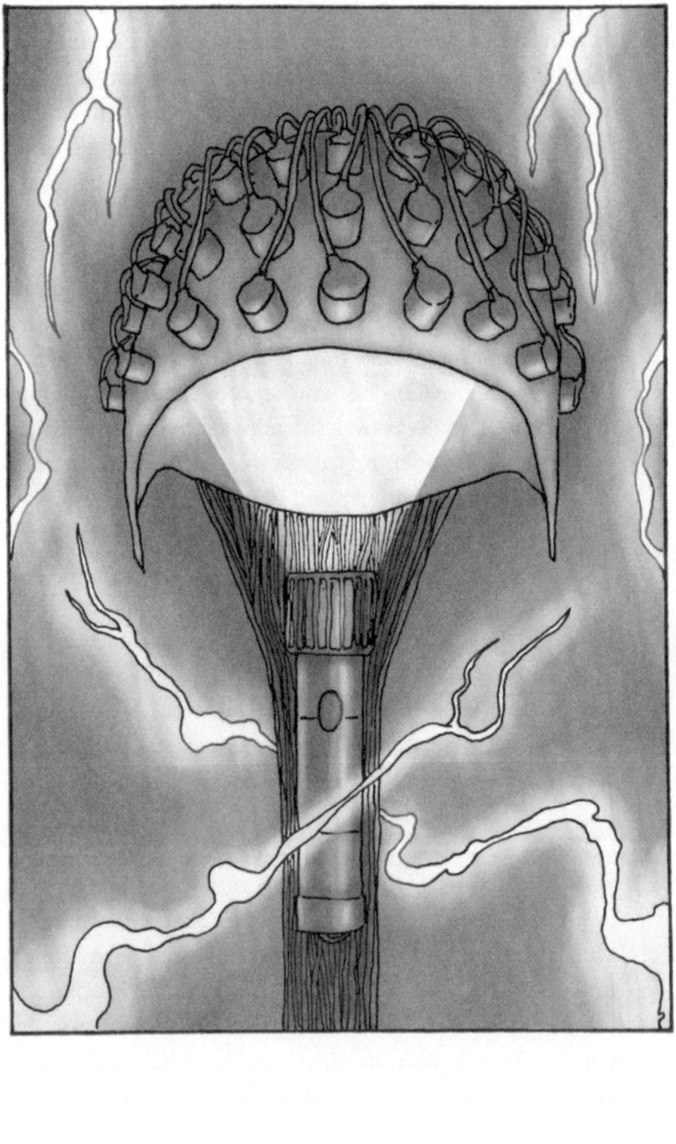

Krampfanfall aus, doch das geschieht nur im Kopf und führt nicht zu Verkrampfungen der Muskeln«, erklärt Michael Grözinger, Psychiater am Universitätsklinikum Aachen (Deutschland). »Trotz kontinuierlicher Anfeindung, enormen Fortschritten von Psychotherapie und Pharmakotherapie, begrenzten finanziellen Interessen der Industrie und trotz der aufwendigen Koordination mit der Anästhesie hat die EKT [Elektrokrampftherapie] in den vergangenen 25 Jahren erneut an Bedeutung gewonnen. Alleiniger Grund hierfür ist ihre herausragende klinische Wirksamkeit. So ist es keine Seltenheit, dass Patienten nach jahrelangen frustranen Therapieversuchen durch EKT wieder mehr Lebensqualität gewinnen«, so der Psychiater. Was genau im Kopf infolge der Behandlung geschieht, wird nur teilweise verstanden. Vermutet wird, dass die elektrischen Entladungen den Stoffwechsel zu einer Neuorganisation im Nervensystem anregen. Belegt ist, dass sich der Blutfluss wieder dem Normalzustand von nicht-depressiven Menschen angleicht.

Mit ultrasubtilen Stromimpulsen wird seit den 1960er-Jahren auch im Rahmen der sogenannten transkraniellen Gleichstromstimulation (tDCS) experimentiert. Angewendet wird die Methode ohne Narkose, die Probanden verspüren dabei höchstens ein leichtes Kribbeln am Kopf. Die Wirkung – eine entsprechend stärkere oder schwächere Durchblutung der angepeilten Hirnareale – lässt sich aber mittels PET (Kapitel 2.1) belegen. Auch zeigen sich konkrete Auswirkungen: So konnten Probanden am Luftwaffenstützpunkt Wright-Patterson (USA) unter dem Einfluss von tDCS signifikant länger als die üblichen 20 Minuten aufmerksam bleiben, als es galt, Überwachungsvideos auszuwerten. Auch waren US-Soldaten an der Universität von New Mexico in Albuquerque nach kurzem Training im Computerspiel Darwars Ambush doppelt so gut wie die Vergleichsgruppe ohne tDCS. Ziel solcher Studien für das amerikanische Militär sei es, die

Sinne der Soldaten schärfen zu können. Ähnliches erhoffen sich Manager und Sportler, die beispielsweise am Brain and Mind Centre der Universität Sydney durch tDCS ihr Arbeitsgedächtnis oder ihre Inspiration fördern wollen. Auch wird tDCS in der Neurospiritualität propagiert: Bewusstseinszustände, wie sie Meditierende nach Jahren der Übung einnehmen können, sollen damit nach kürzester Zeit möglich sein. William »Scott« Killgore, Psychologe an der Harvard Medical School, rät trotz vielversprechender Resultate zur Vorsicht: Das Verfahren sei noch nicht sehr genau, sagte er dem »Boston Globe«. Das Problem sei, dass durch die Stimulation eines Gehirnareals die Aktivität in anderen verringert werde. »Das Schwierige ist zu wissen, welche Bereiche man ein- und welche man ausschaltet.«

Einen positiven Einfluss auf die Hirnströme versprechen auch sogenannte Mind Machines. Erste Exemplare wurden vom US-amerikanischen Neurophysiologen William Grey Walter (1910–1977) in den 1940er-Jahren entwickelt. Mittels einer Spezialbrille, die gepulstes Licht übermittelt, und einem Kopfhörer, der Töne in einer spezifischen Frequenz aussendet, sollen sich die Hirnströme den dargebotenen Frequenzen anpassen. Anwendung finden Mind Machines heute unter anderem zur Erzeugung von Trance, zur Entspannung und als Einschlafhilfe, für verbesserte Lernfähigkeit, meditative Zustände oder zur Unterstützung von Fantasiereisen.

Invasive Methoden

Statt Elektroden am Kopf von Probanden anzulegen, kam in den Vereinigten Staaten José Manuel Rodriguez Delgado (1915–2011) als einer der Ersten auf die Idee, Elektroden direkt ins Gehirn zu implantieren – etwa vergleichbar mit einem Herzschrittmacher. Welche Folgen dies haben kann, demonstrierte der gebürtige Spanier 1965 anläßlich der vermutlich spektakulärsten Darbietung in der Geschichte der Neurostimulation: Als unbewaffneter und ungeübter

Torero stand der Professor in der Stierkampf-Arena von Cordoba. Er ließ den schnaubenden Stier bis auf zwei Meter auf sich zustürmen. Dann drückte Delgado auf den Knopf seines Funkgeräts. Daraufhin blieb der Stier (dem zuvor eine Elektrode implantiert worden war) mitten im Lauf stehen, wandte sich ab und trottete davon.

Delgado war nicht nur in seinem Handeln, sondern auch in seinen Ansichten entschieden: »Wir benötigen ein Programm für Psychochirurgie zur politischen Kontrolle unserer Gesellschaft. Der Zweck ist die physische Kontrolle des Geistes. Jeder, der von der Norm abweicht, kann chirurgisch verstümmelt werden. [...] Das Individuum mag denken, die eigene Existenz sei die wichtigste Realität, doch das ist nur sein persönlicher Standpunkt. Diesem fehlt die historische Perspektive. Der Mensch hat nicht das Recht, seinen eigenen Geist zu entwickeln. [...] Wir müssen das Gehirn elektronisch kontrollieren.« Delgados Forschungen wurden weitgehend von der US Navy finanziert.

An der amerikanischen Yale-Universität in Connecticut implantierte Delgado auch Katzen, Affen und Menschen Elektroden, die sich fernsteuern und von außen mit Strom versorgen ließen; man nennt diese Methode Telemetrie. Und es zeigte sich bald, dass der Forscher nicht der Einzige blieb, der bei Bedarf gerne mal den Knopf betätigte. Unter anderem hatte sein Team den aggressivsten Affenmännchen im Gehege der Yale-Universität eine Elektrode in jenem Hirnareal implantiert, welches die Empfindung Friedfertigkeit auslöst. Um dieses Verhalten steuern zu können, wurde seiner Affengruppe im Gehege ein Knopf zur Verfügung gestellt. Es dauerte nicht lange, bis die unterdrückten Tiere immer mal wieder den Knopf drückten, um den Aggressor kaltzustellen. Auch bei einem Versuch mit Ratten wurde das Drücken des Knopfes schnell zur Routine. Den Ratten wurde per Elektrode und Tastendruck die Möglichkeit geboten, ihre Wollust jederzeit in Gang zu setzen, worauf die Nager derart eifrig die

Taste drückten, dass sie gar das Fressen vernachlässigten. »Wir können mit einem Gehirn ohne die Zwischenschaltung von Sinneswahrnehmungen sprechen«, so Delgado.

Man mag argumentieren, dass sich ein Tier seines Verhaltens nicht bewusst und dadurch den elektromagnetischen Manipulationen ausgeliefert sei. Doch Versuche mit Menschen haben gezeigt, dass sie gegenüber solchen Implantaten kaum widerstandsfähiger sind. Einer von Delgados Patienten soll gesagt haben: »Ihre Elektrizität ist stärker als mein Wille.«

Heute wird die sogenannte Tiefenhirnstimulation (THS) unter anderem zur Behandlung von chronischen Depressionen und schweren Zwangsstörungen sowie starker Suchtabhängigkeit eingesetzt. In solchen Fällen kann THS das zugrunde liegende Problem zwar nicht lösen, aber die Symptome zum Verschwinden bringen. Auch legen die bisherigen Erfahrungen den Schluss nahe, dass trotz jahrelangem Einsatz der Elektroden kaum Nebenwirkungen zu befürchten sind. Operiert werden bislang schwer leidende Menschen, bei denen konventionelle Therapieformen keinen Erfolg gebracht haben. In Deutschland waren es 2013 rund 500 Personen. Volker Sturm, ehemaliger Direktor der Klinik für Stereotaxie und funktionelle Neurochirurgie am Kölner Universitätsklinikum, ist überzeugt, dass Hirnstimulationen in einigen Fällen ethisch geboten seien. »Es gibt Patienten, die so leiden, dass es menschenfeindlich wäre, ihnen die Elektrode zu verweigern.« Sturm hatte in Deutschland 1978 als erster einen Hirnschrittmacher implantiert. Dennoch erachtet der Neurochirurg ein Implantat nicht in jeden Fall als Lösung und kritisiert etwa New Yorker Mediziner, die 2007 im Magazin »Nature« folgendes Experiment publizierten: Bei einem Patienten, der seit Jahren im Wachkoma lag, wurde der Thalamus, das Tor zum Bewusstsein (Kapitel 2.2), mittels Elektroden stimuliert, worauf der damals 38-Jährige tatsächlich erwachte. Er konnte in der Folge mit wenigen Worten auf die Fragen der Ärzte antworten und selbstständig aus einer Tasse trinken. Doch Volker Sturm findet: »Man verwandelt mit einem solchen Vorgehen einen bewusstlosen Schwerstbehinderten in einen Schwerstbehinderten, der sich über seine Situation klar ist: Das ist unethisch.«

> *Es gibt Patienten, die so leiden,*
> *dass es menschenfeindlich wäre,*
> *ihnen die Elektrode zu verweigern.*
> — Volker Sturm, Emeritierter Professor für Neurochirurgie und Stereotaxie

Elektrische Impulse als Heilmethode für gravierende Beschwerden machen auch in anderen Bereichen Fortschritte. Sie werden aktuell etwa eingesetzt, um chronische Schmerzen maßgeblich zu reduzieren, oder zur Behandlung von Bewegungsstörungen mit neurologischem Ursprung. An der Universität Köln wurde an der Entwicklung von Hirnschrittmachern gearbeitet, die Parkinson-Symptome nicht nur unterdrücken, sondern das Gehirn wieder so funktionieren lassen, dass der Patient als geheilt gilt. Sicher ist, dass die Forschung in diesem Bereich längst nicht das Ende ihrer Möglichkeiten erreicht hat.

Möglicher Missbrauch

Geforscht wird selbstredend, um kranken Menschen eine Verbesserung ihres Zustandes zu ermöglichen. Aber nicht nur. Ansonsten hätten während des Kalten Krieges nicht beiderseits des Eisernen Vorhangs Militärs und Geheimdienste die Forschung im Bereich der Neurostimulation forciert.

Unter anderem stellte sich die Frage, was geschieht, wenn Menschen aus der Distanz gezielt mit niederfrequenten elektromagnetischen ELF-Wellen oder mit Mikrowellen bestrahlt werden.

Gibt man im Internet die Stichworte Bewusstsein

und Elektromagnetismus ein, stößt man auf eine Vielzahl von Webseiten, die Verschwörungstheorien über Bewusstseinsmanipulationen und beängstigende Waffensysteme thematisieren. Aufwind erhielten populäre Verschwörungstheorien mit der Publikation des Buches »The Montauk Project«, in dem Preston Nichols 1992 die These aufstellte, dass auf dem US-Militärflughafen Camp Hero in den 1970er- und 1980er-Jahren mittels einer Radaranlage unter anderem versucht worden sei, die Gedanken der amerikanischen Bevölkerung zu beeinflussen. Nur wenige Behauptungen im Buch gelten als belegt. Dennoch sind zum Thema »Mind Control«, also der Kontrolle mentaler Vorgänge, zahlreiche weitere Publikationen erschienen und diverse Interessengemeinschaften entstanden. Menschen, die sich als Opfer von Mind-Control-Methoden erachten, machen unter anderem geltend, sie würden gezielt mit Mikrowellen bestrahlt oder es sei ihnen ein Mikrochip implantiert worden.

Nachgewiesen ist unter anderem, dass die Sowjets in den 1950er-Jahren ein Gerät namens Lida offiziell zur Behandlung von Schlaflosigkeit, Bluthochdruck und neurotischen Störungen entwickelten. Zu Beginn der 1980er-Jahre besorgte die CIA ein solches Gerät und überreichte es William Ross Adey (1922–2004), einem Fachmann in der Erforschung von physiologischen Effekten durch ELF-Signale auf biologische Systeme. Adey stellte fest, dass die ELF-Wellen des Lida bei Ratten und Katzen innerhalb von Minuten einen tranceähnlichen Zustand auslösen. In den USA gab es offiziell keine Bewilligung, mit Lida Forschung an Menschen zu betreiben. Adey war sich aber sicher, dass dies in Russland seit 1960 gemacht worden sei. Auch dürfte es Versuche gegeben haben, mit unterschiedlichen Frequenzmodulationen weitere mentale Veränderungen auszulösen.

Offiziell thematisiert wird die Entwicklung von Geräten zur mentalen Kontrolle gelegentlich im Rahmen von »Non-Lethal-Weapons«, also nichttödlichen Waffen. So ist bekannt, dass das US-amerikanische Air Force Research Laboratory 1997 mit der Entwicklung des sogenannten Active Denial System (ADS) startete. Die 2007 offiziell vorgestellte Strahlenwaffe sendet an Ziele in einer Distanz von bis zu über einem halben Kilometer stark gebündelte Mikrowellen in einer Frequenz von 95 Gigahertz aus. (Zum Vergleich: Mikrowellen-Geräte im Haushalt arbeiten mit 2,45 Gigahertz). ADS-Strahlen erhitzen die menschliche Haut schlagartig auf etwa 55 Grad, was brennende Schmerzen auslöst, aber laut Befürwortern dieses Waffensystems zu keinen bleibenden Schäden führt. Kritiker sind der Meinung, dass durch die starken Schmerzen Traumata ausgelöst werden können und die Gefahr bestehe, ADS als Folterinstrument zu missbrauchen. Fest steht, dass die amerikanische Luftwaffe Flugzeuge vom Typ AC-130 mit Mikrowellenwaffen ausrüstet. Das System werde eher aus politischen als aus technischen Gründen noch nicht verbreitet eingesetzt.

Nichttödliche Waffen, ihre Entwicklung, Einsatzgebiete und Auswirkungen sind alle zwei Jahre Thema eines internationalen, öffentlichen Kongresses, der vom Fraunhofer-Institut organisiert wird. Fraunhofer ist in Europa die größte Organisation für angewandte Forschung und betreibt in Deutschland derzeit 74 Institute und Forschungseinrichtungen. Unter anderem ist Fraunhofer für das deutsche Verteidigungsministerium tätig. »Anlässlich der Kongresse über Nichttödliche Waffen finden sich jeweils auch etwa zwei Dutzend Menschen ein, die gegen solche Waffensysteme demonstrieren und sich teilweise auch persönlich attackiert fühlen«, erklärt Mediensprecher Stefan Tröster. Das Institut nehme die Ängste dieser Menschen ernst. Tröster sagt, er suche aus diesem Grund das persönliche Gespräch mit Demonstrierenden: »Die Entwicklung von Waffen zur mentalen Kontrolle steht nicht auf der Agenda unseres Institutes.«

Bedenken lösen sogenannte psychotronische Waffensysteme auch im Europäischen Parlament aus. Eine Studie über »Crowd Control Technologies«, also Techniken zur Kontrolle von Menschenmassen, im Auftrag des Europäischen Parlaments im Jahr 2000 hielt fest: »Der militärisch-polizeiliche Industriekomplex hat ein ständig wachsendes Arsenal an neuen Waffen zur Kontrolle von Menschenmengen hervorgebracht, die das zweifelhafte Versprechen von noch leistungsfähigeren technischen Lösungen für soziale und politische Probleme bieten.« Gemäß den Autoren im Auftrag der Omega Foundation ist nachgewiesen, dass die USA wie auch Russland während des Kalten Krieges diverse Programme zur Mind Control durchführten. Namentlich erwähnt werden MKULTRA und MKDELTA: Das sind umfangreiche geheime Forschungsprogramme der CIA über Möglichkeiten der Bewusstseinskontrolle (Kapitel 4.10). Unter dem Projektnamen Pandora gab es Versuche mit elektromagnetischen Wellen.

In der erwähnten Studie im Auftrag des Europäischen Parlaments wird unter anderem das Internationale Komitee des Roten Kreuzes zitiert: »Es gibt einen dringenden Bedarf, das Potenzial von physikalischen und psychologischen Effekten neuer Technologien zu studieren.« Erwähnt wird in der Studie das Buch »Earth Rising – The Revolution: Toward a Thousand Years of Peace« von Nick Begich und James Roderick. Zur Sprache kommt darin wie auch in zahlreichen Verschwörungstheorien HAARP. Der Name steht für High Frequency Active Auroral Research Program. Die riesige Anlage mit Radiotransmittern, Generatoren und 24 Meter hohen Antennen wurde 1993 in Alaska von der US Air Force, der Navy sowie der Universität von Alaska in Betrieb genommen. Es hieß, der Auftrag laute, die Ionensphäre zu erforschen – unter anderem mit dem Ziel, feindliche elektronische Gerätschaften über Manipulationen in der Ionensphäre zu stören beziehungsweise lahmzulegen. Solche Technologien sind mehr als Science-Fiction. Bekannt ist beispielsweise, dass 2012 in einem Boeing-Flug über Utah das Counter-electronics High Power Microwave Advanced Missile Project (CHAMP) getestet wurde. Im Rahmen dieses Projektes der U.S. Air Force werden Raketen erzeugt, die in der Lage sein sollen, elektronische Systeme vollkommen auszuschalten.

2014 kündigte das Pentagon an, dass HAARP geschlossen werde. Mitte 2015 ging die Anlage in den Besitz der Universität von Alaska über. Konfrontiert mit den Spekulationen darüber, dass HAARP Menschen mental beeinflussen könne, lachte Dennis Papadopoulos, Physiker an der Universität von Maryland, der jahrelang im HAARP-Projekt aktiv war: »Wenn wir das schaffen könnten, würden wir HAARP an der Wall Street verkaufen und damit sehr reich werden.«

Natürliche Wechselfelder

Vulkanausbrüche lassen darauf schließen, dass das Erdinnere zu knapp einem Drittel aus zähflüssigem Nickeleisen besteht. Nickel und Eisen sind natürlicherweise magnetisch. Durch Magnetismus entsteht Elektrizität und umgekehrt (Kapitel 2.5). Der herausragende deutsche Mathematiker, Astronom und Physiker Carl Friedrich Gauß (1777–1855) hatte als erster Wissenschaftler verstanden, dass dadurch ein Erdmagnetfeld entsteht. Auch einige Gestirne, etwa Jupiter und Sonne, haben eine elektromagnetische Natur.

Die Raumfahrt machte in den späten 1960er-Jahren deutlich, wie abhängig Organismus und Psyche vom elektromagnetischen Strahlenmeer sind. Damals bewegten sich erstmals Menschen weit weg von den Wechselfeldern der Erde. Wechselfelder sind in Stärke und Polung wechselnde elektrische oder magnetische Felder. Sie entstehen unter anderem infolge von elektrischer Spannung in Installationen, Wänden mit Kabeln, Leitungen, Geräten, Steck- und Verteilerdosen mit Netzanschluss. Sie sind aber auch natürlicherweise im Erdbereich vorhanden. Entfallen sie, gehen das Zeitgefühl und damit der Tag-Nacht-Rhythmus verloren. Nach der Rückkehr der Astronauten zur Erde musste festgestellt werden, dass außerhalb des irdischen Wechselfeldes ihr Zellstoffwechsel zusammen gebrochen war; sie wiesen markante Blutverluste auf und konnten kaum mehr gehen und stehen. Man suchte im Labor nach den Ursachen und stellte unter anderem fest, dass Mäuse, die in elektromagnetisch isolierten Räumen untergebracht waren, spätestens in der dritten oder vierten Generation massive körperliche Veränderungen aufwiesen.

Daraufhin wurden künstlich erzeugte Magnetfelder in Raumfahrzeuge eingebaut. Doch ganz so einfach war die Lösung nicht. Konstantin Korotkov, Professor für Computerwissenschaften und Biophysik an der Universität St. Petersburg, erklärt, dass Besatzungsmitglieder der sowjetischen Raumstation MIR immer wieder ohne erkennbaren äußeren Anlass Phasen von Aggression und Ungehorsam durchliefen. Um den Grund dafür zu finden, wurden alle Parameter auf Abweichungen von der Norm untersucht. Dabei habe sich gezeigt, dass die Aggressionen im Zusammenhang mit längeren stabilen Phasen des künstlich erzeugten elektromagnetischen Feldes standen. Pulsierte das Magnetfeld, seien die Astronauten wieder zur Ruhe gekommen. Diese Erkenntnisse hätten in der Sowjetunion dazu geführt, dass sich zahlreiche Institute mit dem Einfluss von elektromagnetischen Feldern auf die Psyche des Menschen befassten.

In Erwägung gezogen wird, dass sich auch Veränderungen der natürlichen Erdfrequenzen auf die Psyche auswirken könnten. Der italienische Physiker Juan Gualterio Roederer, emeritierter Professor am Geophysikalischen

Institut der Universität von Alaska in Fairbanks, ist der Auffassung, dass »die Untersuchung möglicher Effekte von natürlichen elektromagnetischen Feldern auf Lebewesen eines der kontroversesten Gebiete in der heutigen Wissenschaft« ist.

Nachweisen lässt sich, dass Stromnetze, aber beispielsweise auch Öltrassen auf natürliche elektromagnetische Vorgänge reagieren – nicht nur auf solche der Erde, sondern insbesondere auch auf Aktivitäten der Sonne. So waren 1989 aufgrund starker Sonnenstürme vorübergehend mehrere Millionen Menschen in Kanada ohne Strom. 2003 geschah dasselbe im schwedischen Malmö, und 2015 fielen durch Sonnenstürme in Schweden die Radarsysteme der Flughäfen aus, sodass der Luftraum für den Flugverkehr gesperrt werden musste. Grund dafür sind sogenannte Flares, gewaltige Eruptionen auf der Sonne, welche tonnenweise heißes Plasma in den Weltraum schleudern und dadurch enorme Mengen an Energie freisetzen. Matthias Förster vom Deutschen Forschungszentrum für Geowissenschaften in Potsdam erklärt, Sonnenstürme unterlägen den natürlichen Zyklen der Sonnenaktivität. Ob massive Sonnenstürme auch auf Menschen Auswirkungen haben, ist nicht schlüssig geklärt. Mehrere Studien lassen aber Zusammenhänge zwischen dem Himmelsspektakel und dem Befinden vermuten. So sah eine 1963 in der Fachzeitschrift »Nature« publizierte Studie der Wissenschaftler Howard Friedman, Robert O. Becker und Charles H. Bachman einen statistisch hochsignifikanten Zusammenhang zwischen dem Auftreten von Magnetstürmen und den Einlieferungszahlen in psychiatrische Anstalten. Eine Studie der Federal Reserve Bank of Atlanta kam 2003 zum Schluss, dass Börsenhändler unter dem Einfluss geomagnetischer Stürme vermehrt zum Verkauf von Aktien neigen, weil sie sich unwohl fühlen und den Grund dafür im wirtschaftlichen Umfeld vermuten.

Magische Frequenz

Anlass zu Diskussionen und Spekulationen gibt neben Sonnenstürmen auch immer wieder die Schumann-Resonanz: Benjamin Franklin (1706–1790) gelang 1752 der Nachweis, dass der Blitz eine Entladung elektrischer Spannung ist. Franklin erfand daraufhin den Blitzableiter. Ende des 19. Jahrhunderts inspirierten seine Forschungen den aus Kroatien nach Amerika ausgewanderten Physiker Nikola Tesla (1856–1943) zu waghalsigen Experimenten mit künstlich erzeugten Blitzen. Dabei stellte er fest, dass deren elektromagnetische Strahlung im niedrigen Frequenzbereich bis 100 Hertz liegt und dass diese ELF-Wellen mit der Erde resonanzfähig sind. Diese Erkenntnisse ließen Winfried Otto Schumann (1888–1974) an der Technischen Universität München keine Ruhe. Anfang der 1950er-Jahren publizierte der Physikprofessor diverse Artikel über seine Vermutung, dass Blitze die elektrische Spannung zwischen der Erdoberfläche und der Ionensphäre – also einem Teil der oberen Erdatmosphäre – entladen. Seine Theorie bestätigte sich zu Beginn der 1960er-Jahre. Grund dafür ist, dass die größtenteils aus Salzwasser bestehende, also elektrisch leitfähige Erdoberfläche und die elektromagnetisch ebenfalls aktive Ionensphäre zwei Kugeln bilden, die sich um denselben Mittelpunkt formen. Weil die beiden elektrisch entgegengesetzt geladen sind, bilden sie einen sogenannten Kugelkondensator.

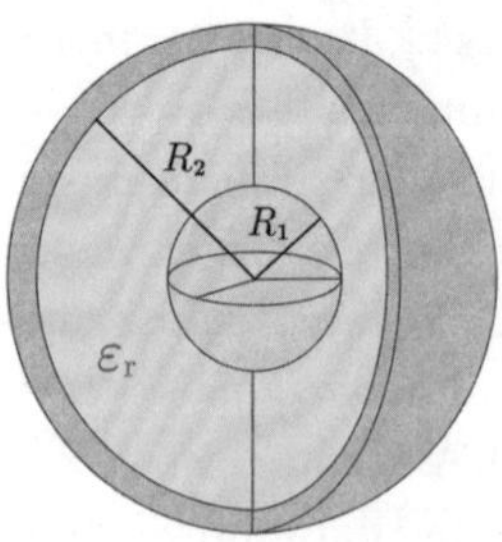

Kugelkondensator

Aufgrund Schumanns Forschungen wurde deutlich, dass die Erde in einer Grundfrequenz von 7,83 Hertz pulsiert. Je nach Tages- und Jahreszeiten schlägt diese schwache elektromagnetische Strahlung variabel aus. Zudem weist sie mehrere Frequenzen in einer messbaren Feldstärke zwischen 7,83 und 50 Hertz auf. Das menschliche Gehirn (Kapitel 2.5) pulsiert in einem ähnlichen Frequenzband wie die Erde. Die irdische Grundfrequenz (7,83 Hertz) entspricht den Alpha-Wellen des menschlichen Gehirns.

Die Schumann-Resonanz wird »durch geometrische Faktoren bestimmt – in erster Linie durch den Erdumfang«, erklärt Matthias Förster und hält fest, dass sich die Alpha-Welle, seit sie gemessen wird, nicht wesentlich erhöht habe. Auf die Alpha-Welle folgen jedoch zwei Beta-Wellen. »Und bei diesen lässt sich eine leichte Veränderung feststellen«, so Förster. Grund dafür sei, dass sich die relativ starke allgemeine Erwärmung der Atmosphäre durch den zunehmenden Treibhauseffekt in der oberen Atmosphäre als Abkühlung äußert. »Damit wird die Ionensphäre längerfristig nicht extrem, aber doch messbar abgesenkt«, erklärt der Physiker und folgert: »Dadurch sollte sich die mittlere Grundfrequenz der Schumann-Resonanzen leicht erhöhen, da der Resonator ›enger‹ wird.«

Die Erhöhung dieser Frequenzen, so die Spekulation abseits wissenschaftlicher Kreise, könnte zur Folge haben, dass sich das menschliche Gehirn anpasst. Wäre dies der Fall, würden die Beta-Frequenzen einflussreicher und damit für sie typische Attitüden wirksam: nach Außen gerichtete Aufmerksamkeit und Konzentration zum Beispiel, bis hin zu Hektik, Stress und Überaktivierung im hohen Beta-Frequenzbereich. Die natürliche elektromagnetische Erdstrahlung ist allerdings so schwach, dass sie in den oberen Stockwerken eines Hochhauses nicht mehr messbar ist. Nicht zuletzt wird die Schumann-Resonanz leicht durch künstlich erzeugte Wechselfelder, ausgelöst durch technische Anlagen wie Mobilfunk oder Stromnetz, überdeckt. Die Frage, ob und inwiefern veränderte Schumann-Resonanzen Einfluss auf das menschliche Bewusstsein haben, ist deshalb hoch spekulativ und kein Thema in der wissenschaftlichen Forschung.

4.12 MEDIUMISMUS

Zugang zu fremdem Wissen

Verstorbene Menschen, Engel, Teufel, Geister, Propheten, Jesus, ja sogar Gott persönlich, so könnte man meinen, scheinen Interesse daran zu haben, Kontakt mit Menschen aufzunehmen. Zumindest lässt darauf die beträchtliche Anzahl an Publikationen zu zahlreichen Themengebieten schließen, die, den Autoren zufolge, Informationen aus der geistigen Welt darbieten. Eines der populärsten Beispiele dafür ist die Bestseller-Trilogie »Gespräche mit Gott« des US-amerikanischen Autors Neale Donald Walsch. »Das Rote Buch« von Carl Gustav Jung (1875–1961) versammelt die Dialoge des Schweizer Psychiaters mit seinen »Geistführern« Philomen und Salome, die seine Denkschule maßgeblich prägten. Die Inhalte für sein Buch »Sieben Belehrungen der Toten« soll Jung indes vom Geistwesen Basilides aus Alexandria erhalten haben.

Diejenigen, welche die jenseitigen Mitteilungen erhalten, werden als Medium bezeichnet. Übermittelt werden die Informationen in sogenannten Séancen, Sittings oder Readings. Seit der New-Age-Bewegung des letzten Jahrhunderts wird vorwiegend der Ausdruck Channeling benutzt. Im deutschsprachigen Raum werden auch die Ausdrücke Mediumismus und Transmediale Kommuni-

kation verwendet. Während einer Séance befindet sich das Medium üblicherweise in Trance und hat gelegentlich nach einer Sitzung keine Erinnerung mehr an das dort Geschehene und Gesagte.

Mediumismus ist keine Erfindung der Neuzeit, sondern ein Phänomen, für das es weltweit historische Hinweise gibt, vorwiegend in religiösem Kontext. So soll beispielsweise der Erzengel Gabriel durch die Kraft des Heiligen Geistes Maria von Nazareth die Geburt ihres Sohnes Jesus angekündigt haben, im tibetischen Buddhismus soll die Gottheit Pekar seit rund vier Jahrhunderten Einfluss auf den jeweiligen Dalai Lama nehmen. »In religiösem Zusammenhang ist meist die Rede von Prophetie oder klassischer Offenbarung«, erklärt Kai Funkschmidt, er ist wissenschaftlicher Referent an der Evangelischen Zentralstelle für Weltanschauungsfragen in Berlin.

Das Medium

In der westlichen Welt erfuhren diverse spiritistische Techniken gegen Ende des 19. Jahrhunderts einen wahren Boom: In gehobenen Gesellschaftsschichten war es geradezu ein Muss, sich mit Wahrsagen, Tischrücken und Geisterbeschwörungen die Zeit zu vertreiben. Und auch heutzutage finden sich in den sozialen Netzwerken zahlreiche Einträge und Anleitungen zum Anrufen von Geistern.

Angewendet werden unterschiedliche Methoden: Beim Tischrücken sitzen mehrere Leute um einen runden Tisch und legen die Hände ohne Druck auf die Tischplatte. Sie laden die geistige Welt ein, sich zu äußern, was sich durch Vibrieren oder Kippen des Tischs oder durch Klopfgeräusche bemerkbar mache. Beim sogenannten automatischen Schreiben liegen Buchstaben aus, und es werden – beispielsweise durch ein Pendel geführt – die Buchstaben zu Wörtern aneinandergereiht. Gibt ein Medium mündlich Informationen von Geistwesen wieder, können sich Stimme, Tonfall, Wortwahl und die Art zu sprechen von der für die Persönlichkeit des Mediums üblichen Charakteristik stark unterscheiden. Gelegentlich kann es auch zur Xenoglossie kommen, dann gibt das Medium die Informationen in einer Fremdsprache wieder, die es nicht beherrscht. Als Erklärungsversuch für das Phänomen wurde in Betracht gezogen, dass das Medium möglicherweise in Trance eine Sprache aktiviert, die es als Kind aufgeschnappt und im Unterbewusstsein gespeichert hat. Doch Xenoglossie wurde auch beobachtet, wenn ein vorheriger Kontakt mit der Fremdsprache ausgeschlossen werden kann, zum Beispiel bei Sprachen, die in der Gegenwart nicht mehr gesprochen werden.

Spontane Eingebungen

Spiritistische Séancen dienen in der Regel der konkreten Absicht, mit der geistigen Welt in Kontakt zu treten. Das heißt, die Initiative geht vorwiegend vom Menschen aus. Doch gelegentlich scheint der Wunsch dazu auch auf Seite der geistigen Welt zu bestehen und zu überraschenden, für das Medium an sich nicht zugänglichen Einsichten oder Fähigkeiten zu führen. So erklärte der schwedische Naturwissenschaftler und Visionär Emanuel Swedenborg (1688–1772), er habe im Alter von 56 Jahren nach einer schweren Krise spontan und unbeabsichtigt die Fähigkeit zu einer unmittelbaren Schau der geistigen Welt entwickelt. Swedenborg, der als Neuoffenbarer der westlichen Moderne gilt, beschrieb in der Folge detailliert seine Visionen und die von ihm wahrgenommene Natur der »himmlischen Sphären«. Er entwickelte eine Lehre der Entsprechungen zwischen Geist- und Naturwelt. Neben Engeln und Geistern gab Swedenborg an, in der geistigen Welt auch auf »viele Personen meiner Bekanntschaft aus den verschiedensten Gesellschaftsschichten, gleichsam Totengeistern« begegnet zu sein. Der universalgelehrte Sohn eines lutherischen Bischofs war überzeugt: »Der Mensch, wenn er aus der natürlichen Welt in die geistige übergeht, was also geschieht, wenn er stirbt, nimmt all das Seinige – oder das, was zu seinem Menschen gehört hat, mit sich, mit Ausnahme seines irdischen Leibes« (Kapitel 4.20).

Auch in der Wissenschaft gibt es Zeugnisse für Erkenntnisse, die nicht ausschließlich dem eigenen Wissen entsprungen sein sollen. Carl Friedrich Gauß (1777–1855) berichtete von einer überraschenden Erkenntnis, die ihn vier Wochen vor seinem 19. Geburtstag quasi im Aufwachen ereilte. Er wusste auf einen Schlag, wie man das regelmäßige Siebzehneck exakt mit Zirkel und Lineal konstruieren kann. Die Umstände seiner Erkenntnis beschrieb der »Fürst der Mathematik« in einem Brief: »Bei einem Ferienaufenthalt in Braunschweig (ehe ich aus dem Bette aufgestanden war) glückte es mir, diesen Zusammenhang auf das Klarste anzuschauen, sodass ich die spezielle Anwendung auf das 17-Eck und die numerische Bestätigung auf der Stelle machen konnte.«

Nicht zuletzt in der Kunst berufen sich manche auf Inspirationen aus der geistigen Welt. Beispielsweise hat sich die Britin Rosemary Brown (1916–2001) einen Namen als Musikmedium gemacht. Sie erklärte, ihre über 100 Kompositionen würden ihr von verstorbenen klassischen Komponisten übermittelt. Selbst hatte Brown als Kind ein paar Jahre Klavierunterricht, ihre Spielfähigkeiten waren beschränkt. Als sie in einer Sendung der BBC 1969 mit einem verstorbenen Komponisten in Kontakt treten sollte, gelang ihr das nach eigener Aussage mit Franz Liszt. Unfähig, das niedergeschriebene Klavierstück selbst zu spielen, übernahm ein professioneller Pianist diesen Part. Anschließend wurde das Werk von einem Liszt-Experten überprüft, der angab, unverkennbare Übereinstimmungen mit dem Werk von Liszt zu erkennen.

Erklärungsversuche

Der in der Schweiz aufgewachsene Franzose Hippolyte Léon Denizard Rivail (1804–1869) veröffentlichte unter dem Pseudonym Allan Kardec mehrere Bücher, die unter anderem in Zusammenarbeit mit dem Geist Swedenborgs entstanden sein sollen. Swedenborgs Lehren fanden in den Büchern von Allan Kardec international reißenden Absatz. Der Autor bereitete dem Spiritismus den Weg vom Okkulten hin zu einer wissenschaftlichen Betrachtung. Er gilt als Begründer des sogenannten Reinkarnations-Spiritismus und legte 1858 in Paris den Grundstein für die erste spiritistische Gesellschaft Europas, die Société Parisienne des Etudes Spirites, die der Erforschung aller Aspekte zum Thema dienen sollte, die zu wissenschaftlichen Erkenntnissen beitragen könnten. In Großbritannien organisieren sich Medien seit 1890 in der Spiritualists' National Union.

Dennoch kann die Wissenschaft bis heute kaum substanzielle Erkenntnisse zu dieser Thematik beitragen und neigt dazu, derartige Phänomene als Fantasie oder Betrug zu definieren.

In der Psychologie wird Mediumismus vorwiegend als eine Leistung des Unbewussten erachtet. Auch Schizophrenie und Halluzination werden als mögliche Erklärung angesprochen. Eine weitere Erklärung bietet der Schweizer Mentalmagier Pat Perry. Er liest in seinen Shows die Gedanken von Anwesenden im Publikum, sagt aber ganz klar, dass er nicht über übersinnliche Fähigkeiten verfüge. »Ob es sie gibt, weiß ich nicht. Mir jedenfalls sind sie noch nie begegnet.« Perry gibt an, er »lese« sein Gegenüber hochkonzentriert: »Jeder Mensch gibt unbewusst sehr viel von sich preis, durch die Körperhaltung, die Atmung, wie und wohin er blickt, wie er ist. Es gibt viele Schlüssel zu einem Menschen. Die meisten sind es einfach nicht gewohnt, diese Informationen wahrzunehmen. In der Mentalmagie ist es das tägliche Brot. Das dürfte auch auf Medien zutreffen.«

Als möglicher Nachweis für eine Kommunikation zwischen lebenden Menschen und dem Jenseits kommen aus wissenschaftlicher Sicht am ehesten Informationen über

Verstorbene infrage, und zwar dann, wenn das Medium die verstorbene Person nicht kannte, aber präzise nachprüfbare Informationen geben kann. Umstritten ist, ob es sich in einem solchen Fall um aktive Kommunikation handelt oder um eine ausgeprägte Hellsichtigkeit des Mediums. Der Unterschied liegt darin, dass im Fall von Hellsichtigkeit nicht der Verstorbene durch das Medium spricht, sondern das Medium intuitiv den Verstorbenen erfasst und seine Wahrnehmung wiedergibt. Wissenschaftlich anerkannt ist das Phänomen Mediumismus bis heute nicht. Kai Funkschmidt verweist auf zahlreiche nachweisliche Betrugsfälle im Spiritismus zwischen 1870 und 1930.

Das erfolgreiche Schweizer Medium Pascal Voggenhuber antwortet in seinem Blog auf die Frage, wie man sich die Kommunikation mit Toten vorstellen könne: »Klar ist, die Verstorbenen reden nicht mit einer Stimme zu mir, die ich hören kann. Vielmehr ist es eine Sprache aus Gefühlen und Bildern. Dies ist auch der Grund, warum es für ein Medium kein Problem ist, Botschaften von einem fremdsprachigen Verstorbenen zu übermitteln. Denn die Informationen bekomme ich als Bilder, ähnlich wie Erinnerungsbilder. Und gewisse Dinge spüre ich auch selbst an meinem Körper. Die Todesursachen beispielsweise nehme ich meistens über meinen eigenen Körper wahr. Wenn ich einen Verstorbenen habe, der bei einem Autounfall ums Leben gekommen ist, dann spüre ich an meinem Körper die Stellen, die verletzt wurden. Und so kann ich erahnen, um welche Todesart es sich gehandelt haben muss.«

Nimmt ein Medium Kontakt mit Verstorbenen auf, geschieht dies vorwiegend auf Wunsch von Hinterbliebenen. Dabei geht es zumeist darum, noch Ungeklärtes zu thematisieren. Die große Zahl der Inserate von Personen, die sich in Anzeigen als Medium anpreisen, deutet auf eine gewisse Popularität und gesellschaftliche Akzeptanz des Phänomens hin. Einzelne Medien genießen gar den Status eines Stars.

Sonderfall Brasilien

Der Schweizer Brasilienkenner Marcel Eschbach zitiert auf seinem 2007 gegründeten Informationsportal zur Geisterforschung den Religionsexperten Fernando Altemeyer von der Katholischen Universität São Paulo: »Brasilien ist zahlenmäßig nicht nur das größte katholische, sondern auch das größte spiritistische Land – 90 Prozent der Spiritisten dieser Erde sind Brasilianer. [...] Es mischen sich die Ideen des großen französischen Spiritisten Allan Kardec mit dem Katholischen und auch dem Indianischen – Brasilien produziert Religionen, neue religiöse Phänomene.« Spiritistische Fachzeitschriften, Bücher und spiritistische Zentren gibt es in Brasilien wie Sand am Meer. Am größten Ausbildungszentrum in São Paulo beispielsweise sind 10 000 Interessierte für Abendkurse in spiritistischer Lehre einschreiben.

In der Verfassung des brasilianischen Bundesstaates Pernambuco wird Medien in Artikel 174 der besondere Schutz des Staates zugesichert. Die Bedeutung von Mediumismus kommt in Brasilien auch vor Gericht zum Ausdruck. Marcel Eschbach schreibt: »In der brasilianischen Rechtsprechung werden schriftliche Aussagen von Medien, die unter Aufsicht eines Notars erstellt wurden, in vielen Fällen anerkannt.«

Wenn auch inoffiziell, so werden auch in Europa Medien gelegentlich bei polizeilichen Ermittlungen zurate gezogen. Pascal Voggenhuber berichtet, dass er immer mal wieder von der Polizei um Mithilfe gebeten werde, wenn es um die Aufklärung von Mord- und Vermisstenfällen gehe.

Historisch belegt ist die Lösung eines Mordfalls aufgrund von Angaben eines Mediums im schweizerischen Kriens anno 1942. Damals war eines Tages das Fräulein Marie vom Mattenhof auf unerklärliche Weise spurlos verschwunden. Im Dorf lebte auch die Rutengängerin und Graphologin Frau Stöckli. Diese bat im Pfarrhaus um ein Schriftstück der Vermissten und kam zum Schluss, das Fräulein habe »keine schwermütigen Anwandlungen«. Überliefert ist, dass Frau Stöckli auch zum Pendel griff und verkündete, Marie sei ermordet worden. Der Pfarrer riet zu einer Meldung beim Polizeiposten, wo man der Hellsichtigen jedoch beschied, ohne Leiche könne man nichts machen. Daraufhin habe Frau Stöckli gesagt: »Sie werden noch an mich denken! Der arme Mensch ist im Ofen verbrannt worden.« Tatsächlich konnten dann auf dem Mattenhof im Garten, wo stets die Asche aus dem Ofen entsorgt wurde, die verkohlten Knochen eines Menschen gefunden werden. Die Magd des Hofs gab letztlich den Mord zu.

Vorbehalte

Seriöse Medien warnen explizit davor, Mediumismus so zum Spaß einfach mal auszuprobieren. Damit bestätigen sie die Empfehlungen von Fachleuten im Zusammenhang mit Besessenheit (Kapitel 4.13). Im Extremfall wird in der Folge das Krankheitsbild der sogenannten Mediumistischen Psychose festgestellt, bei der sich Persönlichkeitsanteile abspalten und verselbständigen.

Traditionell verankert ist Mediumismus im Zusammenhang mit Heilritualen unter anderem, um psychologische oder praktische Hilfe für konkrete menschliche Problemstellungen im Alltag zu erbitten. Die dänische Psychologin Rebecca Rosing, die von sich sagt, selbst seit ihrer Kindheit mit außergewöhnlicher Medialität ausgestattet zu sein, äußert gegenüber Channeling allerdings Vorbehalte: »Medialität ist für mich nicht, die Zukunft vorherzusagen oder Geister durch mich reden zu lassen. Ich empfinde diese Informationen als unklar und nicht geerdet und ich sehe darin auch eine Gefahr der Abhängigkeit. Medialität ist für mich ein Mittel, um zu sich selbst, in seine Kraft zu kommen und die eigene Wahrhaftigkeit im Augenblick zu spüren. Dabei geht es also weder darum, geistige Wesen um Antworten zu bitten, weil man glaubt, dass sie es besser wüssten, und auch nicht darum, sich damit zu beschäftigen, was die Zukunft wohl bringen mag.« Laut Martina Belz, Psychotherapeutin und wissenschaftliche Mitarbeiterin am Institut für Psychologie der Universität Bern, gibt es immer wieder Personen, »die durch die Inanspruchnahme von sogenannten Hellsehern oder Medien in eine wirtschaftliche oder psychologische Abhängigkeit und Notlage geraten«.

4.13 BESESSENHEIT

Fremdbesetztes Bewusstsein

In vielen Kulturen wird akzeptiert, dass es Menschen gibt, die freiwillig und gewollt ihren Körper und Geist einem vermeintlich anderen Bewusstsein temporär überlassen. Das Phänomen besteht unabhängig von der praktizierten Religion. In Afrika beispielsweise gibt es in animistischen wie auch in christlichen und muslimischen Gesellschaften Besessenheitskulte. Die renommierte amerikanische Anthropologin Erika Bourguignon (1924–2015) kam 1973 zu dem Schluss, dass Besessenheit ein weltweit verbreitetes Phänomen sei. Ihre Studie ergab, dass in 488 untersuchten Gesellschaften 74 Prozent der Menschen glauben, dass spirituelle Kräfte die individuelle Persönlichkeit und das Wohlsein beeinflussen können, 52 Prozent der Befragten waren der Ansicht, dass die individuelle Persönlichkeit durch eine andere ersetzt werden kann. Unterschiede gibt es darin, in welcher Form sogenannte Spiritpossession in Erscheinung tritt und welchen Umgang die Gesellschaft damit pflegt.

Yvonne Schaffler, Medizinanthropologin an der Medizinischen Universität Wien, erklärt: »Bei uns wird Besessenheit als etwas gesehen, das verhindert werden muss. In Afrika oder der Karibik kann sie als Form des Kontakts zu den Geistern erwünscht sein. Professionell Besessene erlangen meist sogar eine Position, aus der heraus sie andere beraten dürfen.« Im Speziellen studiert Schaffler die Situation in der Dominikanischen Republik. Wird Besessenheit professionell genutzt, wirkt das vermeintlich inkorporierte Bewusstsein – die Rede ist von Göttern, Geistern, Verstorbenen, gelegentlich auch von Krafttieren oder Pflanzen –, ohne dem besetzten Menschen die Willens- oder Entscheidungsfreiheit zu entziehen. Nach einer solchen beabsichtigten, vorübergehenden Besetzung nimmt die betroffene Person psychisch und physisch wieder ihren Normalzustand ein.

Einer der Ersten, der sich systematisch mit freiwillig gesuchter, ritueller Besessenheit befasste, war der Brasilianer Nina Rodrigues (1862–1906), was insofern nicht überrascht, als dass Besessenheit in Brasilien ein traditionell akzeptiertes Phänomen ist. Die Motivation des Gerichtsmediziners über Nachfahren von Afrikanern in Brasilien zu forschen, war aus heutiger Sicht höchst rassistisch. Sein Ziel war es, die damals geltende Meinung, Afrikaner seien eine Anomalität, wissenschaftlich zu belegen. Rodrigues' Studien, die er zwischen 1890 und 1905 durchführte, wurden erst 32 Jahre nach seinem Tod unter dem Titel »L'Animisme Fétichiste des Nègres de Bahia« publiziert. Sie enthalten – trotz aller fragwürdigen Inhalte – sehr umfangreiche Informationen über die damalige schwarze Kultur in Brasilien. Geschätzt wird die Publikation von Fachleuten im Bereich Besessenheit, weil Nina Rodrigues seine Recherchen selbst vor Ort durchführte und seine Schlussfolgerungen auf persönlichen Erlebnissen und selbst zusammengetragenen Informationen basieren. Das Phänomen Besessenheit interpretierte er als eine Form von »extrem tiefer Trance mit Spaltung und Ersetzung der Persönlichkeit«.

Das »Pferd«

Heute wird zwischen zentraler und peripheraler Besessenheit unterschieden. Die zentrale ist einer spirituellen Führerpersönlichkeit vorbehalten (Kapitel 4.14) und kann unabhängig von Zeremonien jederzeit stattfinden. »Auslöser dafür können Träume oder Visionen sein«, erklären Walter und Frances Mischel in einer nach wie vor geschätzten, 1958 erschienenen Studie der Universität von Colorado. Im Zustand der Besessenheit streben diese Personen oft ein spezifisches Ziel an, sei es im Bereich von Spiritualität, Riten oder Heilung. Peripherale Besessenheit bietet einem erweiterten Kreis die Möglichkeit dieser Erfahrung. Als sogenanntes »Pferd« können sich verschiedene Personen jeden Alters einer Inkorporation zur Verfügung stellen. Im Vergleich zu diesen zeigen geistige Führer im Zustand der Besessenheit weniger auffällige Veränderungen in Motorik und Mimik. Begründet wird dies mit dem Umstand, dass sie im Alltag bereits eng mit ihren »Spirits« verbunden seien und sich leichter konzentrieren. Während der Besessenheit lässt sich beobachten, dass sie nicht nur den eigenen Zustand, sondern im Extremfall auch jenen der teilnehmenden Gruppe weitgehend zu kontrollieren vermögen.

Rituelle Besessenheit, bei der »Pferde« zum Einsatz kommen, geschieht üblicherweise an zeremoniell besonders geeigneten Daten nach ausgiebigen mehrtägigen Vorbereitungen. Der für die Laien außergewöhnliche Zustand ist eingebettet in ein kulturell verankertes Prozedere. Trommeln ist ein wesentlicher Bestandteil von zeremoniell durchgeführter Besessenheit und unterstützt in Kombination mit Gesang, Lichtern in der Dunkelheit, rhythmischem Kreistanz, spezieller Kleidung und Kultgegenständen die Gruppendynamik. Die »Pferde« involvieren während des Rituals oft auch weitere Teilnehmende. Beobachtet wird jedoch – wie schon bei den Themen Suggestion, Halluzinogene und Placebo-Effekt angesprochen, – dass manche immun gegenüber solchen Zuständen scheinen und sich jeglicher Form von Besessenheit entziehen, selbst wenn das Phänomen gesellschaftlich akzeptiert und regelmäßig praktiziert wird. Diejenigen, die sich besetzen lassen, weisen im Alltag keine Auffälligkeiten auf. Mehrheitlich – gemäß Mischel und Mischel in Trinidad (Karibik) zu 75 Prozent – sind Frauen involviert, was von den Forschern dahingehend interpretiert wird, dass ihnen der Zustand der Besessenheit erlaubt, aus der Position der Unterdrückung herauszutreten und Aufmerksamkeit zu erhalten. So protokollierten Mischel und Mischel, dass Frauen in diesem Zustand unter anderem männliche Attribute implementieren, beispielsweise in Form von Accessoires wie einem Schwert, das sie sexistisch einsetzen, oder auch in einem Auftreten, das – fern ihrer alltäglichen Position – Kraft und Macht ausdrücke. Zur Kenntnis genommen wird ebenso, dass manche Männer im Zustand der Besessenheit spezifisch weibliche Attribute ausdrücken.

Gelegentlich wird auch ungehöriges, kindisches Verhalten der besessenen Person von der Gesellschaft toleriert. Es kommt vor, dass Normen missachtet, als heilig deklarierte Gegenstände respektlos behandelt, Flüche und vulgäre Phrasen ausgesprochen werden. Mischel und Mischel schreiben, dass in Trinidad solchem Verhalten Toleranz entgegengebracht werde, »so wie man ein ungezogenes, aber geliebtes Kind behandeln würde«. Bei peripheraler Besessenheit wird von den Betroffenen meistens Amnesie für die Zeit ihres außergewöhnlichen Zustands geltend gemacht. Der Ausdruck »Pferd« wird auch dahingehend interpretiert, dass die besessene Person keine Kontrolle und somit auch keine Verantwortung für ihr Verhalten übernehmen könne. Die Autoren stellen die Hypothese auf, dass die Praxis der Besessenheit erlaubt, eine Position einzunehmen und ein Verhalten an den Tag zu legen, das unter alltäglichen Umständen nicht lebbar und gesellschaftlich nicht akzeptiert wäre.

Der Autor Horst H. Figge thematisierte in seinem 1973 erschienenen Buch »Geisterkult, Besessenheit und Magie in der Umbanda-Religion Brasiliens«, inwieweit Aspekte der eigenen Persönlichkeitsstruktur in die Besessenheit mit eingebracht werden. Figge machte deutlich, dass nicht Trance oder Hypnose das entscheidende Kriterium für Besessenheit sei, sondern das Erlernen einer spezifischen Geisterrolle und damit verbunden ein spezielles Rollenverhalten, mit dem zunehmend eine Sekundärpersönlichkeit aufgebaut werde. In der Umbanda-Kultur Brasiliens, die Figge beschrieb, werden ausgewählte Personen von einer erfahrenen »Lehrperson« in die Fähigkeit eingeführt, sich vorübergehend einem Geistwesen zur Verfügung zu stellen. Die Rolle, welche die Lernenden dabei einnehmen, entspreche den kulturellen Erwartungen. Figge erachtete Besessenheit deshalb nicht in erster Linie als veränderten Bewusstseinszustand, sondern als Einnehmen einer kulturell geprägten Geisterrolle.

Erika Bourguignon verwies hingegen auf die Tatsache, dass beispielsweise im haitianischen Voodoo-Kult nicht jedes »von einem Geist ergriffene Pferd« eine Ausbildung erhalten habe und immer wieder auch Menschen – teils gegen ihren Willen – in Trance fallen und Geister verkörpern. In einer solchen Situation entfalle die Möglichkeit, die entsprechende Geisterrolle einzuüben.

Mischel und Mischel wiederum schreiben, dass in Trinidad im Alltag die Identität und die soziale Rolle der Personen, die sich als Pferd zur Verfügung stellen, direkt und indirekt zu einem beträchtlichen Grad davon beeinflusst würden, welche Art beziehungsweise welcher Typ von Kraft von ihnen Besitz ergreife. Sie empfehlen daher, eher von unterschiedlichen Levels zu sprechen als von einem Zustand der Besessenheit gegenüber dem Zustand der Normalität.

Die Diskussion über den Einfluss der eigenen Persönlichkeit auf die Inkorporation beziehungsweise umgekehrt deren Einfluss auf die Person verweist auf eine generelle Schwierigkeit: Der Begriff Besessenheit wird sehr generell angewendet, obschon die Gründe dafür, der eigentliche Zustand und die Art, wie er sich auswirkt, stark variieren.

Erleben

Mischel und Mischel beschrieben Veränderungen während Besessenheit anlässlich von Zeremonien in Trinidad. In einem Fall gab sich Tanti, eine kraftvoll gebaute, im Alltag unauffällige Frau in den Vierzigern der Besessenheit hin. Während der Transformation machten sich eindrückliche physische Veränderungen bemerkbar. Ihr Körper begann massiv zu schwanken und zunehmend intensiv zu vibrieren. Sie gab unkoordinierte Geräusche von sich, ihre Mimik veränderte sich dramatisch. Ihre Körperhaltung machte an einem Punkt deutlich, dass das Geisteswesen die Kontrolle übernommen hatte.

Beobachtet wird, dass sich im Zustand der Besessenheit die Charakterstruktur der betroffenen Person vollkommen verändern kann, was sich in abruptem Wechseln von Denken, Fühlen und Handeln, ungewohnten Bewegungen und Gesten äußern kann. Die besessene Person kann in einer ihr fremden Sprache und in ungewohnter Tonlage sprechen, häufig ist sie hellsichtig, hellhörig und/oder hellfühlig. Oft entfällt das Schmerzempfinden. Und gelegentlich verfügen Besessene vorübergehend über spezielle Fähigkeiten, etwa im Bereich der Kunst oder einer Handfertigkeit, die ihnen ansonsten fremd ist.

Über negativ besetzte Personen heißt es, sie würden eine vehemente Abneigung gegen geweihte Gegenstände, Personen und Worte äußern. Auch könne sich ein unerklärlicher bestialischer Gestank ausbreiten.

Die Art und Weise, wie der Zustand der Besessenheit beendet wird, variiert. Mischel und Mischel beobachteten oft, dass »das Pferd« sich schnell um die eigene Achse dreht und plötzlich zu Boden fällt. Kurz danach gewinne die Person wieder Kontrolle über sich selbst. Gelegentlich werde das Ende des Zustands auch durch Kopfschütteln oder das Halten des Kopfes zwischen den Händen angezeigt.

Kontroverse

In unseren Breitengraden wird Besessenheit fast ausschließlich als problematischer, unfreiwilliger Ausnahmezustand verstanden. Die Weltgesundheitsorganisation nahm Besessenheit 1991 als dissoziative Störung in die ICD-10 auf. Das Argument, Betroffene würden diskriminiert, wenn die Symptome nicht als Ausdruck einer psychischen Erkrankung gedeutet und behandelt würden, ist in industrialisierten Ländern weit verbreitet. Andere wiederum sind überzeugt, den wahren Opfern von Besessenheit nicht gerecht zu werden, wenn die Symptome als etwas gedeutet werden, das aus der eigenen Persönlichkeit heraus entstehe.

Die Annahme, dass ein Mensch geistig fremd besetzt werden kann, steht diametral zu den Grundsätzen der Wissenschaft, auch wenn das Phänomen von Forschern zigfach beobachtet und beschrieben wurde und wird. Im Manual DSM-5, dem dominierenden psychiatrischen Klassifikationssystem in den USA, wird Besessenheit nicht als Problem erachtet, wenn sie »ein normaler Teil einer weithin akzeptierten kulturellen oder religiösen Praxis« ist. Auch wird dort zur Kenntnis genommen, dass diejenigen, die sich in Besessenheitsritualen als »Pferd« zur Verfügung stellen, im Normalzustand mehrheitlich keine psychischen Besonderheiten aufweisen.

In der Psychiatrie wird Besessenheit als paradoxer Zustand emotionaler Aufregung beziehungsweise Reizung interpretiert. Zahlreiche überprüfte Fälle würden außerdem auf spezielle Persönlichkeitszüge hinweisen, etwa übersteigerte Religiosität, ausgeprägte Schuldgefühle, eine starke Empfänglichkeit für Suggestionen, ein problematisches Verhältnis zu Sexualität, ein heftiges Identifikationsbedürfnis. In Betracht gezogen wird auch eine Form von Hysterie: Diese sei geprägt von egozentrischem und theatralischem Verhalten in Verbindung mit ausgeprägter Emotionalität und einem übermäßigen Bedürfnis nach Aufmerksamkeit. Das Phänomen abrupt veränderter Charakteristika lasse sich auch bei Menschen mit einer multiplen Persönlichkeitsstörung beobachten. Von multipler Persönlichkeit betroffen sind vorwiegend Personen, die in der Kindheit stark traumatisierende Erlebnisse hatten. Um ihren seelischen Verletzungen ausweichen zu können, entwickeln sie variable, parallele Persönlichkeitsmuster. Diese natürlich vorhandene Möglichkeit eines »Doppellebens«, so die Vermutung, könnte in Besessenheitsriten kultiviert und kontrollierbar institutionalisiert worden sein.

Die Medizinanthropologin Yvonne Schaffler macht deutlich: »Ob und wie psychiatrisch diagnostiziert wird oder nicht, hängt generell vom Leidensdruck der betroffenen Person ab, oder aber von Kriterien wie Selbst- oder Fremdgefährdung. Wer nicht leidet, wird auch nicht diagnostiziert.«

Exorzismus

In Zeiten, als das Wissen über psychische Erkrankungen noch sehr bescheiden war, tendierten viele Gesellschaften dazu, ihre psychisch erkrankten Mitglieder als von Dämonen besessen zu erachten. In unserem Kulturkreis ist die römisch-katholische Kirche jene Institution, die Besessenheit bezugnehmend auf Aussagen im Neuen Testament als Beweis einer Fremdbesetzung ansieht, dieses Phänomen auch aktuell gelegentlich öffentlich thematisiert und dabei auf deutlichen Unterschiede zu psychischen Erkrankungen besteht. Gründe für Besessenheit könnte im Verständnis der katholischen Kirche »göttliche Zulassung« sein, die jede Person treffen kann, vergleichbar mit dem Zulassen einer Krankheit. Außerdem könnte eine boshafte Verwünschung von Dritten über die betroffene Person ausgesprochen worden sein. Zudem werden zwei »selbst verschuldete« Gründe angeführt: eigenes Versagen durch schwere und vielfache Sünden sowie der leichtfertige Umgang mit Okkultismus. Für die Diagnose Besessenheit verweist die katholische Kirche auf ihre 1614 erstmals publizierte und im 19. und Ende des 20. Jahrhunderts überarbeitete Schrift »Rituale Romanum«.

Im Zustand der Besessenheit, heißt es dort, würden die Betroffenen oft übernatürliche physische Kräfte freisetzen. Sie können scheinbar grundlos und doch objektiv feststellbare Spuren von Verletzungen aufweisen, die wiederum unerklärlich leicht heilen. Auch würden sie gelegentlich Gegenstände materialisieren, die vorwiegend durch Körperöffnungen hervortreten. Andererseits würden Gegenstände ohne physikalisch nachvollziehbaren Grund verschwinden.

Im Kinofilm »The Rite – Das Ritual« von 2011 spielt Anthony Hopkins einen Pfarrer, der nach Rom geschickt wird, um Exorzismus (aus dem Griechischen: *Hinausbeschwören*) zu lernen. Der Film basiert auf dem Roman »Die Schule der Exorzisten« von Matt Baglio und den tatsächlichen Erlebnissen von Pater Thomas. Als Pfarrer der Herz-Jesu-Kirche im kalifornischen Saratoga wurde Pater Thomas von seinem Bischof beauftragt, eine Ausbildung zum Exorzisten in Rom zu absolvieren. Der Pater wie auch Baglio arbeiteten am Drehbuch für den Kinofilm mit.

Es war 2005, als Papst Johannes Paul II. in seinem letzten Amtsjahr den ersten Exorzismus-Kurs der Neuzeit in Rom genehmigte. Ein hauptamtlicher Teufelsaustreiber für jede Diözese, so lautete der Wunsch des Vatikans. Das Argument dafür: Exorzismen fänden sowieso statt und wenn schon, seien sie mit großer Sorgfalt und Kompetenz durchzuführen.

Die Bücher von Gabriele Amorth (1925–2016), langjähriger Hauptexorzist der Diözese Rom, wurden als Standardwerke in 14 Sprachen übersetzt. Amorth war überzeugt von der Existenz des Teufels und führte Tausende von Teufelsaustreibungen durch. 2014 bekräftigte Papst Franziskus den Trend, »gegen den Teufel« vorzugehen, indem er die Vereinigung der Exorzisten offiziell als private rechtsfähige Gesellschaft anerkannte.

Verbreitetes Phänomen

Auf einem Kongress 2007 gab Larry Hogan als offiziell beauftragter Exorzist der Erzdiözese Wien bekannt, er führe allein in seiner Diözese jährlich rund 50 Exorzismen durch. »Exorzismus heute – Der Teufel spricht Deutsch«, betitelte Autor Marcus Wegner sein 2009 erschienenes Buch, nachdem er zahlreiche Fälle in Deutschland dokumentiert hatte.

Als Exorzisten treten vorwiegend Männer auf. Eher eine Ausnahme ist die Theologin Alexandra von Teuffenbach; sie nahm 2005 als erste Frau an der Ausbildung zur Exorzistin in Rom teil. Um das »Teuflische« zu verjagen, bedienen sich die Exorzisten des Gebets wie auch ritueller Gegenstände und Symbole. Tatsächlich mögen Exorzismen dazu führen, dass der Symptomkomplex von Besessenheit zum Verschwinden gebracht werden kann. Als möglichen Grund dafür verweisen Psychologen und Ärzte auf die massive Suggestionskraft, welche von solchen Ritualen ausgeht.

Teufelsglauben

Medial bekannt werden immer wieder Fälle von missbräuchlichen Exorzismen. So thematisierte 2005 der Film »The Exorcism of Emily Rose« den Fall von Anneliese Michel im fränkischen Klingenberg. Die Studentin war

1976 infolge einer Teufelsaustreibung gestorben. »Spiegel Online« berichtete 2007 über ein 14-jähriges Maori-Mädchen, das bei einer Teufelsaustreibung in Neuseeland fast sein Augenlicht verlor. In Rumänien kam 2005 die junge Nonne Maricica Irina Cornici bei einem Exorzismus ums Leben, weil man sie »zwecks Befreiung vom Teuflischen« gekreuzigt hatte. In allen drei Fällen wurden die Verantwortlichen vor Gericht verurteilt.

Die katholische Kirche reagierte mit der Überarbeitung des erwähnten »Rituale Romanum« nicht zuletzt auf solche Missbräuche in ihren eigenen Reihen. Nach Weisung des Vatikans ist seit 1999 eine interdisziplinäre Zusammenarbeit zwischen Medizinern, Psychiatern und entsprechend ausgebildeten Theologen zwingend für die Behandlung von Besessenheit. Sie müsse außerdem durch den zuständigen Bischof genehmigt werden. Voraussetzung sei, dass keine psychischen Krankheitsbilder oder organischen Störungen vorliegen. Neurologen und Psychiater verweisen darauf, dass das vermeintlich Teuflische in vielen Fällen als Funktionsstörung des Gehirns definiert und erklärt werden könne. Der erwähnte Gabriele Amorth erläuterte in diesem Zusammenhang, dass viele, die sich besessen glauben, die Kriterien dafür nicht erfüllen würden. Sie hätten nur ein Gefühl von Besessenheit.

Der Glaube an die Möglichkeit satanischer Besessenheit und an den Nutzen von Exorzismus ist in den meisten Religionen vorhanden. Im Islam beispielsweise beruft man sich bei Teufelsaustreibungen auf den Koran und die darin beschriebenen Geisteswesen »Dschinn«. Im Magazin »The Psychiatrist« schrieben Simon Dein und Abdool Sarnad Illaiee 2013, dass der Ursprung dieser dämonartigen Kreaturen auf pre-islamische Gesellschaften auf der Arabischen Halbinsel zurückgehe. Der Unterschied zwischen Mensch und Dschinn bestehe in der Substanz, aus der sie gemacht sind. Im Koran heißt es, Dschinn bestünden aus »rauchlosem und sengendem

Feuer«. Sie seien nicht grundsätzlich schlecht, sondern würden sich gut, schlecht oder neutral verhalten. Sie würden Individuen angreifen, die »einen schwachen Willen und mangelndes Selbstbewusstsein haben und um Anerkennung von sich selbst wie auch von der Gesellschaft ringen«. Oder aber die Betroffenen seien gierig nach Vergnügen, Macht und Kontrolle über andere. Darüber, ob Dschinns Menschen nur beeinflussen oder sie effektiv besetzen können, herrscht Uneinigkeit. Auch in der anthropologischen Literatur des Islams heißt es, dass psychische Erkrankungen mittels Exorzismen zu heilen versucht werden. Eine Umfrage unter 20 Mitgliedern der Londoner Bangladeshi Gemeinschaft ergab, dass vor allem die älteren, wenig gebildeten Mitglieder an die Existenz von Dschinn, an den »bösen Blick« und an Hexenkraft glauben. Ähnliche Resultate brachten Umfragen in Dhaka und Leicester. Die Autoren folgern, dass moderne westliche Erziehung diesen Glauben stark reduziert. Hilfe gegen den Einfluss solcher Kräfte werde bei traditionellen Heilern, aber auch bei ausgebildeten Psychiatern gesucht, das Lesen des Korans als unterstützend empfunden. Die Autoren folgern, dass eine Zusammenarbeit zwischen Psychiatern und islamischen Religionsführern in der Behandlung von vermeintlich besessenen Muslimen sinnvoll sei.

Spuk

In Kulturen, die Besessenheit als Teil der Realität erachten, können nicht nur Menschen, sondern auch Landschaften, Gebäude, Tiere und Pflanzen fremdbesetzt werden. Oft ist dann die Rede von Spuk. Gewissermaßen anerkannt ist das Phänomen in Großbritannien, wo Schlösser, in denen Derartiges vorkommen soll, auch Touristenattraktion sind. In der Schweiz engagiert sich unter anderen die Psychologin Martina Belz von der Universität Bern als Beraterin in Sachen Spuk. Gemeldet werden ihr Vorfälle wie Herdschalter, die sich wie von Geisterhand selbst betätigen, Geräusche im Haus, für die keine Quelle auszumachen ist, Gestalten, die unverhofft in Erscheinung treten, Dinge, die aus dem Nichts auftauchen, und andere, die ins Nichts verschwinden. Belz hält fest: »Es gibt keine statistische Evidenz, dass psychische Störungen bei Menschen mit solchen außergewöhnlichen Erfahrungen häufiger vorkommen als in der Allgemeinbevölkerung.«

In Deutschland hat eine repräsentative Umfrage gezeigt, dass gut zwei Drittel der Bevölkerung der Meinung ist, sie hätten Spuk in der einen oder anderen Form schon selbst erlebt. Martina Belz regt an, zuerst sich selbst zu fragen, was es damit auf sich haben könnte: »Gibt es persönliche Probleme, die sich in ungewohnter Weise äußern?«

Im Zusammenhang mit Spuk ist weniger von Besessenheit als von »Umsessenheit« die Sprache. Damit ist gemeint, dass Verstorbene aufgrund ihrer unglücklichen irdischen Verstrickungen nicht loslassen und den Weg ins Jenseits nicht finden können. Gebunden an Gegebenheiten zu Lebzeiten würden sie dort als Geistwesen ihr Unwesen treiben. Liegt ein solcher Verdacht vor, wird versucht, eine psychologische Lösung anzupeilen, so als würde es sich um eine real existierende Psyche handeln. Diese Form von »Austreibung« bemüht sich, durch Erklärungen und Wegweisungen die »verlorene Seele« dorthin zu bringen, wo sie hingehört – ins Jenseits.

4.14 SCHAMANISMUS

Bewusstsein als Arbeitsinstrument

Auf einem Besen oder Teppich durch die Lüfte schwirren, sich mit Geistern, Göttern, Dämonen verabreden. Beschwörende Zaubersprüche, mystische Masken und Tänze, Trommelwirbel, Zeremonien und Rituale – das ist die Welt der Schamanen, Magier, Zauberer und Hexen. Für uns eine Welt, die wir aus Märchen kennen. Für viele Volksgruppen aus diversen Kulturen wird diese Welt als real existent wahrgenommen und als Bestandteil ihres Lebens begriffen.

In der Wissenschaft bezeichnet der Ausdruck *Schamane* als kleinster gemeinsamer Nenner Personen, die als Mittler zwischen dem Diesseits und Jenseits agieren. Als Sammelbegriff etablierte sich der Ausdruck vermutlich, weil seit Ende des 17. Jahrhunderts – nach der russischen Landnahme Sibiriens – Reisende von Begegnungen mit solchen Personen berichteten. Der Begriff scheint ursprünglich vom Wort *šaman* aus der tungusischen Sprache Sibiriens zu stammen. Allerdings gibt es im sibirischen Raum noch weitere Begriffe (wie *zairan* oder *kham*), um eine Person zu umschreiben, die sich dadurch auszeichnet, dass sie willentlich und zielgerichtet verschiedene Bewusstseinszustände einnehmen kann. Dabei gibt es Unterschiede, etwa zwischen Hellsehern, Heilern, Medizinmännern, Magiern, spirituellen Führern. Allgemein gesprochen ist der Schamane, die Schamanin, *die* Fachperson für veränderte Bewusstseinszustände und nutzt diese, um mit der geistigen Welt vermittelnd in Kontakt zu treten. Die Fähigkeiten dazu sollen Schamanen aus Berufung und Erfahrung schöpfen. »Es handelt sich im Grunde genommen darum, dass ein Spezialist innerhalb der Gesellschaft, der eine bestimmte Initiation durchlaufen hat, in der Lage ist, mit den Geistern Kontakt aufzunehmen und mithilfe der Geister Probleme der Menschen zu lösen«, erklärt Klaus E. Müller, emeritierter Professor für Ethnologie an der Universität Frankfurt am Main.

Erst belächelt, dann verherrlicht

Im Auftrag der Kaiserlichen Akademie der Wissenschaften St. Petersburg erhielten deutsche Forscher in der ersten Hälfte des 18. Jahrhunderts den Auftrag, die schamanischen Praktiken in Sibirien umfassend zu dokumentieren. Schamanismus wurde damals weitgehend als primitives Spektakel und Aberglaube verstanden, was nicht überrascht, denn in Europa wie auch in anderen christlich beherrschten Regionen untersagte die Inquisition jegliche Form von magischen Praktiken. Die Inquisition diente der römisch-katholischen Kirche ab dem 13. bis Ende des 18. Jahrhunderts, um gegen sogenannte Ketzer vorzugehen. Sie forderte viele unschuldige Opfer. Gleichzeitig sorgte sie dafür, dass sich die christliche Welt weitgehend von der Magie distanzierte und dadurch den Aufbau eines fundiert wissenschaftlichen Weltbildes förderte.

In der Sowjetzeit wurden Schamanen als »Ausbeuter« verfolgt. In vielen Ländern ist Hexenverfolgung noch heute verbreitet. So sagt etwa Boris Gershman, der an der Amerikanischen Universität in Washington D.C. zum Thema Hexenverfolgung forscht: »Es ist ziemlich klar, dass weltweit jährlich Tausende Menschen Opfer von Hexerei-Anschuldigungen werden. Oft mit schwerwiegenden Konsequenzen: Das Eigentum wird zerstört, die Beschuldigten werden aus der Gesellschaft ausgeschlossen. Auch vor Mord schrecken die Hexenjäger nicht zurück.«

Einer der Ersten, der im deutschen Sprachraum eine tolerante, interessierte Auffassung gegenüber anderen Völkern und ihren Kulturen vertrat, war Johann Gottfried von Herder (1744–1803). Er war einer der einflussreichsten Autoren und Denker der Aufklärung und schuf den Boden für eine veränderte Wahrnehmung des Schamanismus während der Romantik (18./19. Jahrhundert). In einer Welt, die sich zunehmend wissenschaftlich erklären ließ, wuchsen gleichzeitig Neugier, Verwunderung und Bewunderung für Phänomene, die sich nicht erklären ließen. Wissenschaftler aus den Bereichen Ethnologie, Religion, Soziologie und Anthropologie begannen, sich für Schamanismus zu interessieren. Als Pionier in dieser Hinsicht gilt der rumänischer Religionswissenschaftler, Philosoph und Autor Mircea Eliade (1907–1986), der in Bukarest und im indischen Kalkutta studiert und später in Paris und Chicago gelehrt hatte. Zu seiner Zeit glaubte man, dass Schamanismus nur in Sibirien praktiziert werde. Im Verlauf des 20. Jahrhunderts wurde aber, nicht zuletzt dank Eliades Arbeit, deutlich, dass Schamanismus – mit kulturellen und methodischen Unterschieden – weltweit und überraschend ähnlich praktiziert wird. Heute wird Schamanismus deshalb als eine Art Urform von Religion und Heilverfahren verstanden.

Eliade sprach sich in seinem Buch »Schamanismus und archaische Ekstasetechnik« deutlich gegen die damalige These aus, dass es sich um pathologische, also krankhafte Zustände handle. Kritisiert wird, dass Eliade den Schamanismus verklärt habe. Recht gibt ihm die Wissenschaft aber insofern, als dass sich schamanische Praktiken klar von pathologischen Bewusstseinszuständen unterscheiden, insbesondere weil die Veränderung des Bewusstseins kontrolliert verläuft.

Verschiedene Aspekte des Phänomens verfügen über einen naturwissenschaftlichen Hintergrund. Das haben unter anderem Forschungen in der Neurologie und Immunologie ergeben. Nachweisen lässt sich zum Beispiel, dass Schamanentrommeln den Stoffwechsel beschleunigen oder dass sich schamanische Trance- und Meditationszustände positiv auf das Immunsystem und das vegetative

Nervensystem auswirken. Feststellen lassen sich auch Parallelen zwischen schamanischen Trancezuständen und der Trance unter Hypnose (Kapitel 4.4. und 4.9), die wissenschaftlich gut erforscht ist. Der deutsche Ethnologe Klaus E. Müller verneint die Frage, ob Schamanismus reiner Hokuspokus sei, klar: »Er war traditionell lebensnotwendig für eine bestimmte Gruppe von Bevölkerungen, um ihre Existenz abzusichern.« Aufgabe des Schamanen war ursprünglich die Sicherung des Jagderfolgs. Außerdem war er oder sie zuständig für scheinbar unheilbare Krankheiten. »Zum Jagderfolg wie zur Heilung von Psychosen bedurfte man bestimmter Geister«, erklärt Müller. »Und es ging darum, mit diesen Geistern in Kontakt zu treten.« Zu den traditionellen Aufgaben gehörten auch die Begleitung von wichtigen Ereignissen wie Geburt und Tod, Weissagungen, Schutz, Traumdeutung und Coaching.

Die Arbeit der Schamanen in der jenseitigen Welt wird zu besonderen Anlässen von der Gemeinschaft unterstützt und mitgetragen. Dies geschieht meist mittels althergebrachter Rituale während der Nacht. Zum Einsatz kommen dabei auch Werkzeuge wie Masken, Rasseln, Fächer, Amulette, Traumfänger, Symbole, Kraftgegenstände, Opfergaben, Trommeln, Gebetsfedern und Ähnliches. Die Gruppe taucht in Parallelwelten ein, die vorwiegend mündlich überliefert sind, etwa in der »Traumzeit« der Aborigines oder der »Anderswelt« der Kelten. Schriftliche Überlieferungen wie beispielsweise diejenigen der Mythologie der alten Griechen können eine Idee einer solchen Anderswelt vermitteln. Sie zeugen von einer selbstverständlich gelebten Dualität des Daseins, wie wir es alle kennen, und einer Parallelwelt, die mit Toten, Geistern, Dämonen und Göttern geteilt wird. Der von den Involvierten empfundene hohe Realitätsgehalt des Jenseitigen ist ein Aspekt, der Philosophen, Psychologen und auch Neurowissenschaftler beschäftigt, jedoch ohne bisher wissenschaftlich fundierte Erkenntnisse hervorzubringen.

Neu entdeckt

Traditionell wird ein Schamane, eine Schamanin aufgrund einer Vision, einer Erscheinung im Traum, einem ungewöhnlichen Ereignis oder Verhalten oder durch Vererbung zu dieser speziellen Tätigkeit gedrängt und oft schon in der Kindheit darauf vorbereitet. Der Schamane, die Schamanin führt, trotz gesellschaftlicher Anerkennung, ein spezielles, exponiertes Leben, auf dem viel Verantwortung lastet.

Ohne eine sogenannte Initiation ist die Person kein Schamane im klassischen Sinne. Klaus E. Müller erklärt: »Die betroffene Person hat fast ausnahmslos während der Pubertät ein sogenanntes Berufungserlebnis. Da wird man plötzlich bewusstlos für einige Tage, die Leute wissen schon Bescheid und separieren einen. Und dann hat man plötzlich Wundmale an den Gelenken und andere Erscheinungen und ist aber bewusstlos.« Dies bedeute, dass man innerlich Folgendes erlebe: »Die guten Geister, die Hilfsgeister des künftigen Schamanen entführen ihn in ihr Reich und trennen zunächst den Kopf ab, sodass er zugucken kann, was dann geschieht. Dann lösen sie seine Gelenke auseinander, nehmen das Fleisch ab, kochen es, um neues Fleisch zu gewinnen, setzen die Gelenke wieder zusammen und setzen das neue Fleisch an. Da also die Geister an seiner Wiedergeburt sozusagen schöpferisch beteiligt waren, sind sie seine Verwandten geworden. Das heißt, er ist dadurch halb Geist, halb Mensch und hat die Garantie, dass in Zukunft diese Geister ihm behilflich sein werden, wenn er ins Jenseits reisen muss.«

Während der Ausbildung müssen verschiedene Trancetechniken und Rituale, der Umgang mit Ekstase und mit anderen Wesenheiten sowie die Schaffung innerer und äußerer geistiger Räume erlernt werden. Es ist ein Prozess, der von intensiven Krisen und schwierigen Prüfungen begleitet sein kann. Später stehen mitunter gefährliche Herausforderungen bereit, weil als Mittler zwischen der irdischen und der metaphysischen Welt mit

Kräften und Dimensionen gearbeitet wird, die unser physisches Verständnis des Daseins bei weitem überschreiten können.

Hiah Park vermittelt als koreanische Mudang (Schamanin) seit ihrer Initiation 1981 schamanischen Ritualtanz, Trancetanz und traditionellen koreanischen Tanz auf zahlreichen Reisen in den USA, Europa und Korea. Sie hält auch Vorträge und Workshops über spirituelle Heilung und Ekstase-Techniken. Über ihren Initiationsweg sagt Park: »Als ich 1975 begann, mich mit dem Schamanismus auseinanderzusetzen, hatte ich weder den Wunsch noch die Absicht, Schamanin zu werden. Ich betrachtete den ganzen Prozess anfangs als rein künstlerisches Unterfangen.« Sie durchlief mehrmals Zeiten sogenannter Sinbyong (Initiationskrankheiten) und sagt darüber: »Ich glaube, zu Sinbyong kommt es, wenn der spirituelle Körper eines Menschen quasi am Verhungern ist, weil Inspiration und Kreativität fehlen.« Zur Tatsache, dass im modernen Korea fast alle Schamanen weiblich sind, meint die Mudang: »In der traditionellen koreanischen Gesellschaft waren die Frauen nicht so gebildet wie die Männer, wodurch sie ihrer intuitiven und übersinnlichen Kräfte nicht so stark entfremdet wurden, weil sie nicht jahrelang über-intellektualisiert wurden. Ich musste erst zwanzig Jahre Bildung wieder verlernen, um für die Initiation reif zu sein.«

Popularisierung

Das zunehmende Interesse an veränderten Bewusstseinszuständen in der zweiten Hälfte des 20. Jahrhunderts hatte auch eine veränderte Wahrnehmung mystischer Praktiken zur Folge. Zu Zeiten von Flower-Power schuf unter anderen der kalifornische Autor Carlos Castaneda (1925–1998) mit »Die Lehren des Don Juan« (1967) ein Kult-Buch. Die von ihm beschriebenen Erlebnisse des Zauberlehrlings eines mexikanischen Yaqui-Indianers (brujo) eröffneten in der damaligen Jugendkultur vielen Lesern eine neue Sicht auf die Welt. Gleichzeitig fanden weltweit verschiedene Ethnien zu einem gewissen Selbstbewusstsein und zur Pflege ihrer ureigenen Kultur zurück.

Die Wissenschaft blieb von dieser gesellschaftlichen Entwicklung nicht unberührt. Zahlreiche Kulturanthropologen und Ethnologen fühlten sich ab den 1960er-Jahren motiviert, durch eigene Feldforschungen dem Schamanismus nachzugehen. Im Gegensatz zu früher, als Beobachtungen über das Geschehen distanziert protokolliert wurden, ließ sich die neue Generation von Forschern durch persönliche Teilnahme am Geschehen direkt auf das Phänomen ein. So beispielsweise der amerikanische Anthropologe und Schamanismusforscher Michael Harner (1929–2018), der bei verschiedenen indigenen Völkern am Amazonas eine praktische Einführung fand und zahlreiche Bücher zum Thema publizierte. Unter anderem konsumierte Harner ein schamanistisches Gebräu und erklärte später: »Nachdem ich [es] getrunken hatte, fand ich mich, obgleich wach, in einer Welt jenseits meiner wildesten Träume wieder. Ich traf Menschen mit Vogelköpfen, aber auch drachenähnliche Geschöpfe, die mir erklärten, sie seien die wirklichen Götter dieser Welt. Für meinen Versuch, durch die fernste Galaxie zu fliegen, nahm ich die Hilfe anderer Geister in Anspruch. Gefangen in einem Trancezustand, wo das Übernatürliche natürlich erschien, wurde mir klar, dass die Bedeutung dieser Droge für die Weltanschauung der Eingeborenen von den Anthropologen – einschließlich meiner selbst – zutiefst unterschätzt worden war« Harner gründete in den 1980er-Jahren eine Stiftung, die Foundation for Shamanic Studies, welche indigene Völker darin unterstützt, ihr schamanisches Wissen zu erhalten und zu fördern. Außerdem gab Harner seine Erkenntnisse in Workshops weiter. Heute gibt es in der westlichen Welt Schamanismuskurse fast so selbstverständlich wie Sprachkurse. Vom Sprachunterricht her weiß allerdings auch jeder, dass Kurse nur Grundkenntnisse vermitteln. Wirklich anwendbar ist das Erlernte erst, wenn es gelebt wird. Ein altes sibirisches Sprichwort besagt denn auch: »Schamanieren tun viele, Schamanen sind wenige.«

Für internationale Schlagzeilen sorgte 2019 ein Vorfall bei Angarsk in der ostsibirischen Region Irkutsk. Ein Video, das ein Opferritual mit fünf Kamelen zeigte, verbreitete sich über die sozialen Netzwerke und empörte Tierschützer weltweit. Gegenüber der Presse erläuterte Artur Zybikow, der sich als Stellvertretender Oberster Schamane Russlands bezeichnet und das Ritual geleitet hatte: »Ein äußerst seltenes Ritual, das letzte fand vor 300 Jahren statt. Daran wagen sich nur sehr mächtige Schamanen. Wir wollen mit unseren Gebeten unsere Heimat neu zur Welt bringen, stark, mächtig, schön und souverän.« Kritisiert wurde Zybikow auch aus den eigenen Reihen. Viele Schamanen versicherten beispielsweise, es gebe in ihrer Zunft keine Hierarchien. Wie Radio Swoboda berichtete, war Artur Zybikow als Bodyguard, Gastronom und Assistent des Duma-Abgeordneten und Schlagerstars Iosif Kobzon tätig, bevor er sich zum Schamanen berufen sah. Der Irkutsker Kulturforscher Sergei Schotnikow kommentierte: »Die Gabe des Schamanen ist eine große Seltenheit. Sie wird von Generation zu Generation vererbt und gilt als schwere Bürde.«

Reiz der Macht

Opferbereitschaft, Selbstdisziplin und Selbstlosigkeit sind schamanische Tugenden. Doch die Welt wäre nicht, was sie ist, wenn machtvolle Verbindungen einzig zum Guten genutzt würden. Auch im Schamanismus kann aus reinem Egoismus gehandelt werden. Die Fähigkeiten können zu Missbrauch führen und schädliche Auswirkungen auf Dritte haben. In Asien, Afrika und Lateinamerika sprechen Einheimische viel öfter und offener über den Einfluss von Weißer und Schwarzer Magie auf ihr persönliches Leben als in unseren Breitengraden. Auch wenn es kaum statistische Zahlen dazu gibt, kann man zu dem Schluss kommen, dass der Respekt oder gar die Angst vor magischen Kräften außerhalb der westlichen Welt vielerorts stärker präsent ist – mit zwiespältigen Folgen. Einerseits lässt sich wissenschaftlich belegen, dass Schamanismus tatsächlich wirkt, unter anderem aufgrund der nachgewiesenen suggestiven Kraft von Worten in Zusammenhang mit Trance. Andererseits muss unter dem Einfluss von Schamanismus wie unter dem Einfluss jeder anderer bewusstseinsverändernden Praxis auch Aberglaube festgestellt werden und die Vernachlässigung der Eigenverantwortung.

Wo Schamanismus im näheren oder weiteren Sinn betrieben wird, neigt ein Teil der Bevölkerung dazu, bei unerfreulichen Ereignissen einer dunklen Macht wie der Schwarzen Magie die Schuld daran zu geben. Eine persönliche Analyse der schwierigen Situation, das kritische Hinterfragen der eigenen Rolle wird dabei gemieden. In Ländern, wo der Glaube an Hexerei und Schwarze Magie bis heute stark verankert ist, nimmt der amerikanische Forscher Boris Gersham ein hohes Maß an Misstrauen zur Kenntnis. Dieser Umstand untergrabe die soziale Gemeinschaft und reduziere die Bereitschaft zur Zusammenarbeit. In der Tat sehen viele Afrikaner den Erfolg eingewanderter Gruppen wie Libanesen oder Chinesen darin begründet, dass diese zusammenhalten und die Gemeinschaft fördern, während Einheimische zu Misstrauen und Missgunst neigen. Auch in Südostasien und Zentralamerika trifft man immer wieder Menschen, die von Angehörigen berichten, welche ihrer Meinung nach Opfer von Schwarzer Magie wurden. Ein solcher Fall wurde vom amerikanischen Forscher William Madsen nach wissenschaftlichen Kriterien überprüft. In seinem »Guide to Mexican Witchcraft« schilderte Madsen die Geschichte eines erfolgreichen mexikanischen Geschäftsmannes. Dieser litt ab einen bestimmten Tag aus heiterem Himmel an massiven Kopfschmerzen. Trotz seiner finanziellen Möglichkeiten, weltweit die besten Spezialisten aufzusuchen, fand sich keine medizinische Erklärung und kein Mittel gegen sein Leiden. In seiner Verzweiflung besuchte der moderne Geschäftsmann einen mexikanischen Seher, der ihm erzählte, eifersüchtige Verwandte hätten ihn verhexen lassen. Der Mann solle an einen bestimmten Ort gehen, wo er eine Voodoo-Puppe mit seinem Kopfhaar auffinden werde. Er solle der Puppe die durch den Kopf gestoßenen Nadeln entfernen und danach alles verbrennen. Der Mann fand erstaunt vor, was ihm verheißen, und tat, was ihm aufgetragen wurde. Danach war sein Leiden verschwunden.

> *Schamanieren tun viele,*
> *Schamanen sind wenige.*
> — Altes sibirisches Sprichwort

Wenn auch offizielle Statistiken fehlen, kann davon ausgegangen werden, dass zahlreiche Menschen, die aus Entwicklungsländern stammen und im Ausland Karriere machen, sich bei Besuchen in ihrem Heimatland vor Verhexungen und Verwünschungen von Verwandten und Bekannten fürchten, und zwar unabhängig von ihrer Religion. Teilweise fördert diese Angst Geldüberweisungen an Verwandte. Ob die Befürchtungen gerechtfertigt sind oder nicht, ist insofern sekundär, als dass sie Mechanismen in Gang bringen, welche gesellschaftliche Strukturen mitprägen.

Nach bisherigen Erkenntnissen scheint es eine emotionale oder zumindest eine direkte persönliche Verbindung zu benötigen zwischen der Person, die »verhext« wird, und jener, die den Auftrag dazu gibt. Geografische Distanz scheint dabei kaum eine Rolle zu spielen.

Der renommierte Schweizer Fotograf Alberto Venzago kam in Benin in Berührung mit Voodoo. Er war mit einer Vespa unterwegs und verbrachte viel Zeit mit Warten bei Mechanikern. So auch in Quidah, wo er auf einen Mann traf, der von sich sagte, er könne das Orakel lesen. Ein Jahr später, 1991, kehrte Venzago in das Dorf zurück und brachte dem Mann als Geschenk ein Foto von ihm mit. »Dann passierte etwas sehr Seltsames. Der Mann rastete völlig aus«, erinnert sich der Fotograf. Venzago habe wohl ihn um Erlaubnis für das Bild gebeten, erklärte schließlich der Mann, jedoch nicht den Baum, an dem er lehne. Es war ein heiliger Baum. »Ich musste dann einige Ziegen und Hühner kaufen und opfern, um den beleidigten Baum zu besänftigen.« Als er zu einem späteren Zeitpunkt ein weiteres Mal das Dorf aufsuchte, kam ein Fax, dass Venzagos Vater im Sterben liege. »Ich wollte sofort abreisen, da kam der Oberpriester, er sagte mir, er werde sich darum kümmern. Eine Nacht lang wurde geopfert, es gab eine Zeremonie, ich musste wiederum Ziegen und Hühner kaufen. Am nächsten Morgen kam der Mann zu mir, sagte, ich könne jetzt gehen, mein Vater würde aus dem Krankenbett aufstehen und mich lächelnd empfangen. Es kam so – wirklich.« In der Folge dokumentierte Alberto Venzago über einen Zeitraum von 12 Jahren Voodoo-Praktiken in Benin. Resultat ist unter anderem sein Film »Voodoo«, der in bisher ungekannter Weise mit der Kamera eingefangene Zeremonien zeigt. Voodoo entwickelte sich ursprünglich in Westafrika und verbreitete sich durch den Sklavenhandel vorerst im karibischen Raum und auf pazifischen Inseln. Auch im Voodoo werden schamanische Praktiken genutzt, um Heilung für Menschen, Tiere oder die Natur zu erbitten. Venzago machte in den Jahren seiner Recherchen allerdings auch unangenehme Erfahrungen damit. Das vermeintlich Gute und Böse liegen im Schamanismus noch etwas näher beieinander als im realen Leben.

4.15 NOTPROGRAMM

Kampf ums Überleben

Wenn wir uns in Todesgefahr befinden, gerät der Organismus in extremen Stress, und das hat Auswirkungen auf unser Bewusstsein. Die physische und psychische Herausforderung löst Prozesse aus, die bis zur Bewusstlosigkeit führen können. Detlef B. Linke, Neurophysiologe an der Universität Bonn, erklärt: »Offenbar scheitert unser Gehirn in diesen Momenten daran, urplötzlich das Ende der eigenen Existenz zu verarbeiten. [...] Die gesamte Zukunft schrumpft blitzschnell auf einen einzigen Augenblick zusammen, und es gibt plötzlich keine weiterführende Sequenz von Ereignissen mehr. Der Fortlauf der Zeit bricht zusammen und die normalen Mechanismen, die unser Zeitgefühl erschaffen, können an dieser Stelle nicht mehr weiterarbeiten.« In dieser Not, aber auch als letzte Abwehrstrategie, setzen besondere Prozesse ein, »die uns außergewöhnliche Erfahrungen bescheren«.

Die nachfolgenden Kapitel thematisieren Situationen, in denen Todesgefahr oder nur der Eindruck einer Todesgefahr besteht. Denn es hat sich gezeigt, dass im Kampf ums Überleben nicht der Zustand des Körpers entscheidend ist, sondern die Art und Weise, wie jemand diese außergewöhnliche Situation erlebt. Je nach psychischem und physischem Befinden verändert sich auch fortlaufend der Bewusstseinszustand.

Verwirrtheit

Vor allem, wenn Menschen notfallmäßig in ein Krankenhaus eingeliefert werden und bei Bewusstsein sind, befinden sie sich sehr oft im Zustand einer leichter Trance (Kapitel 4.4). Als Leitsymptom organischer Erkrankungen kann auch ein Delir (Kapitel 4.16) ausgelöst werden. Mit diesem Zustand der Verwirrung gehen Störungen von Bewusstsein, Aufmerksamkeit, Wahrnehmung, Orientierung und Gedächtnis einher. »Patienten berichteten, dass sie ihre Erfahrungen [im Delir] als einen Zustand des Chaos, eine beständige Anspannung, emotionale Instabilität, Verwundbarkeit und Angst erlebten. Andere sprachen von einer bedeutsamen, unverständlichen und beängstigenden Erfahrung und können sich erinnern, verwirrt gewesen zu sein«, heißt es in der Erfahrungsanalyse von Mirjam Hochstrasser am Stadtspital Triemli in Zürich zum Thema »Delirium beim älteren Menschen frühzeitig erkennen & behandeln«.

Gelegentlich driften Patienten in eine Innenwelt ab, die immer weniger Bezug zur Realität bereithält, je länger der Zustand andauert. Dieses Geschehen kann dermaßen eindringlich und eindrücklich vonstattengehen, dass die betroffene Person, zurück im Wachzustand, größte Mühe hat, das Erlebte als Illusion zu begreifen. Man spricht in einem solchen Fall von Oneiroidem Erleben.

Inneres Erleben

Der schwerste Grad einer quantitativen Bewusstseinsstörung mündet in ein Koma, in der Bewusstlosigkeit. Wobei moderne Messungen der Hirnaktivitäten deutlich machen, dass ein Koma kein einheitlicher Zustand ist. Wissenschaftlich anerkannt ist, dass manche Patienten, obschon sie im Koma sind, korrekte bewusste Wahrnehmungen der realen Situation machen, in der sie sich befinden. Eine wissenschaftliche Erklärung dafür fehlt vorläufig.

Fatal ist die Situation für Patienten, die den Anschein eines Komas erwecken, weil sie – allenfalls bis auf das Zwinkern mit einem Augenlid – keine Reaktion auf Stimulationen zeigen, jedoch bei vollem Bewusstsein sind. Sie leiden unter dem sogenannten Locked-in-Syndrom, und können sich aufgrund einer Ganzkörperlähmung nicht bewegen. Es gibt Bemühungen, in einer solchen Situation die Kommunikation mit den Patienten mittels physiotherapeutischer und technischer Hilfsmittel wie Hirnscans zu forcieren, weil sich gezeigt hat, dass die Patienten durchaus in der Lage sind, trotz ihres gelähmten Körpers auf Fragen einfache adäquate Antworten zu geben.

Im Koma wie auch im Locked-in-Syndrom ist die Entwicklung des Bewusstseins nicht kontrollierbar, was ethische Diskussionen darüber auslöst, wie lange ein solcher Zustand durch medizinische Maßnahmen gestützt und die betroffene Person vor dem Sterben bewahrt werden soll – insbesondere dann, wenn offensichtlich ist, dass sie schwerste körperliche Schäden erlitten hat.

Bewusstlosigkeit ist andererseits ein Zustand, den Mediziner anstreben, wenn es darum geht, operative Eingriffe vorzunehmen oder die Aktivitäten des Organismus von Notfallpatienten auf ein Minimum zu reduzieren. In erster Linie haben Berichte von Menschen, die es wagten, über ihr Erleben während eines künstlichen Komas oder einer Narkose zu sprechen, dazu geführt, dass auch diese Zustände mittlerweile differenziert wahrgenommen werden. »Ob und was ein tief sedierter Mensch tatsächlich bewusst oder unbewusst in einer konkreten Situation wahrnimmt, ist sehr schwer festzustellen«, hält Peter Nydahl, Pflegeforscher am Universitätsklinikum Schleswig-Holstein in Kiel, fest.

Tore zum Tod

Spitzt sich die Situation zu, geht es letztlich um Sein oder Nichtsein, macht das Bewusstsein weitere Kapriolen. Menschen, die von der Schwelle des Todes ins Leben zurückkehrt sind, berichten oftmals von intensiven Erlebnissen. Auf die Frage nach der Häufigkeit derartiger Erfahrungen antwortet Brigitte Boothe: »Jüngere Studien deuten darauf hin, dass sie in Todesnähe eher der Normal- als der Ausnahmefall sind.« Die klinische Psychologin und Psychotherapeutin war an der Universität Zürich am

Forschungsprojekt »Vertrauen am Lebensende« beteiligt. Sie macht deutlich, dass es nicht einfach ein typisches Muster gebe, wenn das Ende naht. »Es gibt verschiedene Formen von Nahtoderlebnissen. Auch sehr unangenehme, Horrorvisionen. Insgesamt überwiegen die positiven Erfahrungen.« Generell feststellen lässt sich, dass der meistens beeinträchtigte Körper zum Zeitpunkt des Erlebens vorwiegend als unversehrt wahrgenommen wird. Die Erinnerungen an das Geschehen erweisen sich als tief im Bewusstsein verankert und sind den Betroffenen oft auch Jahre später noch prägend und in vielen Details präsent. Nach wie vor werde das imaginative Erleben Sterbender, das sich in Sterbeträumen, Sterbebettvisionen oder Nahtoderfahrungen äußert, schnell pathologisiert und als Halluzination diagnostiziert, stellt Simon Peng-Keller klar. Der Privatdozent am Institut für Hermeneutik und Religionsphilosophie der Universität Zürich, ebenfalls Mitglied des erwähnten Forschungsprojekts, ergänzt: »Es gehört zu den anspruchsvollen Aufgaben von Seelsorge und Spiritual Care, auf die symbolisch verdichteten Äußerungen von Menschen am Lebensende einzugehen und angemessen zu reagieren.« Nicht zuletzt, weil die eventuelle Rückkehr ins irdische Dasein, in Anbetracht der oftmals geschilderten Schönheit und liebevollen Ausgestaltung eines Nahtoderlebnisses, häufig von zwiespältigen Gefühlen begleitet wird.

Heutzutage werden Bewusstseinszustände in Situationen, in denen Todesnähe oder der Eindruck von Todesnähe besteht, zunehmend wissenschaftlich untersucht. Eine daraus gewonnene Erkenntnis für Betreuende und Angehörige von Menschen, die sich in einem Todeskampf befinden, mag sein, dass sie die Situation maßgeblich positiv beeinflussen können, indem sie Wohlsein, Vertrauen und Liebe stärken.

Aus dem Gleis geraten

Ein Delir wird vorwiegend mit Entzugserscheinungen nach missbräuchlichem Konsum von Alkohol, Drogen oder Schlaf- und Beruhigungsmitteln assoziiert. Dieser Ausnahmezustand bahnt sich langsam an, in der Regel innerhalb von zwei bis drei Tagen nach dem letzten Konsum. Begleitet wird ein Entzugsdelir (*Delirium tremens*) von Symptomen wie Zittern und Zucken, Gleichgewichtsstörungen, Übelkeit, erhöhtem Puls und Blutdruck, Lichtempfindlichkeit und Angst. Es kann zu Schweißausbrüchen, Krampfanfällen, Einnässen, Fieber, Schlafstörungen und Pupillenerweiterung kommen. Bleibt das Entzugsdelir unbehandelt, können Atem- und Kreislaufstörungen ein lebensbedrohliches Ausmaß annehmen.

Auch Halluzinationen können bei einem Entzugsdelir auftreten. Legendär sind »weiße Mäuse« bei einem Alkoholentzug. Sie stehen sinnbildlich für allerlei Getier, das in der Wahrnehmung der Betroffenen auf der Haut herumkrabbelt, fliegt oder kriecht. Auch Wahnvorstellung, etwa Verfolgungs- oder Vergiftungswahn, kommen vor. Die Symptome halten unbehandelt meistens an, bis der körperliche Entzug überstanden ist, was Stunden oder Tage dauern kann. In Akutkliniken werden vorbeugende Maßnahmen durchgeführt, um Entzugserscheinungen zu lindern.

Komplexer Mix

Grundsätzlich unterschieden wird zwischen einem Entzugsdelir und einem akuten Delir, auch Delirium, postoperatives Durchgangssyndrom oder hirnorganisches Psychosyndrom genannt. Der lateinische Ursprung des

Wortes *de lira ire* bedeutet »aus dem Gleis geraten«. Es ist ein Zustand, der bereits in der Antike zur Kenntnis genommen wurde, jedoch erst in den letzten 20 Jahren zunehmend systematisch erfasst und behandelt wird. In den USA wurden erste Studien zum Thema gegen Ende des 20. Jahrhunderts publiziert. Im deutschsprachigen Raum – sei es in Krankenhäusern, Altersheimen oder Pflegeeinrichtungen – wird der akute Verwirrtheitszustand seit rund 10 Jahren vermehrt erforscht. Seither werden zunehmend Maßnahmen getroffen, um ein Delir möglichst zu vermeiden oder zu behandeln.

Daten über die Häufigkeit von Delirien liegen fast ausschließlich über Krankenhauspatienten vor. Dort ist das akute Delir die weitaus häufigste Komplikation bei über 65-jährigen Patienten. Fachleute gehen davon aus, dass 60 bis 80 Prozent der Intensivpatienten von einem Delir betroffen sind. Bei allgemeinmedizinischen und chirurgischen Patienten schwanken die Angaben zwischen 10 und 60 Prozent.

Auslöser für ein akutes Delir können organische Erkrankungen, Infektionen, Tumoren, eine zu geringe Durchblutung oder ein zu niedriger Blutzuckerspiegel sein. Häufig steht ein akutes Delir auch im Zusammenhang mit einem chirurgischen Eingriff. Stressfaktoren, eine vorbestehende Demenz, Schock, Schmerzen, ein Mangel an Schlaf, Flüssigkeit oder Nahrung sowie die kombinierte Einnahme von mehreren Medikamenten können ebenfalls eine Rolle spielen. »Generell ist nicht ein einzelner Faktor, sondern stets die Kombination verschiedener Risiken ausschlaggebend für ein akutes Delir«, erklärt Maria Schubert, Professorin für klinische Pflegewissenschaft am Universitätsspital Zürich.

Bei einem akuten Delir verändert sich das Verhalten der Betroffenen innerhalb von Stunden oder Tagen massiv. Bewusstsein, Aufmerksamkeit, Wahrnehmung, Gedächtnis, Schlaf-Wach-Rhythmus, Sprachfähigkeit und Psychomotorik können gestört sein. Einige Betroffene können ihre Emotionen kaum noch steuern. Sie lassen sich leicht ablenken, wodurch beispielsweise Sätze unbeendet im Raum stehen bleiben oder unpassende Antworten auf Fragen gegeben werden. Außerdem ist ihre Orientierung bezüglich Zeit und Raum, der eigenen Person und der Situation, in der sie sich befinden, unscharf. »Ein Patient mag sich beispielsweise in einem Moment bewusst sein, dass er sich im Spital aufhält, doch im nächsten Moment, wenn etwa das Telefon klingelt, wähnt sich die Person womöglich im Büroalltag und agiert entsprechend«, so Schubert. »Auch können Erlebnisse aus der Vergangenheit plötzlich an Präsenz gewinnen; Patienten können sich gleichzeitig in zwei Welten aufhalten und nicht mehr zwischen Realität und Wahn unterscheiden.« Halluzinationen zählen ebenfalls zu den möglichen Symptomen.

Das akute Delir unterliegt starken Schwankungen. Unterschieden wird zwischen hyperaktivem Delir, was sich durch Ruhelosigkeit, mitunter auch Aggressionen äußert, und hypoaktivem Delir, das enorme Schläfrigkeit, teils auch Apathie mit sich bringt. Euphorie, Unruhe, Streitlust und Selbstgefährdung können jederzeit überwechseln zu großer Angst und Apathie. Mitunter gibt es »lichte« Momente, in denen Betroffene selber merken, dass etwas mit ihnen nicht stimmt. »Die Situation wird dadurch als noch bedrohlicher empfunden«, weiß Maria Schubert. Im Nachhinein können sich viele Patienten zumindest bruchstückhaft an den Zustand des akuten Delirs erinnern.

Langzeitfolgen

Die aktuelle Forschung macht deutlich, dass ein unbehandeltes Delir folgenschwere Konsequenzen hat: Delirante Patienten sterben im Vergleich zu Patienten, die aus demselben Grund im Spital sind, aber kein Delir durchleben, deutlich öfter. Überleben sie, genesen sie in vielen Fällen schlechter als vergleichbare Patienten ohne Delir. Bei einigen bleiben

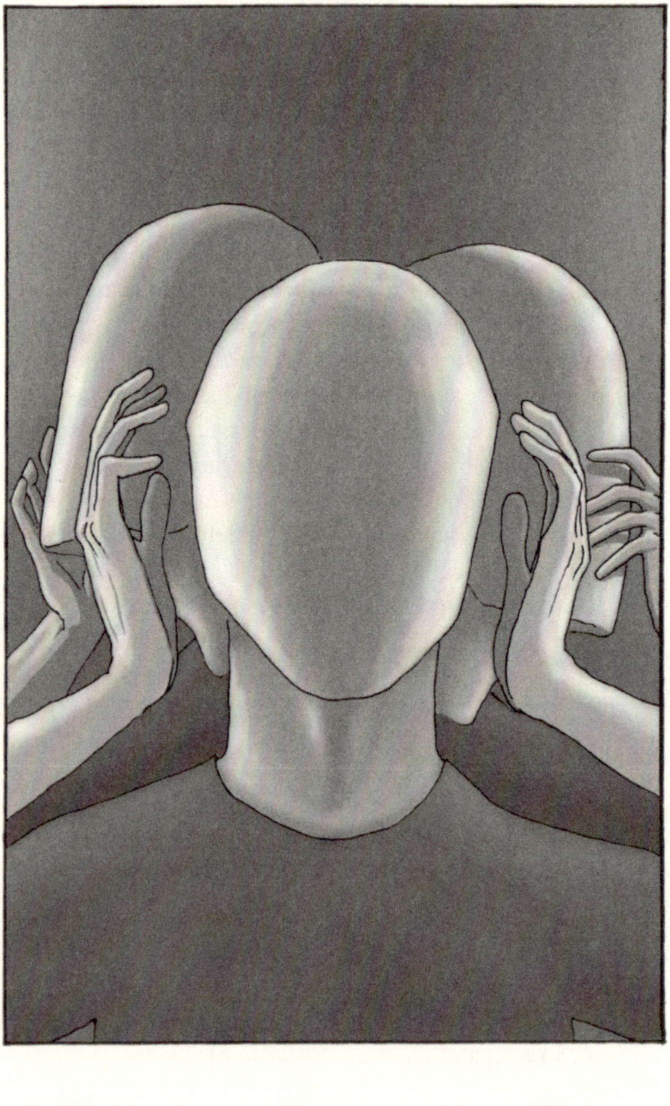

langfristig kognitive Störungen: etwa eine Beeinträchtigung von Konzentration, Gedächtnis, Merkfähigkeit sowie Einschränkungen im praktischen Alltag. »Bei älteren Leuten hat dies häufig zur Folge, dass sie nicht nach Hause gehen können, sondern in ein Pflegeheim verlegt werden müssen«, erklärt Pflegewissenschaftlerin Maria Schubert.

Auch jüngere Menschen können von deliranten Zuständen und ihren weitreichenden Folgen betroffen sein. Wolfgang Hasemann, Leiter des Basler Demenz-Delir-Programms, schildert in diesem Zusammenhang den Fall einer 48-jährigen, hochintelligenten Frau, die als Folge eines Lungenversagens beatmet wurde. »Während der sechsmonatigen Behandlungsphase erlitt die Patientin schwerste Delirien, von denen sie sich an zehn verschiedene Episoden im Nachhinein erinnern konnte«, so Hasemann. Vor ihrer Erkrankung hatte die Patientin einen Intelligenzquotienten von 145, sechs Monate später noch einen IQ von 110. Außerdem wiesen MRT-Aufnahmen ihres Gehirns nach Intensivbehandlung und Delirschüben deutliche Schäden auf: Die sichtbaren Verluste von Hirnsubstanz seien »typisch für die einer 80-jährigen Patientin mit einer ausgeprägten Demenz«, hält der Fachmann fest.

Delirmanagement

Trotz Häufigkeit und Bedeutung für den weiteren Genesungsprozess werden Prävention, Diagnose und Behandlung des akuten Delirs vielerorts vernachlässigt, beziehungsweise aufgrund von Unwissenheit durch das Pflegepersonal »als normale Begleiterscheinung« einer Behandlung in Kauf genommen. Infolge mehrjähriger Studien an diversen Universitätskliniken zum Thema Delir verfügen mittlerweile manche europäischen Länder über nationale Richtlinien zum Umgang mit der Problematik. In der Schweiz beispielsweise hat heute die Mehrheit der Akutspitäler ein Delirmanagement etabliert, dessen Umfang jedoch je nach Spital variiert.

Ein sorgsamer Umgang mit dem Phänomen entlastet nicht zuletzt das Personal – emotional und im Hinblick auf den Pflegeaufwand. Die Pflege- und Betreuungskosten können durch ein gutes Delirmanagement markant gesenkt werden. Schwierigkeiten bereitet jedoch, dass das Delir nicht offensichtlich zu erkennen und die Behandlung so vielseitig wie das Delir selbst ist. Deshalb ist die Problematik in Alters- und Pflegeheimen akuter als in Krankenhäusern.

Steht die Diagnose fest, ist die Behandlung anspruchsvoll, denn durch das Delir gerät der Neurotransmitterhaushalt (Kapitel 2.4) durcheinander. Bei der medikamentösen Behandlung geht es deshalb im Grundsatz darum, ein Gleichgewicht der Botenstoffe wiederherzustellen. Bei Patienten, die emotional starken Schwankungen ausgesetzt sind, ist es schwierig, das richtige Medikament im richtigen Maß zu finden, um je nach dem aktuellen Zustand zu beruhigen oder aufzumuntern. Die weitere Behandlung beruht vorwiegend auf klinischer Erfahrung und ist deshalb kaum standardisiert. Unter anderem werden mögliche medizinische Ursachen und Risikofaktoren für ein Delir abgeklärt und sofern möglich reduziert beziehungsweise behandelt. Ein besonderes Augenmerk wird auf die Ernährung und die Flüssigkeitszufuhr sowie Infektionsprophylaxe gerichtet. Stressmanagement hat zum Ziel, eine möglichst entspannte Atmosphäre zu schaffen; dazu zählt auch eine adäquate Schmerzbehandlung. Um die Wahrnehmungsfähigkeit der Patienten zu erhalten oder zu fördern, wird darauf geachtet, dass Hilfsmittel wie Brillen oder Hörgeräte im Krankenbett genutzt werden. Bei Bedarf wird eine bereits vorhandene medikamentöse Behandlung optimiert, und es werden gegebenenfalls Entzugssymptome behandelt.

»Ein weiterer Aspekt ist der Einbezug der Angehörigen, die Patienten an das Hier und Jetzt und die aktuelle Situation erinnern«, betont Maria Schubert. Sanfte Berührungen von vertrauten Personen, beruhigende Musik, angenehmes Licht vermögen die Situation ebenfalls zu entschärfen. Aufgrund der mittlerweile durchgeführten Studien können Kliniken und Pflegeeinrichtungen, die über ein vollumfängliches Delirmanagement verfügen, das Auftreten von Verwirrtheitszuständen und die negativen Folgen daraus markant senken.

4.17 ONEIROIDES ERLEBEN

Illusion als Wahrheit verinnerlicht

So real das Erleben im Traum erscheinen mag, spätestens zurück im Wachzustand ist man sich bewusst, dass das Geschehen ein Traum war und nicht der Realität entspricht. Das Traumgeschehen kann sehr wohl in Verbindung mit dem Alltag stehen, doch es ist dieser Wirklichkeit nicht gleichgesetzt. Bei sogenannten oneiroiden Erlebnissen bleibt diese Erkenntnis aus. Der Begriff aus dem Griechischen bedeutet »traumähnlich«. Nur wird das oneiroide Erleben, zurück im Wachzustand, nicht als Traumgeschehen wahrgenommen, sondern als tatsächlich vorhandene Realität verstanden.

Pure Lebensbedrohung

Meistens handelt es sich dabei um albtraumartige, beängstigende und einschüchternde Erlebnisse. Es dominieren Gefühle wie ausgeliefert, orientierungslos oder gefangen zu sein, verfolgt oder bedroht zu werden. Bisherige Erkenntnisse lassen den Schluss zu, dass oneiroides Erleben vorwiegend in Extremsituationen im Zusammenhang mit schweren Erkrankungen oder Unfällen auftritt. Auch Verletzungen oder Entzündungen des Gehirns, traumatische, postoperative oder Wochenbett-Psychosen, schwere Verbrennungen, künstliche Beatmung, Hungerzustände und ähnliche lebensbedrohliche Situationen können Auslöser für diese tiefgreifende Bewusstseinsveränderung sein. »Dabei scheint nicht entscheidend, wie sehr das Leben effektiv bedroht ist, sondern wie stark die Bedrohung individuell empfunden wird«, so Michael Schmidt-Degenhard (1953–2020). Der deutsche Facharzt für Nervenheilkunde hat sich im Rahmen seiner wissenschaftlichen und ärztlichen Tätigkeiten intensiv mit der oneiroiden Erlebnisform befasst.

Der Übergang vom normalen Wachbewusstsein zum oneiroiden ist fließend. Im Anfangsstadium können die auftretenden Erlebnisse noch reflektiert werden. Doch dann wird die reale Welt – zum Beispiel die Intensivstation – zunehmend aus dem Bewusstsein ausgeblendet, bis sich die innere illusionäre Welt gegenüber der äußeren völlig verschließt. Aufgrund von Erzählungen betroffener Patienten fand Michael Schmidt-Degenhard heraus, dass Impulse aus der realen Welt lange in das innere Geschehen integriert werden. Am längsten erhalten bleibt das unterschwellige Verarbeiten von akustischen Reizen. Mittels Geräuschen besteht im Anfangsstadium auch die größte Chance, Menschen zurück in die Wirklichkeit zu holen, bevor sie komplett in ihre Fantasiewelt abdriften. Vermutet wird zudem, dass die Wahrnehmung über die Haut erhalten bleibt, nicht nur von Berührungen, sondern auch von elektromagnetischen Wellen wie Licht. Feststellen lässt sich, dass mit effektiv zunehmendem lebensbedrohlichem Zustand die Todesthematik im oneiroiden Erleben zunimmt, also Kämpfe ums Überleben stattfinden. Berichte von Betroffenen machen deutlich, dass der Todeskampf nicht zwingend die eigene Person betreffen muss, sondern übertragen werden kann. So mag zum Beispiel eine betroffene Person erleben, wie ihr Kind oder eine andere ihr nahestehende Person stirbt. Sind solche Patienten später genesen zurück in der Wirklichkeit, können sie kaum fassen, dass die vermeintlich verstorbene Person lebt und sich zu keinem Zeitpunkt auch nur in Todesnähe befand. »Oneiroides Erleben bezeichnet seelische Ausnahmezustände, in denen phantastische Erlebniszusammenhänge als eine subjektiv unbezweifelbare Wirklichkeit erfahren werden«, erklärte Schmidt-Degenhard. Der hohe Realitätsgehalt aus Sicht der Betroffenen führt dazu, dass es Zeit und manchmal auch ziemlich viel Überzeugungsarbeit benötigt, bis sie akzeptieren, dass das Erlebte nicht in der Realität stattgefunden hat. »Die Intensität dieses Erlebens sprengt den Horizont unserer sonstigen lebensweltlichen Erfahrungen«, so Schmidt-Degenhard.

> *Die Intensität dieses Erlebens sprengt den Horizont unserer sonstigen lebensweltlichen Erfahrungen*
> — Michael Schmidt-Degenhard, Psychiater

Unterschiede zu Nahtod und Traum

Menschen, die von oneiroiden Erlebnissen berichten, haben zuvor keine besonderen psychischen Auffälligkeiten gezeigt. Aktuell wird davon ausgegangen, dass es sich um einen natürlichen Verarbeitungsprozess in einer für den Patienten nahezu unerträglichen Belastungssituation handelt. Dieser Vorgang sorgt vermutlich dafür, dass die traumatische Angst ums Leben nicht ins Uferlose gleitet, sondern in komplexen Szenen verarbeitet wird. Für den Patienten entrückt die Realität in diesem Zustand aus dem Stadium des Nachvollziehbaren hinaus. »Wenn ein Mensch von Selbst- und Weltverlust bedroht ist, etwa durch anhaltende, völlige Bewegungsunfähigkeit, ersetzt er die lebensbedrohliche Realsituation durch eine eigene, imaginäre Welt, die von der Realität entkoppelt wird«, so Schmidt-Degenhard.

Auf Intensivstationen wird eine Behandlung mit angstlindernder Medikation empfohlen, um das Risiko von oneiroiden Erlebnissen zu reduzieren. Die Übergänge von oneiroidem Erleben zu Nahtoderfahrungen (Kapitel 4.19) können fließend sein. Michael Schmidt-Degenhard deklarierte aber bereits 1992 präzise Unterschiede und damit eine Abgrenzung zwischen diesen beiden Arten des Erlebens – einerseits inhaltlich, andererseits auch auf emotionaler Ebene. Während oneiroides Erleben überwiegend als negativ und beängstigend empfunden wird, lösen Nahtoderfahrungen nicht nur, aber vorwiegend Gefühle von Erleichterung und Wohlsein aus. In der oneiroiden Phase werden kaum je mystische Erfahrungen gemacht. Auch außerkörperliches Erleben scheint selten. Biografische Elemente werden nicht wie im Nahtod als präzises Abbild des gelebten Daseins wiedergegeben. Vielmehr erscheinen Elemente daraus passend zur Szene, also auch fiktiv umgestaltet, eben ähnlich wie dies im Traum geschieht.

Der Zürcher Kunsthistoriker Peter Cornelius Claussen betont allerdings deutliche Unterschiede zum Traum. Claussen verfasste mit seinem Buch »Herzwechsel« einen Erfahrungsbericht über sein eigenes oneiroides Erleben, das durch Komplikationen bei einer Operation ausgelöst wurde. Während er nach einer Herzklappenoperation mit anschließender Herztransplantation auf der Intensivstation lag, begab sich sein Bewusstsein auf eine fantastische Reise, die sich deutlich vom Traum unterschied. Claussen schrieb: »Zunehmend verlor ich mich in inneren eigenen Welten, die mich von tief gefühlsbeladenen Episoden zu atemberaubenden Abenteuern in buntem Wechsel führten, aber immer so, dass ein logischer Zusammenhalt gewahrt schien und auch meine reale Situation in der Intensivstation der reale Ausgangspunkt dieser mentalen ›Reisen‹ blieb. Für ungefähr 10 Tage lebte ich in diesem Schattenreich des Oneiroid, das für mich wirklicher war, als es die Realität jemals sein könnte. Und noch lange, nachdem ich in die Welt der Normalität zurückgefunden hatte, war ich von der Realität meines Erlebens überzeugt, das ich unauslöschlich und übergenau im Gedächtnis bewahrt habe.«

Fokus der Wissenschaft

Eine Gemeinsamkeit zwischen oneiroidem Erleben und Nahtoderfahrung besteht im Verhältnis, das die Wissenschaft dazu pflegt. Noch vor wenigen Jahrzehnten wurden Erzählungen über derartige Erlebnisse weitgehend ignoriert. Nicht selten schweigen Betroffene noch heute lieber als zu riskieren, bei Ärzten, Krankenhauspersonal oder Angehörigen auf Unverständnis zu stoßen. Dennoch liegen der Wissenschaft mittlerweile ausreichend Studien und Publikationen vor, welche in ihrer Gesamtheit belegen, dass ein beachtlicher Prozentsatz von Menschen in lebensbedrohlichen Zuständen solche Erlebnisse hat.

In der Erforschung von oneiroidem Erleben ist die Wissenschaft auf das angewiesen, was Betroffene später darüber erzählen. Zum einen finden solche Erlebnisse in Momenten statt, in denen Patienten alles andere benötigen als Untersuchungen dieses Phänomens. Außerdem ist rein äußerlich nicht erkennbar, wann oneiroide Erlebnisse stattfinden.

Die Erzählungen vermögen tatsächlich ein Bild dieser inneren Welten zu vermitteln, das in einigen Punkten einheitlich wirkt: So erleben Betroffene das eigene Ich wie gewohnt körperlich und als Hauptakteur im Geschehen. Der Zustand wird nicht flüchtig wie ein Traum und auch nicht distanziert wie ein Film im Kino wahrgenommen. Vielmehr erleben die Betroffenen das Geschehen in Überdeutlichkeit und Klarheit, auch wenn sie es nicht willentlich beeinflussen können. Das Erlebnis findet außerhalb der bekannten Raum-Zeit-Dimension in nie zuvor gesehener Farbintensität und Helligkeit statt. Erzählungen darüber wirken auch Jahre später noch präzise und sehr detailliert und können auch dann noch starke Emotionen auslösen. Das Erlebte, so der Psychiater Schmidt-Degenhard, bliebe auch für die Betroffenen selbst oft unbegreiflich und lasse sich nicht ganz einfach ins normale Leben integrieren.

4.18 KOMA UND NARKOSE

Auf der Intensivstation

Die Mitteilung, dass jemand im Koma liegt, versetzt Angehörige und Freunde in höchste Alarmbereitschaft, denn sie vermittelt: Der Zustand ist kritisch. Koma bedeutet im Griechischen »tiefer Schlaf«. »Diese gravierende Bewusstseinsstörung wird in letzter Konsequenz vorwiegend durch Schädel-Hirn-Verletzungen oder Durchblutungsstörungen wichtiger Gehirnteile ausgelöst«, erklärt Christian W. Hess, emeritierter Professor am Universitätsspital Bern.

Im tiefen Koma zeigen die Betroffenen keine Reaktionen auf äußere Reize. Die Augen bleiben geschlossen. Die Gehirnfunktionen sind während dieses höchsten Grades der Bewusstlosigkeit auf ein Minimum reduziert. Nur der Hirnstamm reguliert weiterhin lebenserhaltende Funktionen wie Körpertemperatur, Herz-Kreislauf und Atmung, wobei im Extremfall sogar diese aussetzen können. Die Betroffenen lassen sich auch durch starke Stimulationen unter keinen Umständen aufwecken.

Wahrnehmungen

In jüngerer Zeit hat sich dank moderner Messgeräte die Erkenntnis durchgesetzt, dass das Bewusstsein und die Wahrnehmung der Patienten – je nach Tiefe des Komas und Art der Verletzung des Gehirns – nicht zwangsweise vollständig ausgeschaltet sind, selbst wenn es den Anschein macht. Fest steht, dass die Übergänge zwischen verschiedenen Graden von Bewusstlosigkeit fließend sind. So scheinen manche Patienten zeitweise sogar aus dem Koma zu erwachen. Die Augen sind dann geöffnet, und es sind wieder Reaktionen auf Schmerz, Licht oder Lärm zu beobachten. Diese sogenannten Wachkoma-

Patienten geben durchaus mal Geräusche wie ein Seufzen, Kichern, Schluchzen von sich oder können ihre Körperposition leicht verändern. Trotzdem sind sie nicht bei Bewusstsein. »Wie im vollständigen Koma wissen auch Wachkoma-Patienten nicht über sich und ihre Umwelt Bescheid. Vielmehr starren sie vor sich hin und wirken wie in einer stark fortgeschrittenen Demenz gefangen«, erklärt Christian W. Hess.

Zurück im Alltagsbewusstsein kommt es aber regelmäßig vor, dass Patienten, teils sehr präzise und korrekt, Situationen schildern können, die sich während ihres Komas ereignet haben. Sie können beispielsweise Gespräche wiedergeben, die in ihrer Anwesenheit geführt wurden, oder an ihnen vorgenommene Behandlungen detailliert beschreiben. »Im Fachjargon hat sich deshalb der Ausdruck Minimally Conscious State (minimal bewusster Zustand) für diesen Grad des Komas durchgesetzt«, so der Fachmann vom Berner Inselspital. Hess betont aufgrund solcher Erkenntnisse die Bedeutung von Zuwendung für Koma-Patienten. »Selbst wenn sie scheinbar keine Reaktionen zeigen, sollten sich Angehörige in ihrer Gegenwart möglichst normal verhalten, mit ihnen sprechen, ihre Sinne anregen, sie motivieren, liebkosen und vor allem Szenen der Verzweiflung vor ihnen meiden.« Nicht zuletzt Gespräche mit dem Arzt über den Zustand des Patienten seien in Gegenwart des Patienten zu unterlassen.

Nachweisen lassen sich bei Koma-Patienten Veränderungen des Herzschlags, wenn vertraute, geliebte Personen in die Nähe kommen. Verändert sich der Herzschlag, verändern sich dadurch auch die Atmung, der Blutdruck und die Körperspannung, was die Chancen wieder zu erwachen beeinflusst. Bei manchen Patienten konnte mithilfe von bildgebenden Verfahren festgestellt werden, dass das Gehirn auf Fragen durchaus korrekt reagiert: Bei Fragen, die mit Ja oder Nein beantwortet werden, waren dieselben Gehirnregionen aktiv wie bei gesunden

Menschen. Veränderungen der Hirnaktivitäten sind unter Umständen vorhanden, lange bevor für Außenstehende wahrnehmbare Reaktionen festzustellen sind. Deshalb gilt für den Zustand des Komas: Je reger die Hirnströme sind, desto größer ist die Chance, dass ein Patient aus dem Koma erwacht. Eine 2014 in der Fachzeitung »The Lancet« publizierte Studie aus Belgien analysierte die Möglichkeiten, aufgrund von Gehirn-Scans eine Vorhersage über den Zeitpunkt des Aufwachens von Koma-Patienten zu machen. Es zeigte sich, dass Prognosen basierend auf Scans um bis zu 50 Prozent treffsicherer sind.

Gefangen im Körper

Vereinzelt machen Patienten nur den Anschein, dass sie im Koma liegen. Sie zeigen keinerlei Reaktionen auf Stimulationen, allerhöchstens Augenbewegungen. Dennoch ist ihr Bewusstsein vollständig vorhanden. »Ursache für dieses sogenannte Locked-in-Syndrom ist meistens ein Schlaganfall im Hirnstamm«, weiß Christian W. Hess. Für den Patienten bedeute dies, alles wahrzunehmen und mental wie im gesunden Zustand zu funktionieren, aber körperlich gelähmt zu sein. Es ist vor allem den Berichten von Betroffenen, die nach ihrer Genesung die fatale Situation schilderten, zu verdanken, dass das Syndrom zur Kenntnis genommen und untersucht wurde. Der Film »Schmetterling und Taucherglocke« zeigte 2007, wie Jean-Dominique Bauby diesen Zustand erlebt hatte. Bauby war Chefredakteur der französischen »Elle« und erlitt 1995 einen Schlaganfall im Bereich des Hirnstamms. Als er 20 Tage später aus dem Koma erwachte, war er gelähmt – bis auf das linke Augenlid. Nach der Diagnose Locked-in-Syndrom wurde der Patient angeregt, sich zu äußern. Eine Therapeutin nannte Buchstaben und Bauby zwinkerte mit dem Auge, wenn der richtige Buchstabe genannt wurde, sodass sich Wörter ergaben.

Um den Zustand präziser identifizieren zu können,

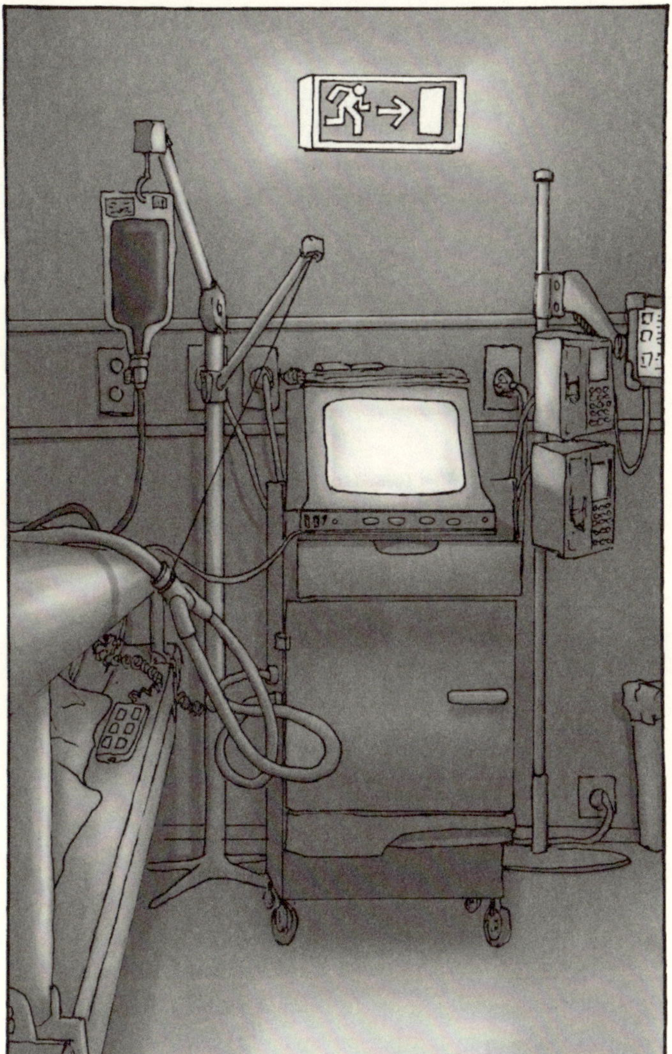

wird aktuell daran geforscht, mit Locked-in-Patienten über Gehirnscans zu kommunizieren. So lässt sich nachweisen, dass bei diesen Patienten, wenn sie etwa aufgefordert werden, sich eine bestimmte körperliche Aktivität vorzustellen, auch tatsächlich die entsprechenden Hirnareale aktiviert werden – genauso, wie sich das im Scan von gesunden Menschen nachweisen lässt. Aufgrund der aktuellen Entwicklung dürfte es möglich werden, dass lernfähige Software gewisse einfache Aussagen von Patienten über die Registrierung der Hirnaktivität zu übertragen vermag (Kapitel 3.4).

> *Selbst wenn sie scheinbar*
> *keine Reaktionen zeigen, sollten*
> *sich Angehörige in Gegenwart von*
> *Koma-Patienten möglichst normal*
> *verhalten.*
> — Christian W. Hess, Inselspital Bern

Schwierige Entscheidungen

Wie sich ein Koma entwickelt, ist abhängig von der Entwicklung der zugrunde liegenden Erkrankung. Statistisch ist die Chance wieder zu erwachen geringer, je länger ein Koma andauert. Entgegen der Statistik gibt es aber vereinzelt Patienten, die sogar nach über 10 Jahren im Koma plötzlich und ohne erkennbaren Anlass daraus erwachen. »Diese Tatsache lässt Angehörige insbesondere von jungen Patienten oft hoffen und jede mögliche Behandlung fordern, selbst dann, wenn absehbar ist, dass ein Patient nur mit gravierenden bleibenden Hirnschädigungen und Behinderungen überleben kann«, stellt Christian W. Hess fest.

Wie weit nach dem Erwachen aus einem Koma Schäden bleiben, ist abhängig von den Ursachen, die dazu geführt haben. So hat beispielsweise ein Schädel-Hirn-Trauma Hirnverletzungen zur Folge. Diese können im Laufe von monatelangen Therapien dank der Plastizität des Gehirns teilweise kompensiert werden, manchmal wird gar eine erstaunliche Genesung erreicht. Oft bleiben aber auch irreparable Schäden und dadurch Einschränkungen im Alltag. Weil das Abwägen zwischen Machbarem und Sinnvollem, Absehbarem und Überraschendem in Hinblick auf die Möglichkeiten zu genesen oft schwierige Entscheidungen erfordert, vermitteln heutzutage an vielen Kliniken speziell ausgebildete Ethiker zwischen Angehörigen und Ärzten in der Frage, ob und wie lange bei Koma-Patienten lebenserhaltende Maßnahmen durchgeführt werden sollen.

Künstliches Koma

In der Regel entsteht ein Koma unbeabsichtigt und sein Verlauf ist nicht kontrollierbar. Doch Patienten können auch absichtlich in ein sogenanntes künstliches Koma versetzt werden, das kontrolliert verläuft. Diese Maßnahme ergreifen Ärzte insbesondere bei Patienten mit schweren Schädel-Hirn-Verletzungen oder nach einem Herzstillstand, um den Organismus zu entlasten. Grund dafür ist, dass der Organismus auf schwere Erkrankungen mit höchster Alarmstufe reagiert, was die körpereigenen Rettungssysteme überfordern kann. »Das künstliche Koma entspricht einer Art Langzeit-Narkose, welche durch starke Schlaf-, Beruhigungs- und Schmerzmittel sowie andere Narkotika oder Psychopharmaka erzeugt wird«, erklärt Facharzt Hess. Der Medikamentenmix lähmt das zentrale Nervensystem, das Bewusstsein, die Schmerzempfindung, die Abwehrreflexe und die Muskelspannung. Auch werden Gefühle wie Angst und das Erinnerungsvermögen reduziert. Die komplizierte Prozedur wird auf der Intensivstation durchgeführt, wo die Grundfunktionen des Organismus kontrolliert und gesteuert werden. Dazu gehört meistens, dass durch die Dosierung der Medikamente eine Art von Wach-Schlaf-Rhythmus beibehalten wird. Wer in ein künstliches Koma versetzt wird, befindet sich immer in einem kritischen Zustand. Die Kontrollierbarkeit des künstlichen Komas bedeutet also nicht, dass auch der Verlauf der Genesung kontrollierbar wäre.

Ihre Erlebnisse im künstlichen Koma machte 2015 die damals 17-jährige Amerikanerin Claire in einem YouTube-Video publik: »Alles, was in der realen Welt um dich herum geschieht, bekommst du mit«, sagte sie. »Du hörst Dinge und weißt ungefähr, was los ist.« Man nehme es nur etwas anders wahr, erzählte sie und schilderte unter anderem Szenen, die sie wie einen Aufenthalt in Alaska wahrnahm. Später erfuhr die Patientin, dass Kühlelemente auf ihren Körper gelegt worden waren, um das sehr hohe Fieber zu senken. »Daraus muss mein Gehirn dann wohl irgendwie den Schluss gezogen haben: Eis – Alaska; das ist doch total logisch.«

Narkose

Es gibt Momente im Leben, die man lieber nicht erlebt – zumindest nicht bewusst; etwa dann, wenn eine Operation vorgenommen wird. Die Fähigkeit, Mensch oder Tier zu narkotisieren, ist keine Errungenschaft der Moderne. Naturvölker nutzen seit jeher vor allem Extrakte von Pflanzen, um lähmen oder narkotisieren zu können. Die Narkose der Schulmedizin hat die Möglichkeiten medizinischer Behandlungen jedoch revolutioniert. Sie verläuft kontrolliert und erlaubt chirurgische Eingriffe, die Patienten ansonsten nicht aushalten könnten. Die Grundlagen dafür wurden gegen Mitte des 19. Jahrhunderts geschaffen, als verschiedene Ärzte mit Lachgas, Äther und Chloroform experimentierten.

Die Dämpfe von Chloroform lösen Bewusstlosigkeit und Schmerzunempfindlichkeit aus. Sie wirken aber auch toxisch auf innere Organe, weshalb die Verwendung als

Narkosemittel aufgegeben wurde. Auch Äther wird nicht mehr verwendet. Zwar löst bereits das Inhalieren einer geringen Dosis einen Rausch mit veränderter Wahrnehmung aus, jedoch wird dieser oft als psychotisch bis traumatisch empfunden. Außerdem lösen die hoch entzündlichen Gase körperliches Unwohlsein aus. Lachgas wurde vom amerikanischen Zahnarzt Horace Wells (1815–1848) zufällig auf einem Jahrmarkt entdeckt – im 19. Jahrhundert war es noch ein legales Geschäft, Lachgas-Trips zu verkaufen. Heute wird es gelegentlich noch auf Partys angeboten, weil das Gas während eines kurzen Rausches Veränderungen der Wahrnehmung, Entspannung der Muskeln und mitunter euphorische Gefühle auslöst. Gelegentlich kommt Lachgas noch bei Zahnärzten zum Einsatz. In der Narkose wird das Gas aber kaum noch verwendet, weil es postoperative Übelkeit auslösen kann. Zudem trägt das Gas zum Treibhauseffekt bei, weshalb über ein weltweites Verbot bis 2030 diskutiert wird.

Um die Muskeln lahmzulegen, braucht es eine sehr hohe Dosis an Betäubungsmitteln. Trotzdem müssen die Anästhesisten darauf achten, dass die Patienten nicht in eine allzu tiefe Bewusstlosigkeit versinken. Die Lösung für das Problem bot das Pfeilgift Curare. In Südamerika wurde es aus Extrakten von Rinden und Blättern verschiedener Lianenarten gewonnen und zur Jagd auf Tiere verwendet. Heute ist es nur einer von bis zu 15 synthetisch hergestellten Wirkstoffen, welche für eine Narkose kombiniert und aufeinander abgestimmt werden.

Ungewollte Wachheit

Obgleich heutzutage in den Operationssälen die Narkosetiefe während eines Eingriffs laufend kontrolliert wird, kommt es dennoch vor, dass Patienten die Geschehnisse bewusst wahrnehmen. Im amerikanischen Psychothriller »Awake« (2007) wacht der Protagonist während seiner Herzoperation aus der Vollnarkose auf, ist bei vollem

Bewusstsein, kann sich aber nicht bemerkbar machen. Einen solchen Albtraum erleben prozentual gesehen sehr wenige Menschen. Fachleute gehen davon aus, dass dennoch allein in Deutschland 8 000 bis 16 000 Patienten pro Jahr betroffen sind.

Für sogenannte operative Wachheit werden verschiedene Gründe angeführt: Es können Fehler in der Anästhesie gemacht werden. Oder der schlechte Gesundheitszustand zwingt dazu, die Narkose tief zu halten, etwa um den Kreislauf, vor allem von Notfallpatienten, zu schonen. Und natürlich reagiert auch jeder Patient individuell. Manche sprechen wenig auf Anästhetika an, andere extrem. Generell hat sich gezeigt, dass Kinder proportional größere Dosen benötigen. Sie weisen auch eine höhere Rate von Wachheit während der Narkose auf.

Operative Wachheit wurde erst in den letzten Jahren zum Thema in Kliniken. »Noch vor zwei, drei Jahrzehnten wurden solche Erzählungen vorwiegend belächelt und abgetan«, sagt der in der Schweiz tätige Facharzt für Anästhesiologie Frank Duwe. Mittlerweile sei jedoch die Einsicht gereift, dass die Betroffenen ernst zu nehmen sind. Es wurden diverse Studien angestoßen, aufgrund derer heute das notwendige Know-how vorhanden ist, um das Krankenhauspersonal adäquat zu schulen.

»Ärzteteams wird heute dringend empfohlen, im Operationsaal bedacht und leise zu sprechen«, sagt Frank Duwe. In den meisten überprüften Fällen von operativer Wachheit werden nämlich Geräusche und Gespräche im Operationssaal als besonders unangenehm geschildert. Schallschutzkopfhörer oder Musik werden ebenfalls empfohlen, um das Risiko belastender Erinnerungen zu reduzieren.

Manche Betroffenen vermögen eine operative Wachheit später relativ leicht zu verarbeiten. Doch ein beträchtlicher Anteil leidet an einem Trauma mit quälenden Folgen: Albträume, Flashbacks, emotionale Ausbrüche oder Emotionslosigkeit, Schlafstörungen, Gereiztheit,

Konzentrationsschwierigkeiten und Weiteres. Bei den einen kommt die Erinnerung an das Erlebte direkt nach dem Aufwachen zur Sprache, andere reden erst Tage oder gar Wochen später darüber.

Unterbewusstsein

Neben bewussten Erinnerungen dürfte es wesentlich öfter sogenannte implizierte Erinnerungen an operative Eingriffe geben. »Solche Erinnerungen sind im Unterbewusstsein verankert und ermöglichen keine konkreten Aussagen über das Geschehen«, weiß der Facharzt Frank Duwe. Das Erleben kann sich aber durch assoziative Äußerungen bemerkbar machen. Festgestellt wurde beispielsweise, dass sich manche Patienten unter Hypnose an nachweisbare Einzelheiten einer Operation erinnern, obschon sie selbst davon ausgehen, dass sie nichts mitbekommen haben. Weitere Hinweise auf eine unbewusste Wahrnehmung bieten Experimente wie dasjenige von Dirk Schwender. Der Münchner Anästhesist ließ Patienten während eines Eingriffs die Geschichte von Robinson Crusoe und dem Eingeborenen Freitag vorspielen. Nach dem Erwachen aus der Narkose assoziierte jeder fünfte zum Wort Freitag Robinsons Geschichte. In der Kontrollgruppe, welche die Geschichte nicht zu hören bekam, fiel beim Stichwort Freitag niemandem Crusoes Geschichte ein.

Wenn am Ende einer Operation die Zufuhr von Anästhetika gestoppt wird, bauen sich die heutigen Narkosemedikamente sehr schnell ab. Übelkeit und Verwirrtheit – einst Standardfolgen einer Narkose – werden mittlerweile kaum mehr registriert. Dennoch ist bisher nicht vollumfänglich geklärt, wie eine Narkose im Detail funktioniert, wie Bewusstsein, Schmerzempfinden, sensorische und vegetative Blockaden sowie Gedächtnis zusammenwirken. Bis vor wenigen Jahren war man beispielsweise überzeugt, dass Anästhetika die Nervenzellen direkt lähmen. Mittlerweile weiß man jedoch, dass deren

Funktion intakt bleibt. Vermutet wird, dass vielmehr die Kommunikation zwischen den Nervenzellen verändert wird und unter anderem Neurotransmitter, also die Botenstoffe der Hirnzellen, beeinflusst werden.

4.19 NAHTODERFAHRUNG

Augenschein abseits des Irdischen

Der Schweizer Alpenclub veröffentlichte 1892 das Büchlein »Notizen über den Tod durch Absturz«. Darin beschrieb Albert Heim, Schweizer Geologe an der ETH Zürich, unter anderem sein eigenes Erleben, als er am Säntis kopfüber 20 Meter tief von einem Felsen stürzte: »Zuletzt hört der Stürzende oft schöne Musik und fällt dann in einen herrlich blauen Himmel mit rosenfarbenen Wölklein hinein.«

Notizen wie diese dienten in den Vereinigten Staaten während der 1960er-Jahre als Grundstein für die Erforschung von Nahtoderfahrungen. Der amerikanische Arzt, Psychiater und Parapsychologe Raymond A. Moody vermochte mit seinem 1975 erschienenen Weltbestseller »Leben nach dem Tod« erstmals eine breitere Bevölkerungsschicht anzusprechen. In jüngerer Zeit trugen auch weitere Publikationen – etwa vom renommierten Neurochirurgen und Harvard-Dozenten Alexander Eben über seine eigene Erfahrung – zu einer Popularisierung des Themas bei. Dennoch wagen viele Betroffene nicht, ihr persönliches Erleben gegenüber anderen anzusprechen – aus Angst, für verrückt erklärt zu werden. Ein globaler Austausch kam erst mit dem Internet richtig in Gang. Unter anderen schuf der amerikanische Krebsspezialist Jeffrey Long 1998 eine

Stiftung zur Erforschung von Nahtoderfahrungen (Near Death Experience Research Foundation) und in diesem Zusammenhang eine Internetseite, die Menschen aus aller Welt einlädt, über ihre Erfahrungen zu berichten. Mittlerweile ist klar, dass ein kleiner Bruchteil der Personen, die eine lebensbedrohliche Situation überstanden haben, danach von einer Nahtoderfahrung berichten können. In effektiven Zahlen machen aber allein in Europa mehrere Millionen Menschen eine solche Erfahrung geltend. Der niederländische Kardiologe Pim van Lommel definiert die Nahtoderfahrung als »Erinnerung an einen besonderen Bewusstseinszustand, der während Todesangst oder der Phase eines unmittelbar bevorstehenden physischen Todes auftritt; den also Menschen erlebten, die zeitweise klinisch tot waren, deren Herz teils mehrere Minuten aufgehört hatte zu schlagen – und deren Gehirn nicht mehr mit Sauerstoff versorgt wurde.«

Das Interesse der Forschung an der Thematik wächst nicht zuletzt durch medizinische Fortschritte, die zunehmend Möglichkeiten bieten, Menschen von der Grenze zum Tod zurück ins Leben zu holen. Wie beim oneioriden Erleben (Kapitel 4.17) gibt es keinen objektiv messbaren Auslöser für Nahtoderfahrungen. Ausschlaggebend scheint das subjektive Empfinden. Das heißt, manche Menschen befinden sich zum Zeitpunkt der Erfahrung aus medizinischer Perspektive tatsächlich an der Schwelle zum Tod – andere hingegen, wenn nur der persönliche Eindruck einer Todesgefahr besteht.

Inzwischen ist klar, dass es Berichte über das Phänomen seit jeher in allen Kulturen gab und gibt. Die Wahrscheinlichkeit, diese Erfahrung zu machen, ist unabhängig von Alter, Geschlecht, Kultur und Religion. Das Phänomen wird in der Wissenschaft anerkannt, beobachtet, erforscht, wobei die Thematik bislang mehr Fragen aufwirft als Antworten bietet.

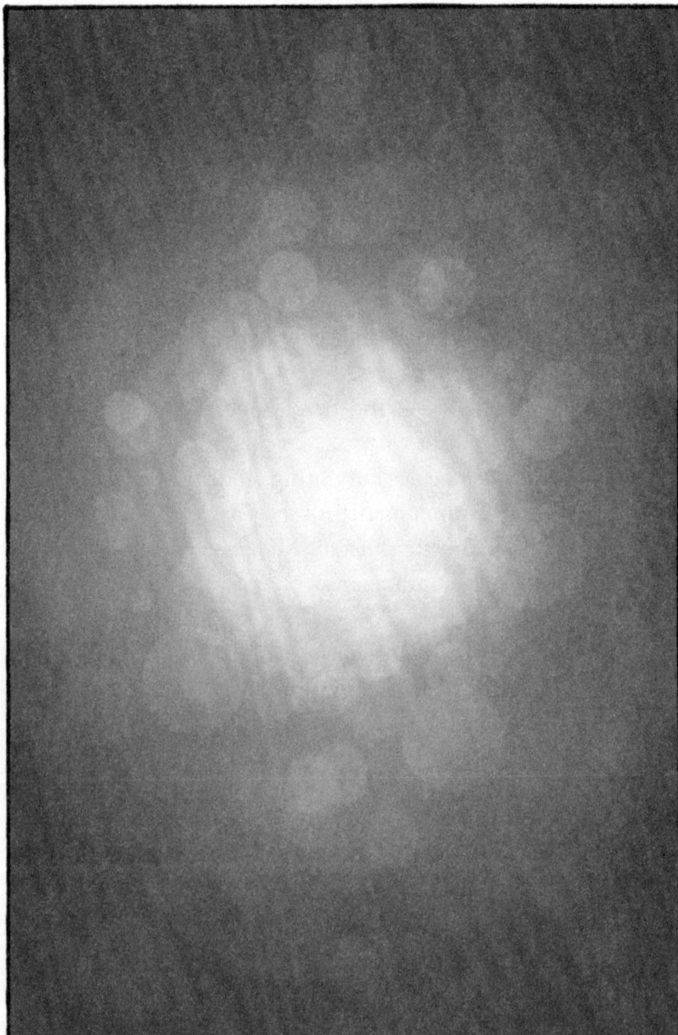

Das Erleben
Im Gegensatz zu Träumen oder Halluzinationen, die in jeder Hinsicht sehr individuell geprägt sind, lassen sich bei Nahtoderfahrungen spezifische Merkmale feststellen. »Zahlreiche Aspekte dieser Erfahrung können aber auch unter anderen Umständen auftreten, etwa in einer Meditation, einer Depression, im Schlaf oder spontan«, erklärt Joachim Nicolay, Vorstand des deutschen Netzwerks Nahtoderfahrung, »so beispielsweise die Außerkörperlichkeit, Begegnungen mit Verstorbenen oder Lichtwesen, Aufenthalte in paradiesisch anmutender Umgebung und das Einswerden mit dem Licht.«

Alle Betroffenen berichten, dass sie während des Erlebens über strukturierte klare Denkprozesse sowie eine verschärfte Wahrnehmung verfügen. In der Anfangsphase wird in rund 75 Prozent der geschilderten Fälle eine außerkörperliche Erfahrung gemacht, die dazu befähigt, aus der Vogelperspektive wahrzunehmen, was in der Realität, beispielsweise im Operationssaal, vor sich geht. Der Körper wird in dieser Phase als gesund, komplett und schmerzfrei empfunden – unabhängig vom tatsächlichen Zustand, beispielsweise im Krankenbett. Selbst blinde Menschen machen in einem solchen Moment nachweislich korrekte visuelle Beobachtungen.

Ab einem gewissen Punkt löst sich das Bewusstsein vom tatsächlichen Geschehen und wechselt in transzendente Bereiche. In circa 38 Prozent der untersuchten Fälle wird dieser Prozess als eine Bewegung nach oben durch eine Art von Tunnel empfunden, dessen Ende in irgendeiner Weise helles, nicht blendendes Licht ausstrahlt. »In dieser Übergangsphase, dem Wechsel in helle Bereiche, wird den Betroffenen bewusst, dass etwas außerordentlich Faszinierendes auf sie zukommt«, sagt Joachim Nicolay. Unterwegs, so berichtet die Mehrzahl der Betroffenen, helle sich die Stimmung auf. Die Gewissheit, gut aufgehoben zu sein, Wohlbefinden, Glückseligkeit, immenser Friede werde empfunden. Am Ende der Reise wird eine andere, oft mystisch erscheinende Ebene in paradiesischer Landschaft erreicht, 57 Prozent der Befragten gaben an, dort nahestehende Verstorbene getroffen zu haben. Manchmal sind es auch religiös konnotierte Wesen, die mit der betroffenen Person in Kontakt treten. Beschrieben wird relativ oft, dass das irdische Leben vor dem geistigen Auge wie ein Film ablaufe. Dieser wird als Dokumentation ohne Wertung empfunden oder auch als Möglichkeit, die eigene Person aus Sicht eines Gegenübers zu erleben. »Diese vollständige Transparenz dessen, was zwischen den Menschen abläuft, hat weitreichende Auswirkungen zurück im Alltag, in dem Sinne, dass die Betroffenen viel achtsamer sind, wie sie mit anderen umgehen«, weiß Joachim Nicolay. Gelegentlich zeigen sich auch Szenen aus einer Zukunft, welche die Betroffenen später tatsächlich leben.

Bei den wissenschaftlich untersuchten Fällen überwiegen positiv erlebte Nahtoderfahrungen. Manche erleben die Schwelle zum Tod jedoch als unangenehm bis höllisch. In solchen Fällen bewegen sich Betroffene, wenn sie ihren irdischen Körper verlassen, zumeist abwärts und finden sich in einer dunklen, kalten Leere wieder. Sie werden mit Dämonen, beängstigenden und bedrohlichen Situationen und unangenehmen Geräuschen konfrontiert und nicht selten mit einer eigenen kritischen Beurteilung ihres Lebensfilmes.

Wie eine Nahtoderfahrung erlebt wird, ist bis zu einem gewissen Grad beeinflusst von sozialen und kulturellen Prägungen. »Die spirituellen Tiefenstrukturen sind indes übereinstimmend«, wie Joachim Nicolay betont. Eindeutig ist auch, dass es sich keinesfalls um eine Reproduktion von Berichten handelt, welche Betroffene zu diesem Thema möglicherweise irgendwo aufgeschnappt haben. Oft zeigt sich im Nachhinein, dass das persönliche Erlebnis in keiner Weise dem entsprach, was aufgrund vorheriger Informationen hätte erwartet werden können.

Viele Fragezeichen

Nach aktuellem Stand der Wissenschaft ist nicht nachvollziehbar, wie Menschen, die bewusstlos sind oder deren Herz oder Gehirn ausgesetzt haben, präzise wahrnehmen können, was mit ihnen geschieht, und dies im Nachhinein detailliert schildern können.

Als klinisch tot gilt jemand, wenn das Herz beziehungsweise das Gehirn über längere Zeit stillsteht. Die Grenze zwischen Leben und Tod verläuft fließend. So dauert es beispielsweise eine Zeit, nachdem alle überlebensnotwendigen Körperfunktionen ausgefallen sind, bis auch die Zellen ihre Tätigkeit vollends aufgeben. Wie viele Minuten oder Stunden dieser Prozess dauert, ist von Mensch zu Mensch unterschiedlich, ein Umstand, der auch im Zusammenhang mit Organspenden für Diskussionen sorgt.

Wie bei jedem anderem Bewusstseinszustand sind körpereigene Botenstoffe (Kapitel 2.4) am Prozess der Erfahrung beteiligt. Gerade weil sie aber auch bei anderen Zuständen involviert sind, bringen sie keine spezifischen Erkenntnisse über die Besonderheit des Nahtodes. Fest steht außerdem, dass eine mangelnde Sauerstoffversorgung des Gehirns (Kapitel 4.2) als Erklärung für das Erleben nicht ausreicht.

Der niederländische Kardiologe Pim van Lommel kommt zu dem Schluss, dass das Wachbewusstsein zum Körper gehört. »Aber das endlose Bewusstsein ist nicht auf das Gehirn und den Körper beschränkt. Das ist in einer Dimension ohne Zeit und Raum. Es ist immer da. Auch nach neuesten Erkenntnissen der Hirnforschung ist es im Körper nicht lokalisierbar. Das Gehirn fungiert nur als Empfänger – ähnlich einem Fernsehgerät, das elektromagnetische Wellen in Bild und Ton verwandelt«, erklärt van Lommel in seinem 2007 erschienenen Bestseller »Endloses Bewusstsein: Neue medizinische Fakten zur Nahtoderfahrung«.

Nachweise

2014 wurden die Ergebnisse der AWARE-Studie (kurz für *AWAreness during REsuscitation* – Bewusstsein während Wiederbelebung) veröffentlicht. Unter der Leitung des britischen Kardiologen Sam Parnia, der am Weill Cornell Medical College in New York forscht, hatten sich 15 Krankenhäuser in Großbritannien, den USA und Österreich beteiligt. Über einen Zeitraum von vier Jahren wurde auf Intensivstationen das visuelle und akustische Bewusstsein von Patienten überprüft, die nach einem Herzstillstand wiederbelebt wurden. Von insgesamt 330 Patienten, die überlebten, konnten mit 140 Erstinterviews durchgeführt werden; von denen wiederum standen 101 Patienten für ein zweites Interview zur Verfügung. 55 von ihnen gaben an, dass sie gewisse Erinnerungen an die Zeit ihrer Bewusstlosigkeit haben, 9 von ihnen machten eine Nahtoderfahrung, 2 schilderten auch konkrete Erinnerungen an audio-visuelle Eindrücke im Behandlungsraum. Eine der beiden Personen, ein 57-jähriger Brite, machte Angaben, die überprüfbar waren. Unter anderem sah er im Behandlungsraum Pflegepersonal, das er später wiedererkannte. Studienleiter Sam Parnia erläuterte gegenüber der britischen Zeitung »The Telegraph«: »Der Mann beschrieb alles, was in dem Raum passiert war, aber besonders wichtig: Er hörte zwei Pieptöne einer Maschine, die Geräusche in einem Drei-Minuten-Intervall macht.« Durch die Wahrnehmung der Pieptöne konnte der Zeitraum festgelegt werden, in dem die Nahtoderfahrung stattfand. Dadurch wurde deutlich, dass der Patient seine nachweisbar korrekten Wahrnehmungen zu einem Zeitpunkt machte, als sein Herz ausgesetzt hatte. Sam Parnia erklärt: »Dies ist von Bedeutung, da oft angenommen wurde, dass [diese] Erfahrungen [...] wahrscheinlich Halluzinationen oder Illusionen sind, die entweder vor dem Herzstillstand oder nach einer erfolgreichen Wiederbelebung auftreten, aber keine Erfahrung, die ›echten‹ Ereignissen entspricht, wenn das Herz nicht schlägt.«

Zu einem ähnlichen Schluss kam Michael Sabom. In seinem 1982 publizierten Buch »Erinnerungen an den Tod. Eine medizinische Untersuchung« dokumentierte der amerikanische Kardiologe Berichte von 116 Menschen, die eine Nahtoderfahrung erlebt hatten. Er verglich deren Schilderungen über Wahrnehmungen im außerkörperlichen Zustand im Zusammenhang mit einer Operation oder Reanimation mit den Krankenhausprotokollen und stellte fest, dass die Erlebnisse vielfach absolut korrekt wiedergegeben wurden.

Nachwirkung

An einem gewissen Punkt kommen während einer Nahtoderfahrung alle Betroffenen auf die eine oder andere Weise an eine Art von Grenze. Jene, die in den irdischen Körper zurückgekehrt sind, berichten, dass sich an dieser Grenze entschied, ob sie in den Tod gehen oder weiterleben. Die Rückkehr ins Leben wird von vielen als nicht ganz freiwillig empfunden, eher als eine Art Auftrag, das irdische Dasein weiterzuführen.

Das Erlebte wird im Nachhinein in jedem Fall als herausragend, ungewöhnlich, intensiv und lebensverändernd wahrgenommen. Die Erfahrung wird als wirklich, manchmal gar als realer als die Lebenswirklichkeit empfunden. Auch nach Jahren können die Betroffenen die Erfahrung präzise wiedergeben. Das dokumentierte der Kardiologe Pim van Lommel, als er Betroffene nach zwei und nach acht Jahren erneut befragte und feststellte, dass die Erinnerungen in keiner Weise verblasst waren.

Zurück im Leben benötigen die meisten Betroffenen einige Zeit, um sich neu zu orientieren. Es fällt schwer, die vorwiegend als beglückend empfundene Erfahrung zurückzulassen und sich im Alltag wieder zurechtzufinden. Das Erleben lässt nicht selten bisherige Glaubensmuster zerfallen. Oft entsteht die persönliche Gewissheit einer Existenz außerhalb des irdischen Daseins. Damit einher geht ein Gefühl der Verbundenheit mit der Existenz an sich, und dadurch verändert sich die Lebenseinstellung, was auch zu Konflikten mit Nahestehenden führen kann, welche diese Veränderungen nicht nachvollziehen können, und zu Trennungen von Gegebenheiten, welche der neuen Einstellung nicht mehr entsprechen. Während Erwachsene dieser Situation gewachsen sein mögen, ist sie für Kinder äußerst schwer. »Während bei Erwachsenen Nahtoderfahrungen im Allgemeinen suizidabschreckend wirken, lässt sich dasselbe für Kinder leider nicht sagen«, so die Nahtod-Forscherin Phyllis Atwater. Vorwiegend aber werden Nahtoderfahrungen als bereichernd und heilend interpretiert. Nicht zuletzt, weil die Betroffenen oftmals mehr Eigenverantwortung übernehmen und sorgsamer, lustvoller mit dem Leben umgehen. Doch die Neuorientierung braucht ihre Zeit und sie gelingt einfacher in einem verständnisvollen persönlichen Umfeld.

4.20 REINKARNATION

Beseelt durch frühere Leben

Ryan Hammond, ein Junge aus Muskogee im Mittleren Westen der USA machte 2015 Schlagzeilen. Als 4-Jähriger hatte der Junge immer wieder gespielt, er sei Filmregisseur, was an sich nicht bemerkenswert war. Als er seiner Mutter jedoch sagte: »Ich glaube, ich war früher mal jemand anderes«, weinte und zurück nach Hollywood wollte, machte sie sich allmählich Sorgen. Hinzu kam, dass der Kleine immer mehr Details über ein Leben erzählte, das mit seinem aktuellen nichts zu tun hatte. Darunter waren nicht nur Informationen über sein Lieblingsgetränk und seinen Wohnort, er berichtete auch, dass er in seinem »anderen« Leben zwei Schwestern hatte, fünf Mal verheiratet war und erzählte von seinen Kindern. Eines Tages brachte die Mutter aus der Bibliothek ein Buch über das Goldene Zeitalter in Hollywood mit nach Hause. Ihr Sohn Ryan blätterte darin und sagte mit Blick auf eines der Fotos: »Hey Mama, das ist George. Wir haben gemeinsam einen Film gedreht.« Dann zeigte er auch auf einem Mann rechts im Bild und meinte: »Dieser Typ bin ich. Ich habe mich gefunden!«

Gegenüber »NBC-News« erklärte Mutter Cindy Hammond, als Baptistin glaube sie nicht an Reinkarnation. Doch die Vorkommnisse veranlassten sie zu Online-Recherchen, woraufhin sie mit dem Kinderpsychiater Jim Tucker Kontakt aufnahm. Der Professor für Psychiatrie und Neuro-Verhaltenswissenschaften an der Universität von Virgina ist spezialisiert auf das Thema Reinkarnation.

So umfangreiche und detaillierte Erinnerungen wie sie Ryan Hammond schildere, seien sehr selten, kommentierte Tucker. Nachdem der Mann auf dem Bild im Hollywood-Buch als Martin Martyn identifiziert werden konnte, hatten Nachforschungen ergeben, dass 54 von 55 Details, die Ryan über sein früheres Leben angab, tatsächlich auf die Biografie von Martin Martyn zutrafen. Schließlich wurde ein Treffen mit einer Tochter von Martyn arrangiert, die durchaus skeptisch gewesen war, den Jungen zu treffen, dann aber viele Details bestätigte, die er aus dem Leben ihres Vaters schilderte. Anzumerken ist, dass Martin Martyn kein sonderlich erfolgreicher Hollywood-Akteur war und dadurch über seine Vita online kaum etwas auffindbar ist.

Kulturelle Unterschiede
Ryan Hammond ist längst nicht der Einzige, dessen Schilderungen über ein vermeintlich früheres Leben nachweislich korrekt sind. Derartig ausführliche Berichte werden aber vorwiegend in Ländern festgehalten, wo der Reinkarnationsglaube verankert ist, beispielsweise im Fernen Osten, wo viele Hinduisten oder Buddhisten leben. Wiedergeburt wird von diesen beiden Religionen als Möglichkeit anerkannt, allerdings wird dieser Umstand als ein nicht erstrebenswertes Verhaftetsein in der irdischen Existenz gedeutet. Als Ziel allen menschlichen Strebens gilt, sich aus dem Kreislauf der sich wiederholenden Geburten und Tode zu befreien.

Im Christentum, Islam und Judentum wird der Reinkarnationsgedanke grundsätzlich verworfen. Hinweise darauf gibt es jedoch in der Kabbala unter dem Stichwort »Gilgul«. Im Islam glauben die asketisch-mystischen Sufis an die Seelenwanderung. Auch bei den Kelten, manchen Indianerstämmen, den Drusen im Libanon und in der Antike des östlichen Mittelmeerraums waren Reinkarnationskonzepte verbreitet.

Auch in der Philosophie hat dieses Gedankengut immer wieder Anhänger gefunden. So hielt Pythagoras (circa 570–510 vor Christus) fest: »Nimmer vergeht die Seele, vielmehr die frühere Wohnung tauscht sie mit neuem Sitz und lebt und wirkt in diesem. Alles wechselt, doch nichts geht unter.« Der Schweizer Arzt und Naturphilosoph Paracelsus (1493–1541) schrieb: »Die Ursache aller Dinge ist der Geist. Er bringt einen Körper hervor, durch den er seine Wunder vollführt. Ist der Körper zerstört, schafft sich der Geist einen neuen Körper, der ähnliche oder höhere Eigenschaften hat.« Poetischer drückte es Goethe (1749–1832) aus: »Des Menschen Seele gleicht dem Wasser: Vom Himmel kommt es, zum Himmel steigt es und wieder nieder zur Erde muss es – ewig wechselnd.« Überraschen mag, dass der schottische Aufklärer David Hume (1711–1776) vom Phänomen

Wiedergeburt überzeugt war. Arthur Schopenhauer schrieb 1851 in seinem Werk »Parerga und Paralipomena«: »Wenn mich ein Asiate früge, was Europa ist, so müsste ich ihm antworten: Es ist der Weltteil, der gänzlich von dem unerhörten und unglaublichen Wahn besessen ist, dass die Geburt des Menschen sein absoluter Anfang, und er aus dem Nichts hervorgegangen sei.«

Detektivarbeit

Generell ist Reinkarnation ein Randthema in der Wissenschaft. Weltweit beschäftigen sich gerade mal rund ein halbes Dutzend Forscher intensiv mit der Thematik. Beobachten lässt sich, dass in der westlichen Welt, wo sich das buddhistisch-hinduistische Gedankengut seit Beginn des 20. Jahrhunderts vermehrt verbreitet, auch der Glaube an die Möglichkeit einer Wiedergeburt zugenommen hat. Ein Indiz dafür ist das wachsende therapeutische Rückführungsangebot seit den 1950er-Jahren. Diese Therapieform bezweckt, psychologische oder physische Probleme im gegenwärtigen Leben zu lösen, indem Zusammenhänge mit früheren Leben bewusst gemacht und verarbeitet werden. Die Frage, ob dabei die Erinnerungen an frühere Leben lediglich Projektionen für gegenwärtige Konflikte sind, ob sie Fantasie oder Tatsache sind, wird in diesem Zusammenhang nicht als relevant erachtet. Im Vordergrund steht die Lösung eines gegenwärtigen Problems. Solche Rückführungen sind wissenschaftlich nicht anerkannt. Die Forschung argumentiert, dass beispielsweise unter Hypnose Stichworte ausreichen, um bei Klienten suggestiv Erinnerungen (siehe Kapitel 3.5) auszulösen und diese möglicherweise ein Lebensthema betreffen, jedoch kein Beleg für ein früheres Leben sind.

Ein Pionier in der Überprüfung von Aussagen inkarnierter Personen und Fakten über deren Vorleben war Ian Stevenson (1918–2007). Er war von 1957 bis 2001 an der Universität von Virginia in Charlottesville (USA) tätig, zuletzt als Professor für Psychiatrie. Stevenson untersuchte über 2 500 Fälle, vorwiegend von Kindern, die sich an frühere Leben zu erinnern glauben. Seine gewissenhafte Methodik wird auch von Skeptikern anerkannt. Zum Teil arbeitete er mit dem Isländer Erlendur Haraldsson zusammen. Dieser studierte in Deutschland Psychologie und verbrachte sein gesamtes Forscherleben als Professor für Psychologie an der Universität von Island in Reykjavik. Haraldsson zählt zu den weltweit renommiertesten Grenzwissenschaftlern.

An der Universität von Virginia führt Jim Tucker seit der Pensionierung von Ian Stevenson 2002 die Forschungsarbeit zum Thema Reinkarnation weiter.

Die bisherigen Ergebnisse lassen darauf schließen, dass sich das Phänomen grundsätzlich weltweit beobachten lässt. Allerdings registrieren die Wissenschaftler in Ländern, wo der Reinkarnationsglaube Teil der religiöskulturellen Prägung ist, wesentlich mehr Fälle. Ein Grund dafür dürfte sein, dass in reinkarnationsgläubigen Kulturen Eltern Aussagen von Kindern, die Hinweise auf eine Wiedergeburt geben, mehr Aufmerksamkeit schenken als in Ländern, in denen die Thematik gesellschaftlich keine Rolle spielt. »Normalerweise sprechen Kinder über ihre Erinnerungen an ein früheres Leben im Alter von zwei bis drei Jahren«, erklärt Jim Tucker. Dabei ist nicht zwingend die Rede von einem früheren Leben als Mensch. Manche Kinder erzählen auch von einer Welt, aus der sie kommen, die beispielsweise als gelb oder regenbogenfarbig beschrieben wird und wo vieles, das auf der Erde eine Anstrengung erfordert, etwa die Ernährung, ohne Aufwand vonstattengehe.

Wissenschaftlich werden scheinbare Fälle von Reinkarnation als Erstes auf deren Wahrheitsgehalt untersucht. Als Besonderheit in diesem Zusammenhang ist die Rede von Kryptomnesie. Der Begriff stammt aus dem Griechischen, bedeutet »verborgene Erinnerung« und steht für

Gedanken oder Ideen, die vorrangig aus unbewussten Erinnerungen schöpfen und überraschend wieder zutage treten. Stevenson konzentrierte sich bei seiner Arbeit auf spontane, sich wiederholende Äußerungen von Kindern im Alter zwischen zwei und fünf Jahren. Die Erfahrung zeigt, dass sich mögliche Erinnerungen an ein früheres Leben ab dem fünften Lebensjahr verflüchtigen. Wissenschaftlich am wertvollsten sind schriftlich protokollierte Aussagen, die gemacht wurden, bevor ein Fall untersucht wird. Hilfreich für Nachforschungen sind spezifische, möglichst persönliche Erinnerungen wie beispielsweise an den früheren Namen, den Standort des eigenen Grabmals, Details über frühere Verwandte oder Details aus dem Haushalt.

> *Normalerweise sprechen*
> *Kinder über ihre Erinnerungen*
> *an ein früheres Leben im Alter*
> *von zwei bis drei Jahren.*
> — Jim Tucker, Reinkarnationsforscher

Einer der ersten untersuchten Fälle, der weltweit Aufmerksamkeit erhielt, war jener von Shanti Devi: Die 1926 in Delhi geborene Inderin schilderte im Alter von drei bis vier Jahren sehr detailliert ein Leben, das wenige Jahre zuvor im Ort Mathura im indischen Bundesstaat Uttar Pradesh geendet haben soll, als sie als junge Frau im Wochenbett starb. Shanti Devi machte genaue Angaben über ihren damaligen Ehemann, ihr Wohnhaus, das Viertel und die Stadt, in der sie gelebt hatte, sogar über den Ort, wo sie als Hausfrau stets ihr Geld versteckt hatte. Die überprüften Angaben erwiesen sich als korrekt.

Die Notwendigkeit, Aussagen und tatsächlich vorhandene Gegebenheiten genau zu prüfen, macht die Reinkarnationsforschung zu Detektivarbeit. Man muss ausschließen können, dass nicht bestimmte Interessen zu einem Konstrukt führen, das den Anschein einer Reinkarnation erwecken soll. Gerade in armen Ländern, wo das Phänomen gesellschaftlich akzeptiert ist, kommt es vor, dass sich Leute etwas davon versprechen, wenn sie sich als Inkarnation einer wohlhabenden, gut situierten Persönlichkeit ausgeben.

Problematisch kann auch sein, wenn eine Wiedergeburt in einer Gesellschaft als besonders erstrebenswert erachtet wird. So wurden zum Beispiel in den 1980er-Jahren im tibetischen Buddhismus zwei Männer als wahre Reinkarnation des 17. Gyalwa Karmapa, des führenden Lamas der Karma-Kagyü-Linie, inthronisiert, was eine Spaltung dieser Glaubensrichtung zur Folge hatte.

Forscher werden generell misstrauisch, wenn den Betroffenen offensichtlich daran liegt, die Echtheit einer Reinkarnation nachweisen zu können. Die überprüften Fälle verweisen auf ein weiteres Risiko für die Hinterbliebenen. Weil diese den geliebten Menschen nach seinem Tod vermissen, mögen sie unkritisch reagieren: Gibt ein Kind vor, die Wiedergeburt eines Verstorbenen zu sein, können starke Gefühle dafür verantwortlich sein, dass Skepsis beiseitegeschoben wird. Bekannt sind außerdem Situationen, in denen eine sterbende oder verstorbene Person einem Hinterbliebenen im Traum erscheint und ankündigt, sie werde in dieser oder jener Familie wiedergeboren werden. Dies kann einen stark suggestiven Einfluss auf das Neugeborene zur Folge haben, wenn die Familie des Kindes darüber informiert wurde.

Gemeinsamkeiten

Während rund sieben Jahrzehnten, in denen sich die Forschung mit dem Phänomen Wiedergeburt beschäftigt, wurde die Aufmerksamkeit vor allem auf die Nachweisbarkeit vermeintlicher Fälle gerichtet. Trotz aller Skepsis wird anerkannt, dass mittlerweile eine Fülle an Material vorliegt, das nach wissenschaftlichen Kriterien seriös recherchiert wurde und ein Teil dieser Fälle die Möglichkeit der Reinkarnation nahelegt, weil konkrete Bezüge zwischen den Aussagen der lebenden Person und den tatsächlichen Gegebenheiten im Leben der entsprechenden verstorbenen Person zweifelsfrei nachweisbar sind.

Statistische Auswertungen der mittlerweile mehreren Tausend untersuchten und als relevant erachteten Fälle haben ergeben, dass sich über 60 Prozent der Betroffenen an ein gewaltsames Ende des vorangegangenen Lebens erinnern – zu einem Zeitpunkt, als sie eigentlich noch mittendrin standen. »Gewaltsame Todesfälle machen in Gesellschaften, die sich nicht gerade in einem Krieg befinden, normalerweise 5 bis 7 Prozent aus«, weiß Erlendur Haraldsson.

In den meisten Fällen, die nachgeprüft werden konnten, liegen zwischen der Geburt im gegenwärtigen Leben und dem Tod im früheren Leben nicht mehr als drei Jahre. Die große Mehrheit der nachgewiesenen Fälle findet in geografisch relativ engem Rahmen statt. Meistens sprechen die Betroffenen auch dieselbe Sprache wie im Leben zuvor. Zwar werden gelegentlich auch internationale Fälle untersucht. Dabei lassen sich jedoch kaum relevante Zusammenhänge nachweisen.

Auffallend ist, dass sich in zahlreichen Fällen übereinstimmende körperliche Merkmale feststellen lassen. »Es kommt vor, dass sie Muttermale oder Deformationen aufweisen, die mit Vorfällen aus dem früheren Leben übereinstimmen«, erklärt Erlendur Haraldsson. Übereinstimmungen gibt es zwischen der früheren und der gegenwärtigen Person zuweilen auch im Hinblick auf besondere Fertigkeiten, Gewohnheiten, Vorlieben, Körpersprache, Emotionen, Tonfall, Wortwahl, Handschrift und Ähnlichem. Bemerkbar macht sich außerdem immer mal wieder eine panische Angst vor jenem Element, das im vorigen Leben zum Tod geführt hatte, etwa Wasser bei einem Tod durch Ertrinken.

Ob die nachgewiesenen Fälle als Beweis für die

Existenz des Phänomens Reinkarnation ausreichen, wird unterschiedlich beurteilt. Ian Stevenson vermied das Wort Seele im Zusammenhang mit Wiedergeburt. Der Forscher prägte stattdessen den Begriff Psychophore (Kapitel 5.6). Aspekte einer Existenz werden demnach gespeichert und können auf den Embryo eines neuen Körpers einwirken. Als mögliche Erklärung dafür erachtet wird die Fähigkeit des menschlichen Gehirns, Raum und Zeit zu transzendieren und dadurch Wahrnehmungen zu machen beziehungsweise Informationen erhalten zu können, die nicht der eigenen Persönlichkeit entspringen.

Primäre Persönlichkeit

Relativ häufig wird eine Überlappung zwischen dem Zeitpunkt, da eine Person stirbt, und der Schwangerschaft der Mutter eines vermeintlich reinkarnierten Kindes registriert. Bei etwa 10 Prozent der von Stevenson untersuchten Kinder war deren Mutter bereits schwanger zu dem Zeitpunkt, als die vermeintlich inkarnierte Person verstarb. Dieser Umstand stützt Spekulationen, wonach sich die betroffenen Kinder nicht an ein eigenes früheres Leben erinnern. Vielmehr handle es sich um das Leben eines anderen Menschen, der sich nach dem Tod ein neues Wirkungsfeld im inkarnierten Kind sichere.

Gegner der Reinkarnationsthese argumentieren unter anderem, dass bei Nahtoderfahrungen (Kapitel 4.19) nach heutigen Erkenntnissen immer nur ein Leben – das gerade aktuell gelebte – wie ein Film vor dem geistigen Auge abläuft. Zumindest gelegentlich, so die Meinung, müssten mehrere gelebte Existenzen erlebt werden.

Ian Stevenson zog die Möglichkeit in Betracht, dass eine Art Besessenheit (Kapitel 4.13) Grund für Reinkarnationsphänomene sein könnte. »Der Unterschied zwischen Reinkarnation und Besessenheit liegt im Grad der Ausschaltung der Primärpersönlichkeit, verursacht durch den Einfluss der ›eintretenden‹ Persönlichkeit«, erklärte der Pionier. In reinkarnationsgläubigen Gesellschaften (darunter Indien und Thailand) werden Kinder, die Hinweise auf Erinnerungen an ein früheres Leben geben, in manchen Fällen exorziert. Dies geschieht mit dem Ziel, die Betroffenen von psychischen und/oder physischen Belastungen durch eine verstorbene Person zu befreien. Das Beispiel von Ryan Hammond zeigt, dass dieses Ergebnis auch ohne Exorzierung erreicht werden kann. Die Recherchen zum »früheren Leben« des amerikanischen Jungen trugen maßgeblich dazu bei, dass er die Vergangenheit ruhen lassen und voll und ganz in seinem aktuellem Leben ankommen konnte.

5 –INFORMATION

5.1 EINFÜHRUNG

Grundlegender Baustein

Information und Bewusstsein stehen in einem ungleichen Abhängigkeitsverhältnis. Information kommt ohne Bewusstsein bestens aus, während Bewusstsein ohne Information nicht agieren kann oder, wie es der deutsch-amerikanische Physiker und Wissenschaftsphilosoph Henry Margenau (1901–1997) ausdrückte, »Bewusstsein [hat] keinen Sinn ohne Information«.

Da Bewusstsein nicht ohne Information auskommt, befasst sich dieser fünfte Teil des Buches mit Fragen nach dem Ursprung von Information, deren Übertragungsmöglichkeiten und Speicherung sowie der Bedeutung von Information für die Gesellschaft und als Voraussetzung für das menschliche Bewusstsein.

Informationen treten sehr vielfältig in Erscheinung: in Form von einer Zeitung etwa, als digitaler Datensatz oder als Gedankenblitz. Um Informationen auszuwerten, sind kognitive Fähigkeiten, wie sie insbesondere Menschen zur Verfügung stehen, hilfreich. Bekanntlich eignen sich auch Maschinen wie Computer zur Verarbeitung von Informationen, und es hat sich gezeigt, dass sogar einfachste Lebewesen rege miteinander kommunizieren. So vielschichtig Information daherkommt, so breit wird sie erforscht. In der Informationstheorie ist Information das Wissen, das ein Absender einem Empfänger über einen Informationskanal vermittelt. Diese Forschungsrichtung untersucht seit den 1940er-Jahren, wie verdichtet Daten (technisch beispielsweise durch die Digitalisierung) auftreten, wie sie komprimiert, kodiert und übertragen werden. Etwa gleichzeitig entwickelte sich die Kybernetik als Wissenschaft der Steuerung und Verarbeitung von Informationen. Beide

Forschungsbereiche haben maßgeblich zur Erfindung moderner Kommunikationstechnologien beigetragen. Doch kamen auch aus ganz anderen Richtungen Anregungen für das digitale Datenzeitalter: So schuf ein neugierig tüftelnder italienischer Graf eine erste Voraussetzung für die technische Übertragung von Daten, indem er die Batterie erfand, ein Kunstprofessor kreierte das Morsealphabet und ein Taubstummenlehrer meldete als Erster ein Patent für Telefonie an. Der österreichische Schriftsteller, Kybernetiker und Sprachtheoretiker Oswald Wiener setzte sich in seinem Roman »die verbesserung von mitteleuropa« aus dem Jahr 1969 mit der Allmacht von Sprache und deren Einfluss auf das Bewusstsein auseinander und zog mit dem Konzept eines »Glücksanzugs« bereits damals die Entwicklung des Cyberspace in Betracht. Henry Margenau hielt in seinem Buch »Das Wunder des Daseins« fest: »Wir können sagen, dass die Zunahme der Information [...] die eigentliche Tendenz des Lebens darstellt.«

Ausmaß und Menge der Informationen, welche ein Organismus in sein System integrieren kann, sind kennzeichnend für seinen Bewusstseinszustand. Charakteristisch für stark verändertes Bewusstsein sind Eigenschaften, die aus der Quantenphysik stammen könnten – etwa im Hinblick auf die Verlässlichkeit von Raum und Zeit und die Wiederholbarkeit derselben Messung.

Medien

Mitte des 15. Jahrhunderts sorgte Johannes Gutenberg mit der Erfindung des modernen Buchdrucks für eine erste Revolution in der Informationsvermittlung. Inhalte konnten nun ohne Zensur Verbreitung finden. Die Schulpflicht, und damit die Lesefähigkeit, wurde in Europa flächendeckend ab dem 18. Jahrhundert eingeführt. Über Bücher vermitteltes Wissen verhalf dem Bürgertum zu Bildung und war eine wichtige Basis für die Entwicklung von Renaissance und Aufklärung.

Der Telegraf veränderte die Voraussetzung für internationale Verknüpfungen in Politik, Finanzen und Wirtschaft radikal. Plötzlich bestand die Möglichkeit, innerhalb weniger Minuten zu erfahren, was am anderen Ende der Welt geschah. Der in Kassel geborene Bankkaufmann Israel Beer Josaphat (1816–1899) erkannte 1851 das enorme Potenzial des Telegrafen für die Verbreitung von aktuellen Nachrichten und baute in London unter seinem späteren Namen Paul Julius Reuter eine Nachrichtenagentur auf. Nebst Büchern sorgten Zeitungen und Zeitschriften für die Vermittlung von Informationen. Mit der Entwicklung des Fernsehens zum Massenmedium konnte die Presse ihren Einfluss weiter stärken.

Die jüngsten Kommunikationsmittel haben die Exklusivität der Medien als Nachrichtenvermittler und Meinungsmacher stark relativiert. Heutzutage steht es jedem frei, Nachrichten über digitale Kanäle zu posten. Die nie dagewesene Freiheit der Meinungsäußerung hat positive wie negative Seiten und bringt von intelligenten Statements bis hin zu Hassmeldungen alles hervor. Der Arabische Frühling 2010 zeigte eindrücklich, wie soziale Netzwerke neue Wege eröffnen, sich zu organisieren. Andererseits nimmt mit der Preisgabe persönlicher Daten aber auch die internationale Kontrollierbarkeit der Menschen zu.

In mehreren chinesischen Metropolen akzeptierte die Bevölkerung 2020, dass zur Eindämmung des Coronavirus viele Orte nur zugänglich waren, nachdem man mit dem Handy einen QR-Code gescannt hatte und »die Ampel auf Grün« schaltete. Die chinesische Regierung möchte das System weiter ausbauen. Der Gesundheitszustand soll in einem Punktesystem zwischen 0 und 100 angezeigt werden. Für die Bewertung werden auch Daten über Bewegung oder einen ungesunden Lebensstil berücksichtigt. Dieses Vorgehen löste in China Entrüstung und eine ungewohnt lebhafte Debatte über Datenschutz aus. Sebastian Heilmann, Professor für Politik und Wirtschaft Chinas an der

Universität Trier, warnte im Sommer 2019 in der »NZZ am Sonntag«: »Ein chinesischer Funktionär hat mir gesagt: ›Big Data ist für uns ein Geschenk der Geschichte!‹ Die Gesichtserkennung, die Stimmerkennung, die Gangerkennung, kombiniert mit den Kameras im öffentlichen Raum, dem allgegenwärtigen Smartphone und künstlicher Intelligenz – das sind machtvolle Instrumente in den Händen der Kommunistischen Partei.«

Der weltweit markant gestiegene Datenaustausch hat seit der Einführung des World Wide Web in vielen Belangen eine erhöhte Aufmerksamkeit zur Folge und verändert das Bewusstsein der Bevölkerung.

Virtuelle Realität

Das US-Magazin »The New Yorker« berichtete 2016 davon, dass zwei Tech-Milliardäre, die nicht namentlich in Erscheinung treten wollten, renommierte Wissenschaftler damit beauftragt haben, Beweise für die These zu finden, dass wir in einer computersimulierten Realität leben. Der Presseartikel beruft sich auf Informationen des milliardenschweren Tech-Investors Sam Altmann und Y Combinator, einer Vereinigung, der international bekannte IT-Unternehmen angehören und die Start-ups coacht.

Elon Musk, Gründer von Tesla und dem Raumfahrtunternehmen SpaceX, sagte 2018 in der populären US-Show »The Joe Rogan Experience«, dass das Universum für eine fortgeschrittene Zivilisation ein ziemlich langweiliger Ort sei. Deshalb habe sie Simulationen von Welten entwickelt, in denen es viel lebhafter zugeht. Und wir, also die Menschheit, wären vermutlich in einer solchen Simulation gefangen.

Der Beweis, dass wir uns in einer computersimulierten Welt aufhalten, dürfte nicht leicht zu erbringen sein. Andererseits erschaffen wir bereits selbst computersimulierte Welten. So fördern Programme wie FET (European Future and Emerging Technologies Conference) die

Entwicklung von Technologien, welche die Simulation unserer Realität erlauben, etwa jene von Finanz- oder Verkehrsströmen. Auch Virtuelle Realität (VR) findet zunehmend Anwendung im Alltag und wird sich noch weiterentwickeln. Beispielsweise wurden an Kaninchen bereits Prototypen von Kontaktlinsen getestet, die dereinst wohl die VR-Brillen ersetzen.

Beeindruckend an VR-Erlebnissen ist, dass sie sich wie echt anfühlen. Michael Madary, Neuroethiker an der Universität des Pazifiks in Kalifornien, konstatiert: »Es ist noch unklar, wie stark die Nachhalleffekte von VR-Aufenthalten sind. Die wenigen Experimente, die man bisher unternommen hat, deuten aber darauf hin, dass Erlebnisse in der virtuellen Welt uns nachhaltig prägen können. Unser Gehirn ist leicht auszutricksen, es kann Simulation und Realität nicht auseinanderhalten. Extreme Inhalte, etwa im Bereich Sex und Gewalt, können uns schwer traumatisieren.« Der Umgang mit Daten und Informationen stellt den Menschen vor neue Herausforderungen, die das Bewusstsein nachhaltig beeinflussen.

5.2 ATOM UND ZELLE

Ständig in Bewegung

»It from Bit«? Besteht das Seiende aus Information? Der herausragende US-amerikanische theoretische Physiker John Archibald Wheeler (1911–2008) formulierte 1989 ein Konzept, das besagt: Stete Entscheide, wie wir eine Information verarbeiten, machen die Realität aus – wahr/falsch, ja/nein, ein/aus. »›It from Bit‹ symbolisiert die Idee, [...] dass kurz gesagt alles Physische informationstheo-

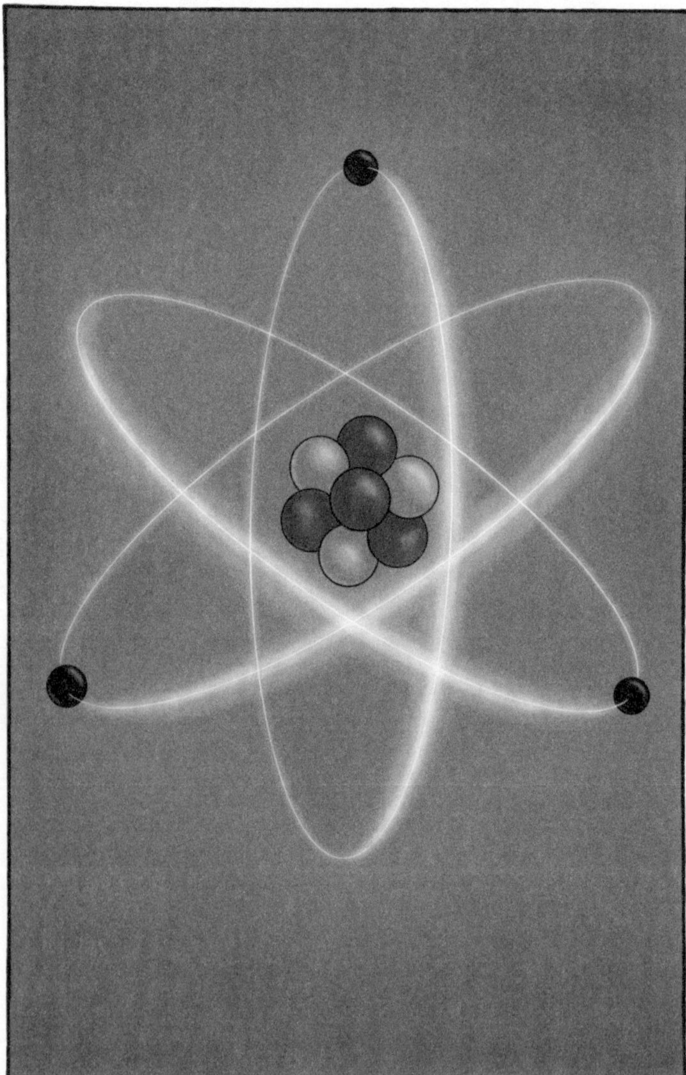

retischen Ursprungs ist und dass dies ein partizipatives Universum ist«, so Wheeler. »Damit wollte er darauf hinweisen, dass für ihn Information das Fundamentale sei, von dem aus sich die Welt beschreiben lasse. Das wollen viele nicht gerne hören – warum, ist mir unklar«, erklärt der Wiener Quantenphysiker Anton Zeilinger und ergänzt: »Es stellt sich letztlich heraus, dass Information ein wesentlicher Grundbaustein der Welt ist. [...] Wir müssen uns wohl von dem naiven Realismus, nach dem die Welt an sich existiert, ohne unser Zutun und unabhängig von unserer Beobachtung, irgendwann verabschieden.«

Beobachtung

Wenn Anton Zeilinger die Bedeutung der Beobachtung als Gestaltungsmittel betont, verweist er auf die Berufserfahrung von Quantenphysikern: Es habe sich die Sichtweise durchgesetzt, dass subatomare Teilchen als Wahrscheinlichkeit existieren, jedoch erst durch den Vorgang der Beobachtung selbst geschaffen werden. Solange Elementarteilchen nicht beobachtet werden, liegt die Ausgestaltung ihrer Informationen nur potenziell vor. Sie befinden sich an keinem bestimmten Ort, zu keiner bestimmten Zeit. Was und wie beobachtet wird, ist abhängig von Fokus, und dieser wird wiederum bestimmt von Bedürfnissen, Zielsetzungen und Voraussetzungen des Betrachters. Wird der Fokus durch Bewusstsein gesteuert, können Informationen gezielt in Bewegung gesetzt, analysiert und moduliert werden. Dennoch ist kein Verlass auf das Resultat. Informationen können interpretiert, manipuliert oder auch missachtet werden. Insofern teilen sie eine gewisse Unberechenbarkeit mit Photonen. Ihnen können sich Wissenschaftler ausschließlich mit statistischer Wahrscheinlichkeit nähern.

Photonen, Quanten und weitere subatomare Teilchen sind in diesem abschließenden Buchteil öfters Thema. Deshalb braucht es einen Blick auf das Atom als Basis für die sichtbaren und unsichtbaren Erscheinungen auf unserem Planeten.

Das Atom

Seit Anfang des 20. Jahrhunderts gilt die Erkenntnis als gesichert, dass sich innerhalb von Atomen zwei Arten elektrischer Ladung ausmachen lassen: positive und negative. Die Elektronen, also winzige negativ geladene Teilchen, bilden die Atomhülle; sie werden durch die schwache Kernkraft zusammengehalten. Positiv geladene Teilchen, sogenannte Protonen, konzentrieren sich im Atomkern. Dort befinden sich außerdem Neutronen, die keine elektrische Ladung aufweisen und deshalb die Atomhülle ungehindert zu durchdringen vermögen. Der Kern wird durch die sogenannte starke Kernkraft zusammengehalten. Der immense Raum zwischen Atomkern und Hülle erscheint als Vakuum. Die schwache Kernkraft ist für die Stabilität der Atomkerne und den Zerfall bestimmter Teilchen verantwortlich. Obgleich sie viel stärker ist als die Schwerkraft, wirkt sie nur über winzige subatomare Entfernungen. Das einfachste Atom, Wasserstoff, besteht im Kern aus nur einem Proton und ist von einem einzigen Elektron umgeben. Die große Mehrheit der Atome enthält stets gleich viele Elektronen wie Protonen. Deshalb ist deren energetische Ladung nach außen neutral. Es gibt jedoch Ausnahmen: Ist der Anteil an Elektronen und Protonen nicht ausgeglichen, ist das Atom je nach »Missverhältnis« positiv oder negativ geladen. Solche Atome werden als Ionen bezeichnet. Verbünden sich Atome zu Gruppen ist die Rede von Molekülen.

Wie Atome aussehen, ist nicht vollständig nachgewiesen. Das etablierte Erklärungsmodell legt – aus großer Entfernung beobachtet – das Bild einer kleinen verschwommenen Kugel nahe. Verschwommen, weil sich das Atom aus schier unendlichen Energiewirbeln zusammensetzt.

Erkennen lassen sich eine Hülle und ein winziger Kern. Der Durchmesser des Kerns ist rund zehntausendmal kleiner als der der Hülle. Der Kern ist also im Verhältnis zur Hülle in etwa so groß wie ein Apfelkern im Vergleich zu einem Hochhaus. Obgleich der Kern so winzig ist, entfällt darauf beinahe das gesamte Gewicht des Atoms. Innerhalb des Atomkerns meinen Wissenschaftler über 200 unterschiedliche Elementarteilchen entdeckt zu haben. Deren Existenz ist jedoch nicht zweifelsfrei belegt.

In der Forschung hat sich gezeigt, dass das Atom als Materie wahrgenommen wird, wenn der Beobachtende Masse und Gewicht misst. Wird jedoch dasselbe Atom im Hinblick auf Spannungspotenzial und Wellenlänge untersucht, zeigt es sich als Energie. Albert Einstein folgerte, dass Energie und Materie ein und dasselbe sei. Der deutsche Physiknobelpreisträger Werner Heisenberg (1901–1976) erläuterte: »Alle Elementarteilchen sind aus derselben Substanz, aus demselben Stoff gemacht, den wir nun Energie oder universelle Materie nennen können; sie sind nur verschiedene Formen, in denen Materie erscheint.«

Bewegung

Der deutsche Physiker Hans-Peter Dürr (1929–2014) hingegen bezweifelte, dass Materie die Basis sei, und betonte die Bedeutung der Bewegung: »Es gibt streng genommen keine Elektronen, es gibt keinen Atomkern, sie sind eigentlich nur Schwingungsfiguren. An diesem Punkt hatten wir die Materie verloren. Denn was wir am Ende allen Teilens vorfanden, waren keine unzerstörbaren Teilchen, die mit sich selbst identisch bleiben, sondern ein feuriges Brodeln, ein ständiges Entstehen und Vergehen, etwas, das mehr dem Geistigen ähnelt – ganzheitlich, offen, lebendig. Wenn wir über die Quantenphysik sprechen, sollten wir eine Verb-Sprache verwenden. In der subatomaren Quantenwelt gibt es keine Gegenstände, keine Materie, keine Substantive, also Dinge, die wir anfassen und begreifen können. Es gibt nur Bewegungen, Prozesse, Verbindungen, Informationen. Auch diese genannten Substantive müssten wir übersetzen in: Es bewegt sich, es läuft ab, es hängt miteinander zusammen, es weiß voneinander. So bekommen wir eine Ahnung von diesem Urgrund der Lebendigkeit.«

Physikalisch nachweisbar sind drei grundlegende Kräfte, die das Dasein durch Bewegungen aufmischen: die starke und die schwache Atomkraft (siehe Kasten) sowie Elektromagnetismus. Sogar Atome, die nach außen neutral sind, erzeugen durch ständige Bewegung elektromagnetische Felder (Kapitel 4.11). Ein Resultat dieser steten Wechselwirkung ist das Photon. Es ist (anschaulich ausgedrückt) das, woraus elektromagnetische Strahlung besteht, und spielt in der technischen Übertragung von Informationen eine zunehmend wichtige Rolle.

Albert Einstein hatte bekanntlich stets zum Ziel, die grundlegenden Naturkräfte durch dieselbe physikalische Gleichung zu beschreiben. Es gelang ihm, bis auf die Schwerkraft. Ihre Kraft äußert sich durch die gegenseitige Anziehung von Massen und besitzt unbegrenzte Reichweiten, obschon ihre Kraft mit zunehmender Entfernung der Massen abnimmt. Bis heute gibt es keine »Weltenformel«, welche die Gravitation einschließen könnte, was manche als Indiz verstehen, dass die physikalische Erklärung der Welt nicht vollständig sei.

Bewegung ist eine Voraussetzung dafür, dass Information in Erscheinung und in Kommunikation treten kann. Die Übertragung von Information erfolgt, je nach Sender und Empfänger, in für die Akteure charakteristischen Formen. So bewegt sich Klang über Schallwellen, Licht mit Lichtgeschwindigkeit. Elektromagnetische Wellen gestalten sich vertikal als sogenannte Transversale. Eine Besonderheit bildet die stehende Welle Soliton. Sie fiel dem britischen Ingenieur, Schiffbauer und Physiker John Scott Russell (1808–1882) auf, als er eines Tages im Jahr

1834 in Schottland am Union Canal entlangritt: Er beobachtete eine aus Wasser gebildete stehende Welle, etwa einen halben Meter hoch und rund 10 Meter lang, die sich über eine erstaunlich große Strecke hinweg kaum veränderte. Wissenschaftlich bestätigt wurden solche Wellenpakete, die sich stabil und ohne Veränderung ihrer Form mit konstanter Geschwindigkeit über weite Distanzen ausbreiten, in den 1960er-Jahren. 1980 wurden auch sogenannte optische Solitons in Lichwellenleitern experimentell nachgewiesen. Sie sind es, die heutzutage in Glasfaserkabeln die extrem hohe Übertragungsrate von Daten ermöglichen. Solitons spielen zudem eine Rolle in Thesen über ein holografisches Universums (Kapitel 5.6).

Eine weitere Besonderheit bilden sogenannte Skalarwellen. Der Erfinder, Physiker und Elektroingenieur Nikola Tesla (1856–1943) war von ihrer Existenz überzeugt. Sie sollen sich parallel zur Ausbreitungsrichtung bewegen – vergleichbar mit Schallwellen. Solche Longitudinalwellen wären durch den Faradaykäfig nicht abschirmbar und schneller als mit Lichtgeschwindigkeit unterwegs. Außerdem würde bei der Übertragung von Skalarwellen mehr Energie empfangen, als der Sender abstrahlt. Unter den Wissenschaftlern, die die These weiterverfolgen, sind die Physiker Konstantin Meyl in Deutschland und Tom Bearden in den USA. Auch in einigen alternativen Heilverfahren findet das Konstrukt Anwendung.

Grundlegendes

Hans-Peter Dürr erklärt: »Primär existiert nur das Verbindende ohne materielle Grundlage. Wir könnten es auch Bewusstsein nennen. Materie und Energie treten erst sekundär in Erscheinung – gewissermaßen als geronnener, erstarrter Geist. Viele Erscheinungen der Quantenphysik sind nicht nur immateriell, sondern wirken in ganz andere, größere Räume hinein, die nichts mit unserem vertrauten dreidimensionalen Raum zu tun haben. Es ist ein reines

Informationsfeld – wie eine Art Quantencode. Es hat nichts zu tun mit Masse und Energie. Dieses Informationsfeld ist nicht nur innerhalb von mir, sondern erstreckt sich über das gesamte Universum. Der Kosmos ist ein Ganzes, weil dieses Informationsfeld keine Begrenzung hat. Es gibt nur das Eine. Aber dieses Eine ist differenziert.«

Wenn Dürr so sehr auf Verben als Ausdruck für grundlegendes Geschehen bestand, so sprach er einen Faktor an, der im hinduistischen Gedankengut als Voraussetzung für unser Dasein thematisiert wird. In Indien steht der Ausdruck »Spanda« für das unerschöpfliche Pulsieren, die unendliche Kraft von Ausdehnen und Zusammenziehen, den Rhythmus der zyklischen Kreation und Destruktion, welche das Universum erschaffen.

> *Quantenphysik ist ein Rätsel,*
> *Bewusstsein ist ein Rätsel,*
> *also haben wir durch eine*
> *Verknüpfung ein Rätsel eingespart.*
> — David Chalmers, Philosoph

Dass Quantenphysik und Mystik Schnittpunkte aufweisen, dürfte am Umstand liegen, dass sich beide mit den wesentlichen Grundlagen des Daseins befassen. Viele Quantenphysiker distanzieren sich von der Möglichkeit solcher Zusammenhänge, und doch gibt es kaum einem anderen Wissenschaftsbereich, der etablierte Forscher dazu angeregt, sich mit Parallelen zwischen altem und aktuellem Wissen zu befassen. So unternahm Fritjof Capra in den 1970er-Jahren den Versuch, systematisch Erkenntnisse der Quantenphysik mit fernöstlichen Philosophien in Verbindung zu bringen. Das Buch »Das Tao der Physik« des österreichisch-amerikanischen Physikers und Systemtheoretikers wurde zum Longseller. Der Physiker David Bohm (1917–1992) widmete sich in Zusammenarbeit mit dem indischen Theosophen Jiddu Krishnamurti (1895–1986) einer ähnlichen Aufgabe. Die großen Auflagen solcher Werke verweisen auf das gesellschaftliche Bedürfnis zu verstehen, was unbegreiflich scheint. Der australische Philosoph David Chalmers formuliert es salopp: »Quantenphysik ist ein Rätsel, Bewusstsein ist ein Rätsel, also haben wir durch eine Verknüpfung ein Rätsel eingespart.«

Die kleinste lebende Einheit

Für 5,3 Millionen US-Dollar versteigerte das Auktionshaus Christie's 2013 einen Brief von Francis Crick (1916–2004). In diesem Brief hatte der britische Physiker und Biochemiker 50 Jahre zuvor seinem damals 12-jährigen Sohn die Molekularstruktur der Desoxyribonukleinsäure (besser bekannt als DNA oder DNS) skizziert und erklärt. Crick schrieb: »Wir glauben, dass die DNA ein Code ist. [...] Wir denken, dass wir den grundlegenden Kopiermechanismus gefunden haben, mit dem Leben aus Leben entsteht.« Zusammen mit dem amerikanischen Molekularbiologen James Watson erhielt Crick für die Beschreibung der DNA (siehe Box) den Nobelpreis.

Hoffnung und Ernüchterung

Die Erkenntnis, dass an der DNA hängende Gene als Erbgutträger agieren, löste ab 1963 große Hoffnungen in der Wissenschaft aus. Mittlerweile geht mit der Entschlüsselung des menschlichen Genoms eine gewisse Ernüchterung einher. Unter anderem, weil es mit gut 23.000 Genen nicht viel mehr enthält als das Genom eines mikroskopisch kleinen, wirbellosen Fadenwurms. Mit dem genetischen Code einer Maus stimmt der menschliche zu 84 Prozent überein und zu 98,6 Prozent mit dem eines Schimpansen. Zudem wurde deutlich, dass das Genom nicht unser Wesen bestimmt, sondern in erster

Linie Veranlagungen speichert und dadurch nicht mehr als einen Handlungsspielraum vorgibt. Das liegt daran, dass sich Gene nicht selbstständig an- oder abschalten.

Was im Leben eines Individuums zum Tragen kommt, ist neben den vererbten Veranlagungen mindestens genauso abhängig von äußeren Einflüssen wie Umwelt, Ernährung, Gefühlen und Erleben. Oder anders ausgedrückt: Es ist abhängig von den Informationen, mit denen unsere Gene im jeweiligen Moment konfrontiert werden. Alles, was wir erleben, vermag Gene nicht nur ruhen zu lassen oder zu aktivieren, sondern auch zu verändern, ohne dabei ihre grundlegende Zusammensetzung in Frage zu stellen. Die Genforschung musste zur Kenntnis nehmen, dass das Verhalten einer Zelle weniger vom mitgebrachten Programm der DNA abhängig ist als von der Fähigkeit, dynamisch auf Veränderungen in der Umgebung reagieren zu können.

DNA

Die DNA (Desoxyribonukleinsäure) ist ein kettenförmiges Biomolekül, das im Zellkern von Pflanzen, Tieren und Menschen in Form einer Doppelhelix Träger der Erbinformation ist. Unter anderem enthalten die Gene Informationen zur Produktion von Ribonukleinsäure (RNA) und diese wiederum Strukturen für den Bau von Eiweißen (Histonen). Histone sind aus Aminosäuren aufgebaut und agieren innerhalb der Zelle als Bausteine, die Signale erkennen, chemische Reaktionen katalysieren, Ionen befördern und die Zelle strukturieren. Histone haben weitreichenden Einfluss darauf, ob ein Gen aktiviert wird oder ruht. An den Strängen der Doppelhelix wechseln sich Zucker (Desoxyribose) und Phosphat ab. An den Zucker gekoppelt ist eine von vier Basen: Adenin, Cytosin, Guanin oder Thymin. Jeweils zwei verwandte Basen bilden Wasserstoffbrücken, wodurch die Struktur einer verdrehten Sprossenleiter entsteht. Teilt sich die Zelle, verdrillt sich die DNA zu einer kompakten Struktur, um sich für den Transport von Chromosomen in Stellung zu begeben. Der Mensch verfügt in jedem Zellkern über 46 Chromosomen. Zwei gleiche bilden je ein Paar: 22 Paare aus sogenannten homologen Chromosomen, außerdem zwei Geschlechtschromosomen: XX bei der Frau und XY beim Mann.

Ursuppe

Im Kern der Billionen von Zellen, die den menschlichen Körper konstituieren, gibt es neben der DNA eine zweite, weniger bekannte Säure: die Ribonukleinsäure (RNA). Sie dient wie die DNA unter anderem der Speicherung von Erbinformationen. Eine wesentliche Rolle spielt die Säure in der 1953 lancierten RNA-Welt-Hypothese. Sie basiert auf dem Miller-Urey-Experiment, das von einer Uratmosphäre ausgeht, die für die Entstehung organischer Moleküle und somit für eine chemischen Evolution verantwortlich ist. In dieser Theorie wird der RNA eine größere Lebenszeit als der DNA zugesprochen. Das Experiment bezieht sich auf Umstände, die vor über drei Milliarden Jahren auf der Erde herrschten: Die sogenannte Ursuppe gilt als Basis dafür, dass aus anorganischen Substanzen organische Verbindungen entstehen konnten. Experimentell ließ sich in der Tat nachweisen, dass mehrere einfache, anorganische Moleküle, die als Bestandteile der Ursuppe erachtet werden, in wenigen Reaktionsschritten RNA bilden können. Für Harold Clayton Urey (1893–1981) gibt es nach diesen Ergebnissen »kaum Zweifel, dass sich Leben auch auf anderen Planeten zugetragen hat. Ich bezweifle, dass die menschliche Rasse die intelligenteste Form von Leben darstellt.«

Neurobiologen der ETH Zürich zeigten 2014 im Fachblatt »Nature Neuroscience« einen überraschenden molekularen Mechanismus auf. Das Team um Isabelle Mansuy entdeckte, dass feindliche Lebensumstände und Traumatisierungen ein Übermaß an kurzen RNA-

Molekülen zur Folge haben. Dies bringe, so Mansuy, das zelluläre Gleichgewicht durcheinander, verändere die Nervenfunktion und habe weitere Störungen zur Folge. »Schlechte Erfahrungen hinterlassen Spuren im Gehirn, in den Organen und Keimzellen«, folgert Mansuy. »Über die Keimzellen werden diese dann weitervererbt.«

Wird ein Genschalter durch einen prägenden Einfluss umgelegt, können diese epigenetischen Anpassungen unter Umständen aber auch überschrieben werden. Dies konnte Mansuy zumindest in Experimenten mit Mäusen feststellen. »Umwelteinflüsse können das Verhalten verändern und sich sogar auf die nächste Generation übertragen«, hält die Neuroepigenetikerin fest. Das heißt, ebenso wie negative Erfahrungen das Erbgut beeinflussen können, vermag ein positiver Einfluss einen negativen zu modulieren.

Der amerikanische Zellbiologe und Autor Bruce H. Lipton ist überzeugt, »dass der Einfluss der Gene von vielen total überbewertet wird«, und präzisiert: »Studien zeigen, dass Kinder, die von Ehepaaren adoptiert werden, in deren Familien es viele Krebsfälle gab, mit der gleichen Wahrscheinlichkeit Krebs entwickeln wie dies eigene Kinder tun.« Das bedeute, so Lipton, dass das Umfeld und die Prägung einer Person entscheidender sei als die Gene. Bestärkt wird diese These durch den Umstand, dass Gene im Gehirn nur eine untergeordnete Rolle spielen.

Horizontale Wirkung

Genetische Informationen werden nicht ausschließlich entlang der Abstammungslinie den Nachkommen weitervererbt. Zellen teilen ihr Wissen auch mit ihrem Umfeld. Dieser sogenannte horizontale Gentransfer konnte zwischen Bakterien nachgewiesen werden. Deshalb vermögen sie etwa eine Resistenz gegenüber gewissen Antibiotika zu entwickeln. Nachgewiesen ist der Gentransfer auch zwischen Bakterium und Pflanze. Nicht ganz einig ist sich die Forschung bislang, ob horizontaler Gentransfer auch zwischen höher entwickelten Organismen stattfindet.

Bio-Informatik

Nicht nur Genforscher und Mediziner interessieren sich für die DNA. Bereits Ende der 1950er-Jahre postulierte der US-amerikanische Physiker und Nobelpreisträger Richard Feynman (1918–1988), dass die Fähigkeit der Zelle, Informationen empfangen, speichern, modifizieren und weitergeben zu können, zukünftig zur Datenverarbeitung genutzt werde. 1988 gelang es tatsächlich, auf künstliche Weise eine Information in ein DNA-Fragment einzubauen. 1994 legte Leonard Adleman einen ersten Beweis vor, dass die DNA programmierbar ist. Der US-amerikanische Professor für Informatik und Molekularbiologie sagte: »Biologie und Informatik – Leben und Berechnung – sind verbunden. Ich bin zuversichtlich, dass an ihrer Schnittstelle diejenigen, die sie suchen, große Entdeckungen erwarten.«

2001 schuf das Team um Ehud Shapiros am israelischen Weizman Institute of Science die ersten programmierbaren Nanocomputer aus DNA-Molekülen und Enzymen. Shapiros erklärt: »Die lebende Zelle enthält unglaubliche molekulare Maschinen, die informationentragende Moleküle wie DNA und RNA in ganz ähnlicher Weise manipulieren wie echte Rechner. [...] Solange wir noch nicht wissen, wie wir diese Maschinen für unsere Zwecke verändern können oder wie wir neue herstellen, ist der Trick, natürliche Maschinen zu finden, die gemeinsam in gewünschter Weise rechnen.« Die Zeitschrift »Nature« berichtete, diese DNA-Computer seien derart winzig, dass in einem einzigen Wassertropfen eine Billion von ihnen eine Milliarde Operationen mit einer Genauigkeit von mehr als 99,8 Prozent pro Sekunde ausführen können und dazu weniger als ein Milliardstel eines Watts Energie benötigen. Von Menschenhand geschaffen können solch mikroskopisch kleine Biocomputer bereits komplizierte Berechnungen und komplexe Datenabfragen durchführen. Vorläufiges Ziel ist es, sie künftig innerhalb von Organismen wie dem menschlichen Körper für pharmazeutische und weitere biologische Zwecke anzuwenden.

Auch als Datenbank und Speichermedium ist die DNA in der Forschung einsetzbar. So lässt sich bekanntlich aus uralten Mammutknochen – sofern diese kühl, trocken und in Dunkelheit lagerten – das Biomolekül extrahieren. »Es kann Tausende von Jahren unter einfachen Bedingungen und kaum Energieaufwand überstehen«, sagt dazu der Bioinformatiker Nick Goldman. Er hatte mit seinem Kumpel Ewan Birney eines Abends in einer Hamburger Kneipe die Papierservietten vollgekritzelt, als die beiden bierselig über das Thema diskutierten. In der Folge berichteten die beiden Forscher 2013 in »Nature« über die Möglichkeiten, codierte DNA zu synthetisieren und als Datenträger zu verwenden. Das Ergebnis ist ein winziges DNA-Fragment in einem Proberöhrchen, kleiner als ein Sandkorn. Auf diesem speicherten Goldman und Birney im European Molecular Biology Laboratory (EMBL) ein Foto ihres Instituts im deutschen Heidelberg, ein Textdokument mit 154 Sonetten von Shakespeare, ein PDF-Dokument der berühmten Genetik-Studie von Watson/Crick und eine MP3-Datei mit einem Ausschnitt der Rede »I have a dream« von Martin Luther King. Das synthetisierte und mit Daten gespeicherte DNA-Fragment wurde versandt und schließlich zurück im Heidelberger Labor konnten die beiden Forscher die DNA-Daten mit einer »Genauigkeit von 100 Prozent« wiederum entschlüsseln.

Für den Alltagsgebrauch ist das Vorgehen allerdings vorerst kein Thema. »Heute ist es noch atemberaubend teuer, DNA zu synthetisieren«, erklärt Ewan Birney. Wenn der Preis für synthetisierte DNA eines Tages kein Hindernis mehr sein sollte, können 100 Millionen Stunden hochauflösende Videodaten in DNA-Form in eine winzige Teetasse passen, teilte das EMBL mit.

Heute ist es noch
atemberaubend teuer,
DNA zu synthetisieren.
— Ewan Birney, Molekularbiologe

Stärker im Verbund

Im Hype um die Erforschung von DNA und Genen trat vorübergehend die Tatsache in den Hintergrund, dass sich Zellen aus weit mehr Bestandteilen als dem Zellkern zusammensetzen. Geprägt wurde der Ausdruck »Zelle« von Robert Hooke (1635–1703). In seiner Publikation »Micrographia«, die im Auftrag der Royal Society gedruckt wurde, formulierte der britische Universalgelehrte die These, dass Materie aus unsichtbar kleinen schwingenden Teilchen aufgebaut sei und dass die unterschiedlichen Frequenzen dieser Schwingung die verschiedenartigen Erscheinungsformen von Materie – gasförmig, flüssig und fest – ermöglichen würden. Seine These hat Wiederklang in der aktuellen Stringtheorie gefunden (Kapitel 5.4 und 5.6).

Die ältesten Zellen, welche das Erdreich während den ersten drei Milliarden Jahren unserer Zeitrechnung bevölkerten, kamen noch ohne Zellkern zurecht. Bis heute verfügen Bakterien, Algen oder amöbenartige Organismen über keine DNA und RNA. Ihr Reich blieb während rund 1,5 Milliarden Jahren einzigartig. Erst dann begann sich parallel dazu das Reich der Einzeller mit Zellkern zu entwickeln.

Vor rund 750 Millionen Jahren begannen die Einzeller, sich zu verbünden. In der Gruppe steigerten sie ihre Überlebenschancen, weil sie sich im Laufe der Zeit unterschiedlich spezialisieren konnten. Der Preis für dieses strategische Miteinander war, dass sie ihre individuelle Überlebensfähigkeit größtenteils verloren und fortan an ihre Kolonie gebunden blieben. Eine der wenigen Ausnahmen ist heutzutage im menschlichen Körper die Eizelle in der Gebärmutter der Frau. Nur etwa eine halbe Minute, nachdem sich die reife Eizelle mit einem Spermium vereinigt hat, setzt sich das biologische Leben durch Teilung fort. Die Eizelle der Frau verdoppelt sich: Aus einer Zelle werden zwei, aus zwei werden vier. Dieser Vorgang wiederholt sich alle paar Stunden. Und so entsteht schließlich aus einer Zelle ein menschlicher Organismus, der sich aus über 40 Billionen Zellen zusammensetzt. Diese gliedern sich im Körper des erwachsenen Menschen in rund 250 verschiedene Zellarten, wobei sich die Zellen fortlaufend erneuern. Im Rhythmus von sieben Jahren schließt sich der Kreislauf der Zellerneuerung.

Empfindsame Zellhaut

In Einzellern ohne Zellkern liegt die Erbsubstanz frei im Plasma. Plasma ist quasi der Füllstoff zwischen Zellkern und Zellhaut. Die Zellhaut wird als Membran bezeichnet: Es ist eine halb durchlässige, mehrschichtige und dennoch hauchdünne Lipidschicht, welche jede Zelle ummantelt. Die Membran kontrolliert wie ein Filter, was die Zelle aufnimmt und was sie abgibt. Sie reagiert auf Impulse von Hormonen ebenso wie auf Gefühle, Gedanken, Klang und elektromagnetische Wellen. Die Signale, die die Membran erhält, agieren innerhalb der Zelle wie Türöffner: Sie regeln, ob und wie durch Vererbung angelegtes Potenzial in Funktion tritt. Auf jeder Seite der Membran befinden sich elektrostatisch geladene Atome (Ionen) beziehungsweise Moleküle unterschiedlicher Konzentrationen, die den Austausch zwischen den Zellen und ihrer Umgebung ermöglichen.

Der US-amerikanische Entwicklungsbiologe und Stammzellenforscher Bruce Lipton hat die Bedeutung der Membran mit der Publikation des Buchs »Intelligente Zellen« ins Bewusstsein der Öffentlichkeit befördert. In diesem Werk hielt er unter anderem fest: »Die Funktion der Membran, ›intelligent‹ auf jeden Umweltimpuls zu reagieren und daraus ein Verhalten abzuleiten, macht aus ihr das wahre Gehirn der Zelle.«

1997 erschien in »Nature« der Artikel einer australischen Forschergruppe, über deren Experimente Lipton schrieb: »Die Forscher isolierten eine Zellmembran und steckten ein Stück Goldfolie darunter. Dann füllten sie in den Raum zwischen der Goldfolie und der Membran eine spezielle Elektrolyt-Lösung. Wenn die Rezeptoren der Membran durch ein komplementäres Signal stimuliert wurden, öffneten sich die Kanäle und ließen die Elektrolyt-Lösung durch die Membran. Diese Versuchsanordnung beweist, dass die Zellmembran nicht nur wie ein Chip aussieht, sondern auch so funktioniert. Cornell und seine Mitarbeiter haben eine biologische Zellmembran erfolgreich in einen digital ablesbaren Computerchip umfunktioniert.«

So imposant die Fortschritte im Verständnis der Informationsspeicherung und -vermittlung auf molekularer Ebene sind: Wenn die praktische Anwendung alltagstauglich wird, wenn synthetisierte DNA und Membran vermehrt wie Computer und Datenbanken genutzt werden, dürfte dies manche Kontroversen auslösen.

5.3 WASSER

Lebenselexier

Wir bewohnen den »blauen Planeten«. Ohne Wasser gäbe es bekanntlich kein Leben auf der Erde. Wasser macht rund 70 Prozent der Erdoberfläche aus. Es dringt auch tief in die inneren Schichten des Globus ein, und rund

4 Prozent breiten sich in der Erdatmosphäre aus. Astronomen und Kosmologen sind in der Erforschung ferner Himmelsgestirne auch stets auf der Suche nach Wasser, da dies ein Zeichen für dortiges Leben sein könnte.

Wasser ist die einzige Substanz auf der Erde, die natürlicherweise in drei Aggregatzuständen vorkommt: in fester Form als Eis, flüssig als Wasser und gasförmig als Dampf. Tiere, Pflanzen und Menschen bestehen zu einem Großteil aus Wasser. Bei menschlichen Babys beträgt der Anteil rund 80 Prozent. Bei Erwachsenen wird der Wasseranteil mit zunehmendem Alter stetig kleiner und sinkt zuletzt auf bis 50 Prozent des Körpergewichts ab. Verhältnismäßig am meisten Körperwasser sammelt sich im Kopf und macht dort rund 70 Prozent des Gehirns aus. Seine primäre Aufgabe ist der Transport von Sauerstoff, Nährstoffen und Abfällen wie auch Giftstoffen.

Etwa 30 Liter des Wassers im Organismus eines erwachsenen Menschen befinden sich als sogenannte intrazelluläre Flüssigkeit in den Zellen (Kapitel 5.2). Außerhalb der Zellen fließt Wasser vor allem im Blut; es macht 90 Prozent des Bluts aus. Außerdem spielt es eine wichtige Rolle für die Funktion der Proteine, welche das Baumaterial für das Körpergewebe bilden, sowie für die Produktion von Zucker.

Um gesund zu sein, sollten wir bekanntlich rund zweieinhalb Liter Flüssigkeit pro Tag aufnehmen. Ohne Flüssigkeitsaufnahme vergehen bis zum Eintreten des Todes in der Regel drei bis vier Tage, im Extremfall können es bis zu 12 Tage sein (Kapitel 4.2).

DNA-Fragmente

Wasser besitzt die Fähigkeit, Informationen zu speichern und zu übertragen. Wissenschaftlich genutzt wird dieser Aspekt unter anderem in der Meeresforschung. Musste man früher, um zu erfahren, was in den stockdunklen Tiefen des Ozeans lebt, mit Schleppnetzen auf Fang gehen und dann sichten, was sich dort verfangen hatte, so kann man heute einfach Wasserproben nehmen und diese im Labor auf DNA-Fragmente untersuchen. Kot oder Schuppen der Meeresbewohner hinterlassen im Wasser genetische Rückstände. Um die Artenvielfalt im Wasser zu prüfen, wird mittels sogenanntem Metabarcoding eine Gensequenz als Grundlage genommen, die bei allen Lebewesen aus der Probe vorhanden ist. Kleine Unterschiede verweisen dann auf 60 bis 80 Prozent der Lebewesen, die im Umkreis von bis zu 10 Kilometern einer entnommenen Wasserprobe leben. »Damit lassen sich potenziell alle Lebewesen nachweisen, die in einem Ökosystem vorkommen, von Bakterien bis zu Wirbeltieren«, erklärt Florian Altermatt, Professor für Aquatische Ökologie am Wasserforschungsinstitut Eawag in der Schweiz.

Ende 2009 sorgte der Medizinnobelpreisträger Luc Montagnier im Zusammenhang mit DNA-Fragmenten im Wasser für Empörung in Wissenschaftskreisen. Der Franzose erbrachte nach eigenen Angaben den Nachweis, dass ein winziges DNA-Fragment in einem Reagenzglas in der Lage sei, sich ohne direkte Berührung in ein zweites, mit reinem Wasser gefülltes Reagenzglas zu kopieren. Die Übertragung sei unter der Bedingung gelungen, dass die Originalprobe mehrere Male verdünnt und beide Proben einem schwachen elektromagnetischen Feld ausgesetzt wurden. Der renommierte Virologe gab an, dass sich die Kopie noch 18 Stunden, nachdem sie dem Feld ausgesetzt wurde, nachweisen lasse.

Als Leiter jener Arbeitsgruppe, welche 1983 HIV als Erreger für die Immunschwächekrankheit Aids erkannte, schlug Montagnier eine neue, auf Radiowellen basierende Methode zum Nachweis von Virusinfektionen vor. Viele Kollegen sind der Ansicht, Montagnier habe sich in etwas verrannt. Montagnier äußerte sich indes 2010 im Magazin »Science« überzeugt: »Dies sind reale Phänomene, welche die Aufmerksamkeit weiterer Studien verdienen.«

Auch Vertreter von alternativen Heilmethoden sprechen dem Wasser Kommunikationsfähigkeiten zu. So wird in der Homöopathie davon ausgegangen, dass Wasser durch starkes Schütteln für Informationen aufnahmefähig wird, etwa so wie ein Plisseestoff seine festen Strukturen verliert, wenn er durch die Hitze des Bügeleisens eine enorme Energiezufuhr erhält. In der Homöopathie werden Inhaltsstoffe im Wasser bekanntlich so stark verdünnt, dass chemisch kein entsprechendes Molekül mehr vorzufinden ist. Dies löst in der Wissenschaft nach wie vor heftige Kontroversen aus. Dazu beigetragen hatte 1988 der französische Mediziner und Immunologe Jacques Benveniste (1935–2004) – ein zu jenem Zeitpunkt angesehener und charismatischer Wissenschaftler, der es verstand, sein Publikum zu fesseln. Sein Ruf änderte sich jedoch schlagartig, als er proklamierte, Wirkstoffe hätten auch hoch verdünnt in Wasser Wirkung auf weiße Blutzellen, selbst dann, wenn kein einziges Wirkstoff-Molekül mehr nachweisbar sei, »als ob sich das Wasser daran erinnere, einmal das Molekül gesehen zu haben«, erklärte Benveniste.

Publiziert wurden seine Beobachtungen in »Nature«, nachdem sein Experiment von drei unabhängigen Labors dupliziert worden war. Der damalige Herausgeber von »Nature«, John Maddox, titelte im Editorial: »When to believe the unbelievable« und bemerkte, dass es keine objektive Erklärung für die Beobachtung gebe. Es folgte ein Aufschrei in Wissenschaftskreisen und Maddox reiste nach Paris – schlussfolgernd, dass »die Art und Weise, wie die beschriebenen Versuche ausgeführt wurden, die außergewöhnlichen Schlussfolgerungen nicht zulassen«.

Benveniste wurde entehrt, seine Abteilung am staatlichen Gesundheitsinstitut Inserm 1992 geschlossen. Daraufhin gründete Benveniste eine eigene Firma und setzte seine Forschungen fort. Grundlage dafür war die These, dass Biomoleküle auf tiefer elektromagnetischer Frequenz Signale austauschen (Kapitel 5.5). Benveniste registrierte digital die elektromagnetischen Signale molekularer Lösungen und gab an, dass unbehandeltes Wasser wie eine Art Tonband die von ihm registrierten und abgespielten Signale zu speichern vermöge. Benveniste ist trotz aller Kritik nicht allein mit seiner Vermutung. Der japanische Alternativmediziner und Parawissenschaftler Masaru Emoto (1943–2014) wurde bekannt für seine Überzeugung, dass Wasser sogar Aspekte von Gefühlen und Gedanken registriere und speichere. Wissenschaftlich akzeptierte Nachweise, die ein Erinnerungsvermögen von Wasser belegen würden, fehlen jedoch.

Elektromagnetische Leitfähigkeit

Die Kommunikationsfähigkeit von Wasser, wie sie Benveniste und Montagnier thematisieren, beruht auf Elektromagnetismus. Tatsache ist, dass Wasser aufgrund von Verbindungen aus Natrium und Chlorid über elektromagnetische Leitfähigkeit verfügt. Diese chemische Zusammensetzung von Wasser kann man schmecken: Wer je eine Träne geleckt hat, weiß, dass sie salzhaltig ist. Sogar Süßwasser enthält Natrium und Chlorid. Sie reichern Wasser mit Ionen an. Und Ionen sind elektrisch geladene Atome, die begierig darauf sind, Elektronen weiterzugeben. Deshalb bekommt man in der Badewanne einen Stromschlag, wenn ein eingeschaltetes Elektrogerät hineinfällt.

Belegt ist, dass das salzhaltige Körperwasser des Menschen durch seine elektromagnetische Leitfähigkeit eine wichtige Rolle in der Signalübertragungen der Nerven im Niederfrequenzbereich bis zu 30 Hertz einnimmt.

Einer, der sich seit vielen Jahren mit dem aktuellen Know-how über die elektromagnetischen Wechselwirkungen von Wasser auseinandersetzt, ist Walter Thut, Geschäftsführer von Planet Horizons Technologies SA in Sierre (Schweiz). Die Firma arbeitet in der Forschung mit Universitäten und Ingenieurschulen zusammen. Walter Thut geht von der wissenschaftlich bestätigten Erkenntnis aus, dass technisch erzeugte elektromagnetische Strahlungen mit biologischen Prozessen interagieren. »Deshalb können Kristallisationsprozesse wie auch das Verhalten des Wassers an Grenzflächen beeinflusst werden, also dort, wo Wasser mit Luft oder Erde oder einem anderen Element in Kontakt kommt«, erklärt Thut. Feststellen lässt sich, dass je nach natürlicher Regenerationsfähigkeit, Empfindlichkeit und Möglichkeit, sich auf die technische Strahlung einzustellen, das Wasser teilweise geschwächt auf den Einfluss von Elektrosmog reagiert. »In der Folge können beispielsweise Mikroorganismen nicht mehr wie gewohnt Schadstoffe abbauen«, stellt Thut fest und erläutert: »Natürlicherweise passen Schwingungsstrukturen haargenau und mathematisch erklärbar ineinander.« Vorstellen könne man sich das wie das Zusammenspiel verschiedener Instrumente in einem Orchester. »Gibt es gelegentlich einen Misston, fällt dies nicht weiter auf. Ab einem gewissen Punkt führen jedoch Missklänge beziehungsweise elektromagnetische Frequenzen, die nicht ins Ensemble passen, zu einer Kakofonie.«

Um die elektromagnetischen Einflüsse auf Wasser zu überwachen, hat Planet Horizons spezielle Diagnostik- und Berechnungsmethoden entwickelt. Zum Beispiel wurde im Ferienort Crans-Montana im Schweizer Kanton Wallis ein Draht durch den 140 000 Kubikmeter großen Totensee gelegt, der regelmäßig mit zwei Watt Gleichstrom »bespielt« wird. Dies führt dazu, dass ein Magnetfeld im Wasser kreiert wird, das eine Sauerstoffanreicherung erzeugt. In der Folge gingen die Veralgung sowie die Wassertrübung im See stark zurück. Die Technologie der Firma basiert auf ELF-Wellen – Wellen mit sehr niedrigen Frequenzen (Extremely Low Frequency) –, um eine natürliche Wasserstruktur zu erzeugen. Sie wird auch erfolgreich in Bereichen wie Bewässerungstechnik mit Brackwasser oder Entkalkung angewendet.

Chemische Zusammensetzung

Wasser ist eine sehr starke Verbindung von zwei Wasserstoffatomen und einem Sauerstoffatom (H^2O), die sich erst bei rund 2 000 Grad Celsius allmählich auflöst. Wasserstoff ist das einfachste, leichteste, älteste und häufigste Atom im Universum. Es besteht aus einem Proton im Kern und einem Elektron in der Hülle. Auf der Erde kommt es fast nie rein vor, sondern gebunden an Erdgase, Erdöl, Mineralien und vor allem an Sauerstoff. Sauerstoff hat natürlicherweise einen Volumenanteil von 86 bis 89 Prozent am Wasser.
Trotz der geringen Größe von H^2O ist das Verhalten des Moleküls extrem komplex und außergewöhnlich. Als Flüssigkeit ist Wasser viel dichter als erwartet. Im gefrorenen Zustand nimmt die Dichte hingegen ab, sodass Eis auf der Wasseroberfläche schwimmt. In Anbetracht seines Molekulargewichts sind Schmelz- und Siedepunkt ungewöhnlich hoch. Der Grund dafür sind sogenannte Wasserstoff- oder H-Brücken, sich anziehende Kräfte zwischen dem negativ geladenen Sauerstoffatom (O) und dem vorwiegend positiv geladenen Wasserstoffatom (H). Diese H-Brücken sind dafür verantwortlich, dass der Gefrierpunkt und der Siedepunkt deutlich höher liegen, als es für das Molekulargewicht erwartet würde. Die Bindungsenergie von Wasserstoffbrücken ist niedriger als üblich bei Atombindungen, die Wechselwirkung ist dennoch stärker als andere zwischenmolekulare Kräfte. Mit dem stark fluktuierenden Wasserstoffbrücken-Netzwerk lassen sich alle bekannten Anomalitäten des Wassers erklären.

Brückenbauer

Wasser, oder chemisch ausgedrückt H^2O, ist ein sogenannter Dipol. So werden Moleküle bezeichnet, die nach außen elektrisch neutral sind, jedoch ähnlich einem Magnet über einen sehr starken positiven wie auch negativen Pol verfügen. Dadurch entstehen laufend schwache elektromagnetische Verbindungen, die sich in Sekundenbruchteilen ständig neu formieren. Könnte man diese Strukturänderungen beobachten, sähe Wasser aus wie ein Tanzfest aus der Vogelperspektive. Diese unverbindlichen Vernetzungen von Wassermolekülen werden als Cluster bezeichnet. Zu deren Beobachtung sind besondere Messgeräte notwendig. »Die Kenntnisse über Struktur und Bindung in kleinen Wasserclustern sind ein Schlüssel für das Verständnis von Wasser«, erklärt Ralf Ludwig, Chemieprofessor an der Universität Rostock.

Weil die Struktur von Wasser auf einem sogenannten Zwei-Phasen-System beruht, verhält es sich aber nicht nur lebhaft und unverbindlich in Bewegung. Wasser zeichnet sich ebenso durch einen extrem stark geordneten Anteil aus. Dies zeigt sich eindrücklich, wenn sich Wasser als Eiskristall präsentiert. Die molekularen Verbindungen bilden komplexe geometrische Gittersysteme.

Einige Forscher lassen kristallin-flüssige Verbindungen von Wasser mathematisch berechnen. Diese Berechnungen sind derart komplex, dass es erst wenige Computer gibt, welche über die notwendige Kapazität dazu verfügen: Derzeit wird Wasser mit Hochleistungscomputern unter anderem am National Center for Supercomputing in Illinois und am Supercomputing Center der Universität Pittsburgh (beide USA) erforscht. Dabei bestätigt sich, dass nicht nur die Formationen, sondern auch deren Energiestrukturen aussagekräftig sind.

Bewegung

Wasser plaudert gerne; das macht jede Quelle und das Meer, jeder Bach, ja sogar Dampf deutlich. Wasser erneuert dabei dauernd seine Strukturen, durch Fließen, Plätschern, das Überwinden von Höhenunterschieden, das Formen von Wellen, Wirbeln, die Bildung von Kristallen. Sind ihm diese Bewegungen nicht möglich, leidet die Wasserqualität. Während beispielsweise Wasser, das durch die Leitungssysteme gepresst wurde, 2 bis 3

Milligramm Sauerstoffgehalt pro Liter aufweist, verfügt frisches Quellwasser über einen Gehalt von 11 bis 12 Milligramm pro Liter. Die »Belebung« von Wasser zur Qualitätssteigerung ist das Ziel diverser technischer Anlagen, die kommerziell vermarktet werden. Einer, der Wasser technisch in Bewegung setzt, ist Siegfried Kogelbauer. Der österreichische Ingenieur ist überzeugt, mit spiralförmigen Verwirbelungen festgefahrene Wasserstrukturen auflösen und neu beleben zu können. Ähnlich argumentierte der deutsche Physiker Wilfried Hacheney (1924–2010) und entwickelte verschiedene Methoden, um Wasser vitaler, reaktions- und bindungsfreudiger zu machen.

Davon überzeugt, dass Wasser fähig sei, Informationen weiterzugeben, entwickelte Johann Grander (1930–2012) im österreichischen Kitzbühel eine mittlerweile oft installierte Technik. Grander erklärte: »Sonne, Mond und der gesamte Kosmos stehen in natürlicher Schwingung mit der Erde und kommunizieren über das Element Wasser.« Sein Familienunternehmen vertreibt Installationen, durch welche Wasser mit Hilfe eines Magneten in hochfrequente Schwingung versetzt und anschließend an einem mit »Informationswasser« (Quellwasser) gefüllten Metallzylinder vorbeigeleitet wird. Auf diese Weise sollen die Eigenschaften des Quellwassers auf das vorbeifließende Wasser übertragen und dessen innere Struktur verändert werden. Das Tiroler Familienunternehmen beschäftigt heute weltweit mehrere Hundert Mitarbeiter. Unzählige weitere Apparaturen zur Verbesserung der Wasserqualität sind mit Erfolg auf dem Markt. Wenn auch der wissenschaftliche Nachweis für die Qualitätssteigerung oft fehlt, boomt das Geschäft in industriell entwickelten Ländern. Ein solches Angebot erscheint als Luxus in Anbetracht der Tatsache, dass Wasser vielerorts gänzlich fehlt oder nur in krankmachender Qualität vorhanden ist. Insofern erzählt Wasser ohne Zweifel auch sehr viel über Gesellschaft, Wirtschaft und Politik.

5.4 KLANG

Im Anfang war das Wort

Messungen, die zwischen 1989 und 2010 von Satelliten durchgeführt wurden, lassen darauf schließen, dass die Theorie von einem Urknall und einem sich beschleunigt expandierendem Universum zutreffen könnte. Begründer der Theorie, dass sich vor geschätzten 14 Milliarden Jahren Materie, Raum und Zeit aus einer Einheit heraus entfalteten, war der belgische Theologe und Physiker Georges Lemaître (1894–1966). Seine Ideen über die Expansion des Universums wurden 1927 publiziert und damit zwei Jahre früher als ein ähnliches Konzept des US-amerikanischen Astronomen Edwin Hubble (1889–1953), nach dem unter anderem die sogenannte Hubble-Konstante benannt ist. Sie beschreibt die Expansionsgeschwindigkeit des Universums.

Die Bezeichnung Urknall wurde von Fred Hoyle (1915–2001) geprägt. Der britische Astronom und Mathematiker vertrat die sogenannte Steady-State-Theorie, die Ende der 1960er-Jahre an Bedeutung verlor. In einer Radiosendung 1949 bezeichnete er die gegnerische Theorie Lemaîtres als »big bang« und nahm mit dieser Wortwahl Bezug zu Schöpfungsmythologien. Denn *bang* steht für einen wuchtigen Knall, einen intensiven Klang, wie er auch in vielen Mythen über die Entstehung von Kosmos und Erde vorkommt.

Die Aborigines beispielsweise interpretieren die vom Didgeridoo erzeugten Töne als Vibration der Regenbogenschlange. Laut der australischen Mythologie soll die Schlange solche Klänge auf dem Weg aus dem Meer erzeugt haben, als sie Berge und Täler formte. In der ägyptischen Schöpfungsgeschichte ist es Nun, die göttliche Personifizierung des Urgewässers, welche durch ihre Stimme aus sich selbst heraus die Gottheit Atum materialisierte. Atums leuchtendes Auge brachte dann Licht in die Dunkelheit des endlosen Meeres. Auch die Ureinwohner des Westens und Südwestens der USA gehen von einem Ton aus, der in der endlosen, stillen Dunkelheit erklang und durch das Heulen eines Kojoten die Welt materialisierte. Die Silbe Om ist für Hindus und Buddhisten ein heiliger Laut, der für den transzendenten Urklang und die Gegenwart des Absoluten steht, aus dessen Vibration sich das Universum kreierte. In den indischen Upanishaden (sie sind Teil der Veden, also der heiligen Schriften des Hinduismus) beginnt die Schöpfung ohne Zeit und Ort als »das Eine«, das zu seinem Ausdruck kam: *So ham* – das Vedantische Mantra bedeutet »Er ist Ich« beziehungsweise »Ich bin Das«. Das Johannesevangelium der Christen beginnt mit dem Prolog: »Im Anfang war das Wort. Und das Wort war bei Gott. Und das Wort war Gott. Im Anfang war es bei Gott. Alles ist durch das Wort geworden. Und ohne das Wort wurde nichts, was geworden ist.« Das Wort als elaborierte Form von Klang mag als Hinweis auf Information gewertet werden: als evolutionäre Entwicklung von Vibration über Klang hin zu einer bewussten Gestaltung des Lebens.

Universales Klangtheater

Im Kosmos sind Klänge noch heute omnipräsent. Glühende Gase, die seit dem Urknall nachhallen, erzeugen ein tiefes Dröhnen. Auch zischt und tickt, summt und knattert es. Den größten Klangteppich in unserem Sonnensystem erzeugt die Sonne selbst. Aus diesen Tönen erlangen Astronomen detaillierte Kenntnisse über die inneren Strukturen der Sonne. Dank Plasmawellen-Messgeräten in den Voyager-Raumsonden der NASA konnte auch das surreale Säuseln von Saturn und Jupiter zur Erde übertragen werden. Hörbar wird die Himmelssymphonie für uns, indem die kosmischen Klänge technisch auf ein Frequenzniveau erhöht werden, das für das menschliche Ohr wahrnehmbar ist.

Schon in der griechischen Antike ging man davon aus, dass Himmelskörper Klänge erzeugen. Pythagoras (570–510 vor Christus) glaubte, dass die Gesetzmäßigkeiten der Musik auf die Ordnung des Kosmos übertragbar seien, und sprach als Erster von der sogenannten Sphärenharmonie: »Der ganze Himmel ist Harmonie und Zahl.« Die Lehre des griechischen Philosophen blieb im Laufe der Zeit mal mehr, mal weniger präsent. Intensiv befasste sich der deutsche Universalgelehrte Johannes Kepler (1571–1630) damit. Der vielfach geehrte Wissenschaftler publizierte 1619 in seinem Werk »Harmonices mundi« ein eigenes Modell der Planetenbewegungen. Auch Kepler ging davon aus, dass der Kosmos durch Zahlenverhältnisse geordnet sei, welche der musikalischen Harmonie entsprechen, weil beides auf demselben göttlichen Ursprung basiere.

Der deutsche Kunst- und Musiktheoretiker Hans Kayser (1891–1964) nahm die Thematik auf und widmete seine Forschung zeitlebens der Harmonik – nicht nur in der Musik, auch in der Chemie, der Astronomie, der organischen Natur, der Architektur sowie in Licht, Farbe und Kristallen. Das Konzept der Sphärenharmonie inspirierte nicht zuletzt Musiker in den unterschiedlichsten Genres – etwa Gustav Mahler oder Mike Oldfield.

Der Schweizer Mathematiker und Musikforscher Hans Cousto berechnete 1978 die Planetentöne auf Basis von tatsächlich vorhandenen Frequenzen wie Umlaufzeiten und anderen sich stetig wiederholenden astronomischen Rhythmen neu. Wie es dazu kam, schildert er wie folgt: »Es ist Neumond, 2. Oktober 1978. Ich spaziere durch den Englischen Garten in München, um mich von den vielen Besuchern der letzten Tage etwas zu erholen und die innere Ruhe wiederzuerlangen. Etwas abseits der breiten Spazierwege pflücke ich ein paar kleine, spitzkegelige Pilze und verzehre sie gleich, ganz frisch, so wie die Natur sie wachsen und gedeihen lässt. [...] Ich bin ganz weit weg und sehe die Sonne und alle Planeten, klar und deutlich, ja ich höre sie, jeden einzelnen für sich und alle zusammen – und auf einmal erkenne ich die Gesetzmäßigkeit, die den Tönen zugrunde liegt«. Cousto kreierte unter anderem die Software MidiPlanetarium, die auch der deutsche Musikforscher, -journalist und Autor Joachim-Ernst Berendt (1922–2000) für seine weit verbreitete Audio-Produktion »Planetentöne« nutzte.

Der US-amerikanische Physiker Brian Greene sieht eine Sphärenharmonie durch seine aktuellen Forschungen bestätigt: »Mit der Entdeckung der Superstring-Theorie gewinnen die musikalischen Metaphern eine verblüffende Realität.« Greene hat maßgeblich zur Popularisierung der seit den 1970er-Jahren entwickelten Stringtheorien beigetragen. Sie ersetzen theoretisch die bis dahin als kleinste Elementarteilchen vermuteten nulldimensionalen Punkte oder Pixel durch unvorstellbar winzige vibrierende, eindimensionale Fäden (*strings*). Diese sollen als Grundbausteine harmonisierende Schwingungsmuster erzeugen. Je nach Schwingungszustand des einzelnen Strings nimmt dieser Eigenschaften von Elementarteilchen wie Photonen, Quarks oder Elektronen ein.

Frequenzbereiche

Infraschall:	unter 16 Hertz, für Menschen nicht hörbar.
Hörschall:	von 16 Hertz bis 20 Kilohertz, für Menschen hörbarer Schall.
Ultraschall:	von 20 Kilohertz bis 1,6 Gigahertz, zu hochfrequent für das menschliche Ohr.
Hyperschall:	über 1 Gigahertz, durch Schallwellen gebildet, die sich nur bedingt ausbreiten können.

Nutzen und Schaden

In der Natur setzt sich Klang stets aus mehreren Tönen zusammen, die durch wiederkehrende gleichförmige Luftbewegungen ausgelöst werden. Mit der Grundschwingung vergesellschaften sich stets Obertöne, die als ganzzahlig Vielfaches innerhalb eines Grundmusters ausbrechen. Diese regelmäßige Struktur unterscheidet den Klang vom Geräusch, dessen Schwingungen ungleichmäßig kakofonisch auftreten. Physikalisch betrachtet ist Klang eine mechanische Schallwelle beziehungsweise eine elastische Druckwelle die sich dreidimensional in alle Richtungen ausbreitet. Klang benötigt ein Medium, wie Luft, Wasser oder einen festen Körper, um vom Sender zum Empfänger zu gelangen. Auf ihrem Weg verdrängt die Schallwelle das Medium. Die Abhängigkeit von einem Träger, um sich ausbreiten zu können, unterscheidet Klang klar von Licht (Kapitel 5.5), das ohne Medium und mit stets gleicher Geschwindigkeit unterwegs ist.

Die Geschwindigkeit, mit der sich Klang fortbewegt, ist abhängig von der Beschaffenheit des jeweiligen Mediums. Im Wasser bewegt sich die Schallwelle mit etwa 1 500 Metern pro Sekunde und ist somit viel schneller unterwegs als elektromagnetische Wellen. Schon Leonardo da Vinci (1452–1519) hatte festgehalten: »Wenn Du ein Rohr in das Wasser tauchst und das andere Ende an Dein Ohr hältst, kannst Du Schiffe auf sehr großen Entfernungen hören.« Deshalb ist die sogenannte Hydroakustik seit Beginn des 20. Jahrhunderts von großer Bedeutung für die Kommunikation, Navigation und Ortung im Meerwasser. Mit Wasserschall befassen sich vorwiegend militärische Forschungseinrichtungen.

In der Luft bewegt sich Schall mit gut 340 Metern pro Sekunde. Unabhängig vom Medium verändert sich der Klang dynamisch: Am stärksten ist er in der Einschwingphase und verflüchtigt sich dann zusehends. Der durch den Schall entstehende Druck wird in Dezibel gemessen. Er kann nicht nur vom Ohr als Lautstärke wahrgenommen werden, sondern auch als direkter Druck auf den Körper. Erfahren lässt sich dies beispielsweise an einem Live-Konzert, wenn man vor einem Lautsprecher steht und der ganze Körper in Resonanz mit den Druckwellen geht. Die dominant schwingenden Klänge lösen eine Veränderung der Eigenschwingung aus. Das kann, je nach Situation und Klang, als gut empfunden werden oder schlecht.

Als gut empfinden wir die Resonanz im Allgemeinen, wenn die Schwingungen wie Zahnräder ineinandergreifen und sich harmonisch einpendeln. Um diese Harmonie zu fördern, werden im Bereich von Wellness- und alternativmedizinischen Behandlungen gezielt akustische Schwingungen eingesetzt, beispielsweise mittels Stimmgabeln oder Klangschalen. Bei Objekten, die in gleicher Frequenz schwingen – beispielsweise Stimmgabeln –, braucht man nur ein einziges aktiv in Schwingung zu versetzen, die übrigen beginnen von selbst im Einklang mitzuschwingen. In der klassischen Medizin werden Schallwellen zur besseren Verarbeitung von Wirkstoffen eingesetzt. Schädlich wirkt Klang, wenn er sich als Lärm äußert. Lärmbelastung aktiviert die Ausschüttung von Stresshormonen. Durch eine übermäßige Lärmexposition können Bluthochdruck, Schlafstörungen, kognitive Leistungseinbußen, Hyperaktivität und weitere Verhaltensauffälligkeiten ausgelöst werden. Eine ausgewogene Mischung von Ruhe und akustischen Reizen ist eine Grundvoraussetzung für Gesundheit.

Gestalterisches Potenzial

Während Lärm vorwiegend destruktiv agiert, verfügt der durch Klang entstehende Luftdruck über gestalterisches Potenzial. Anschaulich bringt dies der süddeutsche Forscher Alexander Lauterwasser anhand sogenannter Wasserklangbilder zum Ausdruck. Sie entstehen, indem Musik über ein Mikrophon auf eine bewegliche Platte übertragen wird. Auf der Platte steht eine Schale, gefüllt mit Wasser, welches durch die Resonanz in Schwingung kommt. Auf der Wasseroberfläche bilden sich dadurch Wellenmuster, die Lauterwasser belichtet und mit der Kamera festhält. Zu diesen Arbeiten inspiriert haben ihn die Chladnischen Klangfiguren des deutschen Physikers und Astronomen Ernst Chladni (1756–1827). Diese entstehen, indem eine feine Sandschicht auf eine Glas- oder Metallplatte gestreut wird. Wenn dann mit einem Geigenbogen an der Platte entlanggestrichen wird, formt der Sand eigenständig symmetrische Muster. Triebfeder für Alexander Lauterwasser ist das Interesse am Schnittpunkt, an dem aus der Schwingung heraus Form entsteht. Nach einem Philosophie- und Psychologiestudium befasste er sich intensiv mit Morphogenese, also mit der Entstehung und Herausbildung von Form und Gestalt in der Natur. Wobei Lauterwasser überzeugt ist, »dass der Sinn von Kreaturen als grundlegende Eigenschaft des Lebens auch darin besteht, das innere Wesen durch die äußere Form auszudrücken«.

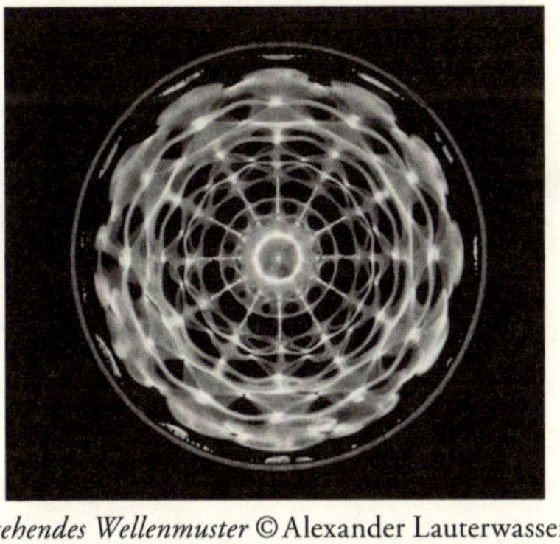

Stehendes Wellenmuster © Alexander Lauterwasser

Der Klang von Proteinen

Nicht nur Sand und Wasser reagieren auf Schallwellen. Im Buch »Das geheime Leben der Pflanzen« zitieren die amerikanischen Autoren Peter Tompkins und Christopher Bird zahlreiche Studien, die zum Schluss kommen, dass die Membran, also die Haut von Zellen (Kapitel 5.2), auf Klänge reagiert. Bei Pflanzen fördern sie unter Umständen das Wachstum, weil spezifische Schallwellen beziehungsweise Musik den Stoffwechsel der Pflanzen anregen. In den Untersuchungen hat sich gezeigt, dass gezüchtete Pflanzen viel weniger auf Klangangebote reagieren als Wildpflanzen. Wildpflanzen entwickeln unter dem Einfluss von klassischer Musik überdurchschnittlich große Blätter und aromatischere Früchte, während beispielsweise Heavy Metal die Gewächse eher verkümmern lässt. Über die Reaktion der Gewächse auf die Musik des indischen Sitarspielers Ravi Shankar (1920–2012) schrieben die Autoren: »Die Pflanzen legten sich in ihrem Bestreben, die Quelle der Musik zu erreichen, fast in die Horizontale – mit extremen Winkeln von bis zu 60 Grad.«

Der französische Physiker, Mathematiker und Musiker Joel Sternheimer komponiert gar spezifische Klangsequenzen speziell für die Beschallung von Pflanzen. Hintergrund dafür ist Sternheimers Theorie der sogenannten Protein- oder auch DNA-Musik. Sie besagt, dass die biochemische Abfolge der Aminosäuren, die in einem Protein enthalten sind, in Tonfolgen übersetzt werden kann.

Der japanisch-amerikanische Biologe Susumu Ohno (1928–2000) setzte Sternheimers Theorie 1986 erstmals in die Tat um. Aktuell arbeiten mehrere Universitäten mit der Methode. So erklärt etwa die Biologieprofessorin Mary Anne Clark von der Texas-Wesleyan-Universität, dass in der genetischen Datenbasis klassischerweise jede Aminosäure durch einen Buchstaben des englischen Alphabets repräsentiert wird. Deren Abfolge ergibt eine Art Kauderwelsch. Durch die Konvertierung in Töne werden indes Muster wahrnehmbar. Dabei zeigt sich: Je höher entwickelt ein Organismus ist, desto komplexer ist auch die Klangfolge. Susumu Ohno erhoffte sich, durch die hörbar gemachten Strukturen die Grundmuster zu entdecken, die alles Leben steuern.

Rhythmik und Musik

Bereits im Mutterbauch nehmen wir das Rauschen von Körperflüssigkeiten wahr, etwa ab der 19. Schwangerschaftswoche auch Geräusche außerhalb des Körpers der Mutter. Bis zum Alter von etwa zwei Jahren reagieren Kleinkinder kaum auf Worte, dafür umso mehr auf Rhythmus und Tempo von Musik. Dies hat ein Experiment der Universitäten York (Großbritannien) und Jyväskylä (Finnland) gezeigt. »Unsere Ergebnisse deuten darauf hin, dass es eher der Rhythmus ist als andere Eigenschaften der Musik, wie beispielsweise die Melodie, welcher die Reaktion bei Kleinkindern hervorruft«, erklärt der Studienleiter und Psychologe Marcel Zentner. »Wir stellten zudem fest, dass die Kinder umso mehr lächelten, je besser sie ihre Bewegungen mit der Musik synchronisieren konnten.« Dieser Umstand ändert sich kaum im Erwachsenenalter. Es ist vor allem der Rhythmus von Musik, der uns zum Tanzen animiert. Und je leichter es uns fällt, uns im Takt zu bewegen, desto glücklicher lächeln auch Erwachsene.

Ein neues Lieblingslied kann uns schnell als Ohrwurm begleiten und wir können es nach kürzester Zeit vor uns hinträllern, während wir den Liedtext vielleicht erst lernen müssen. Die Melodie bleibt uns auch länger im Gedächtnis als die dazugehörige Textstrophe. Im Allgemeinen löst Musik umfangreichere Erinnerungen aus, als Worte dies vermögen.

Selbst dann, wenn nur gesprochen wird, erfassen wir den Klang der Worte intuitiv schneller als die eigentliche Aussage. So bereitet beispielsweise allein die Art der Betonung des Wortes »Liebling« ziemlich präzise darauf vor, ob eine Liebeserklärung folgt oder eine Mahnung, den Müll rauszubringen. Effektvoll unterstützt werden Worte traditionell in einfachen, repetitiven »Kraftliedern«, sogenannten »Chants«, die durch Rhythmik und Klang meditative Versunkenheit bis hin zu ekstatischen Zuständen auszulösen vermögen.

Klang und Rhythmik sind nicht zuletzt die Basis der Dichtkunst. In Westafrika werden bei Ereignissen wie Hochzeiten oder Taufen die Reden von sogenannten Griots bis heute in Sprechgesängen vorgetragen. Daraus entwickelten sich Formen wie Rap, Hip-Hop und Poetry-Slam. So machte etwa die 22-jährige Kalifornierin Amanda Gorman anlässlich der Amtseinführung des amerikanischen Präsidenten Joe Biden im Januar 2021 mächtig Eindruck mit ihrem Gedicht »The Hill We Climb«. Manche Politiker und Referenten wären gut beraten, sich von dieser Kunst inspirieren zu lassen. Denn Worte können noch so bedeutsam sein, wenn sie monoton vorgetragen werden, geht die Aufmerksamkeit, und damit die Botschaft, schnell verloren.

Emotional berührt werden wir vor allem von Melodien. Sie lassen uns mit anderen Menschen ähnliche Gefühle teilen, zum Beispiel beim gemeinsamen Singen von Landeshymnen, Volksliedern oder auf Konzerten, wo Songs gespielt werden, die jeder kennt. Das Erzeugen von Emotionen durch Melodie wird erfolgreich in Werbung und Filmen eingesetzt und ist die Voraussetzung für die Schaffung von weltweiten Hits. Musik ist also nicht nur Ausdrucksform von Gefühlen, sie löst auch bei den Zuhörern welche aus.

Verblüffend ähnliche Tonleitern

Wiegenlieder weisen weltweit ähnliche Strukturen auf. Auch bilden der erste und letzte Ton einer Tonleiter stets eine Oktave, obgleich weltweit auf Basis verschiedenster Tonleitern Musik kreiert wird. An die 1 000 Tonleitern aus aller Welt wurden am Institut für Logik, Sprache und Computerwissenschaften (ILLC) der Universität Amsterdam als multidimensionale Objekte in ein spezielles Koordinatensystem eingespeist. Dabei zeigte sich, dass alle traditionellen wie auch 97 Prozent der vermeintlich unkonventionellen Tonleitern sternförmig-konvexe Muster ergeben. Das ist insofern erstaunlich, als dass eine zufällige Abfolge von Tönen kaum je ein solches Muster erzeugt. Wie eine Publikation des Instituts 2011 aufzeigte, gilt dies nicht nur für Tonleitern. Auch bei der Untersuchung von Sprache und visueller Wahrnehmung seien solche Muster häufig. Die Studienleiter am ILLC sehen in den Erkenntnissen Hinweise auf kognitive Grundeigenschaften des Menschen.

Die Macht des Wortes

Groß ist die Freude, wenn ein Kleinkind die ersten Worte von sich gibt. Die ersten längeren Gespräche führen Kinder mit sich selbst. Ab etwa zwei Jahren verbringen sie viel Zeit beim Spielen – zum Beispiel in Form von Selbstgesprächen. Dabei sind sie noch ganz auf ihre eigene kleine Welt konzentriert. Peter Falkai, Psychiater und Psychotherapeut von der Universität München, erklärt, dass diese Selbstgespräche dem Denken dienen und helfen, die Aufmerksamkeit zu fokussieren: »Das Sprechen mit sich selbst übernimmt eine Verarbeitungs- und Strukturierungsfunktion.« Sobald die Kleinen beginnen, sich vermehrt für die Außenwelt zu interessieren, ab etwa dem 6. Lebensjahr, nimmt ihr Dialog mit sich selbst ab.

Erwachsene führen nur noch selten Selbstgespräche – und dann meistens fluchend, weil sie sich über etwas ärgern. Das ist durchaus hilfreich, denn Selbstgespräche bauen Stress und schlechte Gefühle ab. Deshalb lohnt es sich, Selbstgespräche auch zu kultivieren, zum Beispiel, indem Argumente für und wider einer spezifischen Thematik abgeglichen werden. Für Dirk Wedekind, Psychiater an der Universität Göttingen, ist das Selbstgespräch eine Methode des lauten Denkens, die »uns Menschen darin bestätigt, was wir im Inneren wissen«. Er sagt: »Stecken wir in einem Entscheidungsdilemma, führt der Dialog mit uns selbst oft dazu, dass wir zu guten Ergebnissen kommen.« Solche Auseinandersetzungen können natürlich in Gedanken geschehen. Aber das Aussprechen von Worten ist vergleichsweise ein langsamerer, präziserer und vor allem bewusster Prozess, der dabei hilft, dass sich die Gedanken nicht im Kreis drehen.

Befinden wir uns im Gespräch mit einem Gegenüber, findet ein beachtlicher Teil der Kommunikation zunächst nonverbal statt. Mimik, Gestik, Tonlage der Stimme und die Körperhaltung eines Gegenübers interpretieren wir weitgehend unbewusst. Sobald wir aufgefordert sind, mit Worten oder einer konkreten Handlung auf eine Aussage zu reagieren, reicht ein intuitives Verständnis des Gesagten in der Regel nicht aus. Spätestens in dieser Situation wird der Verstand angesprochen, es kommt Bewusstsein ins Spiel.

Mit der Wirkung von Worten befasst sich auch der Lehrstuhl für Biologische und Klinische Psychologie an der deutschen Universität Jena. Thomas Weiss und sein Team haben mittels funktioneller Magnetresonanztomografie (fMRT) aufgezeigt, das verbale Reize in entsprechenden Hirnarealen zu spezifischen Aktivierungen führen. Sobald wir Wörter hören wie quälend, zermürbend oder plagend, werden im Gehirn genau die Regionen aktiviert, in denen wir Schmerzen verarbeiten. »Diese Befunde zeigen, dass allein schon Worte unser Schmerzgedächtnis aktivieren können«, so Thomas Weiss. Dieser Effekt traf in den durchgeführten Studien sogar dann zu, wenn die Probanden, während sie die entsprechenden Wörter hörten, durch eine Denkaufgabe abgelenkt waren. »Unsere Ergebnisse legen nahe, dass verbalen Reizen eine bisher unterschätzte Bedeutung zukommt«, folgert Professor Weiss.

Bewusst genutzt wird die Aktivierung spezifischer Hirnareale durch Wörter in der Hypnosetherapie (Kapitel 4.9). Die Suggestionskraft der Worte wird bei dieser Methode durch den Zustand der Trance verstärkt. Auch in Gebeten, Mantras oder Koans wird traditionell auf die Wirkung von Worten gesetzt. Viele literarische Texte thematisieren die machtvolle Kraft des Wortes. So werden in Märchen dem Wort »Abrakadabra« Zauberkräfte zugeschrieben und der Formel »Sesam, öffne dich« die Fähigkeit, physikalische Gesetze zu überwinden. Auch der Romantiker Joseph Freiherr von Eichendorff war von der Wirkung der Worte überzeugt: »Schläft ein Lied in allen Dingen, die da träumen fort und fort, und die Welt hebt an zu singen, triffst du nur das Zauberwort«, heißt es in seinem Gedicht »Wünschelrute«.

Nicht zuletzt setzen unzählige Werbe- und PR-Agenturen wie auch die Medien Worte ganz gezielt ein, um eine erwünschte Reaktion auszulösen.

Im alltäglichen Miteinander ist die Wortwahl oft nicht sorgfältig. Und das, obwohl unbedachte Worte zahlreiche Risiken bergen: Sie können verletzen, unbeabsichtigte Reaktionen hervorrufen und uns so ungewollt in missliche Situationen bringen. In repressiven Staaten kann eine unvorsichtige Wortwahl sogar noch weit unangenehmere Folgen haben.

> *Schläft ein Lied in allen Dingen,*
> *die da träumen fort und fort,*
> *und die Welt hebt an zu singen,*
> *triffst du nur das Zauberwort.*
> — Joseph Freiherr von Eichendorff

Verbreitung

Über einen sehr langen Zeitraum in der menschlichen Existenz konnten Worte nur mündlich übertragen werden. Doch das Bedürfnis, auch über Distanzen zu kommunizieren, ist ebenso alt wie die Menschheit. Aus diesem Grund setzten Indianer Rauchzeichen ein, die Bergbauern der Schweizer Alpen übermittelten Signale mittels Alphörnern. Am Meer lebende Menschen nutzten spezielle

Muscheln als Blasinstrumente, um mit anderen in der Ferne in Kontakt treten zu können.

Die Schrift war das erste Werkzeug, das erlaubte, eine spezifische Aussage in ihrer Ursprünglichkeit ohne direkten Kontakt und ohne Klang zwischen Autor und Empfänger zu verbreiten. Chinesische Zeichen aus der Zeit um 6600 vor Christus werden von manchen Forschern als ältester Nachweis für eine Schrift erachtet. Seit circa 700 vor Christus wird das heute am weitesten verbreitete lateinische Schriftsystem genutzt.

Schriftliche Nachrichten wurden von Hand zu Hand gereicht, um nach Tagen, Wochen oder Monaten den Empfänger zu erreichen. Die Weitergabe von Wissen war also nur innerhalb kleiner Kreise möglich, zumal auch die Fähigkeit zu lesen auf kleine Gesellschaftsschichten beschränkt war.

Mit der Erfindung des modernen Buchdrucks im deutschen Mainz initiierte Johannes Gutenberg (1400–1468) die erste Revolution in der Informationsvermittlung. Ohne die Fähigkeit zu lesen und zu schreiben hätte der Druck von Texten der Menschheit allerdings wenig gebracht. Die wohl ältesten konkreten Belege für Schultexte wurden im heutigen Irak gefunden und stammen aus dem 3. Jahrhundert vor Christus. In Europa setzte sich eine allgemeine Schulpflicht ab Ende des 19. Jahrhunderts durch.

Nur wer über Informationen verfügt, kann bewusste Entscheidungen treffen. Ein Umstand, der durch die Schulpflicht und in den vergangenen Jahren zudem durch die Entwicklung moderner Kommunikationsmittel eine enorme Demokratisierung bezüglich des Zugangs zu Informationen ausgelöst hat – auch wenn dies von manchen Regimes ungern gesehen und so weit möglich unterbunden wird. Auch im weiteren Verlauf haben technische Erfindungen maßgeblich zur Informationsübertragung und -verarbeitung beigetragen (Kapitel 5.7).

5.5 LICHT

Eigenwillige Teilchen

Licht ist Voraussetzung für die Photosynthese und die Produktion von Sauerstoff und somit essenziell für das Leben auf der Erde. Zumeist nehmen wir Licht aber wahr, wenn wir uns direkt auf seine Erscheinungen einlassen: auf die Lichtspiele der Sonne, den Wechsel von Helligkeit und Dunkelheit, den nächtlichen Glanz der Sterne, das Farbenspiel des Regenbogens. Auch in vielen Schöpfungsgeschichten ist neben einem wie auch immer gearteten Klang das Licht von großer Bedeutung: So steht etwa in der Lutherbibel (1. Mose): »Und Gott sprach: Es werde Licht! und es ward Licht.«

Wo immer Licht ist, ist auch Schatten. Dieser grundlegende Dualismus wurde bereits in jahrtausendealten Epen als Entsprechung für Gut und Böse gewertet, und bis heute hat sich daran nichts geändert. Die intensive Bindung des Menschen ans Licht ist auch in unserer Sprache verankert: Wir strahlen, wenn wir glücklich sind, bei einer Erkenntnis geht uns ein Licht auf oder wir haben gar eine kleine Erleuchtung, und wir freuen uns über Menschen mit einem sonnigen Gemüt.

Gelegentlich wird uns das Licht allerdings zu viel, der Aufenthalt im Schatten eines Baumes oder in einem Zimmer mit halb geschlossenen Jalousien tut dann gut. Über die psychischen Auswirkungen von Licht gibt es unterschiedliche Aussagen: In Japan, einem Land mit einer der höchsten Suizidraten der Welt, haben Hiroshi Kadotani und sein Team an der Shiga Universität für Medizinische Wissenschaften festgestellt, dass ein deutlicher Zusammenhang zwischen Witterung und Suizidrate bestehe und ein Großteil der Suizide auf Tage nach einer längeren Schlechtwetterperiode falle. Hingegen kamen die Forscher um Eberhard Deisenhammer an der Universität Innsbruck bei der Analyse von Selbsttötungen im österreichischen Bundesland Tirol zum Ergebnis, dass im Frühjahr und Sommer markant mehr Suizide auftraten als im Herbst und Winter. »Gerade in den Zeiten, die für ihre Umgebung Genuss und Freude bedeuten, nehmen depressive Menschen ihre sozialen und emotionalen Defizite umso stärker war«, folgern die Tiroler Psychiater. Aber auch im Winter, wenn es oft an Sonnenschein mangelt, fühlen sich viele Menschen verstimmt. »Auch bei schlechtem Wetter ist das Tageslicht draußen deutlich besser für die Stimmung als das übliche Licht in Innenräumen«, sagt dazu Helen Slawik, Oberärztin am Zentrum für Diagnostik und Krisenintervention und am Zentrum für Affektive, Stress- und Schlafstörungen (ZASS) Basel. Bei stärkeren saisonal-affektiven Störungen, im Volksmund Winterdepression, empfiehlt die Oberärztin, sich mit speziellen Tageslichtlampen behandeln zu lassen.

Licht dient dem Menschen nicht zuletzt in mehrerlei Hinsicht als Vermittler von Information: Es ermöglicht uns, unsere Umgebung in ihren vielen Erscheinungsformen visuell wahrzunehmen. Und in der modernen Kommunikationstechnologie (Kapitel 5.7) agiert Licht ganz konkret als Informationsträger. Die UNESCO unterstrich mit ihrem Aufruf zum »Internationalen Jahr des Lichts 2015« die Bedeutung der rasanten wissenschaftlichen Entwicklung im Bereich Licht. Neben seiner elementaren Bedeutung als Lebensvoraussetzung auf der Erde, so die UNESCO, »erlauben wissenschaftliche Erkenntnisse über Licht ein besseres Verständnis des Kosmos, führen zu besseren Behandlungsmöglichkeiten in der Medizin und zu neuen Kommunikationsmitteln«.

Welle und Partikel

Einer der ersten, der dem Phänomen zu einer wissenschaftlichen Betrachtungsweise verhalf, war der britische Naturforscher Isaac Newton (1643–1727). Dem voraus ging eine spontane Beobachtung auf dem Markt in Woolsthorpe, wo er sich 1666 ein Glasprisma kaufte und über den erstaunlichen Effekt sinnierte, dass beim Einfall des Lichts nichts Spezielles sichtbar ist, beim Ausfall aber sämtliche Farben des Regenbogens erkennbar sind. Stellt man dem Glasprisma ein zweites gegenüber, werden die Farben wieder zu »weißem« Licht zusammengeführt. Wissenschaftler gingen zu diesem Zeitpunkt davon aus, dass es das Prisma selbst sei, welches dem Licht die Farben hinzufüge. Newton jedoch entwickelte eine Theorie zur Aufspaltung des Lichts und kam zum Schluss, dass es sich um eine Ansammlung von Teilchen handle, die er Korpuskeln nannte. Seine Teilchentheorie vermochte das Phänomen allerdings nicht vollumfänglich zu erklären, weshalb der niederländische Astronom, Physiker und Mathematiker Christiaan Huygens (1629–1695) als Gegenthese eine Wellentheorie des Lichts präsentierte. In Wissenschaftskreisen wurde Huygens These allerdings zunächst kaum wahrgenommen. Dies änderte sich erst zu Beginn des 19. Jahrhunderts, als der geniale britische Universalgelehrte Thomas Young (1773–1829) die Farben des Spektrums anhand seiner Wellentheorie umfassend zu beschreiben vermochte. Bedeutung bis heute hat vor allem sein »Prinzip der Interferenz«. Es besagt, dass Lichtwellen sich ebenso wie Wasserwellen gegenseitig verstärken oder auflösen können. Youngs Wellentheorie sorgte für Aufruhr und Meinungsverschiedenheiten in der Wissenschaft. Erst im Laufe der Zeit offenbarte sich, dass alle – Newton wie auch Huygens und Young – einen richtigen Ansatz verfolgten: Licht verfügt über einen Teilchen- wie auch über einen Wellencharakter. Heute sind die beiden Konzepte in der Quantenmechanik mathematisch vereint.

Bis es so weit war, sorgte das Phänomen für viele weitere Kontroversen.

Unklar blieb lange, wie sich Licht bewegt. Spekuliert wurde, dass sogenannter Äther (Kapitel 5.6) dem Licht als Fortbewegungsmittel diene – ähnlich wie Luft oder Wasser dem Schall. Doch das ist nicht der Fall: Licht strahlt gemäß aktuellem Wissensstand unabhängig von einem Träger und bewegt sich als elektromagnetische Welle mit einer konstanten Geschwindigkeit von knapp 300 000 Kilometern pro Sekunde. Im Gegensatz zu Schall, der unterwegs auf Störungen, beispielsweise Gegenwind, reagiert, lässt sich Licht nicht von seiner Bahn ablenken. Von der Sonne bis zur Erde benötigt Licht eine Reisezeit von rund acht Minuten. Sternenlicht kann indes Jahre, ja Milliarden von Jahren unterwegs gewesen sein, bis es die Erdatmosphäre betritt.

Das Licht aus dem Kosmos, das von Teleskopen auf der Erde erfasst wird, erschließt Astronomen einiges über die Beschaffenheit unseres Universums. Die Spektrallinien von Sternenlicht (also das Licht genau definierter Frequenzen) geben beispielsweise Aufschluss über den Gehalt an Wasserstoff oder Helium eines entfernten Himmelskörpers. Die Lichtfarbe erlaubt Aussagen über die vorherrschende Temperatur auf fernen Sternen. Auch konnten Astronomen aufgrund der sogenannten Hintergrundstrahlung des Kosmos den Zeitpunkt des Urknalls auf rund 13,7 Milliarden Jahre vor unserer Zeitrechnung festlegen. Die sogenannte Rotverschiebung des Lichts lässt wiederum Rückschlüsse zu, ob ferne Galaxien vor uns fliehen oder der gesamte Kosmos sich ausdehnt. Sonnen, Sterne und auch Atome schicken laufend elektromagnetische Wellen in einer großen Bandbreite ins All. Diejenige elektromagnetische Strahlung, welche sich unserem Auge in den Farben des Regenbogens offenbart, bewegt sich im schmalen Spektrum von 380 bis 780 Nanometer Wellenlänge.

Farben

Licht an sich ist genau genommen nicht sichtbar. Vielmehr lassen seine elektromagnetischen Strahlen Farben in Erscheinung treten, wenn sie durch Energieaustausch gebrochen werden, also dann, wenn Licht auf Luft oder Wasser, auf das Auge oder sonst einen Widerstand stößt. Je nach Energiegehalt der elektromagnetischen Strahlen nehmen wir die unterschiedlichen Farben des Spektrums wahr. Die energiereichen blauen Lichtpartikel weisen die größte Schwingungsfrequenz auf und breiten sich mit der niedrigsten Wellenlänge aus. Im mittleren Energiebereich nehmen wir Grün wahr. Nur etwa halb so viel Energie wie blaues Licht hat rotes. Es ist mit der tiefsten Frequenz und höchsten Wellenlänge unterwegs. Im fließenden Übergang zu Frequenzen, die das menschliche Auge nicht wahrnehmen kann, liegen die Infrarot- und Ultraviolettstrahlungen. Es handelt sich dabei um Mikro- und Radiowellen sowie Gammastrahlung beziehungsweise kosmische Strahlung. Wie Farben vom Auge aufgenommen und im Gehirn weiterverarbeitet werden, ist mittlerweile gut erforscht.

Philosophen, Künstler und Heiler in aller Welt haben sich – lange bevor die Physik Farben definierte– mit deren Wirkung auf den Menschen befasst und, abhängig von der kulturellen Prägung, den Farben unterschiedliche Bedeutungen zugewiesen. Eine intensive und umfassende Auseinandersetzung mit dem Thema legte Johann Wolfgang von Goethe mit seiner 1810 veröffentlichten Abhandlung »Zur Farbenlehre« vor. Er konzentrierte sich auf die Sinnesempfindungen des Individuums und verfolgte damit einen unkonventionellen Ansatz der Farbenanalyse. Goethe stellte damit bewusst eine Gegenthese zum damals zunehmend messbar und berechenbar gewordenen Weltbild auf. Im Vorwort zu seiner »Farbenlehre« schrieb er: »Wär' nicht das Auge sonnenhaft, wie könnten wir das Licht erblicken? Lebt' nicht in uns des Gottes eigne Kraft, wie könnt' uns Göttliches entzücken?«

Geheimnisse bleiben

So berechenbar und messbar, wie es die Wissenschaft erhoffte, ist das Licht allerdings bis heute nicht. Jede neue Erkenntnis löst Kontroversen oder zumindest Unbehagen aus. Einer der Hauptstreitpunkte in der Geschichte der Physik war die Plancksche Konstante. Sie besagt, dass sich auf atomarer Ebene die Energie von Teilchen nicht fließend, sondern in unteilbar winzigen Päckchen in Sprüngen verändert. Mit der Entdeckung der päckchenweisen Aufnahme und Abgabe von Licht hatte Nobelpreisträger Max Planck (1858–1947) den Grundstein für die Quantenphysik gelegt.

Einer der ersten, der die Bedeutung der Planckschen Konstante erfasste, war der damals noch unbekannte Albert Einstein (1879–1955). Während der Physiker in Bern beim Schweizer Patentamt arbeitete, kam er 1905 zu dem Schluss, dass Licht als eine Gruppierung von voneinander unabhängigen Energiequanten auftritt. Für seine Erkenntnisse über die Teilchennatur des Lichts erhielt er den Nobelpreis für Physik (und nicht wie häufig angenommen für seine Relativitätstheorie). Einsteins Lichtquanten stellten die damals vorherrschende Theorie von Youngs Wellencharakter in den Schatten und gaben Newtons Teilchentheorie eine neue Brisanz, was eigentlich niemand wollte. Sie waren dann Basis für die Entwicklung der Relativitätstheorie.

Dennoch gelang es Einstein nicht, die Geheimnisse des Lichts vollends zu lüften. Selbstkritisch notierte er: »Fünfzig Jahre intensiven Nachdenkens haben mich der Antwort auf die Frage ›Was sind Lichtquanten‹? nicht nähergebracht. Natürlich bildet sich heute jeder Wicht ein, er wisse die Antwort. Doch da täuscht er sich.«

Heute ist klar, dass die wissenschaftliche Betrachtung von Licht als Welle oder Teilchen nicht falsch, aber auch nicht ausreichend ist. Der US-amerikanische Physiker und Nobelpreisträger Richard Feynman (1918–1988) betonte: »Es ist wichtig einzusehen, dass wir in der heutigen Physik nicht wissen, was Energie ist«.

Was wir sicher wissen ist, dass Licht nicht unendlich teilbar ist. Die bisher kleinste bekannte Einheit wurde 1926 vom US-amerikanischen Chemiker Gilbert Lewis (1875–1946) als Photon bezeichnet. Obschon das Photon in seiner Charakteristik als Teilchen (Lichtquant) wahrnehmbar ist, handelt es sich nicht um Materie im klassischen Sinne. In Päckchen übertragen Photonen elektromagnetische Wellen im Bereich des sichtbaren Lichts. Sie verlieren auf ihrem Weg keine Energie, obwohl das Licht selbst an Strahlkraft verliert. Photonen können also nicht mit Licht gleichgesetzt werden. Dennoch sind es jene Teilchen, die aktuell in der Erforschung des Phänomens überwiegend als wissenschaftliches Objekt herhalten. Photonen entstehen innerhalb der Atomhülle (Kapitel 5.2), sind außerordentlich eigenwillig und schwer fassbar. Der Wissenschaftszweig, der sich mit Lichtquanten befasst, die Quantenoptik, steht vor der Herausforderung, dass das Photon ohne Masse ist und keinen Ruhepunkt kennt. Begriffe wie Ort und Zeit sind somit relativiert. Außerdem ist sein Verhalten scheinbar zufällig und willkürlich, sodass der deutsche Quantenoptiker Benjamin Brecht sagt: »Der Welt der Photonen können Sie sich nur mit statistischer Wahrscheinlichkeit nähern, Ereignisse sind grundsätzlich nicht vorhersehbar.« Zum Beispiel mussten sich Lichtforscher mit der Tatsache anfreunden, dass »Photonenimpulse nicht nur eine, sondern viele Farben beinhalten. Je nach Gewichtung der Farbe ändert das Teilchen seine Form«, so Brecht.

Die Formel

Auch der Anthroposoph Rudolf Steiner (1861–1925) präsentierte Anfang der 1920er-Jahre seine Vorstellung über die Bedeutung des Lichts: »Wo Sie hingreifen und eine Materie anfühlen, da haben Sie überall kondensiertes, zusammengepresstes Licht. Materie ist ihrem Wesen nach Licht.« Steiners Interpretation stieß (wie jede andere Lichttheorie in ihrer Zeit) auf Ablehnung. Indirekt nimmt sie jedoch Bezug zur

1905 von Einstein lancierten Formel $E=mc^2$. Diese besagt, dass sich Masse in Energie umwandeln lasse und umgekehrt, da Masse (m) und Energie (E) äquivalent seien. Energie (und damit auch Licht) ist demnach dasselbe wie Masse, wenn man sie mit Lichtgeschwindigkeit (c) im Quadrat multipliziert.

Technisch ist die Umsetzung des postulierten Prinzips kein leichtes Unterfangen. Im Fachblatt »Nature Photonics« veröffentlichten britische und deutsche Forscher 2014 eine Theorie, welche die praktische Umwandlung mit einem Teilchenbeschleuniger ermöglichen sollte. Co-Autor der Studie, Felix Mackenroth, erklärt: »Die Umwandlung von Licht in Materie selbst ist nicht der zentrale Punkt. Dass eine solche Umwandlung möglich ist, wurde schon mehrfach in Labors auf der ganzen Welt gemessen. Es geht um eine theoretische Idee, wie man die Umwandlung von Licht in Materie ohne zu viel störende Hintergrundsignale studieren könnte.« Störend ist für das Experiment die Anwesenheit von Atomen, welche das entscheidende Signal durch Hintergrundsignale (Rauschen und Materie) überladen. Die praktische Umsetzung des Experiments ist nur in sehr wenigen Labors weltweit möglich. Die Forscher müssen also jahrelang warten, bis sie an die entsprechende Technik kommen. »Dies bedeutet aber auch, dass die Idee währenddessen immer weiter präzisiert und vorangetrieben wird«, so Mackenroth.

Unser inneres Licht

In der Kommunikationstechnik ist Licht heute ein unverzichtbarer Informationsträger (Kapitel 5.7). Die Theorie, dass Licht im Informationsaustausch zwischen biologischen Systemen als Kommunikationskanal infrage kommt, sorgt hingegen für kontroverse Diskussionen. Ausgangspunkt für die entsprechenden Thesen sind Biophotonen. Es handelt sich dabei um ein schwaches, sehr ruhiges und gleichmäßiges Licht im ultravioletten bis infraroten Bereich, das von Zellen ausgesendet wird. Mit bloßem Auge lässt sich diese Lichtstrahlung nicht wahrnehmen. Messbar ist sie dank der italienischen Astronomen Colli und Facchini, die einen Lichtverstärker für die Beobachtung weit entfernter Sterne gebaut hatten. Ihnen gelang mithilfe dieses Geräts 1954 auch, die Emissionen von Lichtpartikeln in Pflanzenkeimen nachzuweisen und eine Theorie des russischen Biologen und Mediziners Alexander Gurwitsch (1874–1954) zu bestätigen. Für seine Untersuchungen der »mitogenetischen Strahlung« (so nannte Gurwitsch die ultraschwache Photonenemission biologischer Systeme) im Zusammenhang mit der Krebs-Diagnose erhielt er 1941 den Stalinpreis. Gurwitsch belegte, dass sich die Lichtemission von Krebszellen von jener gesunder Zellen deutlich unterscheidet. Weiterentwickelt wurden seine Erkenntnisse ab den 1970er-Jahren insbesondere von Fritz-Albert Popp (1938–2018). Der deutsche Physiker hat den Begriff Biophotonen für die Lichtemissionen von Zellen geprägt.

Für die Biophotonen-Messung werden heute Photomultiplier eingesetzt. Sie wandeln Lichtpartikel in Elektronen um und verstärken sie über Dynoden, sodass man Licht im Spektrum von 280 bis 850 Nanometern messen kann. Solche Messungen bestärken Gurwitschs Analyse: Gesunde Menschen weisen eine Strahlung im Farbbereich zwischen 480 und 540 Nanometern auf. Die Zellstrahlung kranker Menschen wird hauptsächlich im UV-Bereich gemessen. Bei Erkrankungen, so eine Vermutung, sei die lichtgesteuerte Kommunikation zwischen den Zellen gestört. Nachweislich beobachten lässt sich, dass Stressfaktoren und Krankheit die Lichtemission der Zellen in ihrem Spektrum und in ihrer Intensität beeinflussen. Fest steht etwa, dass bei oxidativem Stress – wenn der Stoffwechsel mit der Aufgabe, reaktive Sauerstoffverbindungen zu neutralisieren, überfordert ist – Biophotonen aktiv involviert sind. Auch zeigt sich, dass psychischer Stress die Biophotonen-Emissionen für gewöhnlich erhöht und Meditation diese reduziert. Mittels EEG lässt sich außerdem beobachten, dass die Aktivitäten des Gehirns und die Intensität der Biophotonen-Strahlung eine signifikante Korrelation aufweisen.

Kommunikation durch Licht?

Menschen nehmen über die Augen und über die Haut Licht direkt auf. Indirekt – davon gehen Ernährungswissenschaftler aus – nimmt der Körper auch über pflanzliche Nahrung Lichtpartikel auf. Der Ursprung und die Funktion von Licht in den Zellen sind jedoch nicht eindeutig geklärt. Viele Biochemiker erachten Biophotonen als reine »Abfallenergie« der in den Zellen stattfindenden chemischen Prozesse. Vertreter der Lichtkommunikationstheorie sind der Ansicht, dass Biophotonen in Form von elektromagnetischen Wellen Impulse für biochemische Prozesse geben und dass über sie auch ein Informationsaustausch mit anderen Organismen stattfinde.

Besonderes Interesse an Biophotonen zeigen Vertreter der Alternativmedizin. Experimente, die Popp in Zusammenarbeit mit chinesischen und japanischen Forschern durchführte, zeigten, dass Personen, welche die vermeintliche Fähigkeit haben, mit ihren Händen zu heilen, die Biophotonenstrahlung ihrer Hände willentlich verändern können.

Obschon Biologen tendenziell auf Distanz zu Biophotonen gehen und auch Forschungsgelder eher spärlich fließen, bemühen sich mittlerweile weltweit diverse Forschergruppen um ein besseres Verständnis des Ursprungs und der Mechanismen der zellulären Lichtstrahlung. Unter anderem hat eine Studie am Schweizerischen Tropeninstitut in Basel und am Centre national de la recherche scientifique in Paris gezeigt, dass Pantoffeltierchen (das sind

Einzeller) auch dann miteinander kommunizieren, wenn sie durch eine Glaswand voneinander getrennt sind. Durch die Glaswand ist eine biochemische Kommunikation ausgeschlossen. »Die Studie kommt zum überraschenden Schluss, dass durch Glas voneinander getrennte Populationen des Wimpertierchens Paramecium caudatum fähig sind, sich gegenseitig mittels elektromagnetischer Signale zu beeinflussen«, erklärt Studienleiter Daniel Fels vom Tropeninstitut Basel. Die Signale wirken bei den Einzellern auf elementare Lebensfunktionen wie Wachstum und Energieaufnahme ein. Die Intensität hängt unter anderem vom Material ab, das sie trennt (Normalglas oder Quarzglas). »Die Studie eröffnet eine neue Sicht auf Lebensprozesse, da die beschriebenen Einzeller ein auf Strahlung beruhendes Kommunikationssystem haben«, folgert Fels. Die Zellen benutzen dafür mindestens zwei Frequenzen: eine im UV- und eine im sichtbaren langwelligen Bereich.

Ganz neu ist diese Art von Experiment nicht. Schon der erwähnte Mediziner Alexander Gurwitsch hatte 1922 beobachtet, was geschieht, wenn Zwiebeln durch eine Glasscheibe getrennt sind. Bestand die Trennscheibe aus Quarzglas, stellte er ein beschleunigtes Wachstum bei einer Zwiebel fest, wenn die Spitze einer anderen Zwiebelwurzel auf sie gerichtet war. Wurde zur Trennung der Zwiebeln Fensterglas verwendet, blieb dieser Effekt aus. Quarz- und Fensterglas unterscheiden sich dadurch, dass Fensterglas UV-Licht filtert. Gurwitsch folgerte, dass die natürliche Lichtkommunikation zwischen Zellen in einem UV-Licht-durchlässigen Wellenbereich stattfinden müsse.

Lichtschalter für Zellen

Als Quelle für die Lichtemission der Zellen machte Fritz-Albert Popp nicht nur, aber hauptsächlich die DNA, also den Träger der Erbinformation aus (Kapitel 5.2). »Wir sind Lichtsäuger«, war Popp überzeugt. Allerdings fehlt bisher der konkrete Nachweis für seine These. In einem

2008 in der Fachzeitschrift »Science« publizierten Artikel thematisierte die deutsche Universität Kiel die hohe Lichtbeständigkeit der DNA. Ihre Moleküle bestehen aus vier Basen, die unterschiedliche Lichtempfindlichkeiten aufweisen. Die Gründe dafür sind bisher nicht ersichtlich. Professor Friedrich Temps vom Kieler Institut für Physikalische Chemie erklärt: »Die DNA erreicht ihre hohe Photostabilität erst durch die komplexe Doppelhelix-Struktur. Dabei spielen die systemischen gegenseitigen Beeinflussungen der übereinander ›gestapelten‹ Basen innerhalb eines DNA-Stranges und die Wasserstoffbrückenbindungen zwischen den beiden komplementären Einzelsträngen in den Basenpaaren der Doppelhelix wichtige Rollen.« Weitere aktuelle Forschungsresultate zeigen, dass in den Zellen mehr Lichtrezeptoren stecken, als vermutet wurde. »Um nur ein Beispiel zu nennen, hat man in Bakterien unerwartet Photorezeptoren für blaues Licht entdeckt«, erklärt Zellbiologe Daniel Fels. Man wisse bislang nicht, wozu sie dienen. Fest steht, dass Licht, das in die Zelle eindringt, dies mit einer spezifischen Schwingung tut und dadurch wiederum zahlreiche Moleküle ins Schwingen bringt. Ob ein bestimmter Zweck hinter diesem Mechanismus steht oder ob es eher zufällig geschieht ist nicht geklärt.

Die sogenannte Optogenetik nutzt bereits lichtempfindliche Proteine aus Bakterien und Algen, um mithilfe von Licht zelluläre Prozesse gezielt an- oder auszuschalten. Werden die Proteine beispielsweise in Nervenzellen infiltriert, ermöglichen sie eine gezielte Steuerung der Neuronen durch Licht und agieren dort quasi als kodierte Lichtschalter. Das noch junge Fachgebiet der Optogenetik belegt so, dass sich Zellprozesse durch den Einsatz von Licht steuern lassen, und weckt Hoffnungen, mit zunehmendem Verständnis der beobachteten Mechanismen mittels Laserstrahlen (Kapitel 5.7) Genmutationen reparieren zu können. Sie beweist aber nach Ansicht der

Mehrheit der Biologen nicht, dass auf Licht basierende Mechanismen auf zellulärer Ebene auch in der Natur stattfinden.

5.6 ÄTHER

Sein oder Nichtsein?

Äther steht für vieles und manchmal auch für nichts: In der griechischen Mythologie für den Sitz der Götter, des Lichts und für jenen Ort, an den die Seelen der Verstorbenen aufsteigen. In der hinduistischen Lehre repräsentiert *Akasha*, wie die Bezeichnung im Sanskrit lautet, neben Erde, Luft, Feuer und Wasser das fünfte Element. Auch der lateinische Ausdruck *quinta essentia* verweist auf ein »fünftes Seiendes« – und die Quintessenz. Philosophen im Mittelalter verstanden unter der Quintessenz den »spiritus mundi«, den Weltengeist, der alles belebt. Der wegen Ketzerei verurteilte Denker Giordano Bruno (1548–1600) sagte über Äther, dieser sei »beseelt und alles durchdringend«.

Mit den Fortschritten in der Wissenschaft gesellten sich neue Interpretationen hinzu: Der französische Denker René Descartes (1596–1650) entwickelte ein Konzept von absolut raumfüllenden, jedoch nicht beobachtbaren Zwischenkörpern als Basis für Schall-, Raum- und Lichtausbreitung. Im 17. Jahrhundert setzte sich die Vorstellung eines gasähnlichen Äthers durch. Der britische Naturforscher Isaac Newton (1643–1727) befasste sich intensiv mit der Thematik, doch er war sich unsicher. So wählte er in seinem Brief an seinen Landsmann, den Naturforscher Robert Boyle (1627–1691), die Möglichkeitsform: »1. Annahme: Es existiert ein alle Orte und

Körper durchdringender Äther, der ausdehnbar und kontrahierbar wie ein Gas, aber sehr viel ›feiner‹ ist.« Der Schweizer Mathematiker und Physiker Leonhard Euler (1707–1783) merkte an, dass die Dichte eines solchen Äthers mindestens 100 Millionen Mal geringer sein müsste als jene der Luft und die Elastizität 1 000 Mal höher.

Nachdem wissenschaftlich bewiesen war, dass Klang über Luft und Wasser verbreitet wird, begann Äther die Suche nach einem Transportmittel des Lichts zu dominieren. Im 19. Jahrhundert notierte der deutsche Physiker Heinrich Rudolf Hertz: »Nehmt aus der Welt die Elektrizität, und das Licht verschwindet; nehmt aus der Welt den lichttragenden Äther, und die elektrischen und magnetischen Kräfte können nicht mehr den Raum überschreiten.« Sein schottischer Kollege, der Physiker James Clerk Maxwell (1831–1879), hielt in der 1878 erschienenen »Encyclopædia Britannica« fest: »Welche Schwierigkeiten wir auch haben, um eine konsistente Vorstellung der Beschaffenheit des Äthers zu entwickeln: Es kann keinen Zweifel geben, dass der interplanetarische und interstellare Raum nicht leer ist, sondern dass beide von einer materiellen Substanz erfüllt sind, die gewiss die umfangreichste und vermutlich einheitlichste Materie ist, von der wir wissen.« Im selben Jahr veröffentlichte der niederländische Mathematiker und Physiker Hendrik Lorentz (1853–1928) seine Forschungen über die Lichtgeschwindigkeit und über Dichte und Zusammensetzung eines möglichen Lichtmediums. Als Lorentz den Nobelpreis entgegennahm, erteilte er jedoch der Vorstellung eines materiellen Äthers eine Abfuhr: »Über die wägbare Materie werde ich sehr wenig zu sagen haben, dafür aber umso mehr über den Äther und Elektronen.«

Endgültig zunichte gemacht wurden Theorien über eine mögliche materielle Beschaffenheit von Äther durch das Michelson-Morley-Experiment. Der deutsch-amerikanische Physiker Albert Michelson (1852–1931) stellte

1881 in Potsdam und sechs Jahre später zusammen mit dem Chemiker Edward Morley (1838–1923) in Cleveland (USA) fest, dass sich Licht mit konstanter Geschwindigkeit ausbreitet.

Albert Einstein setzte noch einen drauf, als er deutlich machte, dass für die Messung von Lichtbewegungen weder ein fester Bezugsrahmen existiert noch ein absoluter Ruhezustand und somit auch die Zeit relativ ist. Licht (Kapitel 5.5) bewegt sich nach bisheriger Erkenntnis ohne Medium, was Einstein in seinem berühmten Aufsatz »Zur Elektrodynamik bewegter Körper« 1905 zur Folgerung veranlasste, die Einführung eines Lichtäthers erweise sich als überflüssig. Später jedoch änderte er seine Meinung, zumal er 1920 in einer Rede im niederländischen Leiden sagte: »Gemäß der allgemeinen Relativitätstheorie ist ein Raum ohne Äther undenkbar; denn in einem solchen gäbe es nicht nur keine Lichtfortpflanzung, sondern auch keine Existenzmöglichkeit von räumlich-zeitlichen Entfernungen im Sinne der Physik. Dieser Äther darf aber nicht mit der für ponderable Medien charakteristischen Eigenschaft ausgestattet gedacht werden.« Damit schuf Einstein die Basis für neue wissenschaftliche Thesen, die einen nicht-materiellen Äther beschreiben. Keine der Theorien ist in der Praxis belegt, womit Äther weiterhin unfassbar bleibt.

Hypothetisches Informationsfeld

Aktuell dominieren Thesen, dass es sich bei Äther um ein irgendwie gestaltetes Informationsfeld handle. Welche Art von Informationen dieses Feld beinhalten soll, wird von den Befürwortern dieser Theorien je nach Fachgebiet unterschiedlich beantwortet. So schrieb der Schweizer Psychiater Carl Gustav Jung: »Soweit ich das Wesen des kollektiven Unbewussten erfasse, erscheint es mir als ein omnipräsentes Kontinuum, eine unausgedehnte Gegenwart. Wenn an einem Punkt etwas geschieht, welches das kollektive Unbewusste berührt oder in Mitleidenschaft zieht, so ist es überall geschehen.« Der russische Biologe und Medizinwissenschaftler Alexander Gurwitsch skizzierte in seiner 1912 publizierten Arbeit »Die Vererbung als Verwirklichungsvorgang« die Idee eines sogenannten morphogenetischen Feldes. Dieses Konzept deckte sich weitgehend mit den Vorstellungen des deutschen Embryologen Hans Driesch (1867–1941). Dieser hatte bei seinen Experimenten festgestellt, dass Organismen über die Fähigkeit verfügen, zerstörte Bereiche in einer Art selbstständig auszugleichen, die sich seiner Meinung nach auf rein physikochemische Weise nicht erklären lasse. Driesch folgerte daraus die Aktivität eines Faktors, der die Ganzheit des Organismus anstrebe. Dabei handle es sich um einen immateriellen Faktor, der »von außen« in den Raum wirke. Entscheidend sei, »dass ein der Materie gegenüber grundsätzlich Fremdes am Werk ist, das, anders gesagt, nicht von der Materie aus, sondern mit der Materie hier gearbeitet wird.«

Die Unversehrtheit des physischen Körpers beschäftigte im 20. Jahrhundert auch den Reinkarnationsforscher Ian Stevenson (Kapitel 4.20). Er fand dafür den Begriff Psychophore und sah darin nicht nur ein Sammelbecken für das individuelle Bewusstsein von Verstorbenen, sondern auch einen »Ort«, an dem der Körper in unversehrter Weise Bestand hat. Den »Ort« vermutete Stevenson außerhalb der Raumzeit, also außerhalb des dreidimensionalen Raums und der eindimensionalen Zeit in einer vierdimensionalen mathematischen Struktur.

Die Frage, wie Organismen zu ihrer spezifischen Form und ihrem Ausdruck kommen (Morphogenese) beschäftigt auch den umstrittenen britischen Biochemiker Rupert Sheldrake. Zwar liefert die sogenannte Genexpression eine wissenschaftliche Erklärung, wie Gene die Natur befähigen, individuelle Erscheinungen bei vielzelligen Organismen zu schaffen. Sheldrake vertritt jedoch die

These, dass auch sogenannte morphogenetische Felder substanziellen Einfluss auf die Formgestaltung haben. In seinem 1981 publizierten Buch »Das schöpferische Universum. Die Theorie des morphogenetischen Feldes« präsentierte er eine These, wie dieses Feld von Mikro- bis Makrokosmos alle Stufen durchdringen könne. Als Basis dafür erachtet auch Sheldrake die Information: »Ich denke, diese morphogenetischen Felder konstituieren sich ursächlich aus dem, was vorher geschah.« Sheldrakes Bücher finden eine große Leserschaft, jedoch kaum Resonanz in der Wissenschaft.

Grundelement Bewusstsein?

Die renommierten Quantenphysiker David Bohm (1917–1992) und Basil Hiley präsentierten im Buch »The Undivided Universe« ihre Vorstellungen über eine implizite Ordnung durch sogenanntes Quantenpotenzial und erachteten aktive Information als Grundlage für eine gemeinsame Behandlung von Materie und Geist. Diese aktive Information agiere ohne Zeitverzögerung überall gleichzeitig; sie zeichne sich durch Nichtlokalität aus, übe keine direkte Kraft aus, sei immateriell und somit physikalisch höchstens indirekt nachweisbar.

Der US-Amerikaner David Bohm hatte sich mit seinen Beiträgen zur Quantenphysik in der Fachwelt Respekt verschafft. Seine enge Verbindung mit dem indischen Theosophen Jiddu Krishnamurti (1895–1986) löste in Wissenschaftskreisen aber auch Skepsis aus. Als »New-Age-Physiker«, wie Bohm gelegentlich bezeichnet wurde, fanden seine Schriften den Weg über die Wissenschaft hinaus zu einer breiten Leserschaft. Bohm setzte sich für eine ganzheitliche Betrachtung der Natur ein. Wenngleich sie sich nach den Prinzipien der klassischen Physik fragmentieren lasse, so sei sie auf Basis des Informationspotenzials doch eins. Dieses »Eine«, das Potenzial der Information, bezeichnete lange vor Bohm bereits der österreichische

Physiker und Nobelpreisträger Erwin Schrödinger als Bewusstsein: »Bewusstsein gibt es seiner Natur nach nur in der Einzahl. Ich möchte sagen: Die Gesamtzahl aller ›Bewusstheiten‹ ist immer bloß ›eins‹ [...]. Bewusstsein ist singulär, man kann es ebenso wenig teilen wie Elektrizität.«

Wie wir gesehen haben, ist das Informationspotenzial von Licht beziehungsweise Quanten von entscheidender Bedeutung im Mikrokosmos. Der US-amerikanische Kernphysiker Thomas Campbell zieht diesen Aspekt sogar als Ursprung für den Urknall in Betracht. Der Urknall ist für Campbell digitaler Natur – vergleichbar mit einer Computersimulation. Dabei lege es das Bewusstsein als Steuerungssystem darauf an, die Ertragskraft seines Gestaltungspotenzials zu steigern und das Chaos, die Unordnung (Entropie) zu reduzieren.

Holografische Universen

Die Vorstellung der Welt als Simulation ist nicht neu. In der indischen Mythologie befähigt die Göttin Maya den Menschen, den Schleier der Illusion, die wir Realität nennen, zu lüften. Platons Höhlengleichnis verweist auf ein antikes griechisches Schattentheater, in dem Menschen das, was sie als Zuschauer beobachten, als ihr wahres Leben erachten. David Bohm sagte über die These, dass unsere Existenz eine Illusion sein könnte: »Das Universum ist möglicherweise nicht mehr als ein gigantisches, vom Geist erzeugtes Hologramm.«

Gelegentlich sieht man Hologramme auf Kreditkarten, Geldscheinen und Abbildungen in Souvenirläden. Auf Karte oder Papier, also auf einen zweidimensionalen Träger geprägt, ist ein scheinbar frei im Raum schwebendes Objekt dreidimensional ersichtlich. Das erste veröffentlichte Hologramm entstand 1963 an der Universität von Michigan (USA). Technische Voraussetzung dafür ist kohärentes Licht, das sind Laserstrahlen (Kapitel 5.7). Vereinfacht gesagt tasten sie das Objekt ab und transformieren die daraus erhobenen Daten als stehende Lichtwellen (Solitone) in ein sogenanntes Beugungsgitter. Die Faszination dieser Lichttechnik besteht darin, dass jeder Bildpunkt im Wellenmuster des gesamten Hologramms präsent ist. Deshalb kann man ein Hologramm sogar in Stücke zerschneiden und findet (wenn auch in schlechterer Auflösung) in jedem einzelnen Teil noch immer das gesamte Bild vor, was bedeutet, dass in jedem Partikel stets die gesamte Information des Objekts enthalten ist. Der Begriff Hologramm stammt aus dem Griechischen: *holos* drückt Vollständigkeit aus, *gramma* steht für Botschaft/Nachricht.

> *Das Universum ist*
> *möglicherweise nicht*
> *mehr als ein gigantisches,*
> *vom Geist erzeugtes Hologramm.*
> — David Bohm, Physiker

Die Physiker Gerardus t' Hooft und Leonard Susskind haben in den 1990er-Jahren das holografische Prinzip weiterentwickelt. Ihre These basiert auf der Forschung über Schwarze Löcher und der Bekenstein-Hawking-Entropie. »Diese besagt, dass Information in Schwarzen Löchern nicht wie das Volumen skaliert, sondern wie die Oberfläche«, erklärt Daniel Grumiller von der Technischen Universität Wien. Basierend auf einem holografischen Prinzip zeigte 1997 der Physiker Juan Maldacena an der Harvard-Universität, wie am Rand des Universums stattfindende Prozesse mit der Quantenfeldtheorie berechnet werden könnten. Mithilfe der Stringtheorie (Kapitel 5.4) würden auch die Spiegelungen solcher Prozesse im Inneren des Universums berechenbar. »Ein solcher Zusammenhang ist zunächst ähnlich überraschend, als würde man mit den Formeln aus einem Astronomie-Lehrbuch einen CD-Player reparieren«, erläutert Daniel Grumiller. »Zunächst lässt sich dadurch die holografische Natur unseres Universums nicht nachweisen, doch die Hinweise auf die Gültigkeit des Korrespondenzprinzips in unserem realen Universum scheinen sich zu verdichten.«

Um einen Nachweis für die holografische Natur unseres Universums bemühen sich auch Craig Hogan und sein Team am Fermilab Forschungszentrum für Teilchenphysik im amerikanischen Illinois. Doch bis dato ist es nicht gelungen, eine digitale Pixelstruktur der Raumzeit nachzuweisen. Um diesen Nachweis zu erbringen, müssten winzigste Maßeinheiten bis runter zur Planck-Skala gemessen werden, also bis hin zur kleinsten im Universum möglichen Ausdehnung. Die Mess-Empfindlichkeit des Holometers in Illinois ist jedoch in dieser Hinsicht schon voll ausgeschöpft. Deshalb verlagert sich die Suche in Richtung Erfassen eines Rauschens der Raumzeit. Craig Hogan verdeutlicht: »Sollte der Holometer ein holografisches Rauschen nachweisen, dann würde das bedeuten, dass in unserem Universum Information tatsächlich in zweidimensionalen Paketen codiert werden kann.«

Zwei Dimensionen

Die These zweidimensionaler Informationspakete ist ein springender Punkt im holografischen Weltbild. Die meisten Theorien gehen, um die physikalischen Gesetze unter einen Hut bringen zu können, von drei und mehr Dimensionen aus. Daniel Grumiller erwägt: »Zur Beschreibung des Universums braucht man möglicherweise eine Dimension weniger, als es den Anschein hat. Rechnungen an der TU Wien legen nahe, dass es sich dabei nicht bloß um einen Rechentrick handelt, sondern um eine grundlegende Eigenschaft des Raums. Die Theorie besagt, vereinfacht ausgedrückt, dass Licht und Information ein dreidimensionales Bild erschaffen. Oder genereller ausgedrückt, dass eins und eins in der Quintessenz ein Drittes ergibt. Das gilt zumindest für einen grundlegenden Prozess der Schöpfung: Ein Spermium und ein Ei »erschaffen« durch ihren Zusammenschluss ein neues Wesen.

5.7 TECHNISCHE ENTWICKLUNG

Globalisierter Austausch

Vor 50 Jahren wurde als absoluter Höhepunkt der Telekommunikation in Aussicht gestellt, dass man eines Tages telefonieren und sich dabei sehen könne. Doch die Entwicklung der Kommunikationsmittel hat viel weitreichendere Techniken hervorgebracht und in Relation zur Menschheitsgeschichte innerhalb von kürzester Zeit eine neue Epoche eingeläutet. Eine wesentliche Voraussetzung dafür schuf Alessandro Graf von Volta (1745–1827). Der aus Como stammende Italiener befasste sich lieber im Selbststudium mit Elektrizität, als die von der Familie vorgesehene Karriere als Jesuit zu verfolgen. Unter anderem presste Volta eine kleine Kupferscheibe gegen eine Seite seiner Zunge und eine Zinkscheibe gegen die andere Seite. Als er die Ränder der beiden Münzen zusammenführte, spürte er ein Prickeln auf seiner Zunge. Seine im Jahr 1800 an der Royal Society in London präsentierte Volta'sche Säule gilt als eine der bedeutendsten Erfindungen der Neuzeit: Sie war – lange vor Generator oder Batterie – die erste kontinuierliche und zuverlässige Stromquelle.

Volta'sche Säule

Es stellte sich heraus, dass der Gleichstrom, der von der Volta'schen Säule produziert wird, durch einen Draht geleitet werden kann, und es begann die Suche nach Möglichkeiten, über diesen Draht Nachrichten zu senden. Schließlich wurden die elektromagnetischen Schwingungen genutzt, um an den Kabelenden mit einem Magnet über ein Pendel einen Stift »ausschlagen« zu lassen. Als dann der US-amerikanische Kunstprofessor Samuel Morse (1791–1872) die Buchstaben des Alphabets codiert hatte, war die Basis für den ersten Schreibtelegrafen geschaffen.

Wie diese Technik funktioniert, konnte 1837 niemand erklären. Doch man machte sich die Tatsache zunutze, dass eine Batterie und ein Draht ausreichen, um eine Nachricht, codiert im Morsealphabet, mit hoher Geschwindigkeit über große Distanzen hinweg zu verschicken. Probleme ergaben sich allerdings bei der Verlegung der dazu notwendigen Drähte. Ein erster Versuch, zwischen Europa und Amerika eine Leitung zu legen, wurde 1850 unternommen. Funktionstüchtig war die Verbindung nach mehreren Rückschlägen ab 1866. Das aktuell längste Seekabel verbindet über 30 Länder auf vier Kontinenten. Der Vorteil solcher Kabel gegenüber Satelliten besteht darin, dass sie weit mehr Daten um einiges schneller übertragen können.

Schwierigkeiten bei der Verlegung der notwendigen

Drähte inspirierten bereits 1837 den deutschen Forscher Carl August von Steinheil (1801–1870) zu Versuchen, Telegrafie ohne Kabelverbindung zu ermöglichen. Dazu leitete er sehr starken Strom in die Erde, und die erste fünf Kilometer lange drahtlose Verbindung bei München war geschaffen. 1896 wurde ein erstes Gerät zur kabellosen Übermittlung von Nachrichten patentiert. Drei Jahre später schuf der italienische Erfinder und Unternehmer Guglielmo Marconi (1874–1937) eine drahtlose Verbindung über den Ärmelkanal. Zu Beginn des 20. Jahrhunderts funktionierte das System auch zwischen England und Neufundland. Marconi wurde dafür mit dem Nobelpreis ausgezeichnet. Diesen erhielt auch der deutsche Physiker Ferdinand Braun (1850–1918), weil er mit seinen Forschungen wesentlich zur Etablierung des Funks im Telegrafenverkehr beigetragen hatte: Ab 1908 wurden für die Telegrafie vorwiegend sogenannte Löschfunksender verwendet. Diese erzeugten Serien von Funken und damit starke Hochspannungsimpulse, welche – in Antennen eingespeist – in der Atmosphäre als elektromagnetische Wellen (Funkwellen) übermittelt wurden. Die Technik war unter anderem Basis für die Entwicklung des Rundfunks, also für die Übertragung von Bild, Text und Ton. Damit sich die elektromagnetischen Wellen der einzelnen Radio- und Fernsehsender nicht gegenseitig stören, benutzen sie einzeln zugeteilte, klar definierte Sendefrequenzen, irgendwo zwischen Langwelle und Ultrakurzwelle.

Das Telefon

Die Telegrafie inspirierte gleichzeitig mehrere Tüftler, auch den Sprachaustausch über Kabel zu entwickeln. Dem von Edinburgh nach Kanada emigrierten Taubstummenlehrer Alexander Graham Bell (1847–1922) gelang es als Erstem, ein Telefon auf den Markt zu bringen: 1876 meldete er ein Patent zur Übertragung von Sprache in Form von Schallwellen über elektrische Signale und feste Leitungen an.

Silikon-Zeitalter

Die Entwicklung des Computers hat zu einer weitreichenden Liberalisierung des internationalen Kommunikationsflusses geführt. Die technische Basis dafür ist einer Laune der Natur und dem russischen Chemiker Dimitri Mendelejew (1834–1907) zu verdanken. Als er 1871 das Periodensystem entwarf und dabei Vorhersagen über das Verhalten von Silicium machte, wurde er von der Wissenschaft nicht ernst genommen. Damals ging man davon aus, es gebe nur zwei Arten von Materialien: solche, welche Elektrizität leiten können, und andere, welche dazu nicht in der Lage sind. 15 Jahre nach der Publikation des Periodensystems entdeckte Clemens Winkler (1838–1904) das nach seinem Heimatland benannte Germanium und bewies Mendelejews These: Es gibt Metalle, die Elektrizität sowohl leiten als auch isolieren können. Die Fähigkeit solcher sogenannten Halbleiter führte 1925 zur Erfindung des Transistors. Heutzutage werden Transistoren in nahezu allen elektronischen Schaltungen verwendet. Dazu benutzt wird vorwiegend Silicium (Kieselerde) beziehungsweise der darauf basierende Kunststoff Silikon. In der Verwendung in integrierten Schaltkreisen, besser bekannt als Chips, hat Silikon einen eigenständigen Wirtschaftssektor geprägt, auch namentlich im Silicon Valley in den Vereinigten Staaten.

Die theoretischen Grundlagen für Computer schuf der britische Logiker, Mathematiker und Kryptoanalytiker Alan Turing (1912–1954) bereits in den 1920er-Jahren. Über seine Errungenschaft sagte er: »Bei dem Versuch, solche Maschinen zu konstruieren, sollten wir nicht respektlos Gottes Macht, Seelen zu erschaffen, in irgendeiner Weise stärker an uns reißen, als wir es bei der Zeugung von Kindern tun: Vielmehr sind wir in beiden Fällen Werkzeuge seines Willens, indem wir Wohnstätten für die Seelen, die Er erschafft, bereitstellen.« Die Wertschätzung für Turings Theorien ergab sich erst durch die praktische Umsetzung. Nach ihm benannt ist heute der Turing Award, die bedeutendste Auszeichnung in der Informatik, sowie der Turing-Test zum Nachweis von künstlicher Intelligenz.

Turings Theorien brachten in Kombination mit der Siliciumtechnik 1949 ein erstes Gerät hervor, das mit modernen Computern Ähnlichkeiten aufweist. Allein schon wegen seiner Größe blieben die Geräte aber vorerst Universitäten, Behörden und großen Firmen vorbehalten. In die Computerentwicklung involvierte Unternehmen sahen kaum Potenzial für ein Haushaltsgerät. Es waren private Computerfreaks, die ab den 1970er-Jahren, als neue Mikroprozessoren und verbesserte Datenspeicher kleinere Hardware ermöglichten, die weltweite Revolution des Personal Computer anstießen. 1976 gründeten Steve Jobs (1955–2011), Steve Wozniak und Ronald Wayne die Firma Apple.

Internationale Vernetzung

Computer sind an sich schon geniale Geräte, aber die entscheidende gesellschaftliche Veränderung hat erst ihre weltweite Vernetzung gebracht. 1969 gelang in einem Projekt des amerikanischen Verteidigungsministeriums zur Vernetzung von Universitäten und Forschungseinrichtungen erstmals der gezielte Transport von Daten zwischen einem spezifischen Sender und Empfänger, der heute als E-Mail-Verkehr eine Selbstverständlichkeit ist.

Einen deutlichen Schritt weiter ging das World Wide Web, das 1989 vom britischen Forscher Tim Berners-Lee am Sitz der Europäischen Organisation für Kernforschung (CERN) bei Genf begründet wurde. Die Idee dahinter war, dass Forscher an Universitäten und Instituten weltweit automatisiert und schnell untereinander Informationen austauschen können. Seit 1993 kann das World Wide Web von breiten Bevölkerungsschichten genutzt werden.

Steve Jobs hatte kaum übertrieben, als er 1989 in der »New York Times« im Hinblick auf den Start des ersten weltweiten Browsers versprach: »Euch wird die Kinnlade runterfallen.«

Datenkomprimierung

Erste mobile Telefongeräte gab es bereits ab den 1920er-Jahren, etwa im Kofferraum von Limousinen wichtiger (und vermögender) Leute. 1987 hatte ein Mobiltelefon noch die Größe eines Kofferradios. Ein wesentlicher Grund, weshalb wir heute über Mobilfunktelefone im Taschenformat verfügen, ist die Digitalisierung und damit die Komprimierung von Daten, die für den Transfer gebündelt und am Ankunftsort decodiert werden. Dieses Verfahren erlaubt eine höhere Übertragungskapazität bei geringeren Kosten und niedriger Störanfälligkeit. 1982 wurde mit dem Zusammenschluss zahlreicher Staaten zur Groupe Spéciale Mobile, aus der 1990 der Mobilfunkstandard GSM hervorging, der Grundstein für die Digitalisierung des Mobilfunknetzes gelegt. Mittlerweile wird die Zulassung der 5. Mobilfunkgeneration 5G – wie schon jene der Vorgänger – im Hinblick auf mögliche gesundheitliche Folgeschäden für Menschen und Umwelt kontrovers diskutiert – wobei die Gesellschaft dazu tendiert, Sendemasten abzulehnen und die Strahlung des Handys in der Hosentasche zu ignorieren.

Mittlerweile umkreisen Hunderte von Satelliten den Erdball und übermitteln Kommunikationsdaten. Analoge Verfahren werden laufend durch digitale ersetzt, die Datenflut nimmt zu. 2015 wurden weltweit innerhalb von einer Stunde bereits so viele Daten übermittelt wie im Jahr 2000 noch während eines ganzen Jahres. Trotz aller technischen Fortschritte stoßen die Übertragungskapazitäten auch an Grenzen, wie sich etwa während des Corona-Lockdowns zeigte.

Photonentechnologie

Die Entwicklung von Sendestationen für die Datenübertragung ist längst nicht abgeschlossen. Beispielsweise teilten Vertreter der europäischen Raumfahrtbehörde ESA 2009 mit, eine in der Serie »Raumschiff Enterprise« dargestellte Kommunikationstechnik habe den Sprung in die Realität geschafft: Finnischen Forschern war es gelungen, eine Antenne aus Textilfasern zu entwickeln, die wie ein normales Stück Stoff aussieht und sich deshalb beispielsweise mit Kleidung kombinieren lässt. »Flexible Antennen werden immer attraktiver, da die jüngsten Entwicklungen im Bereich ›Wearable Computing‹ mehrere Möglichkeiten eröffnet haben, drahtlose Funktionen in die Kleidung zu integrieren«, erklärte ESA-Vertreter Rolv Midthassel das Projekt. Die Stoffantennen können mit Iridium-Satelliten kommunizieren und auf der GPS-Frequenz arbeiten.

Auch haben Wissenschaftler des Nationalen Forschungsschwerpunktes Nanowissenschaften der Universität Basel winzig kleine Antennen entwickelt, die sichtbares Licht empfangen und senden. »Wir haben mit dieser Arbeit gezeigt, dass das Prinzip der Antenne auf Licht übertragbar ist«, kommentierte Professor Bert Hecht, Projektleiter für Nano-Optik. Eingesetzt werden können die Miniaturantennen in der Medizin, um Bilder von Zellen und Organellen zu erzeugen oder auch um Viren sowie einzelne große Moleküle mithilfe von Licht zu fangen und dann gezielt zu bewegen oder zu verändern. Die neuartigen Antennen eignen sich zudem zur Hochgeschwindigkeits-Datenübertragung mittels optischer Signale.

Photonen, also »Lichtteilchen« (Kapitel 5.5), verfügen über Eigenschaften, die sich besonders gut zur technischen Informationsübertragung eignen; sie sind maßgeblich an der Datenübermittlung in Glasfaserkabeln beteiligt. Ein Großteil der Signalübertragungen im Internet läuft über Infrarot-Pulse, die mittels LED-Leuchten oder Lasern ins Kabel eingespeist werden. Ein erster Laserstrahl leuchtete

1960 im kalifornischen Malibu auf. Theodore Maiman (1927–2007) und Irnee D'Haenens (1934–2007) war es gelungen, einen hellen rosaroten Punkt auf einen Photodetektor zu produzieren und damit eine technische Revolution auszulösen. Laserstrahlen sind Voraussetzung für CD-, DVD- und Blu-Ray-Player sowie für Warenscanner im Einkaufszentrum. Laser können unter anderem auch Stahl zerschneiden, werden in der Chirurgie genutzt und in der Herstellung von Computerchips.

Allein in Deutschland widmen sich fast zehn Wissenschaftler-Teams der weiteren Grundlagenforschung über die technische Nutzung von Licht. Untersucht wird beispielsweise, wie viele Daten ein einzelnes Photon übertragen kann und wie die Daten zu diesem Zweck am geschicktesten codiert werden. »Sichtbares Licht wird in den nächsten Jahren Wi-Fi ergänzen oder ersetzen«, erklärt Anagnostis Paraskevopoulos vom Fraunhofer Heinrich-Hertz-Institut in Berlin. Forscher des Instituts haben eine Übertragungstechnik entwickelt, mit der handelsübliche LED-Lampen, die für die Raumbeleuchtung genutzt werden, auch Daten übertragen können. Die neuartige Visible Light Communication (Li-Fi) basiert also auf weit verbreiteten, kostengünstigen und stromsparenden LED-Lampen. Dabei wird an der Lampe, beispielsweise an der Raumdecke, der Basisstrom mit einem Datensignal moduliert. Und der Computer auf dem Tisch unter der LED-Lampe wird mit optischen Empfängern ausgestattet. Im Gegensatz zu Wi-Fi, das weit über das direkte Einsatzgebiet in gepulstem Takt strahlt, funktioniert Li-Fi nur in direktem Lichtkontakt. Dadurch gewährt diese Technologie eine höhere Privatsphäre. »Die neue Technologie zeitigt auch keine Unverträglichkeiten und Interferenzen mit Funksystemen«, so Paraskevopoulos. Zudem eignet sich Li-Fi für die Datenübertragung unter Wasser, weil dort die Reichweite von blauem oder grünem Licht deutlich größer ist als jene von Funkwellen. Nicht zuletzt entsteht durch Li-Fi kein Elektrosmog.

Photonen beschäftigen die Physiker in der Kommunikationstechnologie noch aus einem weiteren Grund. Die sogenannte Quantenverschränkung (Kapitel 5.8) ist die Basis für die Entwicklung von neuen Computern, die eine verbesserte Leistungsfähigkeit versprechen, weil sie Aufgaben simultan durchführen können. Auch werden sogenannte quantenkryptografische Protokolle entwickelt, die ermöglichen, dass mehrere Teilnehmer auf verschiedenen Ebenen abhörsicher miteinander kommunizieren können.

Auch die Blockchain-Technologie, eine dezentrale, kryptografisch gesicherte Datenbank, entwickelt sich laufend weiter. Die technischen Entwicklungen in Bezug auf Datenspeicherung und -übermittlung dürften in naher Zukunft rasant voranschreiten und damit auch immer neue gesellschaftliche Fragen zum Umgang damit aufwerfen.

5.8 VERSCHRÄNKUNG

Spukhafte Fernwirkung

Albert Einstein sinnierte 1935 zusammen mit Boris Podolsky (1896–1966) und Nathan Rosen (1909–1995) über ein quantenmechanisches Gedankenexperiment, es wurde als EPR-Paradoxon bekannt. Einstein bezeichnete das Phänomen spöttisch als »spukhafte Fernwirkung«. Spöttisch, weil er die gemeinsam entwickelte These eigentlich für absurd hielt. Es ging darum, dass zwei oder mehrere Quantenteilchen, die einmal in direkter Wechselwirkung standen und sich dann voneinander entfernen, dennoch in sogenanntem verschränktem Zustand miteinander verbunden bleiben. Mittlerweile wurde das EPR-Paradoxon mehrfach in der Praxis nachgewiesen. Dennoch staunen Wissenschaftler noch heute über das Phänomen. Der deutsche Physiker Hans-Peter Dürr (1929–2014) sagte: »Wir müssen lernen, etwas zu verstehen, das wir nicht begreifen können.«

Verschränkung

Dass Einstein von einer »spukhaften« Fernwirkung sprach, ist darauf zurückzuführen, dass Information in der klassischen Physik maximal mit Lichtgeschwindigkeit unterwegs ist. Also müsste bei Informationsübertragungen zwischen zwei räumlich getrennten Quantenteilchen eine Zeitverzögerung zwischen dem Absenden und dem Empfangen feststellbar sein. Das trifft jedoch nicht zu. Verschränkte Teilchen verhalten sich vielmehr so, als wären sie Teil des Selben. Als Erklärung dafür werden zwei Möglichkeiten in Betracht gezogen: Es besteht eine Verbindung zwischen den Quanten, die in irgendeiner Weise inniger ist, als die Relativitätstheorie dies vorsieht. Oder die Quanten enthalten die Informationen bereits, bevor die Messung durchgeführt wird. Der irische Physiker John Stewart Bell (1928–1990) entwickelte 1964 am CERN (Europäische Organisation für Kernforschung) ein Experiment, um letztere Möglichkeit zu analysieren. Die Durchführung seines Experiments erfolgte 1982 und ergab, dass Quanten keine spezifische Information vorab in sich tragen. Sie verfügen einzig über ein Informationspotenzial. Ein Forscher der ersten Stunde, der sich mit praktischen Anwendungen des EPR-Paradoxons befasst, ist Anton Zeilinger. Der Wiener Quantenphysiker veranschaulicht das Phänomen folgendermaßen: »Wir haben zwei Teilchen, die, sobald sie gemessen werden, beide dieselben Eigenschaften zeigen, aber vor der Messung noch keine individuellen. Jetzt können diese beiden Zwillingsteilchen beliebig weit voneinander entfernt sein. Ich messe und bekomme eine Antwort. Das kann irgendeine Eigenschaft sein, etwa die Farbe. Und in diesem Moment hat das andere Teilchen genau die gleiche Eigenschaft.

[Warum das so ist,] kann man im klassischen Weltbild nicht erklären. Das kann man nur so erklären, dass es uns lehrt, dass Information wichtiger ist als die Wirklichkeit.«

Wird beispielsweise in der klassischen Physik der Spin, also die Drehung eines Teilchens gemessen, zeigt sich, in welcher Richtung das Teilchen vor, während und nach der Messung unterwegs ist: nach links oder nach rechts. Der deutsche Quantenphysiker Alexander Szameit von der Universität Rostock macht deutlich, dass sich Teilchen in der Quantenmechanik jedoch erst bei der Messung für die Drehrichtung entscheiden. Es besteht eine 50-Prozent-Wahrscheinlichkeit für jede Möglichkeit. »Verschränkung bedeutet, dass ich zwei Teilchen habe, die beide nicht wissen, wie sie nach der Messung drehen. Fest steht einzig, dass wenn ich eins messe und somit dessen Drehrichtung festlege, dann wird sich das andere Teilchen genauso drehen, selbst wenn ich es nicht messe. Durch die Verschränkung ›wissen‹ die Teilchen voneinander und nehmen denselben Zustand ein«, erläutert Szameit. Passender als der Ausdruck Informationsübertragung erscheint ihm, von einer »Festlegung des Gesamtzustands« zu sprechen. Begriffe wie Information, Gleichzeitigkeit wie auch Zeit an sich seien Konzepte der Relativitätstheorie. »Das Konzept der Verschränkung lässt sich nicht durch die Relativitätstheorie verstehen.« Albert Einstein arbeitete 50 Jahre daran, beide Konzepte unter einen Hut zu bringen. Gelungen ist dies bis heute nicht. Vielmehr ist unklar, ob sich diese Begriffe jemals zufriedenstellend zusammenfassen lassen. Womit wir wieder beim Leib-Seele-Problem landen: Die Dualität ist nachvollziehbar. Doch was ist das Eine?

Teleportation

Anton Zeilinger machte 1997 weltweit Schlagzeilen, weil ihm als Erstem gelang, mittels verschränkter Zustände die Charakteristik eines Photons (Kapitel 5.5) in einem zweiten Photon an einem anderen Ort zu realisieren. Dabei

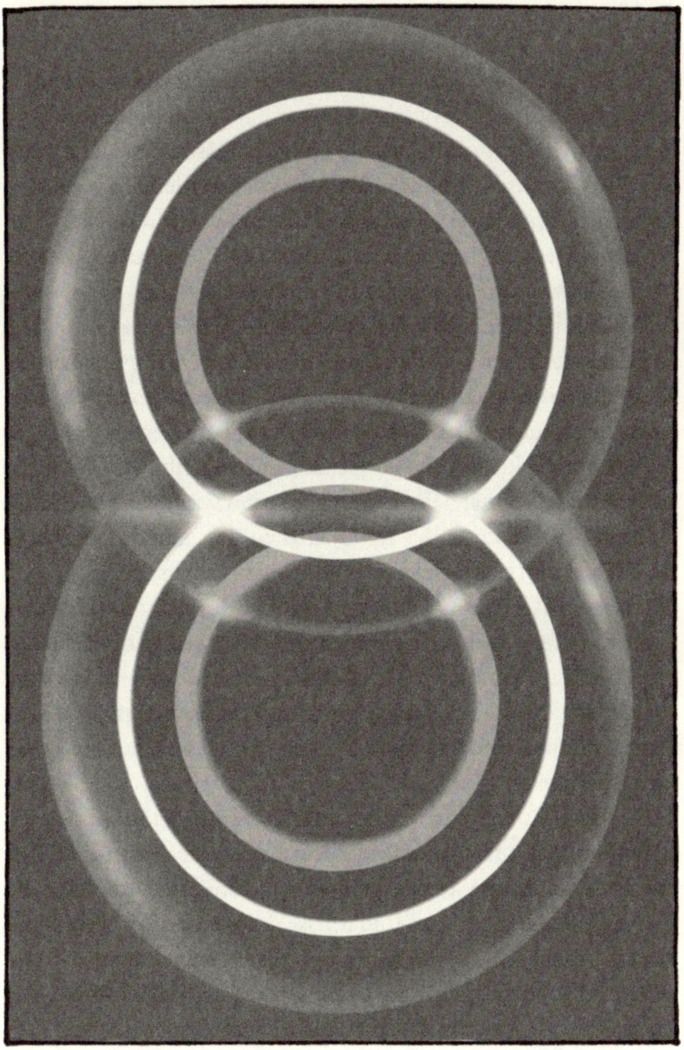

zeigte sich allerdings, dass die Information, die technisch nutzbar und exakt beim Empfänger B angekommen war, auf der Senderseite A nicht mehr rekonstruierbar war, also vollständig beim Empfänger B gelandet war. Das bedeutet, man kann einen Quantenzustand nicht klonen, nicht kopieren, bloß übertragen, sodass die Eigenschaften beim Sender verloren gehen und stattdessen beim Empfänger sind. Mittlerweile gelingt auch die Übertragung von vollständigen Atomen, wobei dasselbe Prinzip gilt: Die Eigenschaften werden von Atom A (Sender) auf Atom B (Empfänger) komplett übertragen, wodurch A eigenschaftslos wird beziehungsweise in den Zustand rein potenzieller Eigenschaften zurückkehrt.

»Ähnlich wie die physikalischen Zustände in einem Elementarteilchen lassen sich die Eigenschaften von Lichtstrahlen miteinander verschränken«, erläutert Alexander Szameit. In einem seiner Experimente nutzte der Professor zum Zwecke der Teleportation eine spezielle Art von Laserstrahl (Kapitel 5.7). Die Information wurde in einer Polarisationsrichtung des Laserlichts codiert und auf die Form des Laserstrahls übertragen. Auch an der Forschungsinstitution IQOQI (Institute for Quantum Optics and Quantum Information) in Wien werden ganze Lichtfelder verschränkt. Damit der Sender durch die technische Übertragung spezifischer Charakteristika nicht eigenschaftslos wird, haben die Forscher einen Trick entwickelt und ein drittes Lichtfeld C mit ins Spiel gebracht.

Trotz der Erfolge im Bereich von Teleportationen sehen Quantenphysiker für die Umsetzung des Auftrags *Beam me up, Scotty!* aus der Science-Fiction-Serie »Raumschiff Enterprise« einige Hindernisse. Die beiden Physiker Kyriakos Papadodimas und Rik van Breukelen erachten nach ihren Forschungen am CERN und der Universität Genf die Teleportation von Menschen oder gar Reisen in die Zukunft theoretisch als möglich, und zwar durch ein sogenanntes Wurmloch. Ein Wurmloch ist ein schwarzes

Loch, welches zwei weit auseinanderliegende Regionen im Universum verbindet. Das Modell der beiden Physiker legt nahe, dass dabei eine Dehnung der Zeit, wie sie die Relativitätstheorie von Einstein besagt, nicht eintreten würde. »Allerdings handelt es sich um eine rein theoretische Studie zu lediglich einem Elementarteilchen, etwa einem Photon«, schränkt van Breukelen die These ein.

»Derzeit gibt es mehrere Gründe, warum die Teleportation eines Menschen reine Science-Fiction ist und nichts mit naturwissenschaftlichen Experimenten zu tun hat«, meint Anton Zeilinger. Alexander Szameit pflichtet ihm bei: »Die Folge der Verschränkung physikalischer Kleinstpartikel lässt sich nicht auf makroskopische Objekte übertragen.« Im Gegensatz zu Kleinstpartikeln, deren Eigenschaften nur potenziell vorliegen und sich erst durch den Akt der Beobachtung konkret zeigen, sind die Eigenschaften im Makrobereich spezifisch, konkret gegeben und verhältnismäßig stabil. Sprich: Ein Stein ist nun mal ziemlich hart, eine Sauce relativ flüssig. Wollte man Captain Kirk nach heutigem Wissensstand teleportieren, dann müsste er überall dort, wo er hingebeamt wird, in verschränkter Form bereits existieren. Ein weiteres Problem ist die große Datenmenge. »Es ist völlig unklar, ob es je gelingen wird, komplexe makroskopische Systeme in einen Quantenzustand zu setzen«, hält Szameit fest.

Ronald Hanson, der sich an der Universität für Technologie im niederländischen Delft mit Teleportation befasst, ist indes der Meinung: »Wenn man glaubt, dass wir nur eine Ansammlung miteinander verbundener Atome sind, dann sollte es möglich sein, uns von einem Ort zum anderen zu teleportieren.«

Viele-Welten-Deutung

Tatsache ist, dass Elementarteilchen wie Elektronen oder Lichtteilchen per se in einem räumlich nicht abgegrenzten Zustand existieren. Alexander Szameit: »Daher ist es für solche Teilchen möglich, mit einer gewissen Wahrscheinlichkeit zeitgleich an unterschiedlichen Orten zu sein. Innerhalb eines solchen, über mehrere Orte verteilten Systems lassen sich Informationen von einem Ort zum anderen ohne Zeitverlust übertragen.« Da auch der Mensch letztlich aus Atomen und Lichtpartikeln besteht, diskutieren manche Physiker durchaus ernsthaft die Möglichkeit, dass die Natur des Menschen ein Eigenleben führen kann. So kam beispielsweise bereits 1954 der amerikanische Physiker Hugh Everett (1930–1982) zum Schluss, dass die Kopenhagener Deutung (Bohr/Heisenberg) ein Netzwerk von Paralleluniversen voraussetzen würde. Everetts Doktorvater John Wheeler (1911–2008) nötigte den jungen Physiker, in seiner 1957 publizierten Dissertation alles zu streichen, was Niels Bohr (1885–1962) missfallen könnte. Doch 10 Jahre später nahm Bryce DeWitt (1923–2004) den Faden von Everetts Relativer-Zustand-Formulierung auf und entwickelte sie weiter zur sogenannten Viele-Welten-Deutung. Der bekannteste Vertreter dieser Theorie ist aktuell der israelisch-britische Physiker David Deutsch. Er vermittelt, dass unser Universum nur eines von vielen sei. Wobei Deutsch kein Problem damit hat, dass wir diese Paralleluniversen im Allgemeinen nicht sehen: »Wir können auch keine schwarzen Löcher und keine Atome und Quarks sehen, und doch sind wir überzeugt, dass es sie gibt.« Deutsch ist sich sicher, dass wir Menschen in zahlreichen parallelen Universen existieren. Er gehört in Wissenschaftskreisen einer Minderheit an, ist aber nicht allein mit dieser Vermutung.

Gegen Ende der 1960er-Jahre setzte sich der Ausdruck Multiversum durch – ein Sammelbegriff für die Gesamtheit unseres eigenen Universums wie auch aller anderen, die möglicherweise laufend entstehen und vergehen. Das Konzept findet über den Kreis mancher Quantenphysiker hinaus bei einigen Kosmologen Anklang, wobei es unterschiedliche Thesen gibt, wie ein solches Multiversum aufgebaut sein könnte. Unter anderen fanden Mitte der 1990er-Jahre die Stringtheoretiker (Kapitel 5.4) Gefallen an den Multiversen und rechnen vor, dass mindestens 10 Dimensionen notwendig wären, um die grundlegenden Gesetze des Kosmos zu vereinheitlichen. Ein Bestseller über etwaige Paralleluniversen und Gesetze des Kosmos ist das Buch »Die verborgene Wirklichkeit« von Stringforscher Brian Green. So intensiv die Idee von Multiversen in manchen Kreisen diskutiert wird, so spekulativ sind derzeit sämtliche Thesen.

Synchronizität

Zu jener Zeit, als sich Einstein mit dem EPR-Paradoxon befasste, beschäftigte sich auch sein renommierter Kollege Wolfgang Pauli (1900–1958) mit der Gleichzeitigkeit von Zuständen, die sich ohne erkennbaren Informationsfluss zeigen. Es war nur bedingt die Physik, die den deutschen Nobelpreisträger zu seinen Gedankenexperimenten inspirierte, vielmehr sein persönliches Erleben. Einer der Gründe dafür war, dass in seiner Gegenwart viel öfter als es der Zufall gebietet, die teuren Instrumente in Forschungslabors ausfielen. In der Folge erhielt der Physiker gar Zutrittsverbot zu gewissen Labors. Das anekdotisch festgehaltene Phänomen wird als Pauli-Effekt bezeichnet – nach dem Motto: »Es ist unmöglich, dass sich Wolfgang Pauli und ein funktionierendes Gerät im selben Raum befinden.«

Pauli hatte in einer persönlichen Krise 1932 den Kontakt zum Schweizer Psychiater Carl Gustav Jung gesucht. Daraus entwickelte sich ein Briefwechsel, der im Laufe der Zeit immer umfangreicher wurde und schließlich den Begriff der Synchronizität hervorbrachte. Damit gemeint ist ein ursachenlos erscheinendes und doch sinnhaftes Zusammentreffen von Ereignissen. Dieses unterscheidet sich deutlich von zeitlich korrelierenden Ereignissen, die einander gegenseitig bedingen (beispielsweise, dass auf einen Unfall ein Notruf folgt und dann die Sanitäter eintreffen). Im Gegensatz dazu zeichnen sich synchrone Ereignisse dadurch aus, dass sie wie ein Zufall anmuten, bei genauer Betrachtung jedoch ein Zusammenhang zwischen äußerem Geschehen und innerem psychischen Zustand erkennbar ist. Jung definierte Synchronizität als »zeitliche Koinzidenz zweier oder mehrerer kausal nicht miteinander verknüpfter Ereignisse, die die gleiche oder eine ähnliche Bedeutung besitzen.« Dieses Geschehen könne »sowohl von Psyche zu Psyche, gewissermaßen telepathisch erfolgen, wie auch zwischen Psyche und Physis, das heißt, außen in der physischen Realität erfolgen«, hielt Karl Ballmer, der spätere Herausgeber des Briefwechsels, fest.

Ein Beispiel schilderte Jung aus seiner Praxis: »Eine junge Patientin hatte in einem entscheidenden Moment ihrer Behandlung einen Traum, in welchem sie einen goldenen Skarabäus zum Geschenk erhielt. Ich saß, während sie mir den Traum erzählte, mit dem Rücken gegen das geschlossene Fenster. Plötzlich hörte ich hinter mir ein Geräusch, wie wenn etwas leise an das Fenster klopfte. Ich drehte mich um und sah, dass ein fliegendes Insekt von außen gegen das Fenster stieß. Ich öffnete das Fenster und fing das Tier im Fluge. Es war die nächste Analogie zu einem goldenen Skarabäus, welche unsere Breiten aufzubringen vermochten, nämlich ein Scarabaeide [Blatthornkäfer], der sich offenbar veranlasst gefühlt hatte, entgegen seinen sonstigen Gewohnheiten in ein dunkles Zimmer gerade in diesem Moment einzudringen.«

Charakteristisch für Synchronizitäten ist, dass solche Ereignisse ungeplant und unerwartet geschehen und ihre symbolhafte Bedeutung einen tiefen emotionalen Eindruck hinterlässt. Davon betroffen sein können mitunter mehrere Personen, Themen und Orte mit mehreren zeitlichen Querbezügen.

In der Wissenschaft wird diese Thematik kaum weiterverfolgt. Wobei der Schriftwechsel zwischen Pauli und Jung auch lange nicht zugänglich war. 1995 erschien dann »Der Pauli-Jung-Dialog und seine Bedeutung für die moderne Wissenschaft« mit einer Sammlung von Beiträgen zum Problem der Wechselwirkung zwischen Geist und Materie. 2001 wurde der Briefwechsel erstmals auf Englisch publiziert. Intensiv befasste sich der deutsche Mathematiker Günter Ewald (1929–2015) mit dem Briefwechsel. Ewald hielt fest: »Synchronizität war für ihn [Pauli] wie für Jung nicht nur Phänomenbeschreibung, sondern ein naturimmanentes Organisationsprinzip, das auf Sinnhaftigkeit und Teleologie verwies. Es verband Geist und Materie in der Weise miteinander, dass weder Geist aus Materie noch Materie aus Geist ableitbar ist.« Kurz gesagt, so Ewald, sei Quantenverschränkung die kleinstmögliche Form der Synchronizität, eine nicht kausale, aber auch nicht zufällige Beziehung zwischen Elementarzuständen. »Es ist eine neue Form der Wirklichkeit, die nun mit den ›harten‹ Methoden der Physik experimentell bestätigt ist, also nicht mehr eine hypothetische Konstruktion philosophischer Art.«

Mit Zusammenhängen zwischen Synchronizität und Quantenphysik befasst sich unter anderem der deutsche Psychologe, Wissenschaftstheoretiker und -historiker Harald Walach. Er beschrieb gemeinsam mit den Physikern Harald Atmanspacher und Hartmann Römer das Konzept einer Schwachen Quantentheorie: »Es ist wichtig zu verstehen, dass wir damit nie behauptet haben, wie häufig zu hören ist, wir würden unzulässigerweise Quanteneffekte in die Makrowelt extrapolieren«, so Walach. Im Gegenteil drehe die Schwache Quantentheorie den argumentativen Spieß um: »Vermutlich ist die ganze Welt, ob Makro, Meso oder Mikro, nach den gleichen Gesetzmäßigkeiten beziehungsweise Strukturen aufgebaut. Diese wurden einfach in der Quantenmechanik zuerst entdeckt, weil diese so unglaublich präzise und formal genau formuliert ist und daher auch präzise durch Experimentierkunst solche Zusammenhänge belegen kann.« Walachs Ansatz stößt unter klassischen Quantenphysikern vorwiegend auf Skepsis. Anton Zeilinger distanziert sich klar: »Davon getrennt zu sehen ist eine Interpretation, die die Quantenphysik zur Begründung für gewisse esoterische Positionen heranzieht. Das ist blanker Unsinn. Wer so etwas behauptet, versteht die Quantenphysik nicht, sondern folgt mentalen Spielereien von manchen Leuten.« Andererseits relativiert der Forscher: »Ich glaube, dass es ein Leben außerhalb der materiellen Welt gibt. Es gibt eine geistige Welt außerhalb der materiellen Existenz. Aber mit Physik hat das nichts zu tun, sondern das ist nur meine persönliche Ansicht.«

SCHLUSSWORT

Plädoyer

Menschen leben ganz automatisch ohne ihr Zutun mit Gedanken, Träumen, Emotionen und vielen weiteren Aspekten eines reichhaltigen Innenlebens. Oftmals erhalten diese jedoch in der Hektik des Alltags wenig Aufmerksamkeit. Unser Fokus ist vorwiegend auf das äußere Geschehen gerichtet. Dieses Buch ist ein Plädoyer, uns vermehrt mit unseren inneren Welten zu befassen.

Dafür braucht es Zeit. Dass es daran mangle, ist wohl der häufigste und beliebteste Vorwand, um dies und jenes nicht umzusetzen. Die Coronapandemie und der damit verbundene Lockdown haben vielen Menschen unerwartet viel Zeit gebracht. Die gewohnte Tagesstruktur mit den gewohnten Ablenkungen fehlte nicht nur jenen, die ihre Arbeit nicht mehr ausüben konnten. Die Möglichkeiten, entspannte Momente gemeinsam mit anderen beim Sport, bei einem kulturellen oder gesellschaftlichen Anlass zu genießen, wurden durch die Pandemie bekanntlich stark reduziert. Viele haben in dieser Zeit ein altes Hobby wiederentdeckt oder ein neues ausprobiert; meist eines, das sich auch allein ausüben lässt, etwa Spazierengehen, Malen, Backen, Tanzen, Sport, Spielen, Musizieren oder Basteln. Solche Tätigkeiten begünstigen den »Flow«, einen Zustand, der ausblendet, was sonst noch ist. Flow tut gut.

Carl Gustav Jung hielt fest: »Ich kann mich nur aus den inneren Geschehnissen verstehen. Sie machen das Besondere meines Lebens aus.« In der Hektik des normalen Alltags braucht es allerdings einen Vorsatz, ein Zeitfenster für ruhige Momente – auch Sport, der Besuch von Kulturanlässen oder Treffen mit Freunden werden vorwiegend fest einplant. Viele, die sich für die Erforschung ihres Innenlebens interessieren, besuchen erst mal einen Kurs. Im Zugerischen Edlibach (Schweiz) bietet das Lassalle-Haus seit vielen Jahren die Möglichkeit, sich unter fachlicher Anleitung mit Zen, Exerzitien, Kontemplation und Yoga zu befassen, und die Nachfrage steigt. Heutzutage sind zahlreiche Angebote zur Schulung von Bewusstsein auch ganz ohne spirituellen Hintergrund verfügbar. Beispielsweise bieten unterschiedliche Gratis-Apps Leitfäden zum Selbstmanagement an, sei es um ruhiger zu werden, kreativer, oder um mithilfe von Affirmationen ein Ziel zu erreichen. Einige spirituelle Führer kritisieren eine solch weltliche Ausrichtung der Innenschau. Doch jeder Mensch ist neben Leib auch Seele. Der Auslöser, die Motivation dafür, sich bewusst mit Bewusstsein zu befassen, ist nicht ausschlaggebend. Im Kern geht es stets darum, sich selbst besser kennenzulernen, sich und das Geschehen im Inneren und um einen herum besser zu verstehen und bei Bedarf Veränderungen zu initiieren, um das Leben passend zu gestalten.

Zum Kern führen mitunter Fragen wie: *Wer bin ich, wieso bin ich, was bin ich? Was möchte ich sein und was braucht es dazu?* Der Wiener Quantenphysiker Anton Zeilinger betont, wie wichtig es ist, »die richtigen Fragen zu stellen«. Fragt man ein Elektron, ob es ein Teilchen sei, antwortet es mit Ja. Und auf die Frage, ob es eine Welle sei, genauso mit Ja. »Wenn es einmal gesagt hat, es ist eine Welle, dann kann es nicht auch Teilchen sein – obwohl das vor der Frage möglich gewesen wäre. Ich entscheide also durch meine Frage, welche Möglichkeit Wirklichkeit wird.«

Die meisten von uns sind gefangen in persönlicher Konditionierung, in emotionalen Mustern, in Erwartungen und Enttäuschungen. Im Alltag agieren wir oft wie Springer auf dem Schachbrett, mal im Auftrag des Egos, dominiert von Gefühlen, als Opfer von Verletzungen, dann wiederum erfüllt von Visionen mit zielgerichtetem

Enthusiasmus. Gerade dieser Facettenreichtum macht den Reiz aus. Auch wenn das Vergnügen gelegentlich fehlt, weil das Leben mal wieder ins Wanken gerät. Gerade in schwierigen Momenten, aber auch immer wieder in Alltagssituationen ist es von Vorteil, sich zumindest für Momente vom äußeren Geschehen und der Identifikation damit zu lösen: »So ham – ich bin«, nicht mehr, nicht weniger. Dieses Loslassen, diese kurzen Pausen zwischen Einatmen und Ausatmen, in der das Nichts zur Essenz führt, braucht keine Identifikation, was extrem erleichtert und entspannt. Aus den kurzen Momenten, in denen wir nicht mehr sind als ein atmender Organismus, schöpft dieser Kraft und Inspiration, sich wieder auf das Geschehen des Alltags einzulassen – im Wissen, dass der Alltag Situationen kreiert, diese aber nicht identisch mit dem Sein sind.

Das Ungewisse

In der modernen Erziehung und Kultur werden mentale Fertigkeiten oftmals auf kognitive Leistungen reduziert. Die Kunst, Fragen richtig zu stellen, und Instrumente zum Selbstmanagement werden nicht so selbstverständlich vermittelt, wie Lesen und Schreiben gelehrt werden. Traditionell sprach man über das Innenleben vielleicht mit dem Pfarrer, notfalls beim Therapeuten, bestenfalls unter engen Freunden und Familie. Heute findet ein Austausch zunehmend auch in digitalen Foren statt. Auslöser dafür, sich über innere Befindlichkeiten zu äußern, sind oftmals aufwühlende Ereignisse, die starke Gefühle auslösen.

Bei der Erkundung der Innenwelt trifft man auf Hindernisse und Stolpersteine – ebenso wie in der Außenwelt. Es gehört dazu, Erfahrungen im Dualismus zu machen: gut und schlecht, schön und hässlich, wertvoll oder unbedeutend. Doch im Innen wie im Außen bieten sich auch immer wieder Gelegenheiten, Einheit, Verschmelzung und Grenzenlosigkeit zu erfahren.

Wer sich auf sein Bewusstsein einlässt, begibt sich auf eine Reise. Wie jede andere Entscheidung, die Komfortzone zu verlassen, löst auch diese Ängste aus. Negativ besetzte Schlagwörter wie bewusstseinserweiternde Drogen, religiöse Fanatiker, Desorientierung, Manipulation, Esoterik und Aberglaube verursachen bei vielen Menschen zunächst Unbehagen. Allerdings wirkt auch die Außenwelt nicht sonderlich attraktiv, wenn man sich ausschließlich auf die Negativschlagzeilen konzentriert und an Kriege, Hunger, unfaire wirtschaftliche Bedingungen, Klimawandel, Zerstörung der natürlichen Vielfalt und weltweite Gesundheitskrisen denkt. Im Äußeren wie im Inneren gibt es bei allen Schwierigkeiten aber stets auch Entwicklung und Fortschritt, wachsendes Bewusstsein und entsprechend aktives Gestalten.

Seit der Aufklärung hat sich das menschliche Bewusstsein in spezieller Weise weiterentwickelt: Man denke an zunehmende Selbstbestimmung und Selbstverantwortung, Meinungsfreiheit oder die vermehrte Verfolgung und Verurteilung von Kriminellen ohne Rücksicht auf deren gesellschaftlichen Status. Es sind Errungenschaften, die nicht allen passen, und Bestrebungen, solche Fortschritte zu unterwandern, sind nicht zu unterschätzen.

Wie auch in diesem Buch immer wieder deutlich wurde, machen sich in der materiellen Welt Grenzen von Wachstum und Freiheit bemerkbar. Das menschliche Bewusstsein hat indes längst nicht sein volles Spektrum ausgeschöpft. Es ist ein hilfreiches Instrument, auch wenn es darum geht, Lösungen für die materiellen Probleme unseres Daseins zu finden.

Die vielen Ansprüche, Forderungen und Erwartungen, die uns im Alltag begegnen, mögen die Motivation dämpfen, sich auch noch mit dem eigenen Innenleben auseinanderzusetzen. Doch ausgesetzt sind wir dem inneren Geschehen sowieso. Sich darauf einzulassen, kann das Leben in vielerlei Hinsicht bereichern und auch erleichtern.

Mir hat die Arbeit an diesem Buch neue Impulse und Einsichten gebracht. Ich hoffe, es regt dazu an, das eine oder andere Thema zu vertiefen, und motiviert, mit Offenheit und kritischem Geist eine Welt zu erkunden, die Teil von uns und es wert ist, vermehrt kultiviert zu werden.

Dieses Buch bietet ein breites Spektrum an Informationen. Die eine oder andere Thematik wird hoffentlich anklingen und dazu motivieren, sich vertiefter damit auseinander zu setzen. Wer den Entschluss fasst, sich seinem Bewusstsein zu widmen, wird die passenden Wege dazu finden. Darauf darf man vertrauen. Die Erkundung des persönlichen Innenlebens eröffnet jedem einzelnen von uns neue Perspektiven und ebenso für die Gemeinschaft Impulse, die die Wahrhaftigkeit unseres Seins fördern.

TEAMWORK

Ich bedanke mich bei den Fachleuten, die einzelne Kapitel dieses Buches gelesen und mich mit ihrem Rat und Wissen unterstützt haben. Geschätzt habe ich auch das Interesse am Projekt in meinem direkten Umfeld. Zwei Werkbeiträge sorgten für zusätzliche Motivation.

Ein entscheidender Punkt für die Publikation des Buches ist die Zusammenarbeit mit dem Team vom Zürcher Kommode Verlag.

121 Unterstützer*innen haben uns über die Crowdfunding-Plattform »We Make It« unterstützt und auf diesem Wege zur Entstehung des Buches beigetragen.

Herzlichen Dank!

Für ihre außerordentliche Unterstützung möchte ich vor allem Mouna Cissé, Wieslaw Stempak, Jürg Lütschg, Ann von Schumacher, Marlys Schneider, Matthias Vatter, Heiner und Maria Bräm, Philipp Suter, Maria Pellegrino, Annette Beger, Somea Hürlimann, Eva-Maria Prokop und Ole Niemann, der Dienststelle Kultur der Gemeinde Baar und dem Amt für Kultur Kanton Zug danken.

Claudia Schneider, Februar 2021

fotozug.ch

Claudia Schneider, geboren 1963, begab sich im Alter von 22 Jahren auf Weltreise. Später schrieb und fotografierte sie freischaffend für deutschsprachige Medien – Merian, NZZ, Tages-Anzeiger, Cosmopolitan und viele mehr – und brachte rund 18 Reiseführer bei Bild-Atlas, Marco Polo sowie dem Regenbogen-Verlag heraus. Seit 2004 leitet Claudia Schneider die Redaktion einer Lokalzeitung in ihrem Heimatkanton Zug. In diesem Buch folgt sie der Faszination für Bewusstsein und begibt sich auf eine Reise nach Innen …

VERZEICHNIS

Der Verlag übernimmt für die Richtigkeit und den Inhalt der angegebenen Internetseiten keine Haftung. Zum Zeitpunkt der Drucklegung waren die Verweise geprüft und korrekt.

Weiterführende Literatur

1 – Einführung

1.3 Leib-Seele-Problem

Beckermann, Ansgar: *Das Leib-Seele-Problem. Eine Einführung in die Philosophie des Geistes*, 2008

Metzinger, Thomas: *Der Ego-Tunnel. Eine neue Philosophie des Selbst. Von der Hirnforschung zur Bewusstseinsethik*, 2009

Miller, Frederic P., Vandome, Agnes F. & McBrewster, John: *Mary's Room*, 2009

1.4 Unbewusstes

Murphy, Joseph: *Die Macht Ihres Unterbewusstseins*, 2009

Nitzschke, Bernd: *Die Psychoanalyse Sigmund Freuds: Konzepte und Begriffe*, 2010

1.5 Bewusstes

Nahm, Michael: *Wenn die Dunkelheit ein Ende findet: Terminale Geistesklarheit und andere ungewöhnliche Phänomene in Todesnähe*, 2012

2 – Gehirn

2.1 Einführung

Doidge, Norman: *Neustart im Kopf: Wie sich unser Gehirn selbst repariert*, 2017

Eccles, John C.: *Wie das Selbst sein Gehirn steuert*, 1996

2.2 Anatomie

Carter, Rita: *Das Gehirn: Anatomie, Sinneswahrnehmung, Gedächtnis, Bewusstsein, Störungen*, 2010

2.7 Bauchhirn

Gershon, Michael: *Der kluge Bauch: Die Entdeckung des zweiten Gehirns*, 2014

Gigerenzer, Gerd & Kober, Hainer: *Bauchentscheidungen: Die Intelligenz des Unbewussten und die Macht der Intuition*, 2007

Pickl, Karin Myria: *Weisheit aus dem Bauch: Das Phänomen Intuition aus verschiedenen Perspektiven erklärt*, 2009

3 – Mentale Prozesse

3.2 Wahrnehmung

Aron, Elaine N.: *Sind Sie hochsensibel? Wie Sie Ihre Empfindsamkeit erkennen, verstehen und nutzen*, 1996

Chabris, Christopher & Simons, Daniel: *Der unsichtbare Gorilla. Wie unser Gehirn sich täuschen lässt*, 2011

Dee, Regine & Hatt, Hanns: *Das kleine Buch vom Riechen und Schmecken*, 2012

Jahn, Robert G. & Dunne, Brenda J.: *An den Rändern des Realen. Über die Rolle des Bewusstseins in der physikalischen Welt*, 1999

Roth, Gerhard: *Fühlen, Denken, Handeln: Wie das Gehirn unser Verhalten steuert*, 2001

3.3 Emotionen

Damasio, Antonio R.: *Ich fühle, also bin ich. Die Entschlüsselung des Bewusstseins*, 2004

Davidson, Richard J. & Begley, Sharon: *Warum wir fühlen, wie wir fühlen: Wie die Gehirnstruktur unsere Emotionen bestimmt – und wie wir darauf Einfluss nehmen können*, 2012

3.4 Gedanken

Scheich, Günter: *Positives Denken macht krank?! Vom Schwindel mit gefährlichen Erfolgsversprechen*, 1997

Seligman, Martin E.P.: *Der Glücks-Faktor. Warum Optimisten länger leben*, 2002

3.5 Erinnerungen

Kandel, Eric: *Auf der Suche nach dem Gedächtnis: Die Entstehung einer neuen Wissenschaft des Geistes*, 2007

4 – Verändertes Bewusstsein

4.1 Einführung

Bauer, Eberhard & Schetsche, Michael: *Alltägliche Wunder. Erfahrungen mit dem Übersinnlichen – wissenschaftliche Befunde*, 2011

Belz, Martina: *Außergewöhnliche Erfahrungen*, 2008

Vaitl, Dieter: *Veränderte Bewusstseinszustände: Grundlagen – Techniken – Phänomenologie*, 2012

4.2 Entziehen – Zugeben

Braun, Jessica: *Atmen – Wie die einfachste Sache der Welt unser Leben verändert*, 2019

Bräunlein, Peter J.: *Passion/Pasyon. Rituale des Schmerzes im europäischen und philippinischen Christentum*, 2010

Lilly, John Cunningham, et al.: *Ohne Schwerkraft: Floaten - das Samadhitank-Erlebnis*, 2013

Tuttle, Will: *Ernährung und Bewusstsein*, 2014

4.3 Traum

Holzinger, Brigitte: *Anleitung zum Träumen*, 2020

4.4. Trance

Nauwald, Nana & Goodman, Felicitas: *Ekstatische Trance: Rituelle Körperhaltungen – das Praxisbuch*, 2011

4.6 Halluzination

Kasten, Erich: *Die irreale Welt in unserem Kopf, Halluzinationen, Visionen*, 2008

Sacks, Oliver: *Drachen, Doppelgänger und Dämonen: Über Menschen mit Halluzinationen*, 2014

4.7 Außerkörperliche Erfahrungen

Monroe, Robert A.: *Der Mann mit den zwei Leben*, 1983

Monroe, Robert A.: *Der zweite Körper*, 1989

Monroe, Robert A.: *Über die Schwelle des Irdischen hinaus*, 1994

Vieira, Waldo: *Projektionen des Bewusstseins – Ein Tagebuch außerkörperlicher Erfahrungen*, 2013

Vieira, Waldo: *Unsere Evolution*, 1999

4.8 Meditation

Ott, Ulrich: *Meditation für Skeptiker*, 2019

4.10 Halluzinogene

Hofmann, Albert: *LSD: Mein Sorgenkind*, 1979

Huxley, Aldous: *Die Pforten der Wahrnehmung. Himmel und Hölle*, 2017

Strassman, Rick: *DMT – Das Molekül des Bewusstseins*, 2004

4.11 Elektrizität

Begich, Nick & Roderick, James: *Earth Rising – The Revolution: Toward a Thousand Years of Peace*, 2000

4.13 Besessenheit

Amorth, Gabriele: *Ein Exorzist erzählt*, 1990

Amorth, Gabriele: *Exorzisten und Psychiater*, 2006

Baglio, Matt: *Die Schule der Exorzisten: Eine Reportage*, 2010

Figge, Horst H.: *Geisterkult, Besessenheit und Magie in der Umbanda-Religion Brasiliens*, 1973

Siegmund, Georg & Goodman, Felicitas D.: *Anneliese Michel und ihre Dämonen. Der Fall Klingenberg in wissenschaftlicher Sicht*, 2006

Wenger, Marcus: *Exorzismus heute. Der Teufel spricht deutsch*, 2009

4.14 Schamanismus

Castaneda, Carlos: *Die Lehren des Don Juan. Ein Yaqui-Weg des Wissens*, 2018

Eliade, Mircea: *Schamanismus und archaische Ekstasetechnik*, 2006

Müller, Klaus E.: *Schamanismus. Heiler, Geister, Rituale*, 2011

4.17 Oneiroides Erleben

Claussen, Peter Cornelius: *Herzwechsel: Ein Erfahrungsbericht*, 1996

4.18 Koma

Bauby, Jean-Dominique & Aumüller, Uli: *Schmetterling und Taucherglocke*, 1998

4.19 Nahtoderfahrung

Eben, Alexander: *Blick in die Ewigkeit: Die faszinierende Nahtoderfahrung eines Neurochirurgen*, 2016

Moody, Raymond A.: *Leben nach dem Tod: Die Erforschung einer unerklärlichen Erfahrung*, 2011

Dr. Sabom, Michael: *Erinnerungen an den Tod: Eine medizinische Untersuchung*, 1982

4.20 Reinkarnation

Stevenson, Ian: *Reinkarnation in Europa. Erfahrungsberichte*, 2014

Stevenson, Ian: *Reinkarnation – Der Mensch im Wandel von Tod und Wiedergeburt. 20 überzeugende und wissenschaftlich bewiesene Fälle*, 1994

Tucker, Jim: *Kinder erinnern sich: Dem faszinierenden Phänomen der Wiedergeburt auf der Spur*, 2014

5 – Information

5.1 Einführung

Lipton, Bruce: *Intelligente Zellen: Wie Erfahrungen unsere Gene steuern*, 2016

5.4 Klang

Tompkins, Peter & Bird, Christopher: *Das geheime Leben der Pflanzen*, 2018

5.5 Licht

Perkowitz, Sidney: *Eine kurze Geschichte des Lichts*, 1988

Van Wijk, Roeland: *Light in Shaping Life: Biophotons in Biology and Medicine*, 2014

Zajonc, Arthur: *Die gemeinsame Geschichte von Licht und Bewusstsein*, 2019

5.6 Äther

Kümmel-Schnur, Albert & Schröter, Jens: *Äther – ein Medium der Moderne*, 2007

5.8 Verschränkungen

Atmanspacher, Harald & Primas, Hans: *Der Pauli-Jung-Dialog und seine Bedeutung für die moderne Wissenschaft*, 1995

Greene, Brian: *Die verborgene Wirklichkeit – Paralleluniversen und die Gesetze des Kosmos*, 2013

Zeilinger, Anton: *Einsteins Schleier: Die neue Welt der Quantenphysik*, 2005

Hinweise und weiterführende Informationen

1 – Einführung

1.2 Einführung

Grau, Kurt Joachim: *Die Entwicklung des Bewusstseinsbegriffes im XVII. und XVIII. Jahrhundert*, 1916. Zur Verfügung gestellt von der University of Toronto. Abgerufen am 29. Januar 2021, von https://archive.org/details/dieentwicklung00grau/page/n7/mode/2up

2 – Gehirn

2.1 Einführung

Das Gehirn – Der Kosmos im Kopf: www.dasgehirn.info

2.3 Hirnzellen

Netzwerk Glia, Max Delbrück Centrum für Molekulare Medizin: www.networkglia.eu

2.6 Human Brain Poject

Human Brain Project Europa: www.humanbrainproject.eu

Human Brain Project USA: braininitiative.nih.gov

4 – Verändertes Bewusstsein

4.1 Einführung

Institut für Grenzgebiete der Psychologie und Psychohygiene (IGPP), Freiburg im Breisgau: www.igpp.de

Institut für Grenzgebiete der Wissenschaft, Innsbruck: www.imagomundi.biz

Schweizer Parapsychologische Gesellschaft: www.spg-zh.ch

4.2 Entziehen – Zugeben

Deutsche Schmerzgesellschaft: www.schmerzgesellschaft.de

Dokumentarfilm »Hope for All« von Nina Messinger: www.hopeforall.at

4.3 Traum

Klarträume: www.klartraum.de

Institut für Bewusstseins- und Traumforschung: www.traum.ac.at

4.7 Außerkörperliche Erfahrungen

Monroe-Institut: www.monroeinstitute.org

Internationalen Akademie des Bewusstseins nach Waldo Vieira: www.iacworld.org

4.9 Hypnose

Deutsche Gesellschaft für Hypnose und Hypnotherapie: www.dgh-hypnose.de

Schweizerische Ärztegesellschaft für Hypnose: www.smsh.ch

Gesellschaft für klinische Hypnose und Hypnotherapie, Schweiz: www.hypnos.ch

4.10 Halluzinogene

Schweizerische Ärztegesellschaft für Psycholytische Therapie: www.saept.ch

Heffter Reseach Institute: www.heffter.org

Multidisciplinary Association for Psychedelic Studies: www.maps.org

4.14 Schamanismus

Foundation of Shamanistic Studies: www.shamanism.org

4.19 Nahtoderfahrung

Deutsches Netzwerk zum Thema Nahtodeserfahrung: netzwerk-nahtoderfahrung.org

Near-Death Experience Research Foundation: www.nderf.org

5 – Information

5.5 Licht

»Internationales Jahr des Lichts und der lichtbasierten Technologien«, Universität Padeborn: groups.uni-paderborn.de/jahr-des-lichts/

Quellenangaben und Zitate

1 – Einführung

1.1 Vorwort

Hoffmann, Albert: Abgerufen am 29. Januar 2021, von http://www.psychedelik.info/index_2_de.html?/content_de/wpf_de_zitate.html

1.2 Einführung

Kandel, Eric: Zitiert nach: »Feuer der Erinnerung: Medizin-Nobelpreisträger Eric Kandel im Gespräch mit Gert Scobel in Berlin«. Abgerufen am 29. Januar 2021, von https://studylibde.com/doc/2391204/feuer-der-erinnerung-medizin-nobelpreisträger-eric-kandel-im

Metzinger, Thomas: Subjekt und Selbstmodell, 1999. Abgerufen am 29. Januar 2021, von https://www.staff.uni-mainz.de/metzinge/Texte/SMT2-PDF.pdf

1.3 Leib-Seele-Problem

Auderset, Frederic: Mündliche Zitate, persönlich genehmigt.

Chalmers, David: »Facing Up to the Problem of Consciousness«. In: Journal of Consciousness Studies, 3/1995. Abgerufen am 29. Januar 2021, von https://personal.lse.ac.uk/ROBERT49/teaching/ph103/pdf/chalmers1995.pdf [Übersetzung der Autorin]

Cheung, Fanny M. et al.: »Toward a new approach to the study of personality in culture«. In: American Psychologist 66(7)/2011. Abgerufen am 29. Januar 2021, von https://www.wissenschaft.de/geschichte-archaeologie/big-five-unter-beschuss/

Jackson, Frank Cameron: »Epiphenomenal Qualia«. In: Philosophical Quarterly, 32/1982. Abgerufen am 29. Januar 2021, von https://de.wikipedia.org/wiki/Mary_(Gedankenexperiment)#Literatur

Metzinger, Thomas: Abgerufen am 29. Januar 2021, von https://www.zeit.de/2011/37/Interview-Metzinger/seite-3

Nagel, Thomas: Zitiert nach: »Wie fühlt es sich an, eine Fledermaus zu sein?«, 1974. In: Ders.: *Letzte Fragen*, 1996

Nagel, Thomas: Zitiert nach: Heutling, Camilla: »Qualia und die Erklärungslücke«, 2010. Abgerufen am 29. Januar 2021, von https://www.unilu.ch/fileadmin/fakultaeten/ksf/institute/philsem/PDFs/hausarbeit-Camilla-Heutling-webversion.pdf

Planck, Max: Zitiert nach: »Zum Thema Gott und Naturwissenschaft – Ein paar Zitate von Max Planck mit Anmerkungen von Wolf-Ekkehard Lönnig«. Abgerufen am 29. Januar 2021, von http://www.weloennig.de/MaxPlanck.html#1%20und%20https://www.youtube.com/channel/UCUpDwFgpeFLmdcEiBIbHP0Q

Ryle, Gilbert: David Hume: *Eine Untersuchung über den menschlichen Verstand*, 1997. Abgerufen am 29. Januar 2021, von https://de.m.wikipedia.org/wiki/David_Hume

Searle, John R: *Geist: Eine Einführung*, 2006. Zitiert nach Rey, Martin: »Leib-Seele Dualismus«. Abgerufen am 29. Januar 2021, von https://www.argumentarium.ch/philosophie/leib-seele/77-dualismus

1.4 Unbewusstes

Grunwald, Martin: In: Pressemitteilung 2020/088 der Universität Leipzig, vom 24. März 2020. Abgerufen am 29. Januar 2021, von https://www.uni-leipzig.de/newsdetail/artikel/wir-beruehren-uns-selbst-um-eine-stresssituation-psychisch-auszubalancieren-2020-03-24/

Haynes, John-Dylan: Zitiert nach: Eckoldt, Matthias: *Neue Erkenntnisse zur Willensfreiheit – Wie das Gehirn entscheidet*, 2016. Abgerufen am 29. Januar 2021, von https://www.deutschlandfunkkultur.de/neue-erkenntnisse-zur-willensfreiheit-wie-das-gehirn.976.de.html?dram:article_id=371055

Jung, Carl Gustav: Abgerufen am 29. Januar 2021, von https://www.schwabeonline.ch/schwabe-xaveropp/elibrary/start.xav?start=%2F%2F*%5B%40attr_id%3D%27verw.unbewutes.das.unbewute%27%20and%20%40outline_id%3D%27hwph_verw.unbewutes.das.unbewute%27%5D

Murphy, Joseph: *Die Macht Ihres Unterbewusstseins*, 2016. Abgerufen am 29. Januar 2021, von https://www.gutzitiert.de/zitat_autor_joseph_murphy_thema_bewusstsein_zitat_33590.html

Pöppel, Ernst: Zentralschweiz am Sonntag, 2. Januar 2011

Pöppel, Ernst: Abgerufen am 29. Januar, von http://www.zeit.de/2010/49/Geistreiches-Nichtstun/seite-4

Prinz, Wolfgang: Zitiert nach: Schneider, Reto U. »Die Macht des Unbewussten«. Abgerufen 29. Januar 2021, von http://paedpsych.jk.uni-linz.ac.at/internet/arbeitsblaetterord/LERNTECHNIKORD/MachtdesUnbewussten.html

Stefansson, Kari: Zentralschweiz am Sonntag, 14. Juni 2015

1.5 Bewusstes

Csíkszentmihályi, Mihály: Abgerufen am 29. Januar 2021, von https://www.goodreads.com/author/quotes/27446.Mihaly_Csikszentmihalyi [Übersetzung der Autorin]

Durkheim, Émile: Abgerufen am 29. Januar 2021, von https://www.aphorismen.de/zitat/106890

Hayward, Jeremy: Zitiert nach: Froböse, Rolf: »Die Seele existiert auch nach dem Tod«. Abgerufen am 29. Januar 2021, von https://www.welt.de/wissenschaft/article1938328/Die-Seele-existiert-auch-nach-dem-Tod.html

Penrose, Roger: Abgerufen am 29. Januar 2021, von https://heidelberger-ganzheitsmedizin.de/praxis/zitate.html

Searle, John: Abgerufen am 29. Januar 2021, von https://www.dasgehirn.info/denken/bewusstsein/was-ist-bewusstsein

Tanzi, Rudolph: Raum&Zeit, 184/2013

Vereinte Nationen: »Gewalt gegen Frauen weltweit«. Abgerufen am 29. Januar 2021, von https://unric.org/de/gewalt-gegen-frauen-weltweit-2/

2 – Gehirn

2.1 Einführung

Hell, Daniel: Tages-Anzeiger, 15. März 2014

2.2 Anatomie

Lütschg, Jürg: Mündliche Zitate, persönlich genehmigt.

Sperry, Roger: Abgerufen am 29. Januar 2021, von https://www.dasgehirn.info/entdecken/meilensteine/die-geteilten-gehirne

2.3 Hirnzellen

Eccles, John: Abgerufen am 29. Januar 2021, von https://www.dasgehirn.info/entdecken/meilensteine/john-eccles-ueber-den-spalt-hinweg

Hameroff, Stuart: Abgerufen am 29. Januar 2021, von http://www.grabbe-gymnasium.de/cms_hp/philosophie/index.php?Was_darf_ich_hoffen%3F:Der_Tod:Nahtod-Erfahrung_2

Henke, Katharina: Horizonte, 103/2014

Lütschg, Jürg: Mündliche Zitate, persönlich genehmigt.

2.4 Neurotransmitter

Quednow, Boris: Mündliche Zitate, persönlich genehmigt.

Roth, Gerhard: *Fühlen Denken Handeln*, 2001

2.5 Hirnfrequenzen

Crick, Francis & Koch, Christofe: »A framework for consciousness«. In: Nature Neuroscience, 2003. Abgerufen am 29. Januar 2021, von https://de.wikipedia.org/wiki/Neuronales_Korrelat_des_Bewusstseins#cite_note-CK3-15

Krischvink, Joseph: Abgerufen am 29. Januar 2021, von https://pubmed.ncbi.nlm.nih.gov/1285705/ [Übersetzung der Autorin]

Lütschg, Jürg: Mündliche Zitate, persönlich genehmigt.

Sänger, Johanna: Abgerufen am 29. Januar 2021, von https://www.mpib-berlin.mpg.de/pressemeldungen/gemeinsames-musizieren-vernetzt-gehirne

2.6 Human Brain Project

Amunts, Katrin: Mündliche Zitate, persönlich genehmigt.

Kettenmann, Helmut: Mündliche Zitate, persönlich genehmigt.

Lippert, Thomas: Abgerufen am 29. Januar 2021, von https://www.fz-juelich.de/SharedDocs/Pressemitteilungen/UK/DE/2019/2019-11-14-booster-juwels.html

Lippert, Thomas: Abgerufen am 29. Januar 2021, von https://forbetterscience.com/2017/11/13/human-brain-project-interview-with-thomas-lippert-simulating-brain-in-computer-is-like-simulating-weather/ [Übersetzung der Autorin]

Warshel, Arieh: Abgerufen am 29. Januar 2021, von https://www.spiegel.de/wissenschaft/mensch/chemie-nobelpreis-2013-die-molekuel-versteher-a-926948.html

2.7 Bauchhirn

Einstein, Albert: Abgerufen am 29. Januar 2021, von https://www.zeit.de/zeit-wissen/2006/02/Gefuehle_Titel/seite-5

Gershon, Michael D.: Abgerufen am 29. Januar 2021, von https://www.geo.de/wissen/13364-rtkl-neurologie-wie-der-bauch-den-kopf-bestimmt

Gigerenzer, Gerd: Abgerufen am 29. Januar 2021, von https://www.tagesspiegel.de/themen/koepfe/interview-mit-gerd-gigerenzer-viele-menschen-vertrauen-blind-algorithmen/12396052.html

Gigerenzer, Gerd: Abgerufen am 29. Januar 2021, von https://www.haysworld.de/ausgaben/2013/01/die-haelfte-der-entscheidungen-in-unternehmen-sind-bauchentscheidungen/

Gigerenzer, Gerd: Abgerufen am 29. Januar 2021, von https://www.capital.de/geld-versicherungen/warum-bei-der-geldanlage-intuition-der-beste-ratgeber-ist

Rogler, Gerhard: Neue Luzerner Zeitung, 16. September 2016

Schemann, Michael: Mündliche Zitate, persönlich genehmigt.

3 – Mentale Prozesse

3.1 Einführung

Ishiguro, Hiroshi: Abgerufen 29. Januar 2021, von https://www.zeit.de/kultur/2016-10/hiroshi-ishiguro-androiden-roboter-kuenstliche-intelligenz/komplettansicht

Kollmeyer, Birgit: Zuger Zeitung, 21. März 2019

Schmidhuber, Jürgen: »Killerroboter«. In: Luzerner Zeitung, 1. Oktober 2017 von Kutschera, Franz: Zitiert nach: Knaup, Marcus & Müller, Tobias: *Post-Physikalismus*, 2011

3.2 Wahrnehmung

Aron, Elaine Nancy: *The Highly Sensitive Person: How to Thrive When the World Overwhelms You*, 1997 [Übertetzung der Autorin]

Daum, Moritz: Schweiz am Wochenende, 18. April 2020

Hatt, Hanns: Schweiz am Wochenende, 26. Juli 2020

Roth, Gerhard: *Fühlen, Denken, Handeln*, 2001

Singer, Wolf: Abgerufen am 29. Januar 2021, von https://www.spiegel.de/spiegel/print/d-18166285.html

3.3 Emotionen

Dalai Lama: Abgerufen am 29. Januar 2021, von http://de.dalailama.com/messages/compassion-and-human-values/compassion

Ekman, Paul: Abgerufen am 29. Januar 2021, von https://gedankenwelt.de/die-10-besten-zitate-von-paul-ekman/

Markowitsch, Hans: Mündliche Zitate, persönlich genehmigt.

Precht, Richart David: *Wer bin ich – und wenn ja wie viele?*, 2007

Ricard, Matthieu: Abgerufen am 29. Januar 2021, von https://www.ohmymag.de/glueck/der-glucklichste-mensch-der-welt-verrat-uns-seine-geheimnisse_art5534.html

Roth, Gerhard: *Fühlen, Denken, Handeln*, 2001

3.4 Gedanken

Gasser, Roger: CH Media am Wochenende, 7. September 2019

Haynes, John-Dylan: Abgerufen am 29. Januar 2021, https://www.ptb.de/cms/fileadmin/internet/publikationen/masstaebe/Einzelbeitraege/Heft_11/Wir_haben_nicht_die_Freiheit.pdf

Meador, Clifton: Zentralschweiz am Sonntag, 12. August 2012

Mendes, Ricardo: Abgerufen am 29. Januar 2021, von https://www.pressetext.com/news/20150226004

Sagy, Shifra & Antonovsky, Aaron: Zuger Zeitung, 22. September 2017

3.5 Erinnerungen

Assmann, Aleida & Jan: Luzerner Zeitung, 28. Oktober 2017

Banta Lavenex, Pamela: Abgerufen am 29. Januar 2021, von https://www.nzz.ch/wissenschaft/medizin/gedaechtnis-ohne-erinnerung-an-die-fruehe-kindheit-ld.130460

Campbell, Malcolm: Luzerner Zeitung, 6. November 2011

Gräff, Johannes: Mündliche Zitate, persönlich genehmigt.

Perrig, Walter: Abgerufen am 29. Januar 2021, von http://www.derbund.ch/bern/Gehirn-bleibt-immer-lernfaehig-/story/28760636,

Streiff Schnetzer, Dominik: Horizonte, 122/2019

4 – Verändertes Bewusstsein

4.1 Einführung

Bauer, Eberhard: Mündliche Zitate, persönlich genehmigt.

Hofmann, Albert: Abgerufen am 29. Januar 2021, von http://www.psychedelik.info/index_2_de.html?/content_de/wpf_de_zitate.html

Ludwig, Arnold M.: Abgerufen am 29. Januar 2021, von https://jamanetwork.com/journals/jamapsychiatry/article-abstract/489135 [Übersetzung der Autorin]

Tart, Charles: *Altered States of Conciousness*, 1969 [Übersetzung der Autorin]

4.2 Entziehen – Zugeben

Aschoff, Jürgen Walther Ludwig: Abgerufen am 29. Januar 2021, von http://www.spiegel.de/einestages/chronobiologie-schlaflabor-im-bunker-a-951188.html

Blaettner, Thomas: Mündliche Zitate, persönlich genehmigt.

Bräunlein, Peter J.: Mündliche Zitate, persönlich genehmigt.

De Montaigne, Michel: Abgerufen am 29. Januar 2021, von https://www.pharma.uzh.ch/static/schlafbuch/KAP10.htm

Ernfors, Patrik: Abgerufen am 29. Januar 2021, von https://www.visiontimes.net/neue-erkenntnisse-in-der-schmerzforschung-hilfe-bei-chronischen-schmerzen/

Grof, Stanilav: Abgerufen am 29. Januar 2021, von http://www.psychedelik.info/index_2_de.html?/content_de/wpf_de_zitate.html

Hegerl, Ulrich: Mündliche Zitate, persönlich genehmigt.

Hempel, Hannes: Abgerufen am 29. Januar 2021, von http://geb.uni-giessen.de/geb/volltexte/2010/7421/pdf/HempelHannes_2010_01_26.pdf

Lilly, John: Abgerufen am 29. Januar 2021, von https://www.erowid.org/culture/characters/lilly_john/lilly_john_interview1.shtml, genehmigt vom Deutschen Floating Verband e. V.

Klein, Noemi: Abgerufen am 29. Januar 2021, von http://de.indymedia.org/2007/04/172694.shtml

Klöckner, Julia: Abgerufen am 29. Januar 2021, von https://www.lebensmittelzeitung.net/politik/Branchengespraech-Fleisch-Kloeckner-dringt-auf-grundlegende-Veraenderungen-in-der-Branche-146969?crefresh=1

Lemmer, Björn: Abgerufen am 29. Januar 2021, von https://www.welt.de/print-welt/article154955/Zum-Zahnarzt-am-besten-nachmittags.html

Mayer, Emeran: Abgerufen am 29. Januar 2021, von https://www.zeit.de/zeit-wissen/2010/05/Iss-dich-gluecklich/komplettansicht

Michaelis, Dirk: Mündliche Zitate, persönlich genehmigt.

Novalis, Friedrich: «Teplitzer Fragmente». In: *Das philosophisch-theoretische Werk*, 1978, Bd. 2. Abgerufen am 29. Januar 2021, von https://www.pharma.uzh.ch/static/schlafbuch/ZITATE.htm#44

Pöppel, Ernst: Zentralschweiz am Sonntag, 2. Januar 2011

Shah, Sudir: Abgerufen am 29. Januar 2021, von http://www.sudhirneuro.org/files/mataji_case_study.pdf

von Steinaecker, Karoline: Mündliche Zitate, persönlich genehmigt.

Wright, Tony: Abgerufen am 29. Januar 2021, von https://www.spiegel.de/spiegelwissen/a-660643.html

4.3 Traum

Dresler, Martin: Abgerufen am 29. Januar 2021, von https://www.planet-wissen.de/gesellschaft/schlaf/traeume/traeume-traumforschung-100.html

Erlacher, Daniel: Abgerufen am 29. Januar 2021, von https://www.uniaktuell.unibe.ch/2014/klartraum/index_ger.html

Faust, Volker: Abgerufen am 29. Januar 2021, von http://www.psychosoziale-gesundheit.net/psychiatrie/schlafwandel.html

Freud, Sigmund: *Jenseits des Lustprinzips*, 1920

Jung, Carl Gustav: *Traum und Traumdeutung*, 2001

Kast, Verena: Abgerufen am 29. Januar 2021, von https://www.beobachter.ch/leben-gesundheit/artikel/traumforschung_einmal-drueber-schlafen

Kravitz, Lenny: Luzerner Zeitung, 8. September 2018

Perogamvors, Lampros: Zuger Zeitung, 3. Februar 2020

Schredl, Michael: Abgerufen am 29. Januar 2021, von https://www.geo.de/magazine/geo-magazin/449-rtkl-traumdeutung-traeume-zu-verstehen-ist-nicht-schwer

4.4 Trance

Hempel, Hannes: Abgerufen am 29. Januar 2021, von http://geb.uni-giessen.de/geb/volltexte/2010/7421/pdf/HempelHannes_2010_01_26.pdf

Goodman, Alice: *Trance. Der uralte Weg zum religiösen Erleben*, 2003

Goodman, Alice: Abgerufen am 29. Januar 2021, von https://felicitas-goodman-institut.de/

4.5 Ekstase

Maslow, Abraham Harold: Abgerufen am 29. Januar 2021, von https://de.wikipedia.org/wiki/Abraham_Maslow#cite_note-Maslow73-86-13

Niekren, Yvonne: »Rausch und Ekstase«. In: Soziologie Magazin, 19/2019

Niekren, Yvonne: Abgerufen am 29. Januar 2021, von https://www.spektrum.de/magazin/wieso-der-rausch-regeln-und-grenzen-braucht/1606800

Park, Hiah: Abgerufen am 29. Januar 2021, von https://www.hiahpark.com/deutsch/presse-media/interview/

Schroer, Markus: »Rausch und Ekstase«. In: Soziologie Magazin,19/2019

4.6 Halluzination

Hofmann, Albert: Abgerufen am 29. Januar 2021, von http://erich-kasten.de/forschung/halluzinationen/

Kasten, Erich: Mündliche Zitate, persönlich genehmigt.

Schmidt-Degenhard, Michael: Abgerufen am 29. Januar 2021, von https://www.spiegel.de/spiegelwissen/a-660648.html

Prüß, Harald: Abgerufen am 29. Januar 2021, von https://www.swr.de/swr2/wissen/broadcastcontrib-swr-11932.html

4.7 Außerkörperliche Erfahrungen

Blanke, Olaf, Lenggenhager, Bigna & Heydrich, Lukas: Abgerufen am 29. Januar 2021, von https://www.researchgate.net/publication/47784649_Mein_Korper_und_Ich

Metzinger, Thomas: Abgerufen am 29. Januar 2021, von http://www.zeit.de/2011/37/Interview-Metzinger/seite-1

Monroe, Robert: *Der zweite Körper*, 1989

4.8 Meditation

Hanh, Thich Nhat: Abgerufen am 29. Januar 2021, von https://zitatezumnachdenken.com/meditation

Karcher, Tobias: Luzerner Zeitung, 27. Dezember 2019

Ott, Ulrich: Abgerufen am 29. Januar 2021, von https://www.tk.de/techniker/magazin/life-balance/aktiv-entspannen/meditationsexperte-ulrich-ott-interview-2007132

Ott, Ulrich: Abgerufen am 29. Januar 2021, von https://viveka.de/pdf/Viveka-47-Ott.pdf

Ott, Ulrich: Mündliche Zitate, persönlich genehmigt.

4.9 Hypnose

Sandor, Peter: Abgerufen am 29. Januar 2021, von https://www.higgs.ch/der-schmerz-kann-durch-hypnose-visualisiert-werden/13886/

Schiermayer, Christian: Zuger Zeitung, 6. Januar 2019

Wehrli, Hans: Mündliche Zitate, persönlich genehmigt.

4.10 Halluzinogene

Gasser, Peter: Abgerufen am 29. Januar 2021, von http://www.nzz.ch/nachrichten/forschung_und_technik/ich_bin_ueberzeugt_dass_lsd_therapeutisches_potenzial_hat_1.3999490.html

Gasser, Peter: Luzerner Zeitung, 18. April 2018

Hoffmann, Albert: Zitiert von: »Interview mit Arthur Godel«. Track 9 auf der Audio-CD *Erinnerungen eines Psychonauten: Von der Entdeckung entheogener Drogen*, 2003

Preller, Katrin: Horizonte, 4. Juni 2020. Abgerufen am 29. Januar 2021, von https://www.horizonte-magazin.ch/2020/06/04/lsd-trip-fuer-die-forschung/

4.11 Elektrizität

Delgado, José Manuel Rodriguez: Abgerufen am 29. Januar 2021, von https://www.spiegel.de/geschichte/brain-chips-experimente-a-946796.html

Delgado, José Manuel Rodriguez: Abgerufen am 29. Januar 2021, von https://www.azquotes.com/quote/679780 [Übersetzung der Autorin]

Europäisches Parlament: »Crowd Control Technologies – Final Study«. Abgerufen am 29. Januar 2021, von http://www.europarl.europa.eu/RegData/etudes/etudes/stoa/2000/168394/DG-4-STOA_ET%282000%29168394_EN%28PAR02%29.pdf

Förster, Matthias: Mündliche Zitate, persönlich autorisiert.

Grözinger, Michael: Abgerufen am 29. Januar 2021, von https://media.hugendubel.de/shop/coverscans/228PDF/22876253_lprob_1.pdf

Grözinger, Michael: Abgerufen am 29. Januar 2021, von http://www.spiegel.de/gesundheit/psychologie/depressionen-wie-schlafentzug-gegen-das-seelentief-hilft-a-836071-2.html

Killgore, William: Abgerufen am 29. Januar 2021, von https://www.golem.de/news/fit-durch-strom-us-militaer-testet-elektrische-hirnstimulation-1402-104713.html

Korotkov, Konstantin: Raum&Zeit, 177/2012

Papadopoulos, Dennis: Abgerufen am 29. Januar 2021, von https://www.welt.de/vermischtes/weltgeschehen/article129179990/Das-Ende-einer-geheimnisvollen-Forschungsstation.html

Roederer, Juan Gualterio: Abgerufen am 29. Januar 2021, von https://nordlicht.ch/auroratour08.html

Sturm, Volker: Abgerufen am 29. Januar 2021, von http://www.zeit.de/2007/34/M-Seele-Hirnelektrode

Tröster, Stefan: Mündliche Zitate, persönlich autorisiert.

4.12 Mediumismus

Altemeyer, Fernando: Zitiert nach Eschenbach, Marcel: Abgerufen am 29. Januar 2021, von http://www.hart-brasilientexte.de/2010/11/07/spiritismus-boom-in-brasilien-religionsexperte-fernando-altemeyer-analysiert/

Belz, Martina & Perry, Pat: Abgerufen am 29. Januar 2021, von https://www.beobachter.ch/gesellschaft/spiritualitat-reden-mit-toten-was-ist-da-dran

Eschenbach, Marcel: Abgerufen am 29. Januar 2021, von http://www.marceleschbach.com/html_geister/medialitaet.html

Funkschmidt, Kai: Mündliche Zitate, persönlich genehmigt.

Gauß, Carl Friedrich: Abgerufen am 29. Januar 2021, von http://www.zeit.de/2010/16/Mathe-Buch/seite-3

Rosing, Rebecca: Abgerufen am 29. Januar 2021, von http://www.bpv.ch/blog/rebecca-rosing-interview2/

Voggenhuber, Pascal: Zentralschweiz am Sonntag, 5. Januar 2014

Voggenhuber, Pascal: Abgerufen am 29. Januar 2021, von http://www.pascal-voggenhuber.com/blog/

Swedenborg, Emanuel: *Himmel und Hölle*, 2005

4.13 Bessenheit

Belz, Martina: 20 Minuten, 25. April 2012

Schaffler, Yvonne: Mündliche Zitate, persönlich genehmigt.

4.14 Schamanismus

Gershman, Boris: Abgerufen am 29. Januar 2021, von http://www.bild.de/news/ausland/hexen/hexenjagd-im-21-jahrhundert-53852444.bild.html

Harner, Michael: Abgerufen am 29. Januar 2021, von http://www.schamanismusforschung.de/forschung/molekular.html

Irkutsk, Kamelritual: Zuger Zeitung, 12. März 2019
Müller, Klaus E.: Abgerufen am 29. Januar 2021, von http://www.deutschlandradiokultur.de/der-schamane-war-ein-spezialist-fuer-psychosen.1278.de.html?dram:article_id=192823
Park, Hiah: Abgerufen am 29. Januar 2021, von https://www.hiahpark.com/deutsch/presse-media/interview/
Venzago, Alberto: Abgerufen am 29. Januar 2021, von https://www.persoenlich.com/sites/default/files/interviews36.pdf

4.15 Notprogramm

Boothe, Brigitte: Abgerufen am 29. Januar 2021, von https://www.srf.ch/kultur/gesellschaft-religion/menschen-erleben-in-todesnaehe-glueck-oder-horrorvisionen
Hochstrasser, Mirjam: Abgerufen am 29. Januar 2021, von https://www.notfallpflege.ch/files/_Demo/Dokumente/Schriftliche_Arbeiten/Delirium_bei_aelteren_Menschen_M_Hochstrasser.pdf
Linke, Detlef: Abgerufen am 29. Januar 2021, von http://sciencev1.orf.at/science/news/80365
Nydahl, Peter: Abgerufen am 29. Januar 2021, von https://www.rbb-online.de/rbbpraxis/rbb_praxis_service/verschiedenes/koma-patienten-angehoerige-was-tun-intensivtagebuch.html
Peng-Keller, Simon: Abgerufen am 29. Januar 2021, von http://www.news.uzh.ch/de/articles/2014/wenn-der-tod-lockt.html

4.16 Delir

Hasemann, Wolfgang: Abgerufen am 29. Januar 2021, von https://www.unispital-basel.ch/fileadmin/unispitalbaselch/Ressorts/Entw_Gesundheitsberufe/Abteilungen/Publikationen/2012/Delir_palliativ_hasemann_2012.pdf
Schubert, Maria: Mündliche Zitate, persönlich autorisiert.

4.17 Oneiroides Erleben

Claussen, Peter Cornelius: Abgerufen am 29. Januar 2021, von https://link.springer.com/article/10.1007/s00053-001-2299-2
Schmidt-Degenhard, Michael: Mündliche Zitate, persönlich autorisiert.
Schmidt-Degenhard, Michael: Abgerufen am 29. Januar 2021, von www.spiegel.de/spiegelwissen/a-660648-3.html

4.18 Koma und Narkose

Claire: Abgerufen am 29. Januar 2021, von https://www.stern.de/panorama/so-fuehlt-es-sich-an--im-koma-zu-sein-6340618.html

Duwe, Frank: Mündliche Zitate, persönlich autorisiert.

Hess, Christian W.: Mündliche Zitate, persönlich autorisiert.

4.19 Nahtoderfahrung

Atwater, Phyllis: Abgerufen am 29. Januar 2021, von https://netzwerk-nahtoderfahrung.org/index.php/haeufige-fragen/758-koennen-nahtoderfahrungen-suizidneigungen-verstaerken.html

Heim, Albert: Abgerufen am 29. Januar 2021, von http://www.spiegel.de/spiegel/print/d-13529096.html

Nicolay, Joachim: Mündliche Zitate, persönlich autorisiert.

Parnia, Sam: Abgerufen am 29. Januar 2021, von https://www.focus.de/wissen/mensch/tid-33203/streich-des-gehirns-oder-seelenbeweis-nahtoderfahrung-wie-sich-berichte-aus-dem-jenseits-erklaeren-koennten-die-aware-studie-sucht-nach-einem-beweis_aid_1084268.html

Parnia, Sam: Abgerufen am 29. Januar 2021, von https://iands.org/news/news/front-page-news/1060-aware-study-initial-results-are-published.html [Übersetzt vom Verlag]

van Lommel, Pim: Abgerufen am 29. Januar 2021, von https://www.hz.de/meinort/heidenheim/nahtod_-ein-mysterioeses-phaenomen_-31648876.html

4.20 Reinkarnation

Haraldsson, Erlendur: Glückspost, [Ausgabe & Jahr nicht mehr bekannt]

Stevenson, Ian: Zitiert nach Sörensen, Rainer: *Seelenreise: Indizienbeweis der Unsterblichkeit*, 2013

Tucker, Jim: Abgerufen am 29. Januar 2021, von https://www.theepochtimes.com/reincarnation-and-psychic-research-dr-erlendur-haraldsson-discusses_1953879.html

5 – Information

5.1 Einführung

Heilmann, Sebastian: Abgerufen am 29. Januar 2021, von https://nzzas.nzz.ch/hintergrund/ein-ueberwachungsstaat-wie-bei-george-orwell-nein-nein-das-ist-viel-konsequenter-und-intensiver-als-bei-orwell-ld.1492616?reduced=true

Madary, Michael: Abgerufen am 29. Januar 2021, von https://www.luzernerzeitung.ch/kultur/virtual-reality-wie-die-technologie-unser-leben-revolutioniert-ld.1026645

Musk, Elon: Abgerufen am 29. Januar 2021, von https://www.focus.de/wissen/mensch/wie-bei-sims-die-erde-als-computerspiel-leben-wir-in-einer-simulierten-welt_id_9653051.html

5.2 Atom und Zelle

Birney, Ewan: Abgerufen am 29. Januar 2021, von https://www.zeit.de/suche/index?q=Heute+ist+es+noch+atemberaubend+teuer%2C+DNA+zu+synthetisieren

Chalmers, David: Abgerufen am 29. Januar 2021, von http://werner-held.de/pdf/qc.pdf

Crick, Francis: Abgerufen am 29. Januar 2021, von https://www.zeit.de/wissen/geschichte/2013-04/dna-struktur-entdeckung-crick-watson

Dürr, Hans-Peter: P.M. Magazin, 05/2007

Goldmann, Nick: Abgerufen am 29. Januar 2021, von https://www.zeit.de/suche/index?q=Heute+ist+es+noch+atemberaubend+teuer%2C+DNA+zu+synthetisieren

Lipton, Bruce: *Intelligente Zellen: Wie Erfahrungen unsere Gene steuern*, 2005

Mansuy, Isabelle: Abgerufen am 29. Januar 2021, von https://www.sueddeutsche.de/gesundheit/genetik-traumatische-erlebnisse-praegen-das-erbgut-1.1936886

Shapiros, Ehud: Abgerufen am 29. Januar 2021, von https://sciencev1.orf.at/news/33043.html

Urey, Harold Clayton: Abgerufen am 29. Januar 2021, von https://todayinsci.com/U/Urey_Harold/UreyHarold-Quotations.htm [Übersetzung der Autorin]

Wheeler, John Archibald: Abgerufen am 29. Januar 2021, von https://www.brainpickings.org/2016/09/02/it-from-bit-wheeler/

Zeilinger, Anton: Abgerufen am 29. Januar 2021, von http://kosmosimwandel.at/quantenphysik.html

Zeilinger, Anton: Abgerufen am 29. Januar 2021, von https://www.heise.de/tp/features/Es-stellt-sich-letztlich-heraus-dass-Information-ein-wesentlicher-Grundbaustein-der-Welt-ist-3448658.html

Zeilinger, Anton: Abgerufen am 29. Januar 2021, von https://www.spektrum.de/alias/interview/interview-anton-zeilinger-die-suche-nach-dem-fundamentalen/1066262

5.3 Wasser

Altermatt, Florian: Luzerner Zeitung, 14. August 2017

Benveniste, Jacques: Abgerufen am 29. Januar 2021, von www.zeit.de/2003/49/N-Wasser_Ged_8achtnis

Grander, Johann: Abgerufen am 29. Januar 2021, von https://schloss-glarisegg.ch/zentrum/uebersicht/energetisches

Ludwig, Ralf: Abgerufen am 29. Januar 2021, von https://www.researchgate.net/publication/238459397_Wasser_von_Clustern_in_die_Flussigkeit

Thut, Walter: Mündliche Zitate, persönlich autorisiert.

5.4 Klang

Cousto, Hans: Abgerufen am 29. Januar 2021, von https://sonnentrommler.com/cousto.html

Falkai, Peter: Abgerufen am 29. Januar 2021, von https://www.welt.de/gesundheit/psychologie/article112937624/Wann-Selbstgespraeche-krankhaft-werden.html

Greene, Brian: Abgerufen am 29. Januar 2021, von https://www.scinexx.de/dossierartikel/die-symphonie-des-universums/

Lauterwasser, Alexander: Mündliches Zitat, persönlich autorisiert.

Tompkins, Peter & Bird, Christopher: *Das geheime Leben der Pflanzen*, 2018

Wedekind, Dirk: Abgerufen am 29. Januar 2021, von https://www.welt.de/wissenschaft/article12350889/Warum-Selbstgespraeche-die-Leistung-steigern-koennen.html

Weiss, Thomas: Abgerufen am 29. Januar 2021, von https://www.scinexx.de/news/biowissen/worte-loesen-schmerzen-aus/

Zentner, Marcel: Abgerufen am 29. Januar 2021, von https://www.scinexx.de/news/biowissen/tanzen-liegt-menschen-im-blut/

5.5 Licht

Deisenhammer, Eberhard et al.: Abgerufen am 29. Januar 2021, von https://www.tagblatt.ch/leben/suizid-gibt-es-heikle-termine-ld.1047300

Goethe, Johann Wolfgang: Abgerufen am 29. Januar 2021, von https://chemiemitlicht.uni-wuppertal.de/de/qr-materialien-zum-buch/kapitel-1/qr-11-kulturhistorische-meilensteine/goethe-die-farben-und-das-licht.html

UNESCO: Abgerufen am 29. Januar 2021, von http://www.jahr-des-lichts.de/

5.6 Äther

Driesch, Hans: Abgerufen am 29. Januar 2021, von https://anthrowiki.at/Hans_Driesch

Grumiller, Daniel: Mündliche Zitate, persönlich autorisiert.

Jung, Carl Gustav: Abgerufen am 29. Januar 2021, von https://www.youtube.com/watch?v=I70MBYLhy0g

Newton, Isaac: Abgerufen am 29. Januar 2021, von http://www.schriften.uni-kiel.de/Band%2056/Mohrdiek_56_68-88.pdf

Sheldrake, Rupert: »Morphic Fields and the Implicate Order. A Dialogue with David Bohm«. Abgerufen am 29. Januar, von http://www.sheldrake.org/files/pdfs/A_New_Science_of_Life_Appx_B.pdf

5.7 Technische Entwicklung

Hecht, Bert: Abgerufen am 29. Januar 2021, von https://www.unibas.ch/de/Aktuell/News/Medienmitteilungen/Basler-Forscher-entwickeln-Nanoantenne-f-r-Licht.html

Jobs, Steve: Abgerufen am 29. Januar 2021, von https://www.giga.de/personen/steve-jobs/musikvideos/die-besten-steve-jobs-zitate-euch-wird-die-kinnlade-runterfallen

Midthassel, Rolv: Abgerufen am 29. Januar 2021, von http://m.esa.int/Our_Activities/Space_Engineering_Technology/TTP2/Textile_antenna_promises_futuristic_communications [Übersetzung der Autorin]

Paraskevopoulos, Anagnostis: Mündliche Zitate, persönlich autorisiert.

5.8 Verschränkung

Ballmer, Karl: Abgerufen am 29. Januar 2021, von https://www.netzwerk-nahtoderfahrung.org/Ewald/grenzerlebnisse/BadGodesberg2010.html

Deutsch, David: Der Spiegel, 11/2005

Dürr, Hans-Peter: P.M. Magazin, 05/2007

Dürr, Hans-Peter: Raum&Zeit, 173/2011

Ewald, Günter: Abgerufen am 29. Januar 2021, von http://netzwerk-nahtoderfahrung.org/files/WebsiteEwald/grenzerlebnisse/BadGodesberg2010.html

Hanson, Ronald: Abgerufen am 29. Januar 2021, von https://www.abendzeitung-muenchen.de/panorama/forscher-beamen-information-von-einem-teilchen-zum-anderen-art-239270

Jung, Carl Gustav: Abgerufen am 29. Januar 2021, von https://www.zeit.de/1992/16/synchronizitaet-oder-die-seltsame-gleichzeitigkeit

Szameit, Alexander: Mündliche Zitate, persönlich autorisiert.

van Breukelen, Rik: Horizonte, 115/2017

Walach, Harald: Abgerufen am 29. Januar 2021, von https://harald-walach.de/forschung/schwache-quantentheorie/

Zeilinger, Anton: Abgerufen am 29. Januar 2021, von http://www.profil.at/home/anton-zeilinger-den-gott-337248

Abbildungen

3.2 Wahrnehmung

Café Wall Illusion: By WA Reiner, Own work, Copyrighted free use, https://commons.wikimedia.org/w/index.php?curid=53996938

3.4 Gedanken

Abbildung: »Die Gedanken sind frei«, in der Fassung der Schlesischen Volkslieder von 1842: https://upload.wikimedia.org/score/e/9/e9sdmbfwff6pqks1lo7v8recogzkp03/e9sdmbfw.png

4.11 Elektrizität

Kugelkondensator: Alexander Fufaev, https://de.universaldenker.org/formeln/736

5.4 Klang

Wasserklangbild: Stehendes Wellenmuster,
Copyright A. Lauterwasser, www.wasserklangbilder.de

5.7 Technische Entwicklung

https://de.wikipedia.org/wiki/Voltasche_Säule#/media/Datei:Pila_di_Volta_01.jpg